Découvrez l'histoire par les archives de presse

RETRONEWS

Le site de presse de la BnF

www.retronews.fr

ANNUAIRE

DE

BREST ET DU FINISTÈRE,

POUR 1850,

PUBLIÉ

PAR LA SOCIÉTÉ D'ÉMULATION

De Brest.

Prix : Deux Francs.

A BREST,

Chez CH. LE BLOIS, Imp.-Libraire, Rue Neptune, 10,

ET CHEZ TOUS LES LIBRAIRES.

—

1850.

Première Partie

CALENDRIER

ET

RENSEIGNEMENS UTILES POUR L'ANNÉE 1850,

Année 1850 de l'ère chrétienne,
— 6563 de la période Julienne,
— 2603 de la fondation de Rome, selon Varron,
— 2597 depuis l'ère de Nabonassar, fixée au mercredi 26 février de l'an 3967 de la période Julienne, ou 747 ans avant Jésus-Christ, selon les chronologistes, et 746 suivant les astronomes.

L'Année 2626 des Olympiades, ou la deuxième année de la 657e Olympiade, commence en Juillet 1850, en fixant l'ère des Olympiades 775 ans et demi avant J.-C., ou vers le 1er Juillet de l'an 3938 de la période Julienne.
— 1266 des Turcs, commence le 17 Novembre 1849 et finit le 5 Novembre 1850, suivant l'usage de Constantinople, d'après l'*Art de vérifier les dates.*

COMPUT ECCLÉSIASTIQUE.

Nombre d'or ou cycle lunaire.	8
Epacte.	XVII
Cycle solaire.	11
Indiction romaine.	8
Lettre dominicale.	F

QUATRE-TEMPS.

Février.	20, 22 et 23.
Mai.	22, 24 et 25.
Septembre.	18, 20 et 21.
Décembre.	18, 20 et 21.

Fêtes mobiles.

Septuagésime.	27 janvier.	Pentecôte.	19 mai.
Les Cendres.	13 février.	La Trinité.	26 mai.
Pâques.	31 mars.	La Fête-Dieu.	30 mai.
Les Rogations, 6, 7 et	8 mai	1er dimanche de l'Avent.	1er déc.
Ascension.	9 mai.		

Commencement des quatre saisons

PRINTEMPS,	le 20 mars ,	à 11 h. 12' du soir.	⎫ Temps
ÉTÉ ,	le 21 juin ,	à 8 h. 9' du soir.	⎬ moyen de .
AUTOMNE,	le 23 septembre ,	à 10 h. 10' du matin.	⎪ Paris.
HIVER ,	le 22 décembre ,	à 3 h. 48' du matin. .	⎭

ÉCLIPSES POUR 1850.

Le 12 février 1850 *, éclipse annulaire de soleil, invisible à Paris.*

Eclipse centrale et annulaire au méridien. . à   6 h. 40' du matin.
    dans le lieu dont la latitude australe. $= 10°$ 57'
    et la longitude , à l'est de Paris, . $= 83°$ 34'.

Les 7 et 8 août 1850, *éclipse totale de soleil, invisible à Paris.*

Eclipse centrale et totale au méridien. . . . à 9 h. 42' du soir.
    dans le lieu dont la latitude boréale. $= 17°$ 50'
    et la longitude à l'ouest de Paris. . $= 144°$ 10'.

Premiers méridiens.

FRANCE. — Observatoire de Paris , latitude N. , 48° 50' 13''.
ANGLETERRE. — Observatoire de Greenwich , latitude N. , 51° 28' 39''.

NOTA. — Toutes les nations prennent pour premier méridien celui qui passe par leur observatoire principal , qui est généralement celui de leur capitale.

L'observatoire de Brest est situé par. . . . . 48° 23' 32'', latitude nord.
Sa longitude à l'ouest de Paris. $=$ . . . . . . 6° 49' 49''.

NOTIONS SUR LE CALENDRIER.

—

Origine des noms des mois de l'année et des jours de la semaine.

—

On distingue en chronologie plusieurs calendriers : tous servent à diviser et calculer le temps. Nous ne parlerons pas ici des différentes manières de mesurer le temps, usitées chez les peuples anciens dont l'histoire s'est conservée jusqu'à nous; nous nous bornerons à exposer les diverses modifications qu'a éprouvées le calendrier chez les Romains par ce que c'est là qu'il faut chercher l'origine des calendriers en usage chez tous les peuples chrétiens , ainsi que des noms des mois et des jours de la semaine en France.

Romulus, fondateur et premier roi de Rome y établit une année de dix mois , comme dans la ville d'Albe dont il était sorti. Suivant Plutarque, cette année renfermait 360 jours ; suivant un plus grand nombre d'historiens elle n'en renfermait que 304. — Dans les deux cas, elle ne pouvait se régler ni sur les mouvements de la lune, ni sur ceux du soleil.

Numa Pompilius, successeur de Romulus, chercha , à l'imitation des peuples grecs, à régler la durée des mois sur le cours de la lune, en évitant toutefois de leur donner un nombre de jours pair, une superstition lui faisant croire que les nombres pairs étaient malheureux. Aux dix mois de Romulus dont il conserva les noms il ajouta le mois de janvier qui commença l'année Romaine et celui de février qui la finit , jusqu'à l'époque des décemvirs, où ce mois fut reporté du douzième rang au second et vint après janvier. Voici les noms , l'ordre et le nombre des jours des mois de l'année Romaine sous Numa : Janvier 29 jours, Mars 31, Avril 29, Mai 31 , Juin 29 , Quintilis 31 , Sextilis 29 , Septembre 29 Octobre 31, Novembre 29 , Décembre , 29 et février 28. — Ce mois seul eut un nombre de jours pair : Numa le consacra aux sacrifices qui se faisaient aux dieux des enfers.

L'année de Numa était donc de 355 jours,. tandis que 12 révolutions synodiques de la lune n'ont qu'une durée de 354 jours et demi environ ; d'un autre coté l'année solaire ou la durée de la révolution de la terre autour du soleil est de 365 jours 5 h. 48' 50".22 : l'année de Numa dès son point de départ était en désaccord avec l'année solaire et ses mois ne tardaient pas à l'être avec le cours de la lune.

Ce Roi, assez mauvais astronome, crut mettre sans doute son année d'accord avec l'année solaire en faisant une intercalation de 45 jours dans une période de quatre ans, intercalation divisée en deux mois l'un de 22 jours l'autre de 23 placés tous les deux après le 23 février l'un dans la seconde, l'autre dans la quatrième année de la période. Ce mois interposé dont la durée était mieux réglée chez les Grecs s'appelait chez les Romains *Mercedonius* et février intercalaire.

Voilà suivant un certain nombre d'auteurs quelle fut la réforme de Numa dont il confia l'éxécution aux souverains Pontifes. Mais comme il avait supposé implicitement à l'année solaire une durée moyenne trop grande d'un jour ce n'était qu'en supprimant de temps en temps un mois intercalaire ou quelques jours qu'on pouvait ramener l'année civile à recommencer au bout d'un certain nombre de périodes de quatre ans , à un même moment de l'année solaire, au solstice d'hiver, par exemple dans le voisinage duquel Numa avait dit-on commencé sa première année. Par ignorance sans doute d'abord, puis par insouciance, quelquefois aussi par des motifs politiques, ces intercalations furent mal faites, l'ordre des saisons fut interverti , et l'on vit la fête des moissons tomber en hiver.

Frappé d'un si grand désordre, Jules César, dictateur et Souverain Pontife, voulut y remédier, il appela à Rome, Sosigène, l'astronome le plus distingué de l'époque. Ce dernier voulut régler directement l'année sur le cours annuel du soleil ; il rapporta tout avec raison, à cet astre qui entraîne avec lui tout notre système planétaire, et cessa d'essayer d'assujétir le calendrier aux lois inégales du mouvement de la lune.

Sosigène compta trois années consécutives de 365 jours et la quatrième de 366 jours. Il laissa aux mois leur nom et leur ordre de succession dans l'année, et donna à chacun d'eux le nombre de jours qu'il a encore aujourd'hui. Le mois de février conserva 28 jours dans les années *communes* : Dans les années *bissextiles*, il eût 29 jours et le jour intercalaire se plaça comme précédemment le mois intercalaire , après le 23 février. Cette année eût deux sixièmes jours avant les calendes de mars ; c'est de là que lui est venu le nom de *bissextile*.

Jules César publia par un édit dans tout l'empire Romain la réforme qui porte son nom , et en ordonna l'usage exclusif à partir de l'année qui correspond à l'an 45 avant l'ère chrétienne. Par une bizarrerie qui provenait

sans doute de l'ancien usage d'essayer de régler la durée du mois sur le
cours de la lune, il voulut que le 1er jour de la première année julienne
coïncidât non pas avec le solstice d'hiver, mais avec le commencement du
mois lunaire qui suivit et qui, cette année, arriva huit jours après le
solstice.

Si l'année solaire avait été exactement de 365 jours 6 heures, le travail
de Jules César, ou plutôt de son astronome Sosigène, amenait tous les
quatre ans l'année civile et l'année solaire à se retrouver au même point:
Mais la terre achève sa révolution autour du soleil en 365 jours, 5 heures,
48' 50".22. Il y a donc 11', 9",78 de différence entre l'année solaire et
l'année civile établie par Jules César. Cette différence, s'accumulant de
siècle en siècle, avait produit un retard de dix jours depuis le concile de
Nicée en 325, où on avait signalé cette erreur et tâché d'y remédier en
décrétant que le printemps commencerait toujours le 21 mars, jusqu'à la
dixième année du Pontificat de Grégoire XIII, en 1582.

Ce pape, qui avait réuni à Rome les plus célèbres mathématiciens pour
s'occuper de la correction à apporter à l'année civile pour la mettre d'accord avec l'année solaire, ordonna, par une bulle datée de Frascati, le
14 juillet 1582, qu'à dater du 5 Octobre 1582, on supprimerait 10 jours et
que le lendemain de ce jour, serait le 16 Octobre. Par ce moyen, on re-
mettait le commencement de l'année à la même position, par rapport à
l'équinoxe qu'à l'époque du concile de Nicée.

Quant à l'avenir, il ordonnait qu'à partir de 1700 inclusivement, on comp-
terait 3 années *séculaires communes*, et la quatrième *bissextile*. Ainsi les
années 1700, 1800, ont été communes ; il en sera de même de l'année
1900. L'année 2000 sera bissextile.

Les Russes seuls parmi les peuples chrétiens ont conservé le *comput
Julien* ou *vieux style*. Pendant le dix-neuvième siècle, leur année sera en
retard de 12 jours sur la notre : le premier janvier de leur année corres-
pondra au 13 janvier de la notre. Les peuples catholiques ont adopté la
réforme grégorienne l'année même, de la publication de la bulle : les
Anglais en 1752, la Suède en 1753, les protestans d'Allemagne en 1776. Le
Danemarck l'avait adoptée la même année que les catholiques en 1582.

En finissant ce résumé nous ferons remarquer que les jours de la semaine ont tiré leurs noms de ceux des planètes alors connues. *Lundi*,
Mardi, *Mercredi*, Jeudi, *Vendredi*, Samedi, *Dimanche*, étaient les jours
de la *Lune*, de Mars, de *Mercure*, de Jupiter, de *Vénus*, de Saturne, du
Soleil ou du *Seigneur*.

Quant aux noms des mois ils sont une corruption des noms latins cor-
réspondants. JANVIER vient de JANUARIUS, mois de Janus, le plus ancien
roi d'Italie. FÉVRIER de FEBRUARIUS, ainsi nommé parce qu'il était consacré à des expiations, à des purifications religieuses, dont les plus remarquables étaient les *Courses des Luperques* et les fêtes *Férales*. MARS
vient de MARTIUS, nom du premier mois de l'année de Romulus, consacré
au Dieu de la guerre dont Romulus se disait fils. AVRIL vient d'APRILIS,
dérivé du mot latin *aperire*, ouvrir, parce que la terre semble ouvrir
son sein dans ce mois pour produire de nouvelles richesses. MAI et JUIN
viennent de MAIUS et JUNIUS ainsi appelés parce qu'ils étaient consacrés
suivant les uns, aux déesses, *Maïa* et *Junon* et suivant les autres aux
vieillards, *Majores* et aux jeunes gens *Juniores*. JUILLET vient de JULIUS,

surnom donné en mémoire de Jules César à QUINTILIS, cinquième mois de l'année de Romulus. AOUT vient d'AUGUSTUS, nom donné en l'honneur de l'empereur Auguste à SEXTILIS, sixième mois de l'année romaine primitive. Enfin, SEPTEMBRE, OCTOBRE, NOVEMBRE, DÉCEMBRE, viennent de SEPTEMBER, OCTOBER, NOVEMBER, DÉCEMBER, *septième, huitième, neuvième, dixième* mois de l'année de Romulus, qui ont conservé leur nom après avoir perdu leur rang, quand l'année romaine fut composée de douze mois au lieu de dix.

FÊTES DU CALENDRIER.

On distingue les fêtes mobiles et les fêtes fixes. Ces dernières arrivent toujours au même quantième du mois, les autres varient chaque année.

Les fêtes fixes sont : la *Circoncision*, 1er janvier ; l'*Epiphanie*, le 6 janvier ; la *Purification*, le 2 Fevrier ; la *Visitation de la Vierge*, le 2 Juillet, l'*Assomption*, le 15 août ; la *Nativité de Notre-Dame*, le 8 septembre ; la *Toussaint*, le 1er novembre ; les *Morts*, le 2 novembre ; la *Conception de Notre-Dame*, le 8 décembre, *Noël*, le 25 décembre ; — Les peuples de l'église grecque célèbrent celles de ces fêtes qui leur sont communes avec nous, 12 jours plus tard, au même quantième du mois dans leur année.

Les fêtes mobiles sont classées d'après Pâques, dont l'époque varie chaque année : une décision de l'église, rendue avant la séparation des églises grecque et latine, a fixé la *célébration de la fête de Pâques au premier Dimanche après la pleine lune qui suit l'équinoxe de printemps.* C'est ce qui fait que les Russes célèbrent la Pâque le même jour que les catholiques.

La SEPTUAGÉSIME est le neuvième dimanche ou le soixante-troisième jour avant Pâques.

La QUINQUAGÉSIME ou le dimanche gras est le quarante-neuvième jour avant Pâques.

Les CENDRES, le quarante-sixième jour avant Pâques.

La PASSION, le quatorzième jour, et les RAMEAUX, le septième jour avant Pâques.

La QUASIMODO} est le premier dimanche après Pâques.

L'ASCENSION tombe un jeudi, quarante jours après Pâques, est précédée de trois jours de ROGATIONS.

La PENTECOTE tombe dix jours après l'Ascension, cinquante jours après Pâques.

La FÊTE-DIEU, le jeudi qui suit le dimanche de la TRINITÉ, tombe soixante jours après Pâques : au même quantième que le Samedi saint, mais deux mois après. Les AVENTS sont les quatre dimanches avant NOËL.

Enfin, les quatre temps sont placés aux mercredis, vendredis et samedis qui suivent : 1o les Cendres ; 2o la Pentecôte ; 3o le 14 septembre ; 4o le 13 décembre. Les noms des saints sont intercalés entre ces fêtes : on les met ordinairement à la date du jour de leur mort.

CALENDRIER POUR 1850.

JANVIER.

Le soleil entre dans le signe du *Verseau* le 20, à 8 h. 33 m. du matin.
Les jours croissent dans ce mois, de 23 m. le matin et de 44 m. le soir.
D. Q. le 5 à 8 h. 47 m. du matin. | P. Q. le 21 à 9 h. 49 m. du matin.
N. L. le 13 à 11 h. 29 m. du matin. | P. L. le 28 à 1 h. 1 m. du matin.
Apogée de la lune, le 12. Périgée, le 27 janvier.

Jours de l'année.		Jours du mois.	NOMS DES SAINTS.	Lever du soleil.		Couch du soleil.		Lever de la lune.		Couch de la lune.		Passag de la lune au mérid. de Paris.		Heure de la pleine mer à Brest.				AGE de la lune.
				h.	m	h.	m.	h.	m.	h.	m.	h.	m.	matin. h. m.		soir h. m		
1	365	1	mard	Circoncision.	7	56	4	12	8	13	9	52	15	27	5 30	—	5 54		18
2	364	2	merc	s Basile, év.	7	56	4	13	9	28	10	28	16	20	6 19	—	6 44		19
3	363	3	jeudi	ste. Geneviève.	7	56	4	14	10	40	10	59	17	10	7 9	—	7 35		20
4	362	4	vend	s Rigobert.	7	56	4	15	11	49	11	26	17	57	8 2	—	8 29		21
5	361	5	same	s Siméon, stylite.	7	56	4	16	—		11	52	18	43	8 58	—	9 29		22
6	360	6	DIM.	ÉPIPHANIE.	7	56	4	17	0	56	0	18	19	28	10 2	—	10 36		23
7	359	7	lundi	ste Mélanie.	7	55	4	19	2	2	0	45	20	13	11 10	—	11 44		24
8	358	8	mard	s Lucien.	7	55	4	20	3	5	1	14	20	59	.., ...	—	0 16		25
9	357	9	merc	s Furcy, abbé.	7	54	4	21	4	6	1	46	21	46	0 47	—	1 16		26
10	356	10	jeudi	s Paul, hermite.	7	54	4	22	5	5	2	22	22	33	1 43	—	2 7		27
11	355	11	vend	s Guillaume.	7	54	4	24	6	0	3	4	23	21	2 28	—	2 48		28
12	354	12	same	s Théodose.	7	53	4	25	6	49	3	51	—		3 8	—	3 26		29
13	353	13	DIM.	Baptême de N.-S.	7	52	4	26	7	33	4	43	0	8	3 44	—	4 1		1
14	352	14	lundi	s Hilaire.	7	52	4	28	8	13	5	40	0	55	4 18	—	4 35		2
15	351	15	mard	s Nom de Jésus.	7	51	4	29	8	49	6	40	1	42	4 51	—	5 8		3
16	350	16	merc	s Maur, abbé.	7	50	4	31	9	20	7	43	2	28	5 25	—	5 44		4
17	349	17	jeudi	s Antoine, abbé.	7	50	4	32	9	48	8	46	3	13	5 58	—	6 16		5
18	348	18	vend	Ch. s. Pier. à R.	7	49	4	34	10	14	9	51	3	58	6 34	—	6 53		6
19	347	19	same	s. Sulpice, év.	7	48	4	35	10	39	10	57	4	43	7 13	—	7 34		7
20	346	20	DIM.	s Sébastien.	7	47	4	37	11	5	—		5	29	7 57	—	8 22		8
21	345	21	lundi	ste Agnès.	7	46	4	38	11	32	0	6	6	18	8 50	—	9 20		9
22	344	22	mard	s Vincent.	7	45	4	40	0	4	1	17	7	10	9 52	—	10 27		10
23	343	23	merc	s Ildefonse.	7	44	4	41	0	41	2	29	8	5	11 3	—	11 44		11
24	342	24	jeudi	s Babylas.	7	43	4	43	1	24	3	41	9	3	... ...	—	0 17		12
25	341	25	vend	Conv. de s Paul.	7	42	4	44	2	16	4	52	10	5	0 51	—	1 23		13
26	340	26	same	ste Paule.	7	41	4	46	3	17	5	58	11	8	1 53	—	2 22		14
27	339	27	DIM.	*Septuagésime.*	7	39	4	48	4	27	6	55	12	10	2 49	—	3 15		15
28	338	28	lundi	s Charlemagne.	7	38	4	49	5	43	7	42	13	9	3 40	—	4 5		16
29	337	29	mard	s François de S.	7	37	4	51	7	1	8	22	14	5	4 29	—	4 53		17
30	336	30	merc	Ste Bathilde.	7	36	4	52	8	17	8	57	14	58	5 16	—	5 39		18
31	335	31	jeudi	Ste Marcelle.	7	34	4	54	9	30	9	27	15	48	6 4	—	6 23		19

TRAVAUX DES MAIRES PENDANT LE MOIS DE JANVIER.

Dépôts des registres de l'état-civil et tables alphabétiques annuelles. Les officiers de l'état civil doivent dresser une table alphabétique annuelle des actes que les registres renferment, et l'annexer à chacun des doubles destinés au dépôt des archives de la commune et du greffe. — *Listes électorales.* Ces listes doivent être révisées et rectifiées du 1er au 10 janvier. Le tableau contenant les additions et les retranchements faits sur la liste de l'année précédente doit être déposé le 15 janvier, au secrétariat de la commune. L'avis de ce dépôt doit être affiché dans la commune. Procès-verbal de l'affiche de cet avis, et copie du tableau de rectification doivent être envoyés en même temps, au sous-préfet de l'arrondissement. Les citoyens ont dix jours, à compter de l'apposition des affiches, pour présenter leurs réclamations à la mairie. — *Recrutement.* Les tableaux de recensement sont dressés dès les premiers jours de janvier, à moins d'avis contraires de MM. les préfets; ils sont faits en double expédition et publiés par le maire par deux publications à huit jours d'intervalle, un jour de dimanche, devant la porte de la maison commune. — *Engagements volontaires.* L'un des doubles du registre est déposé aux archives de la commune; l'autre est envoyé au greffe du tribunal de première instance. Les maires doivent aussi adresser aux sous-préfets, l'état des engagements qui ont été contractés devant eux. *Garde nationale.* Révision des contrôles, envoi au préfet des jugements du conseil de discipline. — *Répertoire des actes administratifs.* Il est présenté dans les dix premiers jours de janvier, au visa du receveur de l'enregistrement. *Liste d'indigents.* Les maires doivent aussi envoyer, dans le premier mois de chaque année, une liste générale des indigents de leur commune. *Enfants trouvés.* Au commencement de chaque trimestre, les maires délivrent les certificats de vie des enfants abandonnés, et qui sont placés en nourrice dans leur commune. — *État des pensionnaires de la marine décédés.* Cet état doit être également envoyé au commencement de chaque trimestre, au préfet, qui le transmet au ministre de la marine,

Le soleil entre dans le signe des *Poissons* le 18, à 11 h. 14 m. du soir.
Les jours croissent de 48 m. le matin et de 46 m. le soir.
D. Q. le 4 à 1 h. 28 m. du matin. | P. Q. le 19 à 8 h. 21 m. du soir.
N. L. le 12 à 6 h. 38 m. du matin. | P. L. le 26 à 0 h. 10 m. du soir.
Apogée de la lune, le 8 février, Périgée, le 24.

Jours de l'année.		Jours du mois.		NOMS DES SAINTS.	Lever du soleil.		Couch du soleil.		Lever de la lune.		Couch de la lune.		Passage de la lune au mérid. de Paris.		Heure de la pleine mer à Brest. matin. — soir.	AGE de la lune.
					h.	m.	h.	m.	h.	m.	h.	m.	h.	m	h. m. — h. m.	
32	334	1	vend	s Ignace, év.	7	33	4	56	10	41	9	54	16	36	6 45 — 7 7	20
33	333	2	same	PURIFICATION.	7	32	4	57	11	49	10	21	17	23	7 29 — 7 52	21
34	332	3	DIM.	*Sexagésime.*	7	30	4	59			10	48	18	9	8 46 — 8 41	22
35	331	4	lundi	ste Jeanne deValois	7	29	5	1	0	55	11	17	18	36	9 8 — 9 39	23
36	330	5	mard	ste Agathe.	7	27	5	2	1	58	11	47	19	42	10 43 —10 47	24
37	329	6	merc	s Armand.	7	26	5	4	2	58	0	22	20	29	11 27 —... ...	25
38	328	7	jeudi	s Romuald.	7	24	5	6	3	54	1	2	21	17	0 6 — 0 42	26
39	327	8	vend	s Jean de Matha.	7	23	5	7	4	45	1	48	22	4	1 14 — 1 43	27
40	326	9	same	ste Apolline.	7	21	5	9	5	32	2	37	22	52	2 8 — 2 30	28
41	325	10	DIM.	*Quinquagésime.*	7	19	5	11	6	14	3	32	23	39	2 50 — 3 9	29
42	324	11	lundi	ste Hortense.	7	18	5	12	6	51	4	32	—		3 27 — 3 44	30
43	323	12	mard	ste Eulalie.	7	16	5	14	7	23	5	34	0	25	4 0 — 4 16	1
44	322	13	merc	*Les Cendres.*	7	14	5	15	7	52	6	38	1	11	4 32 — 4 48	2
45	321	14	jeudi	s Valentin.	7	13	5	17	8	18	7	43	1	56	5 4 — 5 20	3
46	320	15	vend	s Faustin.	7	11	5	19	8	44	8	49	2	42	5 36 — 5 53	4
47	319	16	same	ste Julienne.	7	9	5	20	9	10	9	57	3	28	6 10 — 6 28	5
48	318	17	DIM.	*Quadragésime.*	7	7	5	22	9	37	11	6	4	15	6 46 — 7 6	6
49	317	18	lundi	s Siméon.	7	6	5	24	10	6	—		5	4	7 27 — 7 50	7
50	316	19	mard	Les 5 plaies de N. S.	7	4	5	25	10	39	0	17	5	57	8 15 — 8 43	8
51	315	20	merc	s Eucher. Quatre T.	7	2	5	27	11	18	1	28	6	52	9 15 — 9·50	9
52	314	21	jeudi	s Pépin, duc.	7	0	5	29	0	5	2	36	7	50	10 30 —11 12	10
53	313	22	vend	ste Isabelle. 4 T.	6	58	5	30	1	0	3	41	8	50	11 54 —... ...	11
54	312	23	same	s P. Damien. 4 T.	6	56	5	32	2	4	4	40	9	50	0 33 — 1 10	12
55	311	24	DIM.	s Mathias, apôtre.	6	54	5	34	3	16	5	31	10	50	1 42 — 2 11	13
56	310	25	lundi	s Félix, pape.	6	52	5	35	4	32	6	14	11	47	2 38 — 3 4	14
57	309	26	mard	s Alexandre.	6	51	5	37	5	49	6	51	12	42	3 29 — 3 52	15
58	308	27	merc	ste Honorine.	6	49	5	38	7	4	7	23	13	35	4 14 — 4 35	16
59	307	28	jeudi	s Romain.	6	47	5	40	8	17	7	52	14	25	4 56 — 5 17	17

TRAVAUX DES MAIRES PENDANT LE MOIS DE FÉVRIER.

Sessions des conseils municipaux. — C'est dans les premiers jours de février que doit s'ouvrir la première des quatre sessions ordinaires. — *Travaux préparatoires des conseils municipaux pour la session de mai.* Les maires des communes justiciables de la Cour des Comptes doivent rappeler aux conseillers municipaux que la session de mai est consacrée à la comptabilité communale et au vote du budget, et que MM. les conseillers doivent s'occuper d'avance des éléments qui composeront ce budget. — *Vérification des comptes communaux.* Le conseil municipal vérifie dans cette session les comptes communaux arrêtés par le maire au 31 décembre précédent. — *Prestation pour l'entretien et la réparation des chemins vicinaux.* Le rôle de ces prestations doit être régularisé au commencement de l'année. Si le produit des prestations ne devait pas suffire, le conseil municipal pourrait voter jusqu'à cinq centimes additionnels aux contributions directes. *Révision des listes électorales.* Le maire assisté de deux membres du conseil municipal désignés à cet effet par le conseil, juge dans les cinq jours les réclamations présentées à la mairie contre l'inscription ou l'omission d'électeurs sur la liste. Notification de cette décision devra être faite dans les trois jours, par le ministère d'un agent assermenté, aux parties intéressés qui auront cinq jours, à dater de la notification, pour en appeler devant le juge de paix du canton. — *Echenillage des arbres.* La loi du 26 ventôse an IV, sur cette matière, doit être publiée le 20 janvier ; de ce jour au 1er février, le maire fait afficher un règlement sur ce même objet. Dans la première quinzaine de février, le garde-champêtre en surveille l'exécution, et, après ce délai, il dresse des procès-verbaux contre les contrevenants. — *Vaccine.* — *Tableau annuel.* Le tableau de recensement des individus à vacciner doit être envoyé par les maires dans le courant de février, au vaccinateur cantonal. *Tables alphabétiques annuelles.* Le délai pour l'envoi de ces tables expire au 31 mars. — *Recrutement.* MM. les maires doivent se hâter de compléter les tableaux de recensement des jeunes gens qui doivent concourir au tirage de cette année ; ils doivent envoyer une ou deux expéditions de ces tableaux, à MM. les sous-préfets et préfet.

Le soleil entre dans le signe du *Bélier* le 20, à 11 h. 12 m. du soir.

Les jours croissent de 65 m. le matin et de 47 m. le soir.

D. Q. le 5 à 8 h. 15 m. du soir. | P. Q. le 21 à 4 h. 7 m. du matin.
N. L. le 13 à 11 h. 26 m. du soir. | P. L. le 27 à 11 h. 36 m. du matin.

Apogée de la lune, le 8 Mars, Périgée, le 24.

Jours de l'année.	Jours du mois.	NOMS DES SAINTS.	Lever du soleil.		Couch du soleil.		Lever de la lune		Couch de la lune		Passag de la lune au mérid. de Paris.		Heure de la pleine mer à Brest.				AGE de la lune.
			h.	m.	h.	m.	h.	m.	h.	m.	h.	m.	matin.		soir.			
													h. m.		h. m.			
60 306	1 vend	s Aubin.	6	45	5	42	9	28 soir.	8	20 matin.	15	13	5	37	—	5	57	18
61 305	2 same	s Simplice.	6	43	5	43	10	37	8	48	16	1	6	16	—	6	36	19
62 304	3 Dim.	ste Cunégonde.	6	41	5	45	11	44	9	16	16	49	6	55	—	7	14	20
63 303	4 lundi	s Casimir.	6	39	5	46	—		9	46	17	36	7	35	—	7	57	21
64 302	5 mard	s Théophile.	6	37	5	48	0	47 matin.	10	20	18	23	8	20	—	8	46	22
65 301	6 merc	ste Colette.	6	34	5	49	1	45	10	58	19	11	9	16	—	9	52	23
66 300	7 jeudi	s Thomas d'Aquin.	6	32	5	51	2	38	11	41	19	59	10	33	—	11	16	24
67 299	8 vend	s Jean de Dieu.	6	30	5	52	3	28	0	29 soir.	20	46	11	59	—	...	...	25
68 298	9 same	ste Françoise.	6	28	5	54	4	12	1	23	21	33	0	38	—	1	11	26
69 297	10 Dim.	s Ferdinand.	6	26	5	56	4	50	2	21	22	20	1	39	—	2	3	27
70 296	11 lundi	s Euloge.	6	24	5	57	5	23	3	22	23	6	2	24	—	2	43	28
71 295	12 mard	s Pol, évêque.	6	22	5	59	5	53	4	26	23	55	3	1	—	3	18	29
72 294	13 merc	ste Euphrasie.	6	20	5	0	6	21	5	31	—		3	35	—	3	51	30
73 293	14 jeudi	ste Mathilde.	6	18	6	2	6	47	6	39	0	38	4	7	—	4	23	1
74 292	15 vend	ste Georgette.	6	16	6	3	7	14	7	47	1	25	4	39	—	4	55	2
75 291	16 same	s Onésime.	6	14	6	5	7	40	8	56	2	12	5	12	—	5	29	3
76 290	17 Dim.	*Passion.*	6	12	6	6	8	7	10	7	3	2	5	46	—	6	4	4
77 289	18 lundi	s Cyrille.	6	10	6	8	8	39	11	19	3	53	6	23	—	6	43	5
78 288	19 mard	s Joseph.	6	8	6	9	9	17	—		4	47	7	4	—	7	26	6
79 287	20 merc	s Joachim.	6	5	6	11	10	1	0	28 matin.	5	44	7	51	—	8	20	7
80 286	21 jeudi	s Benoît.	6	3	6	12	10	52	1	33	6	42	8	53	—	9	30	8
81 285	22 vend	s Emile.	6	1	6	14	11	52	2	32	7	40	10	12	—	11	00	9
82 284	23 same	s Lubin.	5	59	6	15	0	59 soir.	3	25	8	38	11	44	—	...	...	10
83 283	24 Dim.	*Rameaux.*	5	57	6	17	2	10	4	10	9	35	0	24	—	1	0	11
84 282	25 lundi	ANNONCIATION.	5	55	6	18	3	25	4	47	10	29	1	32	—	2	1	12
85 281	26 mard	s Ludger.	5	53	6	20	4	41	5	19	11	22	2	27	—	2	51	13
86 280	27 mer.	s Rupert, évêque.	5	51	6	21	5	54	5	49	12	12	3	13	—	3	34	14
87 279	28 jeudi	s Gontran.	5	48	6	23	7	6	6	18	13	2	3	55	—	4	14	15
88 278	29 vend	s Berthold.	5	46	6	24	8	17	6	45	13	50	4	33	—	4	52	16
89 277	30 same	s Amédée.	5	44	6	26	9	25	7	13	14	39	5	10	—	5	28	17
90 276	31 Dim.	PAQUES.	5	42	6	27	10	31	7	43	15	27	5	46	—	6	4	18

TRAVAUX DES MAIRES PENDANT LE MOIS DE MARS.

Révision des listes électorales. Le 31 mars de chaque année, le maire opère toutes les rectifications régulièrement ordonnées, transmet au préfet le tableau de ces rectifications, et arrête définitivement la liste électorale de la commune. Une expédition de cet arrêté doit aussi être adressée au préfet. *Garde nationale. — Jurys de révision.* Le renouvellement des jurys de révision de la garde nationale doit avoir lieu au mois de mars. MM. les maires doivent envoyer au juge de paix du canton la liste de tous les gardes nationaux sachant lire et écrire, et âgés de plus de 25 ans. — *Echenillage des arbres.* Du 1er au 10 mars, les maires visitent tous les terrains garnis d'arbres, arbustes, haies et buissons, pour s'assurer si l'échenillage a été fait, et adresser leur rapport au sous-préfet. Après cette visite, les maires peuvent faire procéder d'office à l'échenillage aux dépens de ceux qui l'auront négligé. — *Vaccine. — Tableau.* Le délai pour l'envoi du tableau des habitants à vacciner expire le 1er mars. A cette époque le vaccinateur en réclame la remise. — *Poste aux lettres. — Service rural.* Les facteurs ruraux sont obligés de prendre au moins deux fois par an, en présence du maire, l'empreinte du timbre qui est fixé à demeure dans la boîte aux lettres de chacune des communes qu'ils parcourent. Le maire ne doit pas se refuser d'assister à la levée des empreintes, et de signer les trois formules imprimées du procès-verbal. En cas d'empêchement, le maire est suppléé par l'adjoint ou par un conseiller municipal. — *Recrutement.* Publication du procès-verbal de clôture de la liste du contingent pour 1849, et des listes d'émargement.

Le soleil entre dans le signe du *Taureau* le 20, à 11 h. 24 m. du matin.

Les jours croissent de 58 m. le matin et de 44 m. le soir.

D. Q. le 4 à 3 h. 53 m. du soir. | P. Q. le 19 à 10 h. 16 m. du matin.
N. L. le 12 à 0 h. 56 m. du soir. | P. L. le 26 à 11 h. 30 m. du matin.

Apogée de la lune , le 5 Avril , Périgée , le 18.

Jours de l'année	Jours du mois.	NOMS DES SAINTS.	Lever du soleil.	Couc du soleil	Lever de la lune	Couch de la lune	Passag de la lune au mérid. de Paris.	Heure de la pleine mer à Brest.		AGE de la lune.
			h m	h. m.	h. m.	h. m.	h. m	matin. h. m.	soir, h. m.	
91 275	1 lundi	s Hugues.	5 40	6 29	11 34	8 47	16 15	6 22 —	6 44	19
92 274	2 mard	s François de Paul.	5 38	6 30	—	8 54	17 4	7 0 —	7 20	20
93 273	3 mer	s Richard.	5 36	6 32	0 31	9 35	17 52	7 41 —	8 4	21
94 272	4 jeudi	s Ambroise.	5 34	6 33	1 21	10 22	18 39	8 31 —	9 3	22
95 271	5 vend	s Vincent-Ferrier.	5 32	6 35	2 6	11 13	19 27	9 41 —	10 24	23
96 270	6 same	ste Prudence.	5 30	6 36	2 47	0 9	20 13	11 8 —	11 50	24
97 269	7 Dim.	*Quasimodo.*	5 28	6 38	3 23	1 8	20 59	... ... —	0 27	25
98 268	8 lundi	ste Perpétue.	5 26	6 39	3 54	2 11	21 45	0 58 —	1 24	26
99 267	9 mar	ste Marie l'égyptie	5 23	6 41	4 22	3 16	22 31	1 47 —	2 8	27
100 266	10 mer	s Fulbert.	5 21	6 42	4 48	4 22	23 18	2 27 —	2 46	28
101 265	11 jeudi	s Léon , pape.	5 19	6 44	5 15	5 31	—	3 3 —	3 20	29
102 264	12 vend	s Jules.	5 17	6 45	5 42	6 42	0 6	3 37 —	3 54	30
103 263	13 same	s Marcellin.	5 15	6 47	6 9	7 54	0 55	4 11 —	4 29	1
104 262	14 Dim.	s Paterne.	5 13	6 48	6 39	9 7	1 47	4 47 —	5 5	2
105 261	15 lundi	ste Anastasie.	5 11	6 49	7 15	10 19	2 42	5 24 —	5 43	3
106 260	16 mar	s Fructueux.	5 9	6 51	7 58	11 27	3 39	6 3 —	6 25	4
107 259	17 mer	s *Donan.*	5 8	6 52	8 48	—	4 37	6 48 —	7 13	5
108 258	18 jeudi	s Parfait.	5 6	6 54	9 45	0 28	5 35	7 40 —	8 10	6
109 257	19 vend	s Elphège.	5 4	6 55	10 49	1 23	6 33	8 44 —	9 23	7
110 256	20 same	s Ségal.	5 2	6 57	11 59	2 10	7 29	10 5 —	10 49	8
111 255	21 Dim.	s Anselme.	5 0	6 58	1 11	2 50	8 23	11 31 —	.. ...	9
112 254	22 lundi	ste *Opportune.*	4 58	7 0	2 25	3 23	9 14	0 10 —	0 45	10
113 253	23 mar	s Georges.	4 56	7 1	3 38	3 53	10 4	1 15 —	1 45	11
114 252	24 mer	ste Beuve.	4 54	7 3	4 49	4 20	10 53	2 8 —	2 31	12
115 251	25 jeudi	s *Marc* , évang.	4 52	7 4	5 58	4 46	11 41	2 52 —	3 12	13
116 250	26 vend	s Clet, pape.	4 51	7 6	7 7	5 13	12 29	3 32 —	3 51	14
117 249	27 same	s Polycarpe.	4 49	7 7	8 15	5 42	13 18	4 9 —	4 27	15
118 248	28 Dim.	s Vital.	4 47	7 9	9 20	6 13	14 6	4 45 —	5 2	16
119 247	29 lundi	s Robert.	4 45	7 10	10 20	6 48	14 55	5 20 —	5 38	17
120 246	30 mar	s Eutrope.	4 44	7 11	11 14	7 28	15 44	5 56 —	6 44	18

TRAVAUX DES MAIRES PENDANT LE MOIS D'AVRIL.

Condamnations de Police. — *Extraits.* D'après l'article 178 du code d'instruction criminelle, MM. les maires des communes non chefs-lieux de canton, qui tiennent le tribunal de simple police, doivent, au commencement d'avril, transmettre au procureur de la République de l'arrondissement un extrait de tous les jugements rendus par ce tribunal dans le trimestre précédent. S'il n'y a pas eu de jugement, ils envoient un certificat négatif. Ils doivent aussi transmettre tous les mois, au receveur de l'enregistrement, une note des jugements prononçant des amendes. — *Contributions directes.* — *Nomination des Répartiteurs.* Les répartiteurs doivent être tous nommés dans les premiers mois de l'année, en vertu de la loi du 3 frimaire an VII. Les maires qui n'auraient pas encore envoyé la liste des dix candidats sur lesquels le préfet doit choisir, doivent se hâter de le faire.—*Réunions des commissions administratives des hospices et des conseils des bureaux de bienfaisance.* — Elle doit avoir lieu du 1er au 15 avril pour leur session annuelle et ordinaire. — *Comptabilité communale.* — *Clôture de l'exercice.* — *Mandats à payer sur cet exercice.* Aux termes de l'ordonnance du 1er mars 1835, l'époque de la clôture des exercices est fixée au 31 mars, pour les communes non justiciables de la Cour des Comptes. Aucune dépense ne pourra être ordonnée sur cet exercice après le 15 mars. — *Enfants trouvés.* Les certificats de vie pour les enfants trouvés placés en nourrice dans la commune, doivent être envoyés au préfet dans le courant d'avril pour le trimestre précédent. — *Etat de situation des écoles primaires.* Cet état doit-être adressé au préfet dans le courant d'avril. — *Répertoire des actes administratifs.* Dans les dix premiers jours d'avril, ce répertoire est présenté au visa du receveur de l'enregistrement par les secrétaires des administrations centrales et municipales. — *Etat des pensionnaires de la marine décédés.* Cet état doit être envoyé au commencement de chaque trimestre, au préfet, qui le transmet au ministre de la marine.

Le soleil entre dans le signe des *Gémeaux* le 21, à 11 h. 34 m. du matin.

Les jours croissent de 39 m. le matin et de 39 m. le soir.

D. Q. le 4 à 10 h. 55 m. du matin. | P. Q. le 18 à 4 h. 2 m. du soir.
N. L. le 11 à 11 h. 18 m. du soir. | P. L. le 26 à 0 h. 17 m. du matin.

La Lune est à son Apogée, le 3 mai, à son Périgée, le 14, à son Apogée, le 30.

Jours de l'année	Jours du mois.		NOMS DES SAINTS.	Lever du soleil	Couc du soleil	Lever de la lune	Couch. de la lune	Passag de la lune au mérid. de Paris.	Heure de la pleine mer à Brest.			AGE de la lune.
				h. m.	h. m.	h. m.	h. m.	h. m.	matin h. m.		soir. h. m.	
121	245	1 merc	s. Philippe. s Jacq.	4 42	7 13	— matin 3	8 13	16 32	6 32	—	6 52	19
122	244	2 jeudi	ste Athanase.	4 40	7 14	0 3	9 3	17 20	7 12	—	7 35	20
123	243	3 vend	Inv. ste Croix.	4 38	7 16	0 46	9 56	18 7	8 0	—	8 28	21
124	242	4 same	ste Monique.	4 37	7 17	1 23	10 54	18 53	9 1	—	9 37	22
125	241	5 DIM.	C. de s. Augustin.	4 35	7 19	1 55	11 56	19 38	10 16	—	10 55	23
126	240	6 lundi	*Rogations.*	4 34	7 20	2 24	0 soir. 59	20 23	11 32	—	... ...	24
127	239	7 mard	s Stanislas , év.	4 32	7 21	2 51	2 5	21 9	0 6	—	0 36	25
128	238	8 merc	s Désiré.	4 30	7 23	3 47	3 12	21 56	1 2	—	1 25	26
129	237	9 jeudi	ASCENSION. s Grég.	4 29	7 24	3 42	4 21	22 45	1 47	—	2 7	27
130	236	10 vend	s Antonin.	4 27	7 26	4 8	5 33	23 36	2 27	—	2 46	28
131	235	11 same	s *Tudy*, abbé.	4 26	7 27	4 37	6 47	—	3 5	—	3 24	29
132	234	12 DIM.	s *Congar.*	4 24	7 28	5 11	8 1	0 31	3 43	—	4 3	1
133	233	13 lundi	s Servais.	4 23	7 30	5 53	9 13	1 28	4 23	—	4 44	2
134	232	14 mard	s Boniface.	4 22	7 31	6 41	10 21	2 28	5 5	—	5 27	3
135	231	15 merc	s Isidore.	4 20	7 32	7 36	11 21	3 28	5 50	—	6 14	4
136	230	16 jeudi	s Honoré.	4 19	7 34	8 38	— matin	4 28	6 39	—	7 6	5
137	229	17 vend	s Pascal.	4 18	7 35	19 47	0 10	5 25	7 35	—	8 6	6
138	228	18 same	s Éric , roi. V. J.	4 17	7 36	1 1	0 51	6 20	8 39	—	9 16	7
139	227	19 DIM.	PENTECOTE. s *Yves.*	4 15	7 38	0 soir. 45	1 matin. 26	7 12	9 55	—	10 34	8
140	226	20 lundi	s Bernardin.	4 14	7 39	1 28	1 57	8 2	11 12	—	11 48	9
141	225	21 mard	ste Virginie.	4 13	7 40	2 39	2 24	8 50	... ...	—	0 21	10
142	224	22 merc	s Tiburce. 4 T.	4 12	7 41	3 48	2 50	9 37	0 51	—	1 18	11
143	223	23 jeudi	s Didier.	4 11	7 43	4 57	3 16	10 24	1 44	—	2 7	12
144	222	24 vend	s *Donatien.* 4 T.	4 10	7 44	6 3	3 43	11 12	2 28	—	2 49	13
115	221	25 same	s Urbain, 4 T.	4 9	7 45	7 8	4 13	12 0	3 9	—	3 28	14
146	220	26 DIM.	*Trinité.* ste Camille.	4 8	7 46	8 9	4 46	12 48	3 47	—	4 6	15
147	219	27 lundi	s Maximilien.	4 7	7 47	9 6	5 23	13 37	4 24	—	4 41	16
148	218	28 mard	s Germain.	4 6	7 48	9 58	6 6	14 26	4 59	—	5 16	17
149	217	29 merc	s Maximin.	4 5	7 49	10 43	6 54	15 14	5 34	—	5 52	18
150	216	30 jeudi	FÊTE-DIEU. s Gaut.	4 5	7 50	11 23	7 46	16 1	6 10	—	6 29	19
151	215	31 vend	ste Emilie.	4 4	7 51	11 57	8 43	16 47	6 49	—	7 11	20

TRAVAUX DES MAIRES PENDANT LE MOIS DE MAI.

Session des conseils municipaux. Cette session, la plus importante de toutes, a pour objet : 1°
la vérification du compte de l'administration du maire et de la gestion des receveurs municipaux, ainsi que le réglement définitif de l'exercice clos le 31 mars , à l'égard des communes
non justiciables de la Cour des Comptes ; 2° le report au budget supplémentaire, sous un titre
spécial, des restes à recouvrer et à payer de l'exercice clos, ainsi que l'excédent final que pré-
senterait le compte de cet exercice; 3° la formation du budget de 1851; 4° les dépenses nécessaires pour l'instruction primaire et les chemins vicinaux; 5° la révision du compte du budget
des hospices et bureaux de bienfaisance auxquels la commune paie des subventions; le renouvellement des baux qui expirent.— *Garde nationale.* D'après une circulaire du 25 mars 1833, les
maires doivent envoyer au sous-préfet le relevé des contrôles des compagnies. — *Vaccine.*
La tournée des vaccinateurs doit commencer le 1er mai. — *Contributions directes.* — *Dépôts des
rôles de* 1844. D'après l'article 17 de l'arrêté du gouvernement du 4 août 1800, les maires doivent
après le délai de 3 ans, retirer les rôles des contributions directes des mains des percepteurs ,
et les faire déposer dans les archives des sous-préfectures. Ce retrait doit être effectué pour
les rôles de 1845 dans les premiers mois de 1849.

Le soleil entre dans le signe de l'*Écrevisse* le 21 , à 8 h. 9 m. du soir.

Le matin , les jours croissent de 5 m. jusqu'au 10 , restent stationnaires jusqu'au 23 , et décroissent ensuite de 3 m.

Le soir , ils croissent de 12 m. jusqu'au 20 , et restent stationnaires jusqu'au 30.

D. Q. le 3 , à 3 h. 56 m. du matin. | P. Q. le 16 , à 10 h. 32 m. du soir.
N. L. le 10 , à 7 h. 29 m. du matin. | P. L. le 24 , à 2 h. 20 m. du soir.

Périgée de la lune , le 11 Juin , Apogée , le 27.

Jours de l'année		Jours du mois.		NOMS DES SAINTS.	Lever du soleil.		Couc. du soleil		Lever de la lune		Couch de la lune		Passag de la lune au mérid. de Paris.		Heure de la pleine mer à Brest.			AGE de la lune.
					h	m	h.	m	h.	m	h.	m.	h.	m.	matin. h. m	soir. h m.		
152	214	1	same	s Renan, év.	4	3	7	52	—		9	43	17	32	7 34	— 7 58		21
153	213	2	Dim.	ste Blandine.	4	2	7	53	0	27	10	44	18	17	8 25	— 8 55		22
154	212	3	lundi	ste Clotilde.	4	2	7	54	0	54	11	48	19	1	9 27	— 10 1		23
155	211	4	mard	ste *Ninnoc.*	4	1	7	55	1	18	0	53	19	47	10 35	— 11 9		24
156	210	5	merc	s Érasme.	4	1	7	56	1	43	2	1	20	34	11 44	—		25
157	209	6	jeudi	s Claude.	4	0	7	57	2	9	3	11	21	23	0 10	— 0 37		26
158	208	7	vend	s Mariadec.	4	0	7	58	2	36	4	24	22	16	1 3	— 1 27		27
159	207	8	same	s Médard, év.	3	59	7	58	3	7	5	38	23	42	1 50	— 2 13		28
160	206	9	Dim.	s *Landry*, év.	3	59	7	59	3	44	6	53	—		2 36	— 2 58		29
161	205	10	lundi	s Norbert, év.	3	58	8	0	4	29	8	4	0	42	3 20	— 3 42		1
162	204	11	mard	s Barnabé. apôtre.	3	58	8	0	5	22	9	9	1	14	4 5	— 4 28		2
163	203	12	merc	ste Olympe.	3	58	8	1	6	24	10	6	2	16	4 52	— 5 16		3
164	202	13	jeudi	sAntoine de Padoue	3	58	8	2	7	33	10	52	3	17	5 41	— 6 6		4
165	201	14	vend	s Guy , martyr.	3	58	8	2	8	47	11	29	4	44	6 33	— 6 51		5
166	200	15	same	s Modeste.	3	58	8	3	10	2	—		5	8	7 19	— 7 58		6
167	199	16	Dim.	s Fargeau.	3	58	8	3	11	16	0	1	6	0	8 28	— 9 00		7
168	198	17	lundi	s *Hervé*, abbé.	3	58	8	3	0	28	0	30	6	49	9 33	— 10 7		8
169	197	18	mard	ste Marine.	3	58	8	4	1	38	0	57	7	36	10 42	— 11 16		9
170	196	19	merc	s Gervais, s Protais.	3	58	8	4	2	47	1	22	8	22	11 49	—		10
171	195	20	jeudi	s Silvère.	3	58	8	4	3	54	1	48	9	9	0 20	— 0 49		11
172	194	21	vend	s *Méen, abbé:*	3	58	8	5	4	59	2	16	9	56	1 17	— 1 42		12
173	193	22	same	s Paulin, év.	3	58	8	5	6	1	2	47	10	44	2 5	— 2 27		13
174	192	23	Dim.	s Félix.	3	59	8	5	6	59	3	22	11	33	2 48	— 3 9		14
175	191	24	lundi	N. de s J.-B.	3	59	8	5	7	53	4	2	12	21	3 28	— 3 46		15
176	190	25	mard	s Prosper.	3	59	8	5	8	41	4	48	13	40	4 4	— 4 23		16
177	189	26	merc	s Maixent , p.	4	0	8	5	9	23	5	39	13	57	4 41	— 4 58		17
178	188	27	jeudi	s Ladislas.	4	0	8	5	9	59	6	34	14	44	5 15	— 5 33		18
179	187	28	vend	s Irénée.	4	1	8	5	10	30	7	32	15	29	5 51	— 5 33		19
180	186	29	same	s. Pierre. s Paul.	4	1	8	5	10	57	8	33	16	13	6 28	— 6 47		20
181	185	30	Dim.	Com. de s Paul.	4	2	8	5	11	22	9	36	16	57	7 7	— 7 29		21

TRAVAUX DES MAIRES PENDANT LE MOIS DE JUIN.

Comptabilité communale. D'après l'ordonnance du 1er mars 1845, la clôture de l'exercice 1848, pour les communes et établissements de bienfaisance justiciables de la Cour des Comptes, doit avoir lieu au 30 juin. — *Arrosement de la voie publique.* La salubrité publique , placée dans les attributions du pouvoir municipal, exigent que MM. les maires prennent un arrêté, pour qu'à compter du mois de juin chaque habitant arrose le devant de sa maison. — *Chiens errants ou enragés.* Des mesures sont également nécessaires à la même époque contre ces animaux.

Le soleil entre dans le signe du *Lion* le 23 , à 7 h. 3 m. du matin.

Les jours décroissent de 32 m. le matin et de 28 m. le soir.

D. Q. le 2, à 6 h. 7 m. du soir. | P. Q. le 16 , à 6 h. 50 m. du matin.

N. L. le 9, à 2 h 36 m. du soir. | P. L. le 24, à 5 h. 33 m du matin.

Périgée de la lune , le 10 juillet , Apogée , le 24.

Jours de l'année	Jours du mois.		NOMS DES SAINTS.	Lever du soleil.		Couch du soleil .		Lever de la lune		Couch de la lune		Passag de la lune au mérid. de Paris.		Heure de la pleine mer à Brest.					ÂGE de la lune.
				h.	m.	h.	m.	h.	m.	h.	m.	h.	m.	matin. h m.	—	soir. h. m.			
182	184	1	lundi s *Goulven,* év.	4	2	8	5	11	47	10	40	17	41	7 52	—	8 17			22
183	183	2	mard Visit. de N.-D.	4	3	8	4		—	11	45	18	26	8 43	—	9 11			23
184	182	3	merc s Anatole.	4	3	8	4	0	11	0	51	19	13	9 11	—	10 13			24
185	181	4	jeudi Transl. s Martin.	4	4	8	4	0	37	2	1	20	2	10 46	—	11 18			25
186	180	5	vend ste Zoé, mart.	4	5	8	3	1	5	3	13	20	56	11 49	—	... ...			26
187	179	6	same s Tranquille.	4	6	8	3	1	39	4	25	21	53	0 20	—	0 49			27
188	178	7	DIM. ste Aubierge.	4	6	8	2	2	19	5	37	22	54	1 18	—	1 45			28
189	177	8	lundi ste Priscille.	4	7	8	2	3	6	6	46	23	57	2 11	—	2 36			29
190	176	9	mard ste Victoire.	4	8	8	1	4	2	7	50		—	3 1	—	3 26			30
191	175	10	merc ste Félicité.	4	9	8	1	5	8	8	44	1	0	3 51	—	4 16			1
192	174	11	jeud Trans. de s Benoît.	4	10	8	0	6	22	9	27	2	1	4 41	—	5 5			2
193	173	12	vend s Gualbert.	4	11	7	59	7	41	10	3	2	59	5 30	—	5 55			3
194	172	13	same s Anaclet.	4	12	7	58	8	59	10	34	3	53	6 20	—	6 45			4
195	171	14	DIM. s Bonaventure.	4	13	7	58	10	15	11	2	4	44	7 11	—	7 37			5
196	170	15	lundi s Henri , emp.	4	14	7	57	11	28	11	28	5	33	8 4	—	8 32			6
197	169	16	mard N. D. du Mont-Car.	4	15	7	56	0	38	11	54	6	21	9 1	—	9 31			7
198	168	17	merc s Alexis.	4	16	7	55	1	46		—	7	7	10 3	—	10 36			8
199	167	18	jeudi s Clair.	4	17	7	54	2	52	0	21	7	54	11 9	—	11 43			9
200	166	19	vend s Vincent de Paul.	4	18	7	53	3	55	0	51	8	42	... ...	—	0 16			10
201	165	20	same ste Marguerite.	4	19	7	52	4	55	1	24	9	30	0 47	—	1 16			11
202	164	21	DIM. s Victor, martyr.	4	21	7	51	5	50	2	2	10	18	1 43	—	2 7			12
203	163	22	lundi ste Madeleine.	4	22	7	50	6	39	2	46	11	6	2 30	—	2 51			13
204	162	23	mard s Apollinaire.	4	23	7	49	7	23	3	34	11	54	3 11	—	3 30			14
205	161	24	merc ste Christine.	4	24	7	48	8	1	4	28	12	41	3 48	—	4 6			15
206	160	25	jeudi s Jacques , le min.	4	25	7	46	8	34	5	27	13	27	4 23	—	4 40			16
207	159	26	vend ste *Anne d'Auray.*	4	27	7	45	9	2	6	27	14	11	4 56	—	5 13			17
208	158	27	same ste Nathalie.	4	28	7	44	9	27	7	28	14	55	5 30	—	5 47			18
209	157	28	DIM. s Nazaire.	4	29	7	43	9	52	8	31	15	39	6 4	—	6 22			19
210	156	29	lundi ste Marthe.	4	30	7	41	10	16	9	35	16	23	6 40	—	6 59			20
211	155	30	mard s Ignace de Loyola.	4	32	7	40	10	40	10	40	17	8	7 18	—	7 40			21
212	154	31	merc s Germain.	4	33	7	38	11	6	11	47	17	55	8 3	—	8 28			22

TRAVAUX DES MAIRES PENDANT LE MOIS DE JUILLET.

Enfants trouvés. — *Certificats de vie.* MM. les maires doivent envoyer aux sous-préfets, pour le trimestre écoulé d'avril à juillet, les certificats de vie des enfants trouvés placés en nourrice dans leur commune. -- *Pensionnaires de la marine* --.*Décès.* MM. les maires doivent également envoyer aux sous-préfets un état des pensionnaires de la marine décédés pendant le même trimestre. -- *Condamnations de police.* -- *Extraits.* Les maires des communes non chefs-lieux de canton qui tiennent le tribunal de simple police devront aussi, au commencement de juillet, transmettre au procureur de la République un extrait des condamnations à l'emprisonnement rendues par le tribunal durant ce précédent trimestre. -- *Visa des répertoires.* -- *Notices des décès.* La présentation des répertoires au visa des receveurs de l'enregistrement, et la remise aux mêmes préposés de la notice des décès, doivent avoir lieu dans les dix premiers jours de juillet. -- *Officiers de santé.* -- *Sages-femmes.* -- *Herboristes.* L'inscription des aspirants aux titres de sages-femmes, herboristes et officiers de santé est reçue à la préfecture de chaque département jusqu'au 15 juillet. MM. les maires doivent l'annoncer à leurs administrés. -- *Fabriques d'églises.* -- *Assemblées.* Le premier dimanche de juillet, les conseils de fabrique d'églises doivent tenir leur troisième assemblée. — *Recrutement.* MM. les maires doivent s'occuper des rectifications que demandent les tableaux de recensement, d'après les mutations survenues depuis que ces tableaux ont été dressés. -- *Comptabilité communale.* L'exercice pour les communes justiciables de la Cour des Comptes étant clos au 30 juin, MM. les maires doivent, dans le mois de juillet, faire les travaux préparatoires pour la session d'août, à laquelle doit avoir lieu la formation du budget.

Le soleil entre dans le signe de la *Vierge* le 23 , à 1 h. 32 m. du soir.

Les jours décroissent de 44 m. le matin et de 56 m. le soir.

D. Q. le 1er , à 5 h. 26 m. du matin. | P. Q. le 14, à 5 h. 56 m. du soir.
N. L. le 7 , à 9 h. 43 m. du soir. | P. L. le 22 , à 9 h. 21 m. du soir.

D. Q. le 30 à 2 heures 27 minutes du soir.

Périgée de la lune , le 7 août , Apogée , le 20.

Jours de l'année	Jours du mois.		NOMS DES SAINTS.	Lever du soleil	Couc du soleil	Lever de la lune	Couch de la lune	Passag de la lune au mérid. de Paris.	Heure de la pleine mer à Brest. matin. soir.		AGE de la lune.
				h. m	h. m	h. m,	h. m.	h. m.	h. m.	h m.	
213	153	1 jeudi	ste Sophie.	4 34	7 37	11 s. 36	0 soir 55	18 45	8 55 —	9 24	23
214	152	2 vend	s Etienne, pape.	4 36	7 36	—	2 soir 5	19 38	9 57 —	10 32	24
215	151	3 same	Inv. de s Étienne.	4 37	7 34	0 matin 10	3 16	20 35	11 8 —	11 44	25
216	150	4 DIM.	s Dominique.	4 38	7 33	0 matin 52	4 24	21 36	... ... —	0 20	26
217	149	5 lundi	N.-D. des Neiges.	4 40	7 31	1 matin 43	5 28	22 39	0 52 —	1 24	27
218	148	6 mard	Transf. de N.-S.	4 41	7 29	2 44	6 26	23 41	1 53 —	2 21	28
219	147	7 merc	s Gaétan.	4 42	7 28	3 55	7 16	--	2 48 —	3 15	29
220	146	8 jeud	s Justin.	4 44	7 26	5 13	7 57	0 41	3 40 —	4 4	1
221	145	9 vend	s Xiste.	4 45	7 25	6 34	8 31	1 39	4 28 —	4 52	2
222	144	10 same	s Laurent, m.	4 47	7 23	7 53	9 1	2 33	5 15 —	5 38	3
223	143	11 DIM	ste Suzanne.	4 48	7 21	9 9	9 29	3 25	6 1 —	6 23	4
224	142	12 lundi	ste Claire, vierge.	4 49	7 19	10 22	9 56	4 14	6 46 —	7 9	5
225	141	13 mard	s Hippolyte.	4 51	7 18	11 33	10 24	5 3	7 30 —	7 54	6
226	140	14 merc	s Eusèbe. V. J.	4 52	7 16	0 soir 42	10 53	5 51	8 21 —	8 48	7
227	139	15 jeudi	ASSOMPTION.	4 54	7 14	1 soir 47	11 25	6 39	9 17 —	9 50	8
228	138	16 vend	s Roch.	4 55	7 12	2 49	--	7 27	10 25 —	11 3	9
229	137	17 same	ste Emilie.	4 56	7 10	3 45	0 matin 1	8 15	11 41 —	... ...	10
230	136	18 DIM.	ste Hélène.	4 58	7 9	4 37	0 matin 42	9 3	0 48 —	0 52	11
231	135	19 lundi	s Jules.	4 59	7 7	5 22	1 matin 30	9 51	1 22 —	1 48	12
232	134	20 mard	s Bernard.	5 1	7 5	6 2	2 23	10 38	2 12 —	2 33	13
233	133	21 merc	ste Chantal.	5 2	7 3	6 36	3 20	11 24	2 53 —	3 11	14
234	132	22 jeudi	s Symphorien.	5 3	7 1	7 6	4 19	12 9	3 28 —	3 45	15
235	131	23 vend	ste Sidonie.	5 5	6 59	7 33	5 20	12 54	4 2 —	4 18	16
236	130	24 same	s Barthélémy.	5 6	6 57	7 56	6 24	13 38	4 34 —	4 49	17
237	129	25 DIM.	s Louis, roi.	5 8	6 55	8 20	7 28	14 21	5 5 —	5 21	18
238	128	26 lundi	s Zéphirin, p.	5 9	6 53	8 45	8 32	15 6	5 37 —	5 53	19
240	127	27 mard	s Césaire, évê.	5 11	6 51	9 10	9 38	15 52	6 10 —	6 28	20
239	126	28 merc	s Augustin, év.	5 12	6 49	9 38	10 45	16 40	6 47 —	7 7	21
241	125	29 jeudi	Déc. de s J.-B. s Ad.	5 13	6 47	10 10	11 53	17 31	7 28 —	7 51	22
242	124	30 vend	ste Rose de Lima.	5 15	6 45	10 48	1 soir 2	18 25	8 17 —	8 46	23
243	123	31 same	s Raymond.	5 16	6 43	11 34	2 soir 9	19 22	9 20 —	9 57	24

TRAVAUX DES MAIRES PENDANT LE MOIS D'AOUT.

Session des conseils municipaux. Dans les premiers jours du mois d'août auralieu la troisième session ordinaire des conseils municipaux. *Comptabilité communale.* D'après l'ordonnance du 1er mars 1835, les communes justiciables de la Cour des Comptes doivent, à cette session, s'occuper du budget de 1850. -- *Instruction primaire. -- État. -- Enfants indigents.* Dans cette même session, les conseils municipaux dresseront l'état des élèves qui devront être reçus gratuitement à l'école primaire élémentaire. -- *Ecole primaire supérieure.* Les conseils municipaux détermineront aussi, s'il y a lieu, le nombre des places gratuites qui pourront être mises au concours. -- *Hospices. -- Etablissements de bienfaisance.* Les commissions administratives des hospices et des établissements de bienfaisance devront se réunir, le 15 août, sous la présidence du maire, qui est leur président-né, ou sous celle du président , pour dresser une liste de candidats à présenter pour le remplacement : 1o des membres décédés ; 2o Des membres démissionnaires; 3o des membres qui ont quitté la commune ; 4o de ceux enfin qui doivent sortir à la fin de l'année.

Le soleil entre dans le signe de la *Balance* le 23, à 10 h. 10 m. du matin.

Les jours décroissent de 41 m. le matin et de 61 m. le soir.

N. L. le 6, à 5 h. 38 m. du matin. | P. L. le 21, à 0 h. 50 m. du soir.
P. Q. le 13, à 8 h. 30 m. du matin. | D. Q. le 28, à 10 h. 2 m. du soir.

Périgée de la lune, le 4 Septembre, Apogée, le 17.

Jours de l'année	Jours du mois.		NOMS DES SAINTS.	Lever du soleil.		Couch. du soleil.		Lever de la lune		Couch de la lune		Pasage de la lune au mérid. de Paris.		Heure de la pleine mer à Brest.				ÂGE de la lune.
				h.	m.	h.	m.	h.	m.	h.	m.	h.	m.	matin. h.	m.	soir. h.	m.	
244	122	1	Dim. s Leu. s Gilles.	5	18	6	41	—		3	13 matin.	20	22	10	38	— 11	20	25
245	121	2	lundi s Lazare.	5	19	6	39	0	29 matin.	4	12	21	22	...	...	— 0	0	26
246	120	3	mard s Grégoire.	5	21	6	37	1	33	5	5	22	23	0	38	— 1	12	27
247	119	4	merc ste Rosalie.	5	22	6	35	2	46	5	49	23	21	1	43	— 2	11	28
248	118	5	jeudi s Bertin, abbé.	5	23	6	33	4	4	6	26	—		2	37	— 3	2	29
249	117	6	vend s Eugène.	5	25	6	31	5	23	6	58	0	17	3	26	— 3	49	1
250	116	7	same s Cloud, prêtre.	5	26	6	29	6	42	7	27	1	11	4	11	— 4	33	2
251	115	8	Dim. NATIVITÉ N.-D.	5	28	6	27	7	59	7	55	2	3	4	54	— 5	15	3
252	114	9	lundi ste Dorothée.	5	29	6	25	9	43	8	23 soir.	2	53	5	36	— 5	56	4
253	113	10	mard s Nicolas, de Tol.	5	30	6	23	10	24	8	52 soir.	3	42	6	16	— 6	37	5
254	112	11	merc s Hyacinthe.	5	32	6	20	11	33	9	24	4	34	6	58	— 7	19	6
255	111	12	jeudi s Raphaël.	5	33	6	18	0	37 soir.	9	59	5	21	7	41	— 8	5	7
256	110	13	vend s Aimé.	5	35	6	16	1	37	10	39	6	40	8	32	— 9	3	8
257	109	14	same Exalt. de la ste-Cr.	5	36	6	14	2	32 soir.	11	25	6	58	9	39	— 10	20	9
258	108	15	Dim. s Nicomède.	5	38	6	12	3	19	—		7	47	11	3	— 11	45	10
259	107	16	lundi ste Euphémie.	5	39	6	10	3	59	0	17 matin.	8	34	...	...	— 0	24	11
260	106	17	mard s Lambert.	5	41	6	8	4	36	1	13	9	21	0	57	— 1	25	12
261	105	18	merc s J-Chrisostôme. 4T.	5	42	6	6	5	8	2	12 matin.	10	6	1	49	— 2	10	13
262	104	19	jeudi s Janvier, évêque.	5	43	6	3	5	35	3	12	10	51	2	29	— 2	47	14
263	103	20	vend s Eustache. 4 T.	5	45	6	1	6	1	4	14	11	35	3	4	— 3	20	15
264	102	21	same s Mathieu, apôt. 4 T.	5	46	5	59	6	25	5	18	12	19	3	36	— 3	52	16
265	101	22	Dim. s Maurice.	5	48	5	57	6	49	6	23	13	4	4	7	— 4	23	17
266	100	23	lundi ste Thècle.	5	49	5	55	7	14	7	29	13	50	4	38	— 4	54	18
267	99	24	mard s Gérard.	5	51	5	53	7	41	8	37	14	37	5	10	— 5	27	19
268	98	25	merc s Firmin, évêq.	5	52	5	51	8	12	9	47	15	27	5	44	— 6	1	20
269	97	26	jeudi ste Justine.	5	53	5	49	8	47	10	56	16	20	6	19	— 6	39	21
270	96	27	vend s Côme, s Damien.	5	55	5	46	9	28	0	3 soir.	17	15	7	1	— 7	25	22
271	95	28	same s *Céran*, évêq.	5	56	5	44	10	18	1	7 soir.	18	13	7	51	— 8	21	23
272	94	29	Dim. s Michel, arch.	5	58	5	42	11	18	2	6	19	11	8	57	— 9	38	24
273	93	30	lundi s Jérôme.	6	59	5	40	—		2	59	20	10	10	22	— 11	8	25

TRAVAUX DES MAIRES PENDANT LE MOIS DE SEPTEMBRE.

Liste du jury. Dans la première quinzaine de ce mois, les maires doivent rectifier la liste du jury en retranchant le nom des jurés décédés ou devenus incapables, en ajoutant les noms des citoyens déjà portés sur la liste générale des électeurs de la commune qui ont acquis les conditions exigées d'âge ou autres. La liste ainsi rectifiée doit être affichée le 15 septembre à la porte de l'église et de la maison commune. Les réclamations doivent être formées dans les dix jours après l'apposition de l'affiche et jugées par le conseil municipal, dans les huit jours qui suivent le dépôt à la mairie, -- *Garde nationale.* -- *Jurys de révision.* La session de ces jurys devant être close le 30 de ce mois, MM. les maires doivent encore envoyer au juge de paix du canton la liste de tous les gardes nationaux sachant lire et écrire et âgés de plus de 25 ans, afin qu'il puisse être procédé au tirage au sort des jurés et suppléants qui doivent entrer en fonctions le premier octobre.

Le soleil entre dans le signe du *Scorpion* le 23, à 6 h. 22 m. du soir.

Les jours décroissent de 48 m. le matin et de 60 m. le soir.

N. L. le 5, à 3 h. 5 m. du soir. | P. L. le 21, à 3 h. 20 m. du matin.

P. Q. le 13, à 2 h. 39 m. du matin. | D. Q. le 28, à 5 h. 9 m. du matin.

Périgée de la lune, le 2 octobre, Apogée, le 14, Périgée, le 29.

Jours de l'année		Jours du mois.		NOMS DES SAINTS.	Lever du soleil.	Couch du soleil.	Lever de la lune	Couch de la lune	Passag de la lune au mérid. de Paris.	Heure de la pleine mer à Brest. matin.	soir.	AGE de la lune.
					h. m.	h. m.	h. m.	h. m.	h. m.	h. m.	h. m.	
274	92	1	mard	s Rémi, évêque,	6 1	5 38	0 25 *matin*	3 44 *soir*	21 7	11 51	... ...	26
275	91	2	merc	ss Anges gardiens.	6 2	5 36	1 40	4 22	22 2	0 29	1 2	27
276	90	3	jeudi	s Denis l'aréopa.	6 4	5 34	2 58	4 54	22 56	1 32	1 59	28
277	89	4	vend	s François d'Ass.	6 5	5 32	4 15	5 23	23 48	2 24	2 47	29
278	88	5	same	ste Aure.	6 7	5 30	5 33	5 51	—	3 9	3 30	30
279	87	6	DIM.	s Bruno.	6 8	5 27	6 49	6 20	0 40	3 51	4 11	1
280	86	7	lundi	ste Julie.	6 10	5 25	8 3	6 48	1 30	4 30	4 49	2
281	85	8	mard	ste Brig. ste Thais.	6 11	5 23	9 14	7 49	2 20	5 8	5 28	3
282	84	9	merc	s Denis, évêque.	6 13	5 21	10 22	7 55	3 11	5 47	6 5	4
283	83	10	jeudi	ste Telchide.	6 14	5 19	11 26	8 34	4 1	6 24	6 44	5
284	82	11	vend	s Firmin.	6 16	5 17	0 24 *soir*	9 17	4 51	7 5	7 27	6
285	81	12	same	s Wilfrid.	6 17	5 15	1 15	10 6	5 40	7 52	8 20	7
286	80	13	DIM.	s Edouard.	6 19	5 13	1 59	11 0	6 28	8 54	9 33	8
287	79	14	lundi	s Caliste, pape.	6 20	5 11	2 37	11 58	7 45	10 17	11 2	9
288	78	15	mard	ste Thérèse.	6 22	5 9	3 10	—	8 4	11 43	... ...	10
289	77	16	merc	s Léopold.	6 23	5 7	3 39	0 59 *matin*	8 46	0 19	0 49	11
290	76	17	jeudi	ste Estelle.	6 25	5 5	4 6	2 1	9 30	1 15	1 37	12
291	75	18	vend	s Luc, évang.	6 26	5 3	4 30	3 5	10 14	1 57	2 15	13
292	74	19	same	s Savinien.	6 28	5 1	4 53	4 10	10 59	2 32	2 49	14
293	73	20	DIM.	s Caprais.	6 29	5 0	5 17	5 16	11 45	3 5	3 22	15
294	72	21	lundi	ste *Ursule*, v. m.	6 31	4 58	5 44	6 24	12 33	3 38	3 54	16
295	71	22	mard	s *Mellon*, évêque.	6 33	4 56	6 13	7 34	13 23	4 10	4 27	17
296	70	23	merc	s Séverin.	6 34	4 54	6 47	8 44	14 16	4 44	5 2	18
297	69	24	jeudi	s Magloire.	6 36	4 52	7 27	9 52	15 11	5 20	5 40	19
298	68	25	vend	s Crépin. s Crép.	6 37	4 50	8 14	10 59	16 8	6 0	6 21	20
299	67	26	same	ste Evariste.	6 39	4 48	9 11	0 3 *soir*	17 6	6 44	7 10	21
300	66	27	DIM.	s Frumence.	6 41	4 47	10 16	0 58	18 4	7 39	8 11	22
301	65	28	lundi	s Simon, s Jude.	6 42	4 45	11 26	1 44	19 0	8 48	9 29	23
302	64	29	mard	s Narcisse.	6 44	4 43	—	2 22	19 55	10 13	10 57	24
303	63	30	merc	s Lucain.	6 45	4 42	0 41 *matin*	2 53	20 47	11 37	... ...	25
304	62	31	jeudi	s Quentin. V. J.	47	4 40	1 56 *matin*	3 24	21 38	0 14	0 46	26

TRAVAUX DES MAIRES PENDANT LE MOIS D'OCTOBRE.

Parmi les obligations qui sont imposées aux maires, il en est un grand nombre qui reviennent périodiquement et que chaque trimestre nous ramène à sa suite. Telles sont les obligations relatives : 1° *Au répertoire* pour l'inscription des actes soumis à l'enregistrement (loi du 22 frimaire an VII, art. 49), répertoire tenu sur un registre coté et paraphé par le sous-préfet et qui doit être présenté au visa du receveur des domaines dans les dix premiers jours de chaque trimestre ; 2° *A la liste des pensionnaires de la marine* domiciliés dans la commune, qui seraient décédés pendant le trimestre ; 3° au tableau des jugements rendus pendant le même espace de temps par les conseils de discipline de la garde nationale ; 4° Aux certificats de vie des enfants trouvés, placés en nourrice dans la commune ; 5° Au tableau des condamnations à l'emprisonnement que MM. les maires ont pu prononcer pendant le trimestre, comme juges de police : ce tableau doit être envoyé au procureur de la République de l'arrondissement ; 6° A la notice des décès survenus pendant le trimestre. — C'est le 4 octobre qu'aura lieu la quatrième session des conseils de fabrique dont MM. les maires sont membres-nés, et où ils peuvent, en cas d'empêchements, se faire remplacer par leurs adjoints. *Vaccine.* Les vaccinateurs doivent, au 1er octobre, envoyer, par l'intermédiaire des maires, les tableaux de leurs opérations à leur sous-préfecture respective. *Liste du jury.* Après la notification faite administrativement de la décision du conseil municipal qui a prononcé sur la demande de rectification de la liste du jury, les parties intéressées ont trois jours pour se pourvoir devant le tribunal civil, s'il s'agit d'incapacité légale, sinon devant le conseil de préfecture. Ces deux tribunaux jugeront dans les 15 jours du recours, toute rectification à la liste affichée le 15 septembre, sera affichée dans les mêmes lieux et la liste générale de la commune sera envoyée au préfet avant le 1er novembre.

Le soleil entre dans le signe du *Sagittaire* le 22, à 2 h. 59 m. du soir.

Les jours décroissent de 45 m. le matin et de 34 m. le soir.

N. L. le 4, à 2 h. 49 m. du matin. | P. L. le 19, à 4 h. 44 m. du soir.
P. Q. le 11, à 11 h. 24 m. du soir. | D. Q. le 26, à 0 h. 42 m. du soir.

Apogée de la lune, le 11 novembre, Périgée, le 23.

Jours de l'année		Jours du mois		NOMS DES SAINTS.	Lever du soleil.	Couch du soleil.	Lever de la lune.	Couch de la lune.	Passag de la lune au mérid. de Paris.	Heure de la pleine mer à Brest.		AGE de la lune.
					h. m.	h. m.	h. m.	h. m.	h. m.	h. m. matin.	h. m. soir.	
305	61	1	vend	TOUSSAINT.	6 49	4 38	3 11 matin	3 52 soir	22 29	1 15 —	1 41	27
306	60	2	same	*Les Morts.*	6 50	4 37	4 26 matin	4 19 soir	23 19	2 5 —	2 27	28
307	59	3	Dim.	s Marcel, évêque.	6 52	4 35	5 40 matin	4 46	—	2 49 —	3 9	29
308	58	4	lundi	s Charles Borom.	6 53	4 33	6 53	5 16	0 9	3 30 —	3 48	1
309	57	5	mard	ste Berthilde.	6 55	4 32	8 3	5 49	0 59	4 8 —	4 26	2
310	56	6	merc	s Ernest, évê.	6 57	4 30	9 10	6 26	1 50	4 44 —	5 3	3
311	55	7	jeudi	s *Ildut*, abbé.	6 58	4 29	10 12	7 8	2 41	5 21 —	5 39	4
312	54	8	vend	s Godefroy.	7 0	4 27	11 7	7 55	3 31	5 58 —	6 17	5
313	53	9	same	s Mathurin.	7 1	4 26	11 54	8 48	4 20	6 37 —	6 58	6
314	52	10	Dim.	s Juste.	7 3	4 25	0 36 soir	9 44	5 8	7 21 —	7 46	7
315	51	11	lundi	s Martin, évêque.	7 5	4 23	1 13 soir	10 44	5 55	8 15 —	8 47	8
316	50	12	mard	s René, évêque.	7 6	4 22	1 44	11 46	6 40	9 24 —	10 4	9
317	49	13	merc	ss Brice et Didier.	7 8	4 21	2 9	—	7 24	10 45 —	11 23	10
318	48	14	jeudi	s *Amand*, roi.	7 9	4 19	2 32	0 49 matin	8 7	11 56 —	... ...	11
319	47	15	vend	s *Malo*, évê.	7 11	4 18	2 55	1 52 matin	8 52	0 23 —	0 51	12
320	46	16	same	s Edme.	7 12	4 17	3 19	2 58	9 37	1 13 —	1 34	13
321	45	17	Dim.	s Aignan, évê.	7 14	4 16	3 44	4 6	10 24	1 54 —	2 14	14
322	44	18	lundi	s *Tanguy*.	7 16	4 15	4 12	5 16	11 13	2 32 —	2 50	15
323	43	19	mard	ste Elisabeth.	7 17	4 13	4 44	6 27	12 6	3 8 —	3 27	16
324	42	20	merc	s Edmond.	7 19	4 12	5 22	7 39	13 2	3 43 —	4 4	17
325	41	21	jeudi	Présent. de N.-D.	7 20	4 11	6 9	8 49	14 0	4 23 —	4 43	18
326	40	22	vend	ste Cécile.	7 22	4 11	7 4	9 56	15 0	5 3 —	5 25	19
327	39	23	same	s Clément.	7 23	4 10	8 6	10 55	15 59	5 48 —	6 12	20
328	38	24	Dim.	s *Houardon*, évê.	7 25	4 9	9 15	11 45	16 57	6 37 —	7 4	21
329	37	25	lundi	ste Catherine.	7 26	4 8	10 28	0 26 soir	17 52	7 33 —	8 5	22
330	36	26	mard	ste Genev des Ard.	7 28	4 7	11 44	1 1 soir	18 44	8 40 —	9 18	23
331	35	27	merc	s Agricole. s Vital.	7 29	4 7	—	1 30	19 35	9 57 —	10 37	24
332	34	28	jeudi	s Maxime.	7 30	4 6	0 59 matin	1 57	20 24	11 15 —	11 50	25
333	33	29	vend	s Saturnin.	7 32	4 5	2 12 matin	2 23	21 13	... ... —	0 22	26
334	32	30	same	s André, apôtre.	7 33	4 5	3 24 matin	2 49	22 1	0 51 —	1 19	27

TRAVAUX DES MAIRES PENDANT LE MOIS DE NOVEMBRE.

Rôles d'affouage. Si ces rôles ne sont pas encore arrêtés, les conseils municipaux feront bien de s'en occuper pour ne point retarder indéfiniment la délivrance des coupes de bois. Ils devront également ne pas différer plus longtemps de procéder à la nomination des entrepreneurs chargés de l'exploitation de ces coupes. -- *Chemins vicinaux.* -- *Rôles de prestations.* MM. les maires qui n'auraient pas encore soumis à l'approbation du préfet les rôles de prestations pour l'année courante, doivent, se hâter de réparer cette omission. De leur côté, les conseils municipaux qui seraient en retard de voter les prestations pour l'année prochaine, méconnaîtraient les véritables intérêts des communes s'ils ne profitaient pas de la session qui va s'ouvrir pour remplir cette obligation. -- *Bornage des propriétés communales et des chemins.* Le bornage des propriétés communales et des chemins est la seule mesure qui puisse être employée utilement pour empêcher les usurpations, faire reconnaître celles qui ont été commises, et prévenir les contestations longues et coûteuses dans lesquelles elles entraînent fréquemment les communes. MM. les maires ne peuvent trop joindre leurs efforts aux nôtres pour déterminer les conseils municipaux à voter les fonds nécessaires à l'acquit des frais qui résulteront de l'abornement des propriétés communales, partout où cette opération n'a point eu lieu.

Le soleil entre dans le signe du *Capricorne* le 22, à 3 h. 48 m. du matin.

Les jours décroissent de 22 m. le matin du 1er au 27 décembre et de 3 m. le soir, du 1er au 7 ; ils croissent ensuite de 10 m. le soir du 15 au 31.

N. L. le 3, à 5 h. 25 m. du soir. | P. L. le 19, à 5 h. 12 m. du matin.

P. Q. le 11, à 8 h. 46 m. du soir. | D. Q. le 25, à 9 h. 33 m. du soir.

Apogée de la lune, le 9 décembre, Périgée, le 21.

Jours de l'année		Jours du mois		NOMS DES SAINTS.	Lever du soleil	Couch du soleil	Lever de la lune	Couch de la lune	Passage de la lune au mérid. de Paris.	Heure de la pleine mer à Brest (matin)	(soir)	Âge de la lune
335	31	1	Dim.	Avent. s Éloi, év.	7 34	4 4	4 36 *matin*	3 16 *soir*	22 51	1 44	2 7	28
336	30	2	lundi	s François Xavier.	7 36	4 3	5 47	3 46	23 41	2 28	2 49	29
337	29	3	mard	s Anthême, év.	7 37	4 3	6 55	4 21	—	3 10	3 29	30
338	28	4	merc	ste Barbe.	7 38	4 3	7 59	5 1	0 32	3 48	4 8	1.
339	27	5	jeudi	s Sabas, abbé..	7 39	4 2	8 58	5 47	1 22	4 26	4 44	
340	26	6	vend	s Nicolas.	7 41	4 2	9 49	6 38	2 12	5 3	5 21	3
341	25	7	same	s Ambroise, évê.	7 42	4 2	10 33	7 32	3 1	5 39	5 57	4
342	24	8	Dim.	Conception.	7 43	4 1	11 11	8 34	3 49	6 16	6 36	5
343	23	9	lundi	ste Léocadie.	7 44	4 1	11 43	9 32	4 34	6 56	7 18	6
344	22	10	mard	ste Valère.	7 45	4 1	0 10 *soir*	10 34	5 18	7 42	8 7	7
345	21	11	merc	s Damase, pape.	7 46	4 1	0 34 *soir*	11 36	6 1	8 36	9 7	8
346	20	12	jeudi	s *Corentin*, évê.	7 47	4 1	0 58	—	6 44	9 40	10 14	9
347	19	13	vend	ste Luce.	7 48	4 1	1 21	0 39 *matin*	7 28	10 49	11 22	10
348	18	14	same	s Nicaise.	7 49	4 1	1 45	1 45 *matin*	8 13	11 53	... ...	11
349	17	15	Dim.	s Mesmin.	7 49	4 1	2 10	2 53	9 1	0 22	0 47	12
350	16	16	lundi	ste Adélaïde.	7 50	4 2	2 40	4 4	9 52	1 12	1 35	13
351	15	17	mard	s Olympie.	7 51	4 2	3 16	5 16	10 46	1 58	2 19	14
352	14	18	merc	s Gratien. 4 T.	7 52	4 2	3 59	6 28	11 44	2 41	3 3	15
353	13	19	jeudi	s Némése.	7 52	4 3	4 50	7 38	12 45	3 24	3 47	16
354	12	20	vend	ste Philogone. 4 T.	7 53	4 3	5 51	8 42	13 47	4 8	4 31	17
355	11	21	same	s Thomas, ap. 4 T:	7 53	4 3	7 0	9 38	14 48	4 54	5 17	18
356	10	22	Dim.	s Flavien.	7 54	4 4	8 15	10 25	15 46	5 41	6 6	19
357	9	23	lundi	ste Victoire.	7 54	4 5	9 33	11 4	16 41	6 31	6 57	20
358	8	24	mard	ste Delphine. V. J.	7 55	4 5	10 49	11 37	17 33	7 25	7 55	21
359	7	25	merc	NOEL.	7 55	4 6	—	0 05 *soir*	18 22	8 23	8 57	22
360	6	26	jeudi	s Étienne.	7 55	4 7	0 3 *matin*	0 30	19 11	9 30	10 4	23
361	5	27	vend	s Jean, évang.	7 56	4 7	1 16	0 55	19 59	10 39	11 44	24
362	4	28	same	ss *Innocents*.	7 56	4 8	2 27	1 21	20 47	11 49	... ...	25
363	3	29	Dim.	s Thomas C.	7 56	4 9	3 36	1 49	21 36	0 22	0 52	26
364	2	30	lundi	ste *Colombe*.	7 56	4 10	4 44	2 21	22 25	1 20	1 46	27
365	1	31	mard	s Sylvestre.	7 56	4 11	5 49	2 58	23 16	2 11	2 33	28

TRAVAUX DES MAIRES PENDANT LE MOIS DE DÉCEMBRE.

Clôture des registres de l'état-civil. Les maires doivent clore et arrêter, le 31 décembre, les deux doubles des registres de l'état-civil. Le procès-verbal de clôture, énonçant le nombre des actes inscrits au registre, doit être porté, sans laisser aucun blanc, immédiatement après le dernier acte. Ce procès-verbal doit être dressé, même lorsqu'aucun acte n'a eu lieu dans l'année : dans ce cas, il est inscrit à la suite du procès-verbal d'ouverture du registre, et il constate qu'aucun acte n'a été dressé. — *Situation des caisses communales.* Le 31 décembre, les receveurs municipaux arrêtent, pour chaque commune, leur livre de comptabilité. Le même jour, MM. les maires des communes, chefs-lieux des divisions de perception, constatent par un procès-verbal la situation des caisses des receveurs municipaux. Ce procès-verbal, signé par le maire et le receveur municipal, est rédigé en double original, dont l'un reste au receveur municipal et l'autre est conservé aux archives de la mairie. — *Recensement des citoyens soumis au service de la garde nationale.* Dans le mois de décembre, MM. les maires prépareront les éléments du travail dont les conseils de recensement auront à s'occuper au mois de janvier prochain, en exécution de l'art. 17 de la loi du 22 mars 1831. — *Liste des électeurs.* MM. les maires doivent dès à présent s'occuper des rectifications à faire à ces listes par suite de décès, changement de domicile, etc., afin que le tableau contenant les additions et les changements faits à la liste des électeurs de la commune puisse, conformément à la loi électorale, être déposé le 15 janvier au secrétariat de la commune.

CONCORDANCE DU CALENDRIER RÉPUBLICAIN AVEC LE CALENDRIER GRÉGORIEN.

ANNÉES RÉPUBLICAINES.	ANNÉES GRÉGORIENNES.	VENDÉMIAIRE.	Septembre.	BRUMAIRE.	Octobre.	FRIMAIRE.	Novembre.	NIVÔSE.	Décembre.	PLUVIÔSE.	Janvier.	VENTÔSE.	Février.	GERMINAL.	Mars.	FLORÉAL.	Avril.	PRAIRIAL.	Mai.	MESSIDOR.	Juin.	THERMIDOR.	Juillet.	FRUCTIDOR.	Août.	Nombre de jours complémentaires.
An 1er. . . .	1792 — 1793	1	22	1	22	1	21	1	21	1	20	1	19	1	21	1	20	1	20	1	19	1	19	1	18	5
II.	1793 — 1794	1	22	1	22	1	21	1	21	1	20	1	19	1	21	1	20	1	20	1	19	1	19	1	18	5
III. . . .	1794 — 1795	1	22	1	22	1	21	1	21	1	20	1	19	1	21	1	20	1	20	1	19	1	19	1	18	6
IV. . . .	1795 — 1796	1	23	1	23	1	22	1	22	1	21	1	20	1	21	1	20	1	20	1	19	1	19	1	18	5
V.	1796 — 1797	1	22	1	22	1	21	1	21	1	20	1	19	1	21	1	20	1	20	1	19	1	19	1	18	5
VI. . . .	1797 — 1798	1	22	1	22	1	21	1	21	1	20	1	19	1	21	1	20	1	20	1	19	1	19	1	18	5
VII. . . .	1798 — 1799	1	22	1	22	1	21	1	21	1	20	1	19	1	21	1	20	1	20	1	19	1	19	1	18	6
VIII. . .	1799 — 1800	1	23	1	23	1	22	1	22	1	21	1	20	1	22	1	21	1	21	1	20	1	20	1	19	5
IX. . . .	1800 — 1801	1	23	1	23	1	22	1	22	1	21	1	20	1	22	1	21	1	21	1	20	1	20	1	19	5
X.	1801 — 1802	1	23	1	23	1	22	1	22	1	21	1	20	1	22	1	21	1	21	1	20	1	20	1	19	5
XI. . . .	1802 — 1803	1	23	1	23	1	22	1	22	1	21	1	20	1	22	1	21	1	21	1	20	1	20	1	19	8
XII. . . .	1803 — 1804	1	24	1	24	1	23	1	23	1	22	1	21	1	22	1	21	1	21	1	20	1	20	1	19	5
XIII. . .	— 1805	1	23	1	23	1	22	1	22	1	21	1	20	1	22	1	21	1	21	1	20	1	20	1	19	5
XIV. . .	1805.	1	23	1	23	1	22	1	22	1	(*)															

(*) Le mois de Nivôse an XIV n'eut que 10 jours, conformément au sénatus-consulte du 21 Fructidor an XIII, le lendemain du 10 de ce mois fut le premier janvier 1806.

TABLEAU

SERVANT A CALCULER LES PLUS GRANDES MARÉES DE 1850.

Le soleil et la lune par leur attraction sur la mer., occasionnent des marées qui se combinent ensemble et qui produisent les marées que nous observons. La marée est très-grande vers les syzygies ou les nouvelles et pleines lunes, parcequ'elle est la somme des attractions exercées par le soleil et par la lune. Les marées des syzygies sont inégales parce que les distances du soleil et de la lune à la terre et au plan de l'équateur sont inégales.

Dans le tableau qui suit, on a pris pour *Unité de hauteur*, la moitié de la hauteur moyenne de la *marée totale*, qui arrive un jour ou deux après la syzygie, le soleil et la lune, au moment de la syzygie, étant supposés dans l'équateur et dans leurs moyennes distances à la terre.

	Jours et heures de la syzygie.	Hauteur de la marée.		Jours et heures de la syzygie.	Hauteur de la marée.
Janvier.	N. L. le 13 à 11h 29ᵐ matin..	0,78	Juillet..	N. L. le 9 à 2h 36ᵐ soir...	1,01
	P. L. le 28 à 1 1 matin..	1,06		P. L. le 24 à 5 33 matin..	0,77
Février.	N. L. le 12 à 6 38 matin..	0,85	Août. .	N. L. le 7 à 9 43 soir...	1,06
	P. L. le 26 à 0 10 soir...	1,08		P. L. le 22 à 9 21 soir...	0,83
Mars. ·	N. L. le 13 à 11 26 soir...	0,94	Septemb...	N. L. le 6 à 5 38 matin..	1,10
	P. L. le 27 à 11 36 soir...	1,04		P. L. le 21 à 0 50 soir...	0,91
Avril. ·	N. L. le 12 à 0 56 soir...	0,99	Octobre...	N. L. le 5 à 3 5 soir...	1,07
	P. L. le 26 à 11 30 matin..	0,91		P. L. le 21 à 3 20 matin..	0,95
Mai... ·	N. L. le 11 à 11 18 soir...	0,99	Novembr.	N. L. le 4 à 2 49 matin..	0,97
	P. L. le 26 à 0 17 matin..	0,82		P. l. le 19 à 4 44 soir...	0,96
Juin. ·	N. L. le 10 à 7 29 matin..	0,99	Décembr.	N. L. le 3 à 5 25 soir...	0,85
	P. L. le 24 à 2 20 soir...	0,76		P. L. le 19 à 5 12 matin..	0,97

On a remarqué que, dans les ports, les plus grandes marées suivent d'un jour et demi la nouvelle et la pleine lune. Ainsi l'on aura l'époque où elles arrivent, en ajoutant un jour et demi à la date des syzygies.

UNITÉ DE HAUTEUR POUR QUELQUES PORTS :

Port de Brest.	3 mètres 21		Port de Saint-Malo. . .	5 mètres 98
Lorient.	2 24		Audierne.. . . .	2 00
Cherbourg.. . . .	2 70		Croizic..	2 68
Granville.. . . .	6 35		Dieppe.	4 40

L'unité de hauteur à Brest est connue avec une grande exactitude. Dans une suite d'observations faites pendant 16 ans, depuis 1806 jusqu'en 1823, on a choisi les hautes et basses mers équinoxiales, comme étant à peu près indépendantes des déclinaisons du soleil et de la lune. La moyenne de 384 de ces observations a donné 6 m. 415 pour la différence entre les hautes et basses marées ; la moitié de ce nombre ou 3 m. 21 est ce qu'on appelle l'*unité de hauteur.*

Si l'on veut connaître la hauteur d'une grande marée dans un port, il faudra multiplier la hauteur de la marée, prise dans le tableau précédent, par l'unité de hauteur qui convient à ce port.

TABLEAU

DES PLUS GRANDES MARÉES DE L'ANNÉE 1850 ,

A BREST.

MOIS.	JOURS ET HEURES DE LA PLEINE MER.	HAUTEURS.
		Mètres.
JANVIER. . .	le 15 à 4 h. 51 m. du matin.	2, 504
	le 29 à 4 h. 53 m. du soir.	3, 400
FÉVRIER. . .	le 13 à 4 h. 48 m. du soir.	2, 728
	le 28 à 4 h. 56 m. du matin	3, 466
MARS. . . .	le 15 à 4 h. 39 m. du matin.	3, 017
	le 28 à 4 h. 14 m. du soir.	3, 338
AVRIL. . . .	le 14 à 4 h. 47 m. du matin.	3, 180
	le 28 à 4 h. 45 m. du matin.	3, 017
MAI. . . .	le 13 à 4 h. 23 m. du matin.	3, 180
	le 28 à 4 h. 59 m. du matin.	2, 632
JUIN. . . .	le 11 à 4 h. 28 m. du soir.	3, 180
	le 25 à 4 h. 23 m. du soir.	2, 440
JUILLET. . .	le 10 à 4 h. 16 m. du soir.	3, 232
	le 25 à 4 h. 23 m. du matin.	2, 472
AOUT. . . .	le 9 à 4 h. 28 m. du matin.	3, 400
	le 24 à 4 h. 34 m. du matin.	2, 664
SEPTEMBRE. .	le 7 à 4 h. 33 m. du soir.	3, 530
	le 23 à 4 h. 38 m. du matin.	2, 921
OCTOBRE. . .	le 7 à 4 h. 30 m. du matin. . . . ; .	3, 430
	le 22 à 4 h. 10 m. du matin.	3, 050
NOVEMBRE. .	le 5 à 4 h. 26 m. du soir.	3, 113
	le 20 à 3 h. 45 m. du matin.	3, 081
DÉCEMBRE. .	le 5 à 4 h. 26 m. du matin.	2, 728
	le 20 à 4 h. 31 m. du soir.	3, 113

On voit , d'après ce tableau , que , pendant l'année 1850, les positions de la lune et du soleil, par rapport à la terre et au plan de l'équateur, seront telles, vers les syzygies, que les marées du 29 janvier, 28 février, 28 mars, 9 août , du 7 septembre surtout, et du 7 octobre, pourront être considérables, si elles sont favorisées par les vents.

NOTA. — Ces hauteurs doivent être comptées du point 4 m. 42 à l'échelle du bassin de Brest; elles ndiquent aussi les quantités dont la mer descend au-dessous de ce point.

TABLEAU

*Des heures de la retraite, de l'ouverture et de la fermeture des portes
de la ville de Brest. (1)*

MOIS DE L'ANNÉE.	RETRAITE.	PORTES DE LA VILLE.	
		FERMETURE.	OUVERTURE.
1 Janvier......	5 heures 1|2	8 heures 1|2	6 heures »
16 *idem*.......	6 »	8 1|2	6 »
1 Février......	6 »	8 1|2	5 1|2
16 *idem*.......	6 1|2	8 1|2	5 1|2
1 Mars.......	6 1|2	8 1|2	5 »
16 *idem*.......	7 »	8 1|2	4 1|2
1 Avril.......	7 1|2	9 »	4 1|2
16 *idem*.......	7 1|2	9 »	4 »
1 Mai.........	8 »	9 1|2	4 »
16 *idem*.......	8 1|2	10 »	4 »
1 Juin.......	8 1|2	10 »	4 »
16 *idem*.......	8 1|2	10 »	4 »
1 Juillet......	8 1|2	10 »	4 »
16 *idem*.......	8 1|2	10 »	4 »
1 Août.......	8 »	9 1|2	4 »
16 *idem*.......	7 1|2	9 1|2	4 »
1 Septembre...	7 1|2	9 »	4 1|2
16 *idem*.......	7 »	9 »	5 »
1 Octobre.....	6 1|2	8 1|2	5 1|2
16 *idem*.......	6 »	8 1|2	6 »
1 Novembre...	5 1|2	8 1|2	6 »
16 *idem*.......	5 1|2	8 1|2	6 »
1 Décembre....	5 1|2	8 1|2	6 »
16 *idem*.......	5 1|2	8 1|2	6 »

(1) Par tolérance, et à moins d'ordre contraire, la Retraite et la Fermeture des portes auront lieu, pendant les plus courts jours, ainsi qu'il est indiqué pour la deuxième quinzaine d'octobre.

Un guichet reste ouver toute la nuit, aux portes de Saint-Louis et du Conquet, pour l'entrée et la sortie des personnes à pied.

Entrée dans l'arsenal et Sortie des ouvriers du port.

ÉPOQUES.		ENTRÉE matin.		REPAS à midi.		SORTIE soir.		REMARQUES.
		h.	m.	h.	m.	h.	m.	
Janvier.. . . .	1	8	0	0	30	4	0	
	16	7	45	0	30	4	15	
Février. . . .	1	7	15	0	30	4	45	
	16	7	0	0	30	5	0	
Mars.	1	6	30	1	0	5	30	Le matin, la durée du
	16	6	0	1	0	5	45	premier son sera de 6
Avril..	1	5	30	1	0	6	0	minutes, et celle du se-
	16	5	0	1	0	6	0	cond de 45 minutes; l'in-
Septembre...	1	5	30	1	0	6	0	tervalle de temps écoulé
	16	6	0	1	0	6	0	entre le commencement
Octobre. . . .	1	6	30	1	0	5	30	du premier son et la fin
	16	7	0	1	0	5	0	du dernier sera de 45
Novembre...	1	7	30	0	30	4	30	minutes.
	16	7	45	0	30	4	15	
Décembre. . .	1	8	0	0	30	4	0	

Coups de canon de Diane et de Retraite.

ÉPOQUES.		CANON DE Diane.		CANON DE Retraite.		ÉPOQUES.		CANON DE Diane.		CANON DE Retraite.	
		h.	m.	h.	m.			h.	m.	h.	m
Janvier. .	1	6	30	5	0	Août. .	31	4	0	8	0
	10	6	15	5	15						
	20	6	0	5	30	Sept...	1	4	15	7	45
							10	4	30	7	30
Février. .	1	5	45	5	45		20	4	45	7	15
	10	5	30	6	0						
	20	5	15	6	15	Octobr.	1	5	0	7	0
							10	5	15	6	30
Mars. . .	1	5	0	6	30		20	5	30	6	15
	10	4	45	6	45						
	20	4	30	7	0	Novem.	1	5	45	6	0
							10	6	0	5	45
Avril. . .	1	4	15	7	30		20	6	15	5	30
	10	4	0	7	45						
						Décem.	1	6	15	5	15
Mai. . . .	1	4	0	8	0		10	6	30	5	0

FORMALITÉS

A REMPLIR POUR ÊTRE ADMIS

A VISITER LE PORT.

Les officiers des divers corps de la marine, les officiers généraux et supérieurs de l'armée de terre et de la garde nationale, le préfet du département, le sous-préfet, le maire et les adjoints, les présidents des tribunaux de première instance et de commerce, les procureurs de la république et commissaires rapporteurs près les tribunaux civils et maritimes, les membres de l'ordre de la légion d'honneur, sont autorisés, lorsqu'ils sont revêtus des marques distinctives propres à les faire connaître, à entrer dans le port, avec faculté d'y introduire, sous leur garantie, des personnes non pourvues de carte d'entrée.

Les sous-officiers de toutes armes sont également autorisés à entrer dans le port, mais sans la faculté d'y introduire d'autres personnes.

Toute personne sans uniforme, qui ne porte pas les insignes de la légion d'honneur, excepté les ouvriers à l'heure où la cloche les appelle aux travaux du port, ne peut y entrer sans une carte permanente pour ceux qui y sont habituellement appelés, temporaire pour les étrangers. Cette dernière qui est délivrée à la majorité générale sur la présentation d'un passeport doit être laissée au gardien de la grille de l'arsenal.

Toute personne non pourvue de carte, ou non valablement accompagnée, peut être exclue par les fonctionnaires ou agents chargés de la police de l'arsenal.

L'accès dans les magasins et ateliers n'est permis qu'en présence de la personne chargée de la surveillance de l'établissement. Il est expressément défendu de communiquer avec les ouvriers et de s'arrêter dans les ateliers. Aucune gratification ne doit être exigée des visiteurs.

Au coup de canon de retraite, toutes les issues du port sont fermées. Dès-lors les personnes étrangères au service de nuit qui seraient restées dans l'intérieur sont arrêtées par la garde, et ne peuvent être relâchées que par ordre de l'officier supérieur de service.

ÉPOQUES

DE LA TENUE DES FOIRES

DANS LE DÉPARTEMENT DU FINISTÈRE.

Nota. — *Les Foires qui se rencontrent les dimanches et fêtes gardées sont renvoyées au lendemain.*

ARRONDISSEMENT DE BREST.

Brélès , le 26 novembre.

Brest , le premier lundi de chaque mois.

Conquet , le 10 mai, le 23 septembre.

Daoulas, le premier mercredi des mois de janvier, mars , mai, juillet, septembre et novembre.

Folgoët, le 5 mars, le 29 août, le 9 septembre.

Gouesnou, la veille de l'Ascension et le 25 octobre.

Goulven , le 25 avril, le premier juillet.

Guipavas, le second jeudi des mois de février, avril, juin , août, octobre et décembre.

Hanvec, le 22 juillet.

Irvillac, les 8 de février, mai, août et novembre.

La Martyre , le second lundi du mois de juillet (*dure trois jours*).

Landerneau, le troisième samedi des mois de janvier, mars, mai juillet, septembre et novembre; le samedi précédant la Pentecôte; et le samedi précédant la Saint-Michel (*dure deux jours*) ; les 24 et 25 novembre; le deuxième dimanche de juillet (*dure quinze jours*).

Landunvez, le 22 décembre.

Lannilis , le second mercredi des mois de janvier, mars , mai, juillet, septembre et novembre.

La Roche , le premier jeudi des mois de janvier, avril, juillet et octobre.

Lesneven , le dernier lundi de chaque mois et le 25 juillet.

Ploudalmézeau , le premier mai, le 20 novembre , le lundi précédant le 20 des mois de janvier, mars , juillet et septembre.

Plougastel-Daoulas , le dernier jeudi des mois de janvier, mai, juillet et décembre.

Plouguerneau , le samedi de Pâques , le samedi de la Pentecôte, le samedi précédant le dernier dimanche de juillet, le 31 octobre, le 24 décembre.

Saint-Éloi , le lendemain de la Saint-Jean, juin ; le lendemain de la Saint-Laurent, août ; le lendemain de la Saint-François, décembre.

Saint-Renan , le second samedi de janvier, le premier samedi de mai , le troisième mercredi de juin, juillet, septembre et novembre.

Cléder, le 28 janvier, le 18 novembre.

Commana, le dernier mardi de chaque mois, le 30 septembre, le 27 décembre ou le lendemain, si le 27 tombe un dimanche.

Guerlesquin, le premier lundi des mois de janvier, mars, mai, juillet, septembre et novembre.

Guiclan, le second lundi de février, avril, juin, août, octobre et décembre.

Guimiliau, le second mardi des mois de mars, juillet et novembre.

Kersaint-Gilly, le second lundi des mois de février, avril, juin, août, octobre et décembre.

Landivisiau ; la foire St.-Mathieu, les 15, 21 et 22 septembre, et le second mercredi de chaque mois.

Lanhouarneau, le 25 avril, le 6 mai, le 17 juillet, le 25 août.

Lanmeur, le premier vendredi des mois de janvier, mars, mai, juillet, septembre ; le premier vendredi d'octobre, foire de Mélard, (chevaux, bestiaux, etc.), novembre et décembre.

Lannéanou, le lundi après le dernier dimanche du mois d'août.

Le Ponthou, le premier mardi des mois de janvier, mars, mai, juillet, septembre et novembre.

Lochrist, le 14 septembre (*dure deux jours*). Sibiril, le 28 octobre, 6 et 27 décembre.

Morlaix, le second samedi des mois de janvier, février, mars, avril, mai, juin, juillet, août, septembre et décembre ; la foire haute, les 15,

16, 17, 18, 19, 20, 21 et 22 octobre, les 25 et 26 novembre.

Plouescat, le premier samedi des mois de février, avril et juin; les 10 août, 18 octobre; le premier samedi de décembre.

Plougonven, le 18 mai et le second mercredi des mois de janvier, mars, mai, juillet, septembre et novembre. A Saint-Eutrope, les 30 avril, 9 octobre, et le second mercredi des mois de février, avril, juin, août, octobre et décembre.

Plouigneau, le second lundi de janvier, le mercredi des Cendres, le lendemain de l'Ascension et le second lundi d'octobre.

Plounéour-Ménez, le second lundi des mois de janvier, avril, juin ; le 13 juillet et le 9 novembre. Au Relecq, même commune, les premier février, 24 mars, 14 août, 7 septembre, 7 décembre.

Saint-Pol-de-Léon, le dernier mardi des mois de février, avril, juin, août, octobre et décembre.

Saint-Thégonnec, le premier mardi des mois de janvier, mars, mai, juillet, septembre et novembre.

Sizun, le troisième jeudi des mois de février, avril, juin, août, octobre et décembre.

Taulé, grandes foires, le premier lundi de chaque mois, et à la Saint-Michel, le 29 septembre (beaux chevaux et bestiaux). Ces foires se tiennent à Penzé.

ARRONDISSEMENT DE CHATEAULIN.

Brasparts, le premier lundi des mois de février, avril, juin, août, octobre et décembre; le lundi après le dimanche des Rameaux.

Carhaix, les 13 mars, 30 juin, 2 novembre (*dure huit jours*). Les 9 et 28 août, 20 septembre, 29 novembre ; le premier jeudi après

Pâques ; la veille de l'Ascension.

Châteaulin, les 12 mars, 6 mai, 18 octobre, 23 novembre, et le premier jeudi de chaque mois. (Celle du mois de janvier est la plus importante.)

Châteauneuf, le premier mercredi de chaque mois. et les 20 janvier,

3 mars , 23 avril , 15 mai , 11 juin , 20 août, 15 octobre , 14 novembre.

Collorec , le vendredi après la Trinité , le lendemain du troisième dimanche de juillet et le lendemain du troisième dimanche d'octobre.

Coray , les 2 janvier , 3 et 25 février , 26 mars , 28 avril , 19 mai , premier août , 14 septembre , 26 octobre, 25 novembre.

Crozon, les 7 janvier , 3 février , 26 mars , 28 mai , 30 juin , 22 juillet, 28 septembre et 9 décembre. — Les marchés se tiennent le lundi pour les grains et le samedi pour le beurre et les légumes.

Dinéault, le 22 février et le lundi de la Trinité.

Huelgoat , le lendemain de la Purification , le premier jeudi de Carème , le lendemain de la fête de la Vierge, le jour de la Saint-Marc, les 19 mai , 25 juin , 16 août , 9 septembre , 28 octobre , 21 novembre, et le lendemain de l'Annonciation.

La Feuillée , le second mardi des mois de janvier, mars , juillet , novembre , décembre ; le 2 mai , le 23 juin, le 14 septembre.

Landeleau , les 30 avril , 22 juin , 22 juillet et 29 septembre.

Lanveoc, le mercredi de Pâques , le lendemain de l'Ascension , le jeudi après la Saint-Michel , et le 11 novembre. Saint-Laurent , le 11 juin et le 11 août.

Le Faou, les 17 janvier , 3 mai , 14 septembre, 10 octobre.

Locronan , le premier mardi de février , d'avril et de mai ; le premier mardi après la Saint-Michel ; le premier mardi de novembre.

Loqueffret, le lundi le plus près du 26 juillet.

Pleyben , grandes foires , les 25 février, 29 mai , premier août , 29 octobre ; foires de mois , le troisième mardi de chaque mois.

Plomodiern, le 19 mai.

Plounévez-le-Faou, le 12 mai, le vendredi avant le dimanche de la Trinité, le 24 août, le 6 décembre.

Poullaouen, foire grasse , le lendemain de la Sexagésime ; foire de mai, le 9 mai ou le 10 , si le 9 est un dimanche. Foire de Saint-Pierre, le lendemain du pardon qui a lieu le premier dimanche de juillet.

Quéménéven , le lundi des Rameaux , le 2 juillet, le 29 août.

Saint-Gildas, le lundi après le second dimanche de mai , le lundi après le troisième dimanche de juillet.

Saint-Rivoal , le lundi après la Trinité, le mardi après le 21 septembre.

Sainte-Marie de Ménéhom , le 17 juin, le 16 août, le 9 septembre.

Scrignac, les 24 février , 11 juin , premier août; le premier mardi d'octobre, le 21 décembre ; le mercredi de Pâques.

ARRONDISSEMENT DE QUIMPER.

Audierne, le second samedi des mois de janvier, mars, mai , juillet, septembre et novembre.

Beuzec-Cap-Sizun , le lundi des Rogations.

Briec , le premier lundi de mars , avril , juin , septembre , octobre et novembre.

Comfort, le 15 mai, le premier lundi de juillet, le 7 septembre.

Concarneau , le 11 février, le 11 mai, le 11 août, le 11 novembre.

Douarnenez, le premier vendredi de janvier mars, mai , juillet , septembre et novembre.

Lababan, le 31 mars de chaque année.

La Forêt (Fouesnant), le mercredi de Pâques et le mardi de la Pentecôte.

Plogastel-Saint-Germain , le premier mardi des mois de janvier , mars , mai , juillet , septembre et novembre.

Plonéis. le mardi de la Pentecôte, Plounéour, le 13 de chaque mois.

Plovan, le 3e lundi de septembre.

Plozévet, le 4 avril, le lundi de la Trinité.

Pont-Droix, le troisième jeudi de chaque mois.

Pont-Labbé, le premier jeudi des mois de janvier , mars, mai , juin , juillet , octobre , novembre et décembre.

Pouldavid , le premier vendredi des mois de février, avril, juin, août, octobre et décembre.

Quimper, 15 avril et 2 mai (chevaux); la foire du 15 avril dure deux jours, et les chevaux de trait y sont nombreux et beaux ; et le *troisième samedi* de chaque mois.

Rosporden , les 7 janvier , 8 février , 19 mars , 25 avril ; le lendemain de la Trinité ; les 25 juin, 22 juillet et 16 août ; le jeudi après le 14 septembre, le 18 octobre , le premier jeudi de novembre , le 6 décembre.

Tréguennec , le premier vendredi après la Pentecôte.

ARRONDISSEMENT DE QUIMPERLÉ.

Bannalec, les 17 janvier, 6 avril , 2 mai, 11 juin, 26 juillet, 9 septembre et 2 novembre.

Pont-Aven , le premier mardi du Carême , le dernier mardi du Carême, le 6 mai, le 23 juin , le mardi avant la Saint-Michel, le premier décembre, le mardi avant Noël.

Quimperlé, le lundi de la Passion (*dure trois jours*). Le Jeudi-Saint, le 24 juillet, le 16 août, le 29 septembre et le 28 octobre.

Scaër, les 15 janvier, 12 mars , 10 avril, 3 mai, premier juillet, 21 août, premier octobre et 23 novembre.

Paimpol, (*Côtes-du-Nord*). le premier jour du Carême.

Marchés principaux du Finistère.

Brest, le lundi et le vendredi.
Carhaix , le samedi.
Châteaulin , le jeudi.
Crozon, le lundi et le samedi.
Landerneau, le samedi.
Landivisiau, le mercredi.
Lesneven, le lundi.

Morlaix , le samedi.
Pont-Croix, le jeudi.
Pont-Labbé, le jeudi.
Quimper, le mercredi et le samedi.
Quimperlé, le vendredi.
Saint-Pol-de-Léon, le mardi.
Saint-Renan, le samedi.

NOTA. — Voir pour l'indication des fêtes patronales et pardons célébrés dans le département du Finistère, les Annuaires des années précédentes , et notamment celui de 1848, page 30 et suivantes.

MESURES ANCIENNES RÉDUITES EN NOUVELLES.

MESURES LINÉAIRES.

	Mètres.
Longueur du méridien, 20522960 toises, — En mètres. . .	40000000,00
Le 1|4 du méridien, 5130740 toises.	10000000,00
Degré du méridien, 57008 toises 22	111111,11
Lieue ancienne de 25 au degré, 2282 toises 33.	4444,44
Lieue marine de 20 au degré, 2850 toises 41.	5555,55
Lieue de Bretagne.	4667,00
Mille marin, 1|3 de lieue marine, 950 toises 14.	1851,85
Lieue de poste, 2000 toises.	3898,07
Aune de Paris de 0 t. 3 pi. 7 p. 10 l. 5|6, réduites en mètres.	1ᵐ188
Une toise en mètres.	1 9490
Un pied.	0 3248
Un pouce.	0 0271
Une ligne.	0 0022

	Mètres
L'aune de Brest, dite aune de toile, vaut en mètre. . . . . *Idem* de Morlaix, dite aune d'Angleterre. . . . . *Idem* de Plabennec. . . . . *Idem* de Landivisiau, dite pour la toile blanche.	1 249
L'aune de Peumeurit, ... *Idem* de Pont-Aven.	1 328
L'aune de Landerneau. . . . . *Idem* de Landivisiau, dite de drap.	1 181
L'aune de Landudec.	1 343
L'aune de Morlaix, dite d'étoupe. . . . . *Idem* de Pouldreuzic. . . . . *Idem* de Mahalon.	1 359
L'aune de Douarnenez, dite de toile. . . . . *Idem* de Saint-Honoré. . . . . *Idem* de Lanverne.	1 353
L'aune de Plougastel Saint-Germain.	1 366
L'aune de Plovan. *Idem* de Plonéour.	1 313
L'aune de Plozévet. . . . . *Idem* de Tréogat. . . . . *Idem* de Quimperlé, dite de Bretagne.	1 333
L'aune de Landivisiau, dite d'étoupe.	1 390
La corde linéaire, en décamètre.	0ᵈ780

MESURES DE SUPERFICIE.

Une perche des eaux et forêts, 484 pieds carrés, en ares. .	0 ares	51
Un arpent des eaux et forêts, 100 perches.	51	07
Une corde de Bretagne, de 24 pieds carrés.	0	608

Un journal de Bretagne, de 80 cordes. . . . . 48 ares 634
Un journal en hectares. . . . . 0 hect. 48   634

	m. c.	déc. c.	cent. c.	mil. c.
Toise carrée en mètres carrés.	3	79	87	00
Pied carré.	0	10	55	21
Pouce carré.	0	00	07	32
Ligne carrée.	0	00	00	05

MESURES DE SOLIDITÉ.

Une corde de bois, dite de *port*, de 144 pieds cubes, en stères. 4 st. 779
Une corde des eaux et forêts, de 128 pieds cubes. 4   387

	m. c.	déc. c.	cent. c.	mil. c.
Une toise cube en mètres cubes.	4	404	000	000
Un pied cube.	0	034	277	000
Un pouce cube.	0	000	019	836
Une ligne cube.	0	000	000	011

MESURES DE CAPACITÉ.

	hecto.	litres.
Un muid de 12 setiers, en hectolitres.	18	73,152
Un setier de 12 boisseaux.	1	56,096
Un boisseau de 16 litrons.	0	13,008
Un litron.	0	0,813
Une pinte, en litres.	0	0,931

Pour les Grains.

	hecto.
Le boisseau de Brasparts, en hectolitres.	0	889
Idem de Brest.	0	780
La mesure de Briec, dite de Landudal.	0	613
Le bigot de Carhaix.	0	244
Le boisseau de Châteaulin.	0	627
Le demi-boisseau de Châteauneuf.	0	423
Le minot de Concarneau.	0	744
Le boisseau du Conquet.	0	519
Idem de Crozon.	0	633
Idem de Douarnenez.	0	714
Idem du Faou.	0	936
La mesure de Fouesnant, dite de Kercou.	0	629
Idem de Fouesnant, dite de Kerembris.	0	540
Idem de Fouesnant, dite Duplessis.	0	606
Le boisseau de Gouesnou.	0	546
Idem du Guerlesquin.	0	350
Idem de Landerneau.	0	531
Idem de Landerneau, dit du commerce.	0	849
Idem de Landévennec.	1	071

hecto.

Le quartier de garcée de Landivisiau. 0   274
Le quart de boisseau de Lannilis. 0   470
Le grand boisseau de Lesneven. 0   580
Le petit boisseau de Lesneven. 0   478
Le boisseau de Morlaix, pour le froment. 0   112
Idem de Morlaix, pour l'orge et l'avoine. 0   340
Le quartier de Morlaix, pour le froment. 0   914
Le boisseau de Plogonnec. 0   576
Idem de Plonéour. 0   823
Idem de Plougastel-Daoulas. 0   465
Idem de Plougastel Saint-Germain, dit de Plœuc. . . . . . 0 • 669
Idem de Pont-Croix, dit de la Seigneurie. 0   677
Idem de Pont-Labbé, dit de la Baronnie. 0   702
La mesure de grève de Pont-Labbé. 0   646
Le boisseau de Quimper. 0   669
La raze de Quimper. 0   535
Le demi-minot de Quimperlé. 0   453
Le minot de Quimperlé, dit de Hennebon. 0   507
La garcée de Saint-Pol, dite de la juridiction. 0   829
La mesure de la place de Saint-Pol. 0   610
Le boisseau de Saint-Renan. 0   821
Le demi-boisseau de Saint-Rénan, en usage. 0   532

Pour les Liquides.

hecto.

Le tierçon de Bordeaux, de 160 pintes. 1   490
La barrique de Bordeaux, de 240 pintes. 2   235
Le tonneau de Bordeaux, de quatre barriques. 8   890

Pour les Sardines.

hecto.

Le baril de Concarneau, dit de jauge. 0   624
Idem de Douarnenez. 0   540
Idem de Crozon. 1   002

MESURES DE POIDS.

kilog. gram.

Une livre, en kilogrammes. 0   489,5
Une once. 0   030,594
Un gros. 0   003,824
Un grain. 0   000,053

MESURES NAUTIQUES.

Une encâblure de 120 brasses ou 100 toises, en mètres. . . . . . . 194^{m}903
   On ne compte pas au-dessus de cinq encâblures, les distances
plus grandes s'évaluent en milles.
   Une brasse de 5 pieds. 1 624
   Le nœud marin est la 120e partie du mille; sa longueur réelle
est 47 pieds 6 pouces; mais le chemin déterminé avec cette
longueur était trop court, par cette raison, on l'a fixé à 45 pieds,
qui valent en mètres. 14 618

RAPPORT *de l'hectolitre avec diverses mesures étrangères,*

spécialement en usage pour le commerce des grains.

LOCALITÉS.	DÉNOMINATION.	Hectol.	Litre.	Centilitre.
Londres	Le Quarter.	2	90	»
	Le Bushel.	»	36	26
Dantzig	Le Last.	30	50	»
Amsterdam	»	29	18	»
Hambourg	»	32	»	»
Rostock	»	37	»	»
Saint-Pétersbourg	Le Tchetwert.	1	92	»
Odessa	»	2	12	»
Naples	Le Tomolo.	»	55	»
Livourne	Le Sac.	»	70	»
Gênes	L'Emine.	1	17	»
New-Yorck	Le Bushel.	»	35	»
Espagne	La Fanègue.	»	57	»
Lisbonne	L'Alquière.	»	14	27
Copenhague	La Tonne.	1	66	»
Suède	»	1	39	»
Mayence	Le Malter.	»	28	»

PESANTEURS SPÉCIFIQUES DES SUBSTANCES LES PLUS USUELLES.

L'Annuaire du bureau des longitudes renferme tous les ans un tableau étendu sur les pesanteurs spécifiques des fluides élastiques, des liquides et des solides ; mais comme ce travail s'adresse plutôt aux savants qu'aux hommes de pratique, la Société d'Émulation a pensé qu'il serait utile de publier une table des poids du mètre cube des diverses substances les plus employées dans les arts industriels.

TERRES, SABLES, PIERRES.

	kilog.		kilog
Terre glaise	2000	Grès tendre	2085
Terre argileuse	1600	Houille compacte	1329
Sable fin et sec	1399	Marbre	2730
Sable fin et humide	1900	Maçonnerie en moellons	2320
Sable terreux	1700	Pierre à bâtir, tendre	1142
Ardoises	2850	Pierre franche, demi roche	1713
Briques ordinaires	1840	Pierre roche liais doux	2142
Briques dures	2200	Pierre dure liais	2284
Chaux	2515	Pierre très compacte, cliquent	2450
Granit	2760	Pierre meulière	2484
Grès dur	2426		

BOIS.

	kilog.		kilog.
Acajou	785 à 914	Cormier	900 à 914
Aulne	543 à 800	Frêne	785
Buis	900 à 914	Gaïac	1328 à 1342
Cerisier	714 à 743	Hêtre	714 à 857
Charme	757	Marronnier	657
Châtaignier	685	Noyer	600 à 685
Chêne vert de Provence	1220	Orme	942
Chêne sec de Provence	1015	Peuplier ordinaire	371 à 414
Chêne vert de Champagne	988	Peuplier blanc d'Espagne	529
Chêne sec de Champagne	860	Pin du Nord	814 à 828
Chêne sec de Bretagne	842	Poirier	714 à 857
Chêne très sec de Bretagne	742	Pommier	757 à 800
Chêne vert de Lorraine	930	Sapin commun	528 à 557
Chêne sec de Lorraine	643	Sapin jaune aurore	671
Chêne vert ordinaire	1000 à 1115	Tilleul	604
Chêne sec ordinaire	785 à 914		

MÉTAUX.

	kilog.		kilog
Acier non écroui	7816	Cuivre jaune forgé	8540
Acier écroui	7833	Cuivre rouge fondu	8788
Argent fondu	10474	Cuivre rouge forgé	8870
Cuivre jaune fondu	8390	Cuivre en fil	8878

	kilog.		kilog.
Étain fondu	7891	Platine forgé	20336
Fer fondu	7207	Platine passé à la filière	21041
Fer en barre	7788	Platine laminé	22069
Mercure à 0°	13598	Plomb fondu	11352
Or fondu	19258	Zinc fondu	6861
Or forgé	19361	Zinc laminé	7190
Platine fondu	19500		

POIDS MOYEN DE L'HECTOLITRE DES DIVERS GRAINS, GRAINES, LÉGUMES SECS, ETC.

	kilog.			kilog.	
Avoine	45 à	51	Lin	65 à	74
Froment	76	80	Moutarde	67	68
Millet	67	68	OEillette ou pavot	58	61
Maïs	67	68	Rabette	65	66
Orge nu et nampto	66	68	Haricots	79	80
Orge ordinaire	60	65	Fèves de Marais	69	70
Riz	80	81	Fèves ordinaires	79	80
Sarrazin ou blé noir	65	66	Lentilles	79	80
Seigle	70	73	Luzerne	72	80
Cameline	34	60	Pois gris	78	80
Chenevis	40	55	Pois verts (C.-du-N.)	80	85
Colza d'été	55	65	Vesce	79	80
Colza d'hiver	58	70	Pommes de terre	75	76

TARIF

De l'Octroi de la commune de Brest, approuvé par ordonnance royale , du 30 décembre 1847.

Chapitres de perception.	OBJETS ASSUJETTIS AUX DROITS.	MESURES et poids.	Droits à percevoir.	OBSERVATIONS.
BOISSONS.	Vins en cercles et en bouteilles.	l'hectolitre.	4 20	Les quantités au-dessus et au-dessous de l'hectolitre, paieront le droit proportionnellement ; pour la perception , la bouteille commune sera considérée comme litre. Les boissons et liqueurs mélangées supporteront le droit de la liqueur la plus fortement imposée qui entre dans ce mélange.
	Vendanges.	idem.	2 80	
	Cidres , poirés et hydromels.	idem.	1 75	
	Fruits à cidre et à poiré.	idem.	» 70	
	Fruits secs destinés à la fabrication du cidre et du poiré.	les 25 kilog.	1 75	
	Alcool pur contenu dans les eaux-de-vie et esprits en cercles , eaux-de-vie et esprits en bouteilles , liqueurs en cercles et en bouteilles , et fruits à l'eau-de-vie	l'hectolitre.	14 »	Les boissons que l'on tenterait de soustraire aux droits, en les déclarant impotables, pourront être vinaigrées par les préposés , aux frais des porteurs ou conducteurs. Dans ce cas elles supporteront le même droit que le vinaigre. Les boissons destinées à l'approvisionnement des vaisseaux de l'état
	Alcool dénaturé. 1re classe, de 2 à 3|10 d'essence dans le volume.	idem.	1 92	
	2e cl., de 3 à 4|10 id.	idem.	1 68	
	3e id., de 4 à 3|10 id.	idem.	1 44	
	4e id., au-dessus de 5|10 id.	idem.	1 20	

Chapitres de perception.	OBJETS ASSUJETTIS AUX DROITS.	MESURES et poids.	Droits à percevoir.	OBSERVATIONS.
LIQUIDES.	Bière forte et faible, sans distinction, importée ou fabriquée.	l'hectolitre.	1 50	en armement ou en désarmement dans le port, seront affranchies des taxes, alors même que la distribution et la consommation en serait faite à la Cayenne.
	Huile de toute espèce. . . .	idem	8 »	
	Vinaigre de toute espèce. . .	idem.	3 »	Les eaux spiritueuses, de senteur etc., paieront le même droit que l'alcool. Les raisins de table au dessous de dix kil. par chargement et par individu ne paieront pas.
				Le vinaigre employé à la fabrication de la choucroute essentiellement destinée à la consommation en mer, sera exempt du droit.
				Le dégras , les huiles de cade, de ricin , d'amendes douces , de térébenthine, de vitriol , et les huiles essentielles, sont exempts du droit.
COMESTIBLES.	Viande de boucherie , de toute espèce , crue, cuite, salée ou fumée , et viande de charcuterie de toute espèce.	les 100 kilog.	5 60	Les viandes cuites, salées ou fumées apportées en ville par les journaliers et ouvriers qui viennent y travailler seront affranchies des droits jusqu'à concurrence de vingt-cinq décagrammes par individu.
	Vermicelle , macaroni, semoule et autres pâtes y compris le poids de l'emballage. . . .	le kilog.	» 40	
	Cafés de toute qualité. . . .	idem.	» 40	
	Poivres de toute qualité. . . .	idem.	» 40	
	Sucres de toute espèce. . . .	idem.	» 8	
	Mélasse , sirop de toute nature et qualité , y compris le poids de l'emballage. . . .	idem.	» 05	Les vivres destinées à l'approvisionnement des vaisseaux de l'état en armement ou en désarmement seront exempt du droit, alors même que la distribution et la consommation en serait faite à la Cayenne.
	Citrons limons et oranges , y compris le poids de l'emballage.	idem.	» 05	
	Poudre de chicorée y compris le poids de l'emballage. . .	idem.	» 05	
	Fromages étrangers de toute espèce.	idem.	» 05	
COMBUSTIBLES.	Bois de chauffage y compris les perches de toute espèce. . .	le stère.	» 75	
	Bois de chauffage provenant de démolition de navires. . . .	idem.	» 40	
	Fagots de chêne et autres , de 5 kilog. et au-dessous. . . .	le cent.	« 30	
	Fagots de chêne et autres , au-dessus de 5 kilogrammes. . .	idem.	» 60	
	Fagots de genêts , de 9 kilog. et au-dessous.	idem.	» 50	
	Charbon de bois.	l'hectolitre.	» 30	
	Charbon de terre.	idem.	» 30	
	Charbon à demi consumé, coke.	idem.	» 15	
	Cire blanche , cierges , flambeaux , cire en bougies , y compris les bougies diaphanes et de spermacéti (*blanc de baleine*) ainsi que le poids de l'emballage.	le kilog.	» 20	
	Cire jaune en pains ou ouvrée , bougies de stéarine et bougies-chandelles de toutes espèce y compris le poids de l'emballage.	idem.	» 10	

Chapitres de perception.	OBJETS ASSUJETTIS AUX DROITS.	MESURES et poids.	Droits à percevoir.	OBSERVATIONS.
FOURRAGES.	Foins et toute espèce de fourrages secs.	les 100 kilog,	» 30	
	Paille de toute espèce.	idem.	» 20	
	Fourrages verts de toute espèce.	idem.	» 15	
MATÉRIAUX.	Ardoises.	le millier.	1 50	Le ciment fabriqué dans le rayon avec les tuiles, briques et carreaux entiers ou brisés n'est pas assujetti, attendu que ces matériaux ont payé à l'introduction.
	Chaux et ciment de toute espèce provenant de l'extérieur des limites.	l'hectolitre.	» 20	Chaque tombereau de moellon et de sable de terre sera compté pour 82[100 de mètre cube, chaque tombereau de sable de mer et de pavé sera compté pour un mètre cube.
	Chaux et ciment de toute espèce fabriqués dans l'intérieur des limites.	idem.	» 16	Ne seront passibles des droits dans l'intérieur de l'arsenal maritime que les sables et moellons employés dans la maçonnerie avec mortier de chaux.
	Pierres de taille de toute espèce.	le mètre cube	1 »	La pierre calcaire destinée à la fabrication de la chaux est affranchie des droits.
	Plâtre cuit et pulvérisé provenant de l'extérieur des limites.	le quintal métr.	» 83	Les bois employés à la fabrication des affûts, caissons, voitures et fourgons d'artillerie ainsi que ceux employés pour les toitures mobiles ou dans les travaux de construction et radoub des bâtiments flottants appartenant à l'état, ne seront point passibles des droits, non plus que les bois employés à la construction et en radoub des navires affectés aux expéditions du commerce; lorsqu'après avoir servi à ces usages, ces bois seront employés aux constructions, réparations, entretien des bâtiments civils, ou livrés à la consommation intérieure, ils acquitteront le droit selon leur destination, soit comme bois de chauffage, soit comme bois de charpente.
	Gypse ou pierre à plâtre.	le mont de 1200 k	1 60	Pour la perception du droit, la grosseur des bordages et planches sera prise dans le milieu, et en cas d'impossibilité, dans les deux bouts.
	Briques, tuiles et carreaux de toute nature et de toute forme, de 16 centimètres d'équarrissage et au-dessous, provenant de l'extérieur des limites.	le millier.	2 »	Les meubles sont affranchis du droit. Les bois de démolition paieront comme bois à brûler toutes les fois qu'ils seront réduits à la longueur d'un mètre, ils paieront comme bois de construction, lorsqu'ils excèderont cette longueur.
	Briques, tuiles et carreaux, id., fabriqués dans l'intérieur des limites.	idem.	1 60	
	Carreaux de toute nature et de toute forme au-dessus de 16 centimètres d'équarrissage, provenant de l'extérieur des limites.	le millier.	8 »	
	Carreaux, idem, idem. fabriqués dans l'intérieur des limites.	idem.	6 40	
	Sables, moellons et pavés.	le mètre cube	» 30	
	Bois de construction et tous autres bois non compris au chapitre *combustibles*, non façonnés, à quelqu'usage ou sous quelque forme ou dénomination que ce soit.	idem.	4 »	
	Bois de construction. *id.*, *id.*, œuvrés ou façonnés.	idem.	5 »	
	Lattes.	la botte de 100	» 10	
	Verres à vitres de toute qualité, y compris le poids de l'emballage.	les 100 kilog.	2 »	
	Tôle et zinc en feuilles.	idem.	1 »	
OBJETS divers.	Savons.	le kilog.	» 01	Toute bouteille pouvant contenir plus d'un demi-litre paiera comme bouteille, et celle pouvant contenir plus d'un quart de litre paiera la moitié du droit. Sont réputées vides les bouteilles contenant des liquides non sujets aux droits d'octroi.
	Bouteilles de verre ou de grès vides.	le cent.	1 50	
	Bouchons de liège.	le millier.	1 »	

Chap. 1er. § II. — *Perception des objets venant de l'extérieur.*

Art. 4. Tout porteur ou conducteur d'objets assujettis aux droits d'octroi sera tenu, avant de les introduire, d'en faire la déclaration au bureau, de produire les congés, acquits à caution, passavants, ainsi que les lettres de voiture, connaissements, chartes-parties ou toutes expéditions qui les accompagnent, et d'acquitter les droits, si les objets sont destinés à la consommation du lieu, sous peine de la confiscation desdits objets et d'une amende de 100 à 200 francs.

Toute déclaration devra indiquer la nature, la quantité, le poids et le nombre des objets introduits.

Art. 5. Après la déclaration, les préposés pourront faire toutes les recherches, visites et vérifications nécessaires pour en constater l'exactitude. Les conducteurs seront tenus de souffrir et même de faciliter toutes les opérations relatives auxdites vérifications.

Tout objet soumis à l'octroi qui, nonobstant l'interpellation faite par les préposés, serait introduit sans avoir été déclaré, ou sur une déclaration fausse, sera saisi; les voitures, chevaux et autres moyens de transport, seront également saisis, à défaut par les contrevenants de consigner le maximum de l'amende prononcée par l'article précédent, ou de fournir caution valable.

Art. 6. Il est défendu aux employés, sous peine de destitution et de tous dommages et intérêts, de faire usage de la sonde dans la visite des malles, caisses et ballots annoncés contenir des étoffes, linges et autres objets susceptibles d'être endommagés.

Dans ce cas, comme dans tous ceux où le contenu des caisses et ballots serait inconnu et ne pourrait

être vérifié immédiatement, la vérification en sera faite dans les emplacements à ce destinés et déterminés par l'autorité locale, ou à défaut, au domicile du destinataire.

Art. 7. L'introduction ou la tentative d'introduction, dans le rayon de l'octroi, d'objets soumis aux droits, à l'aide d'ustensiles préparés ou de moyens disposés pour la fraude, donnera lieu à l'arrestation du porteur ou conducteur desdits objets; cette arrestation pourra être opérée par les préposés de l'octroi.

Art. 8. Lorsqu'en vertu de l'article précédent, les préposés auront arrêté et constitué prisonnier un fraudeur, ils seront tenus de le conduire sur-le-champ devant un officier de police judiciaire, ou de le remettre à la force armée, qui le conduira devant le juge compétent, lequel statuera de suite, par décision motivée, sur l'emprisonnement ou la mise en liberté du prévenu.

Néanmoins, celui-ci sera immédiatement mis en liberté s'il offre bonne et suffisante caution de se présenter en justice et d'acquitter l'amende encourue, ou s'il consigne ladite amende.

§ III. — *Perception sur les objets de l'intérieur.*

Art. 10. Toute personne qui récolte, prépare ou fabrique dans l'intérieur du rayon de l'octroi des objets compris au tarif, est tenue, sous peine de la confiscation des objets récoltés, préparés ou fabriqués, et d'une amende de 100 à 200 francs, d'en faire la déclaration et d'acquitter immédiatement le droit, si elle ne réclame la faculté de l'entrepôt.

Les préposés de l'octroi reconnaîtront à domicile les quantités récoltées, préparées ou fabriquées, et feront toutes les vérifications nécessaires pour prévenir la fraude.

CHAP. II. — § II. *Du passe-debout des objets non sujets aux droits du trésor.*

ART. 14. Le conducteur d'objets soumis à l'octroi, qui voudra traverser seulement la commune, ou y séjourner moins de vingt-quatre heures, sera tenu de se munir d'un passe-debout.

§ III. — *Du transit des objets non soumis aux droits du trésor.*

ART. 27. Les diligences, fourgons, fiacres, cabriolets et autres voitures de louage sont soumis aux visite des préposés de l'octroi, ainsi que les bateaux servant au transport des objets tarifiés, n'importe la forme ou le nom du bâtiment, et sans distinction de propriétaire, conducteur ou destinataire.

Il en est de même des voitures particulières suspendues ou non suspendues.

ART. 28. Les individus voyageant à pied ou à cheval ne pourront être arrêtés, questionnés ou visités sur leur personne, ni à raison de leurs effets.

Tout acte contraire à la présente disposition sera réputé acte de violence, et les préposés qui s'en rendront coupables seront poursuivis correctionnellement et punis des peines prononcées par les lois. Tout individu soupçonné de faire la fraude à la faveur de cette exception pourra être conduit devant un officier de police ou devant le maire, pour y être interrogé et la visite de ses effets autorisé, s'il y a lieu.

ART. 29. Les courriers ne pourront être arrêtés à leur passage, sous prétexte de la perception; mais ils seront tenus d'acquitter les droits sur les objets soumis à l'octroi qu'ils introduiraient pour être consommés dans la localité : à cet effet, les préposés de l'octroi seront autorisés à assister au déchargement des malles.

CHAP. III. — *Contentieux*

ART. 5. Toutes contraventions aux dispositions du présent règlement seront constatées par des procès-verbaux, lesquels seront dressés à la requête du maire et seront affirmés devant le juge de paix ou son suppléant, dans les vingt-quatre heures de leur date, sous peine de nullité. Ils pourront être rédigés par un seul préposé, et feront foi en justice jusqu'à concurrence de faux.

Art. 59. La saisie et la confiscation s'étendront aux futailles, caisses, enveloppes, paniers et sacs renfermant les objets en fraude ou en contravention.

ART. 65. En cas de nullité du procès-verbal, et si la contravention se trouve suffisamment établie par d'autres preuves ou par l'instruction, la confiscation des objets saisis ne sera pas moins encourue.

ART. 66. Le maire sera autorisé, sauf l'approbation du préfet, à faire remise, par voie de transaction, de la totalité ou de partie des condamnations encourues, même après le jugement rendu

ART. 69. S'il s'élève une contestation sur l'application du tarif ou sur la quotité du droit réclamé, le porteur ou conducteur sera tenu de consigner, avant tout, le droit exigé entre les mains du receveur ; faute de quoi il ne pourra passer outre ni introduire l'objet qui aura donné lieu à la contestation, sauf à lui à se pourvoir devant le juge de paix du canton. Il ne pourra être entendu qu'en représentant la quittance de ladite consignation au juge de paix, lequel prononcera sommairement et sans frais, soit en dernier ressort, lorsque la somme demandée ne s'élèvera pas au-dessus de 100 francs, soit à la charge d'appel pour les autres affaires.

ART. 71. Toute personne qui s'opposera à l'exercice des fonctions des préposés de l'octroi sera condamnée à une amende de 50 francs, indépendamment de la confiscation des objets saisis, lorsqu'il y aura lieu, et d'une amende de 100 à 200 francs, prononcée par le cas de fraude.

En cas de voies de fait, il en sera dressé procès verbal, qui sera envoyé au procureur de la république pour en poursuivre les auteurs et leur faire infliger les peines portées par le code pénal contre ceux qui s'opposent avec violence à l'exercice des fonctions publiques.

Art. 72. Les propriétaires de tous objets compris au tarif sont responsables du fait de leurs facteurs, agents et domestiques, en ce qui concerne les droits, confiscations, amendes et dépens, lorsque la contravention aura été commise dans les fonctions auxquelles ils auront été employés par leurs maîtres,

conformément à l'article 1384 du code civil.

Les pères, mères ou tuteurs seront garants des faits de leurs enfants ou pupilles mineurs non émancipés et demeurant chez eux.

Seront également responsables les propriétaires ou principaux locataires, relativement à la fraude qui se commettrait dans leurs maisons, clos, jardins et autres lieux par eux personnellement occupés, s'ils sont convaincus de l'avoir favorisée ou d'y avoir participé.

Art. 76. Les préposés de l'octroi devront toujours être porteurs de leur commission, et seront tenus de la représenter lorsqu'ils en seront requis.

TARIF DES DROITS DE TRANSPORT, PESAGE ET MESURAGE.

DROITS DE TRANSPORT PAR VOITURES.

		f	c
PAR GRANDES. . {	D'un demi-décastère de bois à feu	1	80
	De tout autre objet du poids d'un tonneau et au-dessous.	1	50
PAR PETITES.. . {	De tout objet du poids d'un demi-tonneau et au-dessous.	1	00

Les porte-faix ne pourront exiger d'autres salaires que ceux fixés ci-après ; SAVOIR :

	f	c
Pour une journée de travail.	1	50
Pour une demi journée du matin au soir.	1	00
Pour deux voyages, quelle que soit la distance à parcourir.	»	80
Pour un voyage seul, *idem idem.*	»	50

DROITS DE PESAGE.

	f	c
Par poids de 10 kilogrammes et au-dessous..	»	02
Idem de 10 à 20 kilogrammes inclusivement..	»	05
Idem de 20 à 40 *idem.*	»	10
Idem de 40 à 60 *idem.*	»	15
Idem de 60 à 100 *idem.*	»	20

DROITS DE MESURAGE DES GRAINS.

	f	c
Par hectolitre.	»	10
Par demi-hectolitre.	»	05
Par double décalitre.	»	02

DROITS DE MESURAGE DES BOIS A FEU, Y COMPRIS CEUX DU FERMIER.

	f	c
Par demi-décastère, ou cinq stères..	1	00
Par double stère.	»	40
Par stère.	»	20

POSTE AUX LETTRES.

Transport des Dépêches et Lettres. — Malle--Postes. — Paquebots. — Voitures Publiques. — Bâteaux à Vapeur. — Roulage.

DÉCRÉT RELATIF A LA TAXE DES LETTRES,

ART. 1er. A dàter du 1er janvier 1849, toute lettre du poids de 7 grammes. 1|2 et au-dessous, circulant à l'intérieur, de bureau à bureau, sera taxée à 20 centimes.

Les lettres *de* et *pour* la Corse et l'Algérie seront soumises à la même taxe.

ART. 2. Les lettres dont le poids excédera 7 grammes 1|2 et qui ne pèseront pas plus de 15 grammes, seront taxées à 40 centimes.

ART. 3 Les lettres et paquets de papier, d'un poids excédant 15 grammes et n'excédant pas 100 grammes, seront taxés à 1 franc.

Les lettres ou paquets dont le poids dépassera 100 grammes seront taxés à 1 franc par chaque 100 grammes ou fraction de 100 grammes excédant.

ART. 4. Les lettres *recommandées* et les lettres *chargées* seront soumises au double port. L'affranchissement de ces lettres sera obligatoire.

ART. 5. L'administration des postes est autorisée à faire vendre, au prix de 20 centimes, 40 centimes et 1 franc, des timbres ou cachets dont l'apposition sur une lettre suffira pour en opérer l'affranchissement.

ART. 6 Il est interdit à tout fonctionnaire ou agent de l'administration d'envoyer, dans un paquet administratif ou de contre-signer, pour les affranchir, des lettres étrangères eu service qui lui est confié.

La contravention à cet article sera punie conformément aux dispositions de la loi du 27 prairial an IX sur le transport des lettres en fraude.

ART. 7. Toute lettre adressée à une personne ayant la franchise et qui serait destinée à un tiers, sera immédiatement envoyée au bureau de poste pour y être taxée.

ART. 8. Dans tous les cas de contravention prévus par le présent décret ou par les lois antérieures dont les dispositions restent en vigueur, les tribunaux pourront, suivant les circonstances, modèrer la peine et réduire l'amende à 16 francs.

ART. 9. Un réglement d'administration, approuvé par le ministre des finances, fixera les moyens d'exécution et mettra les mesures réglées par le présent décret en rapport avec les dispositions de la loi du 15 mars 1827, qui ne sont pas abrogées.

ART. 10. Le ministre des finances est chargé de l'exécution du présent décret.

—

La diminution des recettes des postes, par suite de ce décret, s'élèvera à 12 millions en 1849. Le produit de la taxe des lettres, des droits sur les envois d'argent, des recettes diverses (non compris le prix des places dans les paquebots et dans les malles postes) qui s'était élevé pour les neuf premiers mois de l'année à 36,788,000 francs en 1847. et à 37,439,000 en 1848 ; est descendu pour les 9 premiers mois de 1849 à 28,724,000 francs.

Service général des Postes dans le Finistère.

L'inspection des postes du Finistère comprend 24 bureaux de poste et 9 bureaux de distribution. Elle dessert toutes les communes du Finistère, excepté celle de Bolazec, qui est desservie par le bureau de Callac (Côtes-du-Nord) : en revanche, cinq communes des Côtes-du-Nord sont desservies par le bureau de Carhaix. Indépendamment des villes qui possèdent un bureau de poste ou de distribution ; 62 communes rurales sont desservies tous les jours par les facteurs ; les îles d'Ouessant et de Molène ne reçoivent leurs lettres que tous les cinq jours ; les autres communes du département sont visitées tous les deux jours par le facteur.

Le 1er août, les facteurs, affectés aux communes du département desservies tous les jours, coûtaient par mois 1,121 francs : les autres communes ne coûtaient que 1,904 francs. Si l'on voulait doter toutes les communes rurales d'un service journalier, il faudrait dépenser environ 5,000 francs par mois au lieu de 3,025, employer 153 facteurs au lieu de 93.

Dans le tableau qui suit, chaque bureau de poste ou de distribution est suivi des communes qu'il dessert. Les bureaux de poste sont indiqués en lettres majuscules, les bureaux de distribution en petites majuscules, à la suite du bureau de poste qui tient leur comptabilité. Les communes desservies tous les jours sont en italique ; les communes desservies, par un même facteur, sont séparées par une virgule et non par un trait.

BREST, *Lambézellec*, — *Saint-Marc*, — Saint-Pierre-Quilbignon, Plouzané, Loc-Maria, Guilers, Bohars, — *Gouesnou*.

CARHAIX, Plouguer, Motreff, Tréogan (1), Plévin(1), —Treffrin(1), Trébrivant (1), Moustoir (1), Kergloff, Cleden-Poher, St.-Hernin, — *Plounevézel, Poullaouen* — Huelgoat, La Feuillée, Loc-Maria, Plouyé, — Berrien, Scrignac.

CHATEAULIN, Cast, Quéménéven, Dinéault, — *Port-Launay, Saint-Segal, Poudrerie-du - Pont - de-Buis* (2) — Plomodiern, Ploëven, Saint-Conlitz — Plonevez - Porzay, Locronan.

CHATEAU-NEUF DU FAOU, Saint-Goazec, Leuhan, Plonevez, Collorec, Landeleau, Spézet, Saint-Thois, Tregourez, Laz, — Coray.

CONCARNEAU., *Lanriec, Trégunc*, — *Beuzec-Conq*.

CROZON, *Roscanvel*, — *Argol, Telgruc*,— *Saint-Nic, Trégarvant* — Camaret.

DOUARNENEZ, *Poullan, Pouldergat*, — Ploaré, Plogonnec.

LE FAOU, Rosnoën, Logonna-Quimerch, Lopérec, Quimerch, — Hanvec, Saint-Eloi, Rumengol, — L'hôpital - Canfrout, Logonna-Daoulas, Irvillac — Landévennec.

LANDERNEAU, Pencran, Tréfflévénez, Le Tréhou, Plouédern, Trémaouézan — La Roche, Lanneufret, Ploudiry, La Martyre, Saint-Divy, Kersaint, Saint-Thonan, — *Dirinon, Daoulas, Saint-Urbain — La Forêt, Guipavas*, — Plougastel-Daoulas, Loperhet.

LANDIVISIAU, Bodilis, Plounéventer, Saint-Servais, — Plougourvest, Plougars, Saint-Vougay, Plou-

(1) Ces cinq communes appartiennent au département des Côtes-du-Nord.

(2) Fait partie de la commune de St.-Segal

zévédé, Plouvorn — Lampaul, St.-Sauveur, Commana, Guimilliau — Loc-Eguiner, Sizun, Loc-Mélar — SAINT-THÉGONNEC, Pleybert-Christ, Plounéour-Ménez, Guiclan.

LANMEUR, Plougasnou, Saint-Jean-du-Doigt, Guimaëc, Locquirec — Plouégat-Guerrand.

LANNILIS, *Landéda — Tréglonou, Coat-Méal, Bourg-Blanc*, Plouvien — *Plouguerneau*.

LESNEVEN, Le Drennec, Plabennec, Le Folgoat, — Lanarvily, Loc-Brévalaire, Kernilis, St.-Méen, Lanhouarneau — *Kérnouès, Saint-Trégant, Guisseny* — Plouider, Goulven, Ploudaniel, Trégarantec—Plounéour-Trèz, Kerlouan.

MORLAIX, Ploujean, Plouézoch, Garlan — Taulé, Henvic, Carantec, Locquénolé — Saint-Martin-des-Champs, Sainte-Sève, Plourin, Le Clottre.

PLEYBEN, Lothey, Gouézec, Lesnon, Brasparts — Le Clottre, Locqueffret, Lannédern.

PLOUDALMÉZEAU, *Plourin, Larret, Porspoder, Landunvès* — *Lampol, Saint-Pabu, Plouguin*.

PLOUIGNEAU, *Botsorhel, Guerlesquin*, — *Le Ponthou, Plouégat-Moysan* — Plougonven, Lannéanou.

PONT-CROIX, Mahalon, Guilers, Plozévet, Plouhinec — Beuzec, Meylars — AUDIERNE, Esquibien, Primelin, Plogoff, Cléden, Goulien.

PONT-LABBÉ, Treffiagat, Plobannalec, Loctudy, — Tréguennec, Plovan, Tréogat, Plonéour — Plomeur, Penmarch, Saint-Jean-Trolimon — Tréméoc, Combrit, Ile-Tudy.

QUIMPER, *Plougastel-Saint-Germain* — Plonéis, Guengat, Plomelin — *Pleuven, Saint-Evarzec* —Penhars, Pluguffan, Kerfeunteun, Ergué-Gabéric, Ergué-Armel—Landudec, Pouldreuzic, Peumeurit — *Fouesnant, Perguet* — Briec-Saint-Lodet. — Langolen, Edern—*Clohars-Fouesnant, Gouesnach*.

QUIMPERLÉ, Mellac — *Bannalec* — Arzano, Redené, Baye — Tréméven, Querrien, St.-Thurien—*Moëlan, Clohars-Carnoët* — Guilligomarch — Trévoux — PONTAVEN, *Nevez, Nizon — Riec*.

ROSPORDEN, Kernével, *Melgven* — Saint-Yvi, Elliant, Tourch— SCAER.

SAINT-POL-DE-LÉON, Plougoulm, Sibiril, Cléder — Plouénan, Mespaul, Trézélidé, Tréfflaouénan—PLOUESCAT, Plounévez-Lochrist, Treffiez — ROSCOFF — *Ile-de-Batz*.

SAINT-RENAN, *Ploumoguer, Plouarzel, Lampaul-Plouarzel*—Milizac, Guipronvel, Tréouergat, *Lanrivoaré* — Brelès, Lanildut — LE CONQUET, *Trébabu, Plougonvelin*—Ouessant tous les cinq jours — Molène tous les cinq jours.

Mode de Transports

ET HEURES DES DISTRIBUTIONS DES DÉPÊCHES

DANS LES

Principaux bureaux de poste du Finistère.

BREST.

(Rue Voltaire, 4, et rue de la Rampe prolongée.)

TOUS LES JOURS :

Pour Paris et route, malle-poste.

Pour Quimper, Lorient et Nantes, service en voiture.

Pour Saint-Renan et le Conquet, courrier à cheval.

Pour Lannilis, courrier à cheval

BUREAU DE BREST.

Le bureau est ouvert de 7 heures du matin à 8 heures du soir.

NOTA. — Pour la commodité des habitants, trois boîtes ont été placées, l'une quai Tourville, 43, l'autre place Médisance, 42, et une autre rue de la Mairie, 59 ; elles seront levées, jusqu'à nouvel ordre, à 6 heures du matin et 4 heures du soir.

HEURES D'ARRIVÉE DES COURRIERS.

De Paris et route, de 10 heures du matin à 1 heure du soir, en été, de 1 à 3 heures du soir en hiver.

De Nantes et route, à 6 heures du matin.

De Saint-Renan et Lannilis, à 4 heures du soir.

La distribution des lettres se fait généralement une heure après l'arrivée des courriers. Elle est remise au lendemain quand ils ne sont rendus à Brest que dans la nuit, ou même après 8 heures du soir.

Le bureau de poste de Recouvrance est un bureau supplémentaire de celui de Brest ; toutes les opérations s'y font comme dans les autres bureaux de poste.

DÉPART DES COURRIERS.

Pour Paris et route, à 9 heures du matin en été et à 6 heures du matin en hiver, jusqu'à nouvel ordre.

Pour Nantes et route, à 6 heures du soir.

Pour Saint-Renan et Lannilis, à 6 heures du soir.

ON REÇOIT LES LETTRES CHARGÉES ET AFFRANCHIES, SAVOIR

Au bureau de Brest :

Pour Paris et route, *service d'été* jusqu'à 8 heures du matin, *service d'hiver*, jusqu'à 8 heures du soir.

Pour Nantes et route, jusqu'à 4 heures 1|2 du soir.

Pour Saint-Renan et Lannilis, jusqu'à 4 heures 1|2 du soir.

Articles d'argent jusqu'à 3 heures du soir.

à Recouvrance :

Pour Paris et route, jusqu'à 4 heures du soir.

Pour Nantes et route, jusqu'à 3 heures 1|2 du soir.

LES DERNIÈRES LEVÉES DES BOITES SE FONT, SAVOIR ;

Au bureau de Brest :

Pour Paris et route, à 8 heures du matin en été et à 5 heures du matin en hiver.

Pour Nantes et route, à 5 heures du soir.

Pour Saint-Renan et Lannilis, à 5 heures du soir.

A Recouvrance.

Pour Paris et route, jusqu'à 7 h. du matin en été, 7 h. du soir en hiver.

Pour Nantes et route, jusqu'à 4 heures du soir.

Une levée supplémentaire pour les lettres affranchies au moyen des timbres postes, a lieu dans tous les bureaux du Finistère, une 1|2 heure après la dernière levée pour les lettres ordinaires.

QUIMPER.

(Rue du Quai, 10.)

Service en voiture tous les jours.

Pour Paris, par Rennes.
Pour Brest, Lorient et Nantes.
Pour Pont-Croix, par Douarnenez.

Le bureau est ouvert tous les jours, de 7 h. du matin à 5 h du soir, fermé de 5 à 6 h., réouvert de 6 jusqu'à 8 heures.

Le courrier pour Paris part à 10 h. du soir, celui pour Brest, à 6 h. du soir. Le départ pour Nantes a lieu à 4 h. du matin.

LES DERNIÈRES LEVÉES DES BOITES SE FONT SAVOIR :

Pour Rennes, Paris et Lorient, par Hennebon, à 9 h. du soir.

Pour Brest, à 5 h. du soir.

Pour Nantes, à 9 h. du soir.

CHATEAULIN.
(Sur le Quai).

Pour Paris, service en voiture, tous les jours, par Pleyben, Châteauneuf, Callac et Guingamp.

Du Faou à Crozon, service à cheval. Le bureau est ouvert au public, pour toutes les opérations relatives au service :

En été, depuis 7 h. du matin jusqu'à 2 h., réouvert de 3 à 6 h. du soir.

En hiver, à 8 h. du matin jusqu'à 6 h. sans interruption.

HEURES DE DÉPART.

Pour Brest, à 8 h. du matin.

Pour Quimper et Nantes, à 11 h. du soir.

Pour Paris et Carhaix, à 2 h. après midi.

Lettres chargées, Brest, Quimper et Nantes, jusqu'à 6 h. du soir.

Levée de la boîte, à 8 h. 1|2 du soir. Paris et Carhaix, à 1 h. après midi.

HEURES DE L'ARRIVÉE.

De Brest, à minuit.

De Quimper et Nantes, à 8 h. du soir.

De Paris et Carhaix, à 5 h. du soir.

—

MORLAIX.
(Rue Saint-Melaine, 49.)
OUVERTURE DU BUREAU.

De 6 h. du matin jusqu'à 6 h. du soir.

HEURES D'ARRIVÉE DES COURRIERS.

De Paris et route, à 7 h. du matin.

De Brest et route, à 10 h. du matin en hiver, à 1 h. du soir en été.

De Carhaix, Lannion et Saint-Pol, de 4 à 6 h. du matin.

La distribution des lettres se fait une heure après l'arrivée des courriers.

DÉPART DES COURRIERS.

Pour la route de Paris, à 10 h. du matin en hiver, et à 1 h. du soir en été.

Pour Carhaix, Lannion et Saint-Pol-de-Léon, à 2 h. du soir, service en voiture tous les jours.

Pour Lorient, passant par Carhaix, Gourin et le Faouët, service d'entreprise par voiture, commencé le 16 novembre 1840. Départ tous les jours, à 2 h. du soir.

CLOTURE DES AFFRANCHISSEMENTS
DES LETTRES CHARGÉES.

Pour Paris, à midi en été, et à 9 du matin en hiver.

Pour Carhaix, Lannion et Saint-Pol-de-Léon, à midi.

Depuis le 1er octobre 1839, la marche du courrier de Saint-Pol-de-Léon à Roscoff a été ainsi fixée :

Retour de Roscoff, à 7 h. du soir.

Départ de Saint-Pol, à 8 h. 1|2 du soir.

LÉVÉE DES BOITES.

Pour la route de Paris, à midi en été, et à 9 h. du matin en hiver.

Pour la route de Brest, à 6 h. du matin.

Pour Carhaix, Lannion et Saint-Pol-de-Léon, à 1 h. après-midi.

—

QUIMPERLÉ.
(Place aux Lards.)

Service en voiture tous les jours.

Pour Paris, par Rennes, à 4 h. du matin.

Pour Lorient et Nantes, à 9 h. du matin.

Pour Quimper et Brest, à midi.

DÉPART DES COURRIERS.

Pour Morlaix, passant par le Faouët, Gourin et Carhaix, service d'entreprise par voiture. Départ tous les jours, à 4 h. du soir.

OUVERTURE DU BUREAU.

De 8 h. du matin à midi.

Fermé de midi à 2 h. du soir.

Réouvert de 2 h. à 8 h. du soir.

<table>
<tr><td>

Route de Brest, à 11 h. du matin.
Route de Nantes, à 8 h. du matin.

[ARRIVÉE]DES COURRIERS.

De Brest, à 9 h. du matin
De Nantes, à midi.

</td><td>

Première, 10 h. du matin.
Deuxième, 1 h. après midi.

NOTA. — Les heures données ici pour l'arrivée aux différents bureaux de poste et la distribution des lettres sont les heures fixées par l'administration ; elles varient nécessairement en raison du retard que peut éprouver la marche des courriers dans la mauvaise saison, ou de l'avance dans la bonne ; néanmoins on peut les considérer comme à peu près exactes pendant 8 mois de l'année.

</td></tr>
</table>

ITINÉRAIRE DES MALLES-POSTES

DE PARIS A BREST.

De Brest à Paris, aller et retour, par Landerneau, Morlaix, Saint-Brieuc, Lamballe, Dinan, Dol, Pontorson, Saint-Hilaire, Domfront, Prez-en-Pail, Alençon, etc.

MALLE-POSTE, trois places d'intérieur, à 104 fr. 30 c.; départ tous les jours, à 6 heures du matin en hiver et à 9 heures en été. Brest, rue Voltaire, 4, et rue de la Rampe prolongée ; Paris, rue Jean-Jacques Rousseau, (Hôtel des Postes).

N. B. On annonce prochainement un changement dans la direction de la malle-poste entre Lamballe et Paris.

PAQUEBOTS.

PAQUEBOTS FRANÇAIS DE LA MÉDITERRANÉE.

La nouvelle organisation du service entre la France et l'Algérie comprend quatre lignes principales :

La première ligne, de Toulon à Alger, les 7, 17 et 27 de chaque mois.

La deuxième ligne, de Marseille à Alger, les 5, 10, 15, 20, 25, et 30 de chaque mois.

La troisième ligne, de Marseille à Oran, les 3 et 18 de chaque mois.

La quatrième ligne, de Marseille à Stora, les 8 et 23 de chaque mois.

Le service entre la France et les autres points de la Méditerranée est divisé en cinq lignes.

La première de Marseille à Malte par Gênes, Livourne, Civita-Vecchia, Naples et Messine, les 9, 19, 29 de chaque mois.

La deuxième de Marseille à Constantinople par Malte, le Pirée, Smyrne et les Dardanelles les 1er, 11, 21 de chaque mois.

La troisième de Marseille à Beyrouth, (Syrie) par Malte et Alexandrie les 6 et 23 de chaque mois.

La quatrième de Marseille à Ajaccio tous les mardis.

La cinquième de Marseille à Bastia tous les Vendredis.

Les paquebots anglais, qui portent la correspondance de la Grande-Bretagne et de la France pour les Indes orientales, Ceylan, l'Archipel indien, la Chine et l'Égypte, partent de Marseille, celui à destination de Bombay, le 11, et celui à destination de Calcutta, touchant à Madras, le 28 de chaque mois. Ils rapportent en retour à Marseille, vers le 28 de chaque mois la correspondance des Indes. Par les paquebots réguliers partant aux époques ci-après, l'affranchissement n'est facultatif que pour les possessions anglaises.

Paquebot de l'Amérique du Nord, desservant les Etats-Unis d'Amérique, Terre-Neuve, les Bermudes, le Canada, la Nouvelle-Ecosse et l'Amérique septentrionale britannique, les 3 et 18 de chaque mois. Pendant les mois de janvier, fevrier, mars et décembre, l'expédition du 18 n'a pas lieu.

Paquebot de la Jamaïque et de l'Amérique centrale, desservant la Barbade, Antigoa, la Grenade, Sainte-Lucie, Tabago, la Trinité, la Jamaïque, la Guadeloupe, la Martinique, Saint-Thomas, la Guayra, Haïti, Porto-Rico, etc., les 2 et 17 de chaque mois.

Pour la Havane, Cuba, Caracas, Santa-Fé, Véra-Cruz, Mexique, Chili, Pérou, le 2 de chaque mois.

Pour Chagres et Panama, le 17 de chaque mois.

Paquebot du Brésil, desservant Madère, les Açores, et les Canaries, Rio, Bahia, Fernambouc, Buénos-Ayres et Montévidéo, le 6 de chaque mois.

VOITURES PUBLIQUES.

De Brest à Paris, aller et retour, par Landerneau, Morlaix, Saint-Brieuc, Rennes, Châteaubriant et Angers.

MESSAGERIE NATIONALES, *société anonyme;* départ de Brest à midi pendant l'été, et à 9 ou 10 heures du matin pendant l'hiver, les jours impairs pendant les mois de janvier, avril, mai, août, novembre, décembre, et les jours pairs, pendant les autres mois de l'année. Bureaux; Brest, rue d'Aiguillon, 44; Paris, rue Notre-Dame-des-Victoires, 22.

MESSAGERIES GÉNÉRALES, *Caillard et Compagnie;* départ de Brest, tous les seconds jours, aux mêmes heures que la compagnie précédente avec laquelle elle alterne. Bureaux; Brest, rue de Siam, 6; Paris, rue Saint-Honoré, 130.

De Brest à Nantes, aller et retour par Quimper, Lorient et Vannes.

MALLE-POSTE, *Messageries Nationales;* départ tous les jours pour Nantes, à 6 heures du soir, rue d'Aiguillon, 44, à Brest; départ tous les jours pour Brest, au bureau de l'exploitation générale des Messageries Nationales, place Graslin, à Nantes.

DILIGENCE, *Entreprise William Derrien;* départ de Brest pour Lorient avec correspondance pour Nantes, tous les jours à 5 heures du matin; Brest, rue de Siam, 6.

De Brest à Morlaix, *Entreprise François Mazurié et Compagnie.* Correspondance des Messageries Nationales, rue d'Aiguillon 44; départ tous les jours à 6 heures du soir.

VOITURES
Pour les environs de Brest.

De Brest à Morlaix, aller et retour. DILIGENCE, *Entreprise Bourcicaut.* Une voiture de cette entreprise part de Morlaix tous les jours à 6 heures du matin et arrive à Brest à 1 heure du soir; elle repart le même jour pour Morlaix à 6 heures du soir. Bureau à Brest, chez M Lescop, Grand'Rue, 3.

Une seconde voiture part de Brest tous les jours à 6 heures du matin en hiver et à 5 heures en été; elle repart de Morlaix pour Brest à 9 heures du soir ; Bureaux à Brest hôtel de la Tour d'Argent, et à Morlaix, place de Viarmes, au Lion d'Or.

———

De Brest à Landerneau, aller et retour.

VOITURE suspendue *Bouldé* : départ de Landerneau et de Brest deux fois par jour, le premier départ a lieu à 6 heures du matin en été et à 7 en hiver : le second à 4 heures du soir : Bureaux, à Brest chez M. Lestume, au Grand Turc, Grand'Rue, 1; et à Landerneau, place St.-Houardon, 1.

VOITURE suspendue, *Lazennec*, départ de Landerneau à 6 heures 1|2 du matin, et de Brest à 4 heures 1|2 du soir. Bureaux à Brest, chez M. Poche, place des portes, 1; et à Landerneau place de la Pompe.

———

De Brest à Lesneven, aller et retour.

VOITURE suspendue, Le *Jeune* dit *Le Coq.*

Arrive à Brest à 9 heures du matin les mardis, jeudis et samedis et repart le même jour à 3 ou 4 heures du soir. Bureau à Brest, au Grand Turc, Grand'Rue, 1.

VOITURE couverte, *François Gautier*, arrivée à Brest à 9 heures du matin, départ à 3 ou 4 heures du soir, les mercredis et vendredis. Bureau à Brest, rue du Rempart, 5, chez M. Nicol.

De Brest à Saint-Pol-de-Léon, aller et retour.

VOITURE suspendue, *Allain Caroff* : départ de Brest le mardi à 9 heures du matin et le samedi à 6 heures du matin en été et 7 heures en hiver. Retour à Brest le lundi et le jeudi soir. Bureau à Brest chez M. Joubert, rue du Rempart, 4.

VOITURE suspendue, *Olivier Madec*. Cette voiture part de Brest et de Saint-Pol-de-Léon les mêmes jours et aux mêmes heures que la précédente. Bureau à Brest, chez M. Salsac-Lemoal, rue de Crée, 7.

———

De Brest à Saint-Renan, aller et retour.

VOITURE suspendue, *Bossard*, arrivée à Brest à 9 heures du matin les lundis, mercredis et vendredis, départ le même jour à 3 ou 4 heures du soir. Bureau à Brest, chez M. Salsac-Lemoal, rue de Crée, 7.

VOITURE suspendue, *Morel*, départ et arrivée aux mêmes heures que la voiture précédente. Bureau à Brest, chez M. Nicol, rue du Rempart 5.

De Brest au Conquet, aller et retour.

Une VOITURE part du Conquet les lundis, mercredis et vendredis, et arrive à Brest à 10 heures : elle repart le soir à 4 heures. Bureau à Brest, chez M. Joubert, rue du Rempart, 4.

Une seconde VOITURE part tous les jours de Recouvrance à 7 heures du matin, y est de retour à 7 heures du soir. Bureau, place de la Porte à Recouvrance.

———

De Brest à Lannilis, aller et retour.

COURRIER de Lannilis, une place, arrivée tous les jours à 4 heures du soir, départ à 6 heures du soir : Bureau rue de Crée 7.

VOITURE suspendue à 4 roues et 4 places, *Hélène Le Den*, arrivée le matin à Brest, les lundis et vendredis, départ le même jour à 3 heures du soir. Bureau chez M. Salsac-Le Moal, rue de Crée, 7.

VOITURE suspendue à 4 roues, *Guénet*, arrivée et départ aux mêmes heures et les mêmes jours que la précédente. Bureau à Brest, chez M. Joubert, rue du Rempart, 4.

VOITURE suspendue, *Le Guen*, partant à volonté de Brest pour Lannilis : à Brest, chez M. Salsac-Le-Moal, rue de Crée. 7.

De Brest, à Ploumoguer, aller et retour.

VOITURE couverte, *Coatanéa*, arrive à 9 heures les mardis et samedis, repart à 2 ou 3 heures. Bureau à Brest, chez M. Nicol, rue du Rempart, 5.

De Brest à Ploudalmézeau, aller et retour. Arrivée à Brest, à 9 heures du matin, départ à 3 ou 4 heures du soir, les mardis et vendredis, (le 1ᵉʳ lundi du mois jour de la foire de Brest, le voyage est avancé d'un jour.)

DILIGENCE à huit places, *Prévost* : Bureau à Brest, chez M, Joubert, rue du Rempart, 4.

CHARRETTE couverte, *Guéguen* : Bureau à Brest, Grand'-rue, 5.

De Brest à Lanildut, aller et retour.

VOITURE suspendue, *Alençon* dit le *Grand Boucher*, les lundis et vendredis : Bureau à Brest, chez M. Joubert, rue du Rempart, 4.

De Brest à Plouarzel, aller et retour.

VOITURE couverte *Pellot*, les lundis et vendredis, Bureau à Brest, chez M. Salsac-Lemoal, rue de Crée, 7.

De Brest à Argenton, (communes de Landunvez et Porspoder.)

VOITURE suspendue à 4 places, *Pondaven*; les lundis et vendredis : Bureau au *Grand Turc*, Grand'-rue, 1.

Ces trois voitures comme toutes celles qui partent de l'arrondissement de Brest, arrivent le matin et repartent le soir, le même jour vers 3 heures : leur départ de Brest, subordonné pour toutes au désir des voyageurs, peut-être avancé ou retardé d'une ou plusieurs heures.

BATEAUX A VAPEUR.

Navigation régulière et directe entre le Havre et Morlaix.
(70 lieues marines en 18 à 20 heures, ou 400 kil, de poste,)

Les voyageurs peuvent se rendre : de Paris à Morlaix *en* 30 *heures, de* Paris à Brest *en* 35 *heures, etc., etc., et vice versâ. — La marchandise peut être rendue en* 5 *et* 6 *jours de* Paris à Morlaix *et* Brest, *et vice versâ.*

Correspondance avec le chemin de fer du Hâvre à Paris.

CORRESPONDANCE AVEC LES VILLES.

De Lannion, Tréguier, Paimpol, Binic, le Légué, *Saint-Brieuc*, Pontrieux, Guimgamp, Quintin, Carhaix, *Quimper*, Châteaulin, *Brest*, Landerneau, Saint-Pol-de-Léon, Roscoff, Lesneven, *Lorient*, etc.,

La Compagnie se charge de tous transports à destination

Correspondance avec les bâteaux à vapeur du Havre pour Saint-Péters-
bourg, Copenhague, Hambourg, Rotterdam, Ostende, Brighton,
Southampton, Londres, l'Espagne, Dunkerque, Cherbourg, Caen,
Honfleur, Rouen et Paris.

Par les paquebots à vapeur de la compagnie du Finistère.

LE MORLAISIEN,
Capitaine DARRÉ.

LE FINISTÈRE,
Capitaine TRUBERT.

SERVICE D'ÉTÉ.

Départs : DU HAVRE, *Les Samedis* / DE MORLAIX, *Les Mercredis* } de chaque semaine, du 1er avril au 1er Nov.

SERVICE D'HIVER :

Départs : DU HAVRE, *les 5, 15, 25* / DE MORLAIX, *les 10, 20, 30* } de chaque mois, à dater du 5 Nov. au 30 mars.

Des chambres sont réservées pour les dames, — Il y a un bon restaurant à bord des paquebots, à des prix modérés. — Des femmes de chambres sont attachées au service des dames.

PRIX DU PASSAGE.

Première chambre. . . . . . . 30 f. | Sur le pont (Militaires et Marins non gradés), 10 f.
Deuxième chambre. . . . . . 20 f. | Moitié prix au-dessous de dix ans.

Voitures dites fourgons, 100 fr. — Voitures à quatre roués, 60 fr. —
Voitures à deux roues, 40 francs.

Le prix du fret est fixé :

À 25 fr. et 10 p. 100 du tonneau, suivant le tarif de l'administration.
Et 6 fr. et 10 p. 100 des 100 kilogrammes pour toutes les marchandises
  de roulage.
A 30 fr. pour un cheval ; 20 fr. pour un bœuf ; 15 fr. pour une vache ;
  10 fr. pour un porc ; 5 fr. pour un mouton, une chèvre, etc.; 3 fr.
  pour un chien, sur le pont.

En prévenant les agents, on peut faire couvrir les risques de navigation
sur marchandises, moyennant :

1|8 p. 100 du Havre à Morlaix
1|4 p. 100 de Rouen à Morlaix   } *et vice versâ.*
3|8 p. 100 de Paris   à Morlaix

Avec augmentation de 1|8 pour 100 sur ces primes du 31 octobre au 31
mars.

S'adresser pour fret et passage :

Au Havre. . . } A MM. *Corbière, Vacher, Tilly et Compagnie*, direc-
A Morlaix. . }   teurs.
A Rouen. . . . . A M *Lemaignen*, rue Saint-Étienne-des-Toneliers, 19.

A Paris. . . . . . A M. *Châteauneuf*, jeune, boulevart Montmartre, 8·
Id.   A MM. *Lemort, Crusel et Compagnie*, agents du chemin de fer de Rouen, rue Neuve-de-la-Fidélité, 7.

ROULAGE.

Service ordinaire et accéléré pour tous pays.

M. François MAZURIÉ, agent des transports de la guerre, rue de la
Mairie, 13.
Mme Ve MACON, cadet, rue Saint-Yves, 20.
M. MACON aîné, rue Saint-Yves, 37.

Ces commissionnaires de roulage expédient tous les jours pour la route
de Rennes et de Nantes, et au-delà par Rennes;

Une ou deux fois par semaine pour Quimper et Lorient, et les différents points de l'arrondissement de Brest.

Nombre de jours pour se rendre de Brest à destination.

	Par accéléré.	Par ordinaire.
Pour Morlaix.	1 jour	2 jours.
Saint-Brieuc.	4	6
Rennes.	6	10
Paris.	12	25
Rouen.	14	28
Nantes.	9	15
Bordeaux.	15	30

THERMOMÈTRES.

Trois thermomètres sont en usage : thermomètre de Réaumur —centigrade—de Fahrenheit ce dernier est principalement usité en Angleterre
et en Amérique.

Dans les deux premiers le zéro est marqué au point où se fixe le som-
met de la colonne de Mercure dans la glace fondante—pour celui de
Fahrenheit ce point est marqué +32° et son zéro qui est pris dans un mé-
lange de glace et de sel marin correspond à —17,78 Centigrade et à
—14,22 Réaumur.

Pour ces trois instruments l'espace parcouru par la colonne de Mercure
depuis le point fixe de fusion de la glace jusqu'à l'autre point fixe dans
l'eau bouillante, est divisé pour le therm. Centig. en 100 parties égales.

> Réaumur en 80   *id.*
> Fahrenheit en 180   *id.*

On transforme les degrés de l'un de ces thermomètres en ceux d'un
autre, en multipliant ses degrés par le nombre qui établit leurs rapports
et ajoutant 32 pour celui de Fahrenheit. Exemple :

10 Centi. × 0,8 = 8 R. 10 Centi. × 1,8 = 18 × 32 = 50.

Comparaison des trois thermomètres.

Centig.	R.	F.	Centig.	R.	F.	Centig.	R.	F.
— 10	=	- 8+14	10	=	8	50	30	=	24	86
— 5	=	- 4+23	15	=	12	59	35	=	28	95
0	=	0	32	20	=	16	68	40	=	32	104
5	=	4	41	25	=	20	77	45	=	36	113

DEUXIÈME PARTIE.

DOCUMENTS DIVERS

DE LÉGISLATION, DE STATISTIQUE, D'ADMINISTRATION, DE COMMERCE, D'INDUSTRIE.

Constitution de la République Française.

AU NOM DU PEUPLE FRANÇAIS

L'assemblée nationale a adopté,
Et conformément à l'article 6 du décret du 28 octobre 1848, le président de l'assemblée nationale promulgue la Constitution dont la teneur suit :

Préambule.

En présence de Dieu, et au nom du peuple français, l'assemblée nationale proclame :

I. La France s'est constituée en république. En adoptant cette forme définitive de gouvernement, elle s'est proposé pour but de marcher plus librement dans la voie du progrès de la civilisation, d'assurer une répartition de plus en plus équitable des charges et des avantages de la société, l'aisance de chacun par la réduction graduée des dépenses publiques et des impôts, et de faire parvenir tous les citoyens, sans nouvelle commotion, par l'action successive et constante des institutions et des lois, à un degré toujours plus élevé de moralité, de lumières et de bien-être.

II. La république française est démocratique, une et indivisible.

III. Elle reconnaît les droits et les devoirs antérieurs et supérieurs aux lois positives.

IV. Elle a pour principe la liberté, l'égalité et la fraternité.
Elle a pour base la famille, le travail, la propriété, l'ordre public.

V. Elle respecte les nationalités étrangères, comme elle entend faire respecter la sienne, n'entreprend aucune guerre dans des vues de conquête, et n'emploie jamais ses forces contre la liberté d'aucun peuple.

VI. Des devoirs réciproques obligent les citoyens envers la république, et la république envers les citoyens.

VII. Les citoyens doivent aimer la patrie, servir la république, la défendre au prix de leur vie, participer aux charges de l'état en proportion de leur fortune ; ils doivent s'assurer, par le travail, des moyens d'existence, et, par la prévoyance, des ressources pour l'avenir, ils doivent concourir au bien être commun, en s'entr'aidant fraternellement les uns les autres, et à l'ordre général en observant les lois morales et les lois écrites qui régissent la société, la famille et l'individu.

VIII. La république doit protéger

le citoyen dans sa personne, sa famille, sa religion, sa propriété, son travail, et mettre à la portée de chacun l'instruction indispensable à tous les hommes; elle doit, par une assistance fraternelle, assurer l'existence des citoyens nécessiteux, soit en leur procurant du travail dans les limites de ses ressources, soit en donnant, à défaut de la famille des secours à ceux qui sont hors d'état de travailler.

En vue de l'accomplissement de tous ces devoirs, et pour la garantie de tous ces droits, l'assemblée nationale, fidèle aux traditions des grandes assemblées qui ont inauguré la révolution française, décrète ainsi qu'il suit la Constitution de la république.

CONSTITUTION.

Chapitre premier. — *De la souveraineté.*

Art. 1er. La souveraineté réside dans l'universalité des citoyens français.

Elle est inaliénable et imprescriptible.

Aucun individu, aucune fraction du peuple ne peut s'en attribuer l'exercice.

Chapitre II. — *Des droits des citoyens garantis par la Constitution.*

Art. 2. Nul ne peut être arrêté ou détenu que suivant les prescriptions de la loi.

Art. 3. La demeure de toute personne habitant le territoire français est inviolable; il n'est permis d'y pénétrer que selon les formes et dans les cas prévus par la loi.

Art. 4. Nul ne sera distrait de ses juges naturels.

Il ne pourra être créé de commissions et de tribunaux extraordinaires, à quelque titre et sous quelque dénomination que ce soit.

Art. 5. La peine de mort est abolie en matière politique.

6. L'esclavage ne peut exister sur aucune terre française.

Art. 7. Chacun professe librement sa religion, et reçoit de l'état, pour l'exercice de son culte, une égale protection.

Les ministres, soit des cultes actuellement reconnus par la loi, soit de ceux qui seraient reconnus à l'avenir, ont le droit de recevoir un traitement de l'état.

Art. 8. Les citoyens ont le droit de s'associer, de s'assembler paisiblement et sans armes, de pétitionner, de manifester leurs pensées par la voie de la presse ou autrement.

L'exercice de ces droits n'a pour limites que les droits ou la liberté d'autrui et la sécurité publique.

La presse ne peut, en aucun cas, être soumise à la censure.

Art. 9. L'enseignement est libre.

La liberté d'enseignement s'exerce selon les conditions de capacité et de moralité déterminées par les lois, sous la surveillance de l'état.

Cette surveillance s'étend à tous les établissements d'éducation et d'enseignement, sans aucune exception.

Art. 10. Tous les citoyens sont également admissibles à tous les emplois publics, sans autre motif de préférence que leur mérite, et suivant les conditions qui seront fixées par les lois.

Sont abolis à toujours tout titre nobiliaire, toute distinction de naissance, de classe ou de caste.

Art. 11. Toutes les propriétés sont inviolables. Néanmoins l'état peut exiger le sacrifice d'une propriété pour cause d'utilité publique légalement constatée, et moyennant une juste et préalable indemnité.

Art. 12. La confiscation des biens ne pourra jamais être établie.

Art. 13. La Constitution garantit

aux citoyens la liberté du travail et de l'industrie.

La société favorise et encourage le développement du travail par l'enseignement primaire gratuit, l'éducation professionnelle, l'égalité de rapports entre le patron et l'ouvrier, les institutions de prévoyance et de crédit, les institutions agricoles, les associations volontaires, et l'établissement par l'état, les départements et les communes, de travaux publics propres à employer les bras innoccupés ; elle fournit l'assistance aux enfants abandonnés, aux infirmes et aux vieillards sans ressources et que leurs familles ne peuvent secourir.

Art. 14. La dette publique est garantie.

Toute espèce d'engagement pris par l'état avec ses créanciers est inviolable.

Art. 15. Tout impôt est établi pour l'utilité commune.

Chacun y contribue en proportion de ses facultés et de sa fortune.

Art. 16. Aucun impôt ne peut être établi ni perçu qu'en vertu de la loi.

Art. 17. L'impôt direct n'est consenti que pour un an.

Les impositions indirectes peuvent être consenties pour plusieurs années.

Chapitre III.—*Des pouvoirs publics.*

Art. 18. Tous les pouvoirs publics, quels qu'ils soient, émanent du peuple.

Ils ne peuvent être délégués héréditairement.

Art. 19. La séparation des pouvoirs est la première condition d'un gouvernement libre.

Chapitre IV.— *Du pouvoir législatif.*

Art. 20. Le peuple français délègue le pouvoir législatif à une assemblée unique.

Art. 21. Le nombre total des représentants du peuple sera de sept cent cinquante, y compris les re-

présentants de l'Algérie et des colonies françaises.

Art. 22. Ce nombre s'élèvera à neuf cents pour les assemblées qui seront appelées à réviser la Constitution.

Art. 23. L'élection a pour base la population.

Art. 24. Le suffrage est direct et universel. Le scrutin et secret.

Art. 25. Sont électeurs, sans condition de cens, tous les Français âgés de vingt-un-ans, et jouissant de leurs droits civils et politiques.

Art. 26. Sont éligibles, sans condition de cens ni de domicile, tous les électeurs âgés de vingt-cinq ans, et jouissant de leurs droits civils et politiques.

Art. 27. La loi électorale déterminera les causes qui peuvent priver un citoyen français du droit d'élire et d'être élu.

Elle désignera les citoyens, qui, exerçant ou ayant exercé des fonctions dans un département ou un ressort territorial, ne pourront y être élus.

Art. 28. L'exercice de toute fonction publique rétribuée est incompatible avec le mandat de représentant du peuple.

Aucun membre de l'assemblée nationale ne peut, pendant la durée de la législature, être nommé ou promu à des fonctions publiques salariées, dont les titulaires sont choisis, à volonté par le pouvoir exécutif.

Les exceptions aux dispositions des deux paragraphes précédents seront déterminées par la loi électorale organique.

Art. 29. Les dispositions de l'article précédent ne sont pas applicables aux assemblées élues pour la révision de la constitution.

Art. 30. L'élection des représentants se fera par département et au scrutin de liste.

Les électeurs voteront au chef-lieu de canton ; néanmoins, en raison des circonstances locales, le canton pourra être divisé en plusieurs circonscriptions , dans la forme et aux conditions qui seront déterminées par la loi électorale.

Art. 31. L'assemblée nationale est élue pour trois ans, et se renouvelle intégralement,

Quarante-cinq jours au plus tard avant la fin de la législature , une loi détermine l'époque des nouvelles élections.

Si aucune loi · n'est intervenue dans le délai fixé par le paragraphe précédent, les électeurs se réunissent de plein droit le trentième jour qui précède la fin de la législation.

La nouvelle assemblée est convoquée de plein droit pour le lendemain du jour où finit le mandat de l'assemblée précédente.

Art. 32. Elle est permanente.

Néanmoins , elle peut s'ajourner à un terme qu'elle fixe.

Pendant la durée de la prorogation , une commission composée des membres du bureau et de vingt-cinq représentants nommés par l'assemblée au scrutin secret et à la majorité absolue , a le droit de la convoquer en cas d'urgence.

Le président de la république a aussi le droit de convoquer l'assemblée.

L'assemblée nationale détermine le lieu de ses séances ; elle fixe le nombre et l'importance des forces militaires qui seront établies , pour sa sûreté, et elle en dispose.

Art. 33. Les représentants sont toujours rééligibles.

Art. 34. Les membres de l'assemblée nationale sont les représentants , non du département qui les nomme , mais de la France entière.

Art. 35. Ils ne peuvent recevoir de mandat impératif.

Art. 36. Les représentants du peuple sont inviolables.

Ils ne pourront être recherchés, accusés, ni jugés, en aucun temps, pour les opinions qu'ils auront émises dans le sein de l'assemblée nationale.

Art. 37. Ils ne peuvent être arrêtés en matière criminelle , sauf le cas de flagrant délit, ni poursuivis qu'après que l'assemblée a permis la poursuite.

En cas d'arrestation pour flagrant délit, il en sera immédiatement référé a l'assemblée, qui autorisera ou refusera la continuation des poursuites.

Cette disposition s'applique au cas où un citoyen détenu est nommé représentant.

Art. 38. Chaque représentant du peuple reçoit une indemnité à laquelle il ne peut renoncer.

Art. 39. Les séances de l'assemblée sont publiques.

Néanmoins , l'assemblée peut se former en comité secret , sur la demande du nombre de représentants fixé par le règlement.

Chaque représentant a le droit d'initiative parlementaire, qu'il exerce selon les formes tracées par le règlement.

Art. 40. La présence de la moitié plus un des membres de l'assemblée est nécessaire pour la validité du vote des lois.

Art. 41. Aucun projet de loi, sauf les cas d'urgence, ne sera voté définitivement qu'après trois délibérations, à des intervalles · qui ne peuvent pas être moindres de cinq jours.

Art. 42. Toute proposition ayant pour objet de déclarer l'urgence est précédée d'un exposé des motifs.

Si l'assemblée est d'avis de donner suite à la proposition d'urgence, elle fixe le moment où le rapport sur l'urgence lui sera présenté.

Sur ce rapport, si l'assemblée reconnaît l'urgence, elle le déclare et fixe le moment de la discussion.

Si elle décide qu'il n'y a pas urgence, le projet suit le cours des propositions ordinaires.

CHAPITRE V. — *Du pouvoir exécutif.*

Art. 43. — Le peuple français délègue le pouvoir exécutif à un citoyen qui reçoit le titre de président de la république.

Art. 44. — Le président doit être né français, âgé de trente ans au moins, et n'avoir jamais perdu la qualité de français.

Art. 45. — Le président de la république est élu pour quatre ans, et n'est rééligible qu'après un intervalle de quatre années.

Ne peuvent, non plus, être élus après lui, dans le même intervalle, ni le vice-président ni aucun des parents ou alliés du président jusqu'au sixième degré inclusivement.

Art. 46. — L'élection a lieu, de plein droit, le deuxième dimanche du mois de mai.

Dans le cas où, par suite de décès, de démission ou de toute autre cause, le président serait élu à une autre époque, ses pouvoirs expireront le deuxième dimanche du mois de mai de la quatrième année qui suivra son élection

Le président est nommé au scrutin secret et à la majorité absolue des votants, par le suffrage direct de tous les électeurs des départements français et de l'Algérie.

Art. 47. — Les procès-verbaux des opérations électorales sont transmis immédiatement à l'assemblée nationale, qui statue sans délai sur la validité de l'élection et proclame le président de la république.

Si aucun candidat n'a obtenu plus de la moitié des suffrages exprimés, et au moins deux millions de voix, ou si les conditions exigées par l'article 44 ne sont pas remplies, l'assemblée nationale élit le président de la république, à la majorité absolue et au scrutin secret, parmi les cinq candidats éligibles qui ont obtenu le plus de voix.

Art. 48. — Avant d'entrer en fonctions, le président de la république

prête, au sein de l'assemblée nationale, le serment dont la teneur suit :

» *En présence de Dieu et devant le*
» *peuple français, représenté par l'as-*
» *semblée nationale, je jure de rester*
» *fidèle à la république démocratique,*
» *une et indivisible, et de remplir*
» *tous les devoirs que m'impose la*
» *Constitution.* »

Art. 49. — Il a le droit de faire présenter des projets de lois à l'assemblée nationale par les ministres.

Il surveille et assure l'exécution des lois.

Art. 50. — Il dispose de la force armée, sans pouvoir jamais la commander en personne.

Art. 51. — Il ne peut céder aucune portion du territoire, ni dissoudre ni proroger l'assemblée nationale, ni suspendre, en aucune manière, l'empire de la Constitution et des lois.

Art. 52. — Il présente, chaque année, par un message à l'assemblée nationale, l'exposé de l'état général des affaires de la république.

Art. 53. — Il négocie et ratifie les traités.

Aucun traité n'est définitif qu'après avoir été approuvé par l'assemblée nationale.

Art. 54. — Il veille à la défense de l'état, mais il ne peut entreprendre aucune guerre sans le consentement de l'assemblée nationale.

Art. 55. — Il a le droit de faire grâce, mais il ne peut exercer ce droit qu'après avoir pris l'avis du conseil d'état.

Les amnisties ne peuvent être accordées que par une loi.

Le président de la république, les ministres, ainsi que toutes autres personnes condamnées par la haute cour de justice, ne peuvent être grâciés que par l'assemblée nationale.

Art. 56. — Le président de la république promulgue les lois au nom du peuple français.

Art. 57. — Les lois d'urgence sont

promulguées dans le délai de trois jours, et les autres lois dans le délai d'un mois, à partir du jour où elles auront été adoptées par l'assemblée nationale.

Art. 58. — Dans le délai fixé pour la promulgation, le président de la république peut, par un message motivé, demander une nouvelle délibération.

L'assemblée délibère et sa résolution devient définitive ; elle est transmise au président de la république.

En ce cas, la promulgation a lieu dans le délai fixé pour les lois d'urgence.

Art. 59. — A défaut de promulgation par le président de la république, dans les délais déterminés par les articles précédents, il y serait pourvu par le président de l'assemblée nationale.

Art. 60. — Les envoyés et les ambassadeurs des puissances étrangères sont accrédités auprès du président de la république.

Art. 61. — Il préside aux solennités nationales.

Art. 62. — Il est logé aux frais de la république, et reçoit un traitement de six cent mille francs par an.

Art. 63. — Il réside au lieu où siége l'assemblée nationale, et ne peut sortir du territoire continental de la république sans y être autorisé par une loi.

Art. 64. — Le président de la république nomme et révoque les ministres.

Il nomme et révoque, en conseil des ministres, les agents diplomatiques, les commandants en chefs des armées de terre et de mer, les préfets ; le commandant supérieur des gardes nationales de la Seine, les gouverneurs de l'Algérie et des colonies, les procureurs généraux et autres fonctionnaires d'un ordre supérieur.

Il nomme et révoque, sur la proposition du ministre compétent, dans les conditions réglementaires déterminées par la loi, les agents secondaires du gouvernement.

Art. 65. — Il a le droit de suspendre, pour un terme qui ne pourra excéder trois mois, les agents du pouvoir exécutif élus par les citoyens.

Il ne peut les révoquer que de l'avis du conseil d'état.

Là loi détermine le cas où les agents révoqués peuvent être déclarés inéligibles aux mêmes fonctions.

Cette déclaration d'inéligibilité ne pourra être prononcée que par un jugement.

Art. 66. — Le nombre des ministres et leurs attributions sont fixés par le pouvoir législatif.

Art. 67. — Les actes du président de la république, autres que ceux par lesquels il nomme et révoque les ministres, n'ont d'effet que s'ils sont contresignés par un ministre.

Art. 68. — Le président de la république, les ministres, les agents et dépositaires de l'autorité publique, sont responsables, chacun en ce qui le concerne, de tous les actes du gouvernement et de l'administration.

Toute mesure par laquelle le président de la république dissout l'assemblée nationale, la proroge ou met obstacle à l'exercice de son mandat est un crime de haute trahison.

Par ce seul fait, le président est déchu de ses fonctions, les citoyens sont tenus de lui refuser obéissance ; le pouvoir exécutif passe de plein droit à l'assemblée nationale ; les juges de la haute cour de justice se réunissent immédiatement, à peine de forfaiture ; ils convoquent les jurés dans le lieu qu'ils désignent, pour procéder au jugement du président et de ses complices ; ils nomment eux mêmes les magistrats chargés de remplir les fonctions du ministère public.

Une loi déterminera les autres cas

de responsabilité, ainsi que les formes et les conditions de la poursuite.

Art. 69. — Les ministres ont entrée dans le sein de l'assemblée nationale; ils sont entendus toutes les fois qu'ils le demandent, et peuvent se faire assister par des commissaires nommé par un décret du président de la république.

Art. 70. — Il y a un vice-président de la république, nommé par l'assemblée nationale sur la présentation de trois candidats faite par le président dans le mois qui suit son élection.

Le vice président prête le même serment que le président.

Le vice-président ne pourra être choisi parmi les parents et alliés du président, jusqu'au sixième degré inclusiveméet.

En cas d'empêchement du président, le vice-président le remplace.

Si la présidence devient vacante par décès, démission du président ou autrement, il est procédé dans le mois à l'élection d'un président.

CHAPITRE VI. — *Du conseil d'état.*

Art. 71. — Il y aura un conseil d'état, dont le vice-président de la république sera de droit président.

Art. 72. — Les membres de ce conseil sont nommés pour six ans par l'assemblée nationale; ils sont renouvelés par moitié dans les deux premiers mois de chaque législature, au scrutin secret et à la majorité absolue.

Ils sont indéfiniment rééligibles.

Art. 73. — Ceux des membres du conseil d'état qui auront été pris dans le sein de l'assemblée nationale seront immédiatement remplacés comme représentant du peuple.

Art. 74. — Les membres du conseil d'état ne peuvent être révoqués que par l'assemblée et sur la proposition du président de la république.

Art. 75. — Le conseil d'état est consulté sur les projets de loi du gouvernement, qui, d'après la loi, devront être soumis à son examen préalable, et sur les projets d'initiative parlementaire que l'assemblée lui aura renvoyés.

Il prépare les réglements d'administration publique: il fait seul ceux de ces réglements à l'égard desquels l'assemblée nationale lui a donné une délégation spéciale.

Il exerce à l'égard des administrations publiques tous les pouvoirs de contrôle et de surveillance qui lui sont déférés par la loi.

La loi réglera ses autres attributions.

CHAPITRE VII. — *De l'administration intérieure.*

Art. 76. — La division du territoire en départements, arrondissements, cantons et communes est maintenue. Les circonscriptions actuelles ne pourront être changées que par la loi.

Art. 77. — Il y a :

1° Dans chaque département, une administration composée d'un préfet, d'un conseil général, d'un conseil de préfecture ;

2° Dans chaque arrondissement, un sous-préfet ;

3° Dans chaque canton, un conseil cantonnal, néanmoins, un conseil cantonnal sera établi dans les villes divisées en plusieurs cantons ;

4° Dans chaque commune, une administration composée d'un maire d'adjoints et d'un conseil municipal.

Art. 78. — Une loi déterminera la composition et les attributions des conseils généraux, des conseils cantonnaux, des conseils municipaux et le mode de nomination des maires et des adjoints.

Art. 79. — Les conseils généraux et les conseils municipaux sont élus par le suffrage direct de tous les citoyens domiciliés dans le département ou dans la commune. Chaque canton élit un membre du conseil général.

Une loi spéciale réglera le mode d'élection dans le département de la Seine, dans la ville de Paris et dans les villes de plus de vingt mille âmes.

Art. 80. — Les conseils généraux, les conseils cantonnaux et les conseils municipaux peuvent être dissous par le président de la république, de l'avis du conseil d'état. La loi fixera le délai dans lequel il sera procédé à la réélection.

Chapitre VIII. — *Du pouvoir judiciaire.*

Art. 81. La justice est rendue gratuitement au nom du peuple français.

Les débats sont publics, à moins que la publicité ne soit dangereuse pour l'ordre ou les mœurs, et, dans ce cas, le tribunal le déclare par un jugement.

Art. 82. — Le jury continuera d'être appliqué en matière criminelle.

Art. 83. — La connaissance de tous les délits politiques et de tous les délits commis par la voie de la presse appartient exclusivement au jury.

Les lois organiques détermineront la compétence, en matière de délits d'injures et de diffamations contre les particuliers.

Art. 84. — Le jury statue seul sur les dommages-intérêts réclamés pour faits ou délits de presse.

Art. 85. — Les juges de paix et leurs suppléants, les juges de première instance et d'appel, les membres de la cour de cassation et de la cour des comptes, sont nommés par le président de la république, d'après un ordre de candidature ou d'après des conditions qui seront réglées par les lois organiques.

Art. 86. — Les magistrats du ministère public sont nommés par le président de la république.

Art. 87. — Les juges de première instance et d'appel, les membres de la cour de cassation et de la cour des comptes sont nommés à vie.

Ils ne peuvent être révoqués ou suspendus que par un jugement, ni mis à la retraite que pour les causes et dans les formes déterminées par les lois.

Art. 88. — Les conseils de guerre et de révision des armées de terre et de mer, les tribunaux maritimes, les tribunaux de commerce, les prud'hommes et autres tribunaux spéciaux, conservent leur organisation et leurs attributions actuelles jusqu'à ce qu'il y ait été dérogé par une loi.

Art. 89. — Les conflits d'attributions entre l'autorité administrative et l'autorité judiciaire seront réglés par un tribunal spécial de membres de la cour de cassation et de conseillers d'état désignés tous les trois ans en nombre égal par leurs corps respectifs.

Ce tribunal sera présidé par le ministre de la justice.

Art. 90. — Les recours pour incompétence et excès de pouvoir contre les arrêts de la cour des comptes seront portés devant la juridiction des conflits.

Art. 91. — Une haute cour de justice juge sans appel ni recours en cassation les accusations portées à l'assemblée nationale contre le président de la république ou les ministres.

Elle juge également toutes personnes prévenues de crimes, attentats ou complots contre la sûreté intérieure ou extérieure de l'état que l'assemblée nationale aura renvoyées devant elle.

Sauf le cas prévu par l'art. 68, elle ne peut être saisie qu'en vertu d'un décret de l'assemblée nationale, qui désigne la ville où la cour tiendra ses séances.

Art. 92. — La haute cour est composée de 5 juges et de 36 jurés.

Chaque année, dans les quinze premiers jours du mois de novembre, la cour de cassation nomme dans son sein, au scrutin secret et à la majorité absolue, les juges de la haute cour, au nombre de cinq, et deux juges suppléants. Les cinq juges appelés à siéger feront choix de leur président.

Les magistrats remplissant les fonctions du ministère public seront désignés par le président de la répu-blique, et en cas d'accusation du président ou des ministres, par l'as-semblée nationale.

Les jurés, au nombre de trente-six, et quatre jurés suppléants, sont pris parmi les membres des conseils généraux des départements.

Les représentants du peuple n'en peuvent faire partie. •

Art. 93.— Lorsqu'un décret de l'assemblée nationale a ordonné la formation de la haute cour de justice, et dans le cas prévu par l'art. 68, sur la réquisition du président ou de l'un des juges, le président de la cour d'appel, et à défaut de cour d'appel, le président du tribunal de première instance du chef-lieu judiciaire du département tire au sort, en audience publique, le nom d'un membre du conseil général.

Art. 94. Au jour indiqué par le ju-gement, s'il y a moins de soixante jurés présents, ce nombre sera com-plété par des jurés supplémentaires tirés au sort par le président de la haute cour, parmi les membres du conseil général du département où siégera la cour.

Art. 95. Les jurés qui n'auront pas produit d'excuse valable seront con-damnés à une amende de 1,000 à 10,000 fr., et à la privation des droits politiques pendant cinq ans au plus.

Art. 96. L'accusé et le ministère public exercent le droit de récusa-tion, comme en matière ordinaire.

Art. 97. La déclaration du jury, portant que l'accusé est coupable, ne peut être rendue qu'à la majorité des deux tiers des voix.

Art. 98. Dans tous les cas de res-ponsabilité des ministres, l'assemblée nationale peut, selon les circonstan-ces, renvoyer le ministre inculpé, soit devant la haute cour de justice, soit devant les tribunaux ordinaires, pour les réparations civiles.

Art. 99. L'assemblée nationale et le président de la république peuvent, dans tous les cas, déférer l'examen des actes de tout fonctionnaire autre que le président de la république, au conseil d'état, dont le rapport est rendu public. -

Art. 100. Le président de la répu-blique n'est justiciable que de la haute cour de justice; il ne peut, à l'ex-ception du cas prévu par l'article 68, être poursuivi que sur l'accusation portée par l'assemblée nationale, pour crimes et délits qui seront dé-terminés par la loi.

CHAPITRE IX. — *De la force pu-blique.*

Art. 101. La force publique est instituée pour défendre l'état contre les ennemis du dehors, et pour as-surer au dedans le maintien de l'or-dre et l'exécution des lois.

Elle se compose de la garde natio-nale et de l'armée de terre et de mer.

Art. 102. Tout Français, sauf les exceptions fixées par la loi, doit le service militaire et celui de la garde nationale.

La faculté pour chaque citoyen de se libérer du service militaire person-nel sera réglée par la loi du recru-tement.

Art. 103. L'organisation de la gar-de nationale et la constitution de l'armée seront réglées par la loi.

Art. 104. La force publique est essentiellement obéissante.

Nul corps armé ne peut délibérer.

Art. 105. La force publique, em-ployée pour maintenir l'ordre à l'in-térieur, n'agit que sur la réquisition des autorités constituées, suivant les règles déterminées par le pouvoir législatif.

Art. 106. Une loi déterminera les

cas dans lesquels l'état de siège pourra être déclaré, et réglera les formes et les effets de cette mesure.

Art. 107. Aucune troupe étrangère ne peut être introduite sur le territoire français, sans le consentement préalable de l'assemblée nationale.

CHAPITRE X. — *Dispositions particulières.*

Art. 108. La légion d'honneur est maintenue; ses statuts seront révisés et mis en harmonie avec la Constitution.

Art 109. Le territoire de l'Algérie et des colonies est déclaré territoire français, et sera régi par des lois particulières, jusqu'à ce qu'une loi spéciale les place sous le régime de la présente Constitution.

CHAPITRE XI. — *De la révision de la Constitution.*

Art. 110. Lorsque dans la dernière année d'une législature, l'assemblée nationale aura émis le vœu que la constitution soit modifiée en tout ou en partie, il sera procédé à cette révision de la manière suivante:

Le vœu exprimé par l'assemblée ne sera converti en résolution définitive qu'après trois délibérations successives, prises chacune à un mois d'intervalle et aux trois quarts des suffrages exprimés. Le nombre des votants devra être de cinq cents au moins.

L'assemblée de révision ne sera nommée que pour 3 mois.

Elle ne devra s'occuper que de la révision pour laquelle elle aura été convoquée.

Néanmoins, elle pourra, en cas d'urgence, pourvoir aux nécessités législatives.

Art. 111. L'assemblée nationale confie le dépôt de la présente constitution et des droits qu'elle consacre, à la garde et au patriotisme de tous les Français.

CHAPITRE XII. — *Dispositions transitoires.*

Art. 112. Les dispositions des codes, lois et règlements existants, qui ne seront pas contraires à la présente Constitution, restent en vigueur jusqu'à ce qu'il y soit légalement dérogé.

Art. 113. Toutes les autorités constituées par les lois actuelles, demeurent en exercice jusqu'à la promulgation des lois organiques qui les concernent.

Art. 114. La loi d'organisation judiciaire déterminera le mode spécial de nomination pour la première composition des nouveaux tribunaux.

Art. 115. Après le vote de la Constitution, il sera procédé par l'assemblée nationale constituante, à la rédaction des lois organiques, qui seront déterminées par une loi spéciale.

Art. 116. Il sera procédé à la première élection du président de la république, conformément à la loi spéciale rendue par l'assemblée nationale le 28 octobre 1848.

ÉTENDUE ET POPULATION DE LA FRANCE.

Plus grande longueur : de Brest à Antibes. . . . . . 1035 kilomètres.
Plus grande largeur : de Givet à St.-Jean-Pied-de-Port. 895 *id.*
Superficie. . . . . 527,686 kilomètres carré.

Population — Recensement officiel de 1846 : 35,400,486 habitants.
Augmentation de 1841 à 1846. . . . . 1,205,611 *id.*

Nombre annuel moyen des naissances, décès et mariages pendant une période de 23 ans. (1817 à 1839).

Naissances. . . . . 967,957. — Une naissance par 33 habitants.

Décès. . . . . 802,492. — Un décès par 39,7 habitants.

Accroissement de la population : 162,465 , ou $\frac{1}{197}$

Mariages. . . . . 247,737 — Sur les 967,957 naissances , on compte 69,281 enfants hors mariage.

POPULATION DU FINISTÈRE.

612,151 habitants , dont 312,277 hommes et 299,874 femmes.

Augmentation de 1841 à 1846 : 36,083 habitants.

Le département se trouve maintenant, quant à la population, placé au premier rang après ceux de la *Seine*, du *Nord*, de la *Seine-Inférieure*, du *Pas-de-Calais* et des *Côtes-du-Nord*, et quant à la superficie, qui est de 667,064 hectares, après les vingt-sept suivants : *Gironde*, *Landes, Dordogne, Corse, Côtes-d'Or, Aveyron, Saône-et-Loire, Isère, Marne, Puy-de-Dôme, Basses-Pyrénées, Yonne, Aisne, Allier, Var, Cher, Maine-et-Loire, Vienne , Basses-Alpes, Côtes-du-Nord, Loire-Inférieure, Indre, Charente-Inférieure, Morbihan, Loiret, Ille-et-Vilaine* et *Vendée.*

POPULATION PAR ARRONDISSEMENTS ET PAR CANTONS.

ARRONDISSEMENT DE BREST.

(202,657 habitants , 83 communes.)

Brest, 1ᵉʳ canton. . . .	20166
Brest, 2ᵉ canton. . . .	36521
Brest, 3ᵉ canton. . . .	25198
Daoulas.	17484
Landerneau.	16599
Lannilis	15324
Lesneven.	20005
Ouessant.	1983
Plabennec.	14349
Ploudalmézeau. . . .	15619
Ploudiry.	6419
Saint-Renan.	12929

ARRONDISSEMENT DE CHATEAULIN.

(104,053 habitants , 59 communes.)

Carhaix.	15632
Châteaulin.	18520
Châteauneuf.	17163
Crozon.	15552
Huelgoat.	12488
Le Faou.	6801
Pleyben.	17897

ARRONDISSEMENT DE MORLAIX.

(143,952 habitants, 58 communes).

Landivisiau.	14700
Lanmeur.	16406

Morlaix.	19514
Plouescat.	11899
Plouigneau.	15595
Plouzévédé.	13648
Saint-Pol-de-Léon. . .	20230
Saint-Thégonnec. . . .	12754
Sizun.	9410
Taulé.	9796

ARRONDISSEMENT DE QUIMPER.

(115,518 habitants , 62 communes.

Briec.	6232
Concarneau.	8119
Douarnenez.	15748
Fouesnant.	7027
Plogastel-Saint-Germain. .	15640
Pont-Croix.	19644
Pont-Labbé.	16526
Quimper.	20648
Rosporden.	5934

ARRONDISSEMENT DE QUIMPERLÉ.

(45,974 habitants , 20 communes.)

Arzano.	4307
Bannalec.	9889
Pontaven	11706
Quimperlé.	11620
Scaër.	8359

POPULATION PAR COMMUNES.

Dans ce tableau, on a indiqué les paroisses en italique, à la suite des communes dont elles dépendent. MM. les curés ne résidant pas tous au chef-lieu de canton, on a indiqué en petits caractères majuscules les noms de MM. les curés. L'Église et le presbytère de Douarnenez sont dans la commune de Ploaré aux portes de la ville.

ARRONDISSEMENT DE BREST.

CANTONS.	COMMUNES.	MAIRES.	CURÉS et desservants.	SUPERFICIE en hectares.	POPULATION totale.	Population comptée à part conformément à l'art 2 de l'ordon. royale du 4 mai 1846.	Population normale ou municipale. totale	Population normale ou municipale. agglomérée.
Brest, 1er canton.	Brest. . .	Bizet, jeune. .	MERCIER. . .	202	62791	27628	35163	35163
	Bohars. . .	Dela Jonchère.	Berthou . .	558	804	»	804	»
Brest, 2e canton.	Gouesnou. .	Ségalen. . .	Scouarnec . .	1017	1509	»	1509	»
	Guilers.. . .	Rivérieulx..	Creven de Ker-verson. . .	1898	1556	»	1556	»
	Lambézellec. .	N.	COTTAIN . .	2298	10131	161	9970	2165
	Saint-Marc..	Keraudy. . .	Cocaing. . .	317	1379	»	1379	»
Brest, 3e canton.	Recouvrance. , (Brest). . .	»	CUZON. . . .	»	»	»	»	»
	Saint-Pierre-Quilbignon.. .	Gélébart. . .	Milin	1708	3715	»	3715	294
	Daoulas. . .	Danguy desDé-serts. . .	REVIRON. . .	167	555	»	555	»
	Hanvec. . .	Salaun. . .	Kerloc'n. . .	5949	3067	»	3067	145
	Hôpital—Cam-frout. . .	Le Bras.. .	Masson . .	1077	579	»	579	»
	Irvillac.. .	Jullien. . .	Merret. . .	3434	2394	»	2594	346
Daoulas, . . .	Logonna. .	Le Bot. . .	Nicol . . .	1331	1493	»	1493	»
	Loperhet. .	Jaffrédou. .	Kerrien . .	2031	1313	»	1313	»
	Plougastel-Da-oulas.	Lefebvre de la Paquerie. .	LHOSTIS . .	4682	5999	»	5999	502
	Rumengol. .	Grall. , . .	Néo. . . .	858	480	»	480	»
	Saint-Éloy..	Nédélec.. .	Le Cam . .	1242	463	»	463	»
	Saint-Urbain..	De Goësbriand	Fenoux . .	1557	941	»	941	»
	Dirinon.. .	Kerdoncuff. .	Penn . . .	3302	1716	»	1716	»
	Guipavas. .	Cramoisy. .	PULUHEN. .	5021	5520	»	5520	722
	La Forest. .	Jézéquel. .	Toux . . .	921	523	»	523	»
Landerneau.. .	Landerneau.	Ameline deCa-deville. .	KERVOAL. .	1338	3934	143	4791	4099
	Pencran. .	Guéguen. .	Sancéo . .	898	709	»	709	»
	Plouédern..	Pouliquen..	Kerbiriou .	1962	1337	»	1337	»
	Saint-Divy..	Kernéis.. .	Manach . .	852	672	»	672	»
	Saint-Thonan.	Gouez. . .	Milin . . .	1064	682	»	682	»
	Trémaouézan.	Masson. . .	Caroff. . .	830	506	»	506	»
	Guissény. .	Thépaut. .	Caër . . .	2603	3065	»	3065	463
	Landéda. .	Le Gendre..	Plantec . .	1105	2068	»	2068	325
Lannilis. . .	Lannilis.. .	Guennoc. .	CALVEZ . .	2491	3361	»	3361	896
	Plouguerneau.	De Poulpiquet.	RIVOALEN. .	4390	5902	»	5902	695
	Saint-Frégant.	Duplessis. .	Rannou . .	778	928	»	928	»
	Goulven. .	Ollivier. . .	Cras . . .	638	797	»	797	»
	Kerlouan. .	Le Moine. .	Corbé. . .	1780	3560	»	3560	850
	Kernouës.. .	Inizan. . .	Lefloch . .	777	727	»	727	»
	Le Folgoët..	Roudaut. .	Calvez . .	911	905	»	905	»
Lesneven. . .	Lesneven. .	Fauger Dupes-seau. . .	POULIQUEN. .	493	2847	113	2734	2734
	Ploudaniel..	Kérouanton.	Brénéol . .	5150	3404	»	3404	325
	Plouider. .	Le Bars. . .	Sibirill . .	3997	3231	»	3231	111
	Plounéour—Trez. . .	Falhun. . .	Donval . .	1578	3178	»	3178	157
	Saint-Méen.	Caradec.. .	Quéau. . .	429	705	»	705	»
	Trégarantec.	Caër. . .	Henry. . .	507	651	»	651	»
Ouessant. . .	Ouessant. .	Lélouet.. .	PICART. . .	1558	1983	»	1983	»

CANTONS.	COMMUNES.	MAIRES.	CURÉS et desservants	SUPERFICIE en hectares.	POPULATION totale.	Population comptée à part, conformément à l'art 2 de l'ordon. royale du 4 mai 1846.	Population normale ou municipale. totale	agglomérée.
Plabennec.	Bourg-Blanc.	Le Vasseur.	Miniou.	2831	1841	»	1841	»
	Coat-Méal.	Arzur.	Le Dall.	44	249	»	249	»
	Guipronvel.	Prigent.	Pouliquen.	839	360	»	360	»
	Kernilis,	Le Gall.	Prigent.	1004	1047	»	1047	»
	Kersaint--Plabennec.	Rozec.	Le Saout.	1289	781	»	781	»
	Lanarvilly.	De Kermenguy.	Nicolas.	589	546	»	546	»
	Le Drennec.	Jacopin.	Bernard.	885	591	»	591	»
	Loc-Brévalaire	Le Guédel.	Le Bihan.	166	243	»	243	»
	Milizac.	Fagou.	Alençon.	3737	1667	»	1667	»
	Plabennec.	Moal.	LE BARS.	5274	3624	»	3624	210
	Plouvien.	Guillermou.	Prouff.	3370	3103	»	3103	215
Ploudalmézeau.	Tréouergat.	Marzin.	Cariou.	610	293	»	295	»
	Brélès.	Fallier.	Bervas.	1150	1001	»	1001	»
	Lampaul Plouarzel.	Forjonel.	Le Saout.	407	629	»	629	»
	Lampaul-Ploudalmézeau.	Gélébart.	Calvarin.	810	929	»	929	»
	Landunvez.	Poullaouec.	Rolland.	1520	1651	»	1651	»
	Lanildut.	Kerboul.	Gléau.	380	405	»	405	»
	Ploudalmézeau	Julien.	ARZEL.	2250	3234	»	3234	660
	Plouguin.	Terrom.	Bléas.	4058	2206	»	2206	163
	Plourin.	Quéméneur.	Mingam.	2470	1566	»	1566	»
	Porspoder.	Le Gall.	Perrot.	1200	1984	»	1984	»
	Larret.	Colin.	idem.	200	160	»	160	»
	Saint-Pabu.	Gourvennec.	Forjonel.	1150	1290	»	1290	»
	Tréglonou.	Rivérieulx.	Mével.	585	570	»	570	»
Ploudiry.	La Martyre.	Leforestier de Quillien.	Hamon.	1801	1070	»	1070	»
	Lanneuffret.	De Rodellec du Porzic.	Héliès.	224	236	»	236	»
	La Roche	Bazin.	Combot.	901	897	»	897	»
	Le Tréhou.	Fichou.	Calvez.	2280	1184	»	1184	»
	Loc-Eguiner.	Pennec.	Plantec.	1191	786	»	786	»
	Ploudiry.	Boucher.	CABON.	2721	1776	»	1776	»
	Tréflévénez.	De l'Étang du Rusquec.	Le Sévère.	965	531	»	581	»
Saint-Renan.	Lanrivoaré.	Paul.	Iliou.	1518	468	»	468	»
	Le Conquet.	Le Guerranic.	Gloaguen.	516	1249	»	1249	»
	Loc-Maria.	Lars.	Marc.	2315	1321	3	1318	505
	Ile Molène.	Masson.	Salaun.	»	362	2	362	»
	Plouarzel.	Le Bras.	Cloarec.	4289	2306	»	2306	195
	Plougonvelin.	Kergonou.	Le Gall.	1869	1517	5	1512	123
	Ploumoguer.	Desson de St.-Aignan.	Le Hir.	4284	1929	»	1929	»
	Lambert.	idem.	Mouster,	»	»	»	»	»
	Plouzané.	Malaboux.	Cozian.	4216	2370	»	2370	151
	Saint-Renan.	Mével.	LE ROUX.	183	1101	»	1101	»
	Trébabu.	Kersauson de Korjean.	Lavanant.	436	306	4	302	37

Superficie de l'arrondissement de Brest : 141,323 hectares, ou 1,413 kilomètres carrés 23.
L'île Molène n'étant point cadastrée, ne figure pas dans la masse

ARRONDISSEMENT DE MORLAIX.

CANTONS.	COMMUNES.	MAIRES.	CURÉS et desservants	SUPERFICIE en hectares.	POPULATION totale.	Population comptée à part, conformément à l'art 2 de l'ordon. royale du 4 mai 1846.	Population normale ou municipale. totale	agglomérée.
Landivisiau.	Bodilis.	Pinvidic.	Tanguy.	2268	2030	»	2030	90
	Guimiliau.	Hamon.	Fichoux.	1122	1596	»	1596	»
	Lampaul.	Abgrall.	Léran.	1749	2558	»	2558	531
	Landivisiau.	Le Saint.	QUENTRIC.	1642	3482	12	3470	1040
	Plougourvest.	Guyader.	Péton.	1408	1357	»	1357	»
	Plounéventer.	Prigent.	Le Lez.	4255	2884	»	2884	766
	Saint-Derrien.	idem.	Y. Ollivier.					
	Saint-Servais.	Guéguen.	Troussel.	1029	793	»	793	»

CANTONS.	COMMUNES.	MAIRES.	CURÉS et desservants	SUPERFICIE en hect'ares.	POPULATION totale.	Population comptée à part, conformément à l'art. 2 de l'ordon. royale du 4 mai 1846.	Population normale ou municipale. totale	agglomérée.
Lanmeur..	Garlan....	Le Bras...	Le Gall...	1334	1200	»	1200	«
	Guimaëc...	Coat....	Rosec....	1874	1924	»	1924	»
	Lanmeur...	Stéphan...	Clech....	2648	2826	34	2792	838
	Loquirec..	Brozec....	Rivoal....	596	1244	»	1244	»
	Plouégat-Guérand....	Swincy...	Naissant. ,	1729	2038	»	2038	255
	Plouézoch..	Mérer...	Fanéat...	1582	1734	47	1737	»
	Plougasnou..	Mahó....	Goardon...	3397	4003	»	4003	690
	Saint-Jean-du-Doigt....	Hervé....	Plantec . ,	1980	1417	»	1417	»
Morlaix....	Morlaix....	Le Denmat-Kervern.	Keramanac'h	373	11529	824	10705	9981
	Ploujean....	De Tromelin.	Silliau...	2091	2843	»	2843	425
	Plourin....	Le Basser..	Coadou...	4266	3115	»	3115	339
	Saint-Martin-des-Champs.	Tanguy...	Moal....	1563	1305	70	1235	»
	Sainte-Sève..	De Crechquérault	Guyader...	998	722	»	722	»
Plouescat.	Lanhouarneau	Le Barzic..	Le Pichouron.	1414	1368	»	1368	»
	Plouescat.	Rosec...	Déroff...	1473	3467	»	3467	848
	Plougar.	Coquil...	Caroff...	1748	1376	»	1376	»
	Plounévez-Lochrist...	Bodénés..	Keranguéven	4430	4446	»	4446	884
	Tréflez...	Corre....	Barbier...	1573	1542	»	1542	»
	Bothsorhel.	Bourven..	Rolland...	2565	1523	»	1523	»
	Guerlesquin.	Le Guyon.	Sibillau...	2199	1842	»	1842	»
Plouigneau...	Lannéanou.	Camus. ,	Joncourt...	1618	1020	»	1020	»
	Le Ponthou.	De Châteaudassy	Hervé....	425	418	»	418	»
	Plouégat-Moysan....	Bihan...	Moncus...	1497	1324	»	1324	»
	Plougonven..	De Roquefeuil.	Quéinec...	6932	4558	»	4558	600
	Saint-Eutrope.	id....	Cousin...	»	»	»	»	»
	Plouigneau.	Silliau...	Huet...	6373	4910	»	4910	453
	Cléder...	De Kermenguy	Jézéquel...	3726	5216	»	5216	410
	Plouvorn..	Boscals de Réals.	Caër...	3389	3572	»	3572	362
Plouzévédé..	Plouzévédé.	Caill...	Tanguy...	2005	2107	»	2107	132
	Saint-Vougay.	De Coatgourden.	Martin...	1510	1368	»	1368	»
	Tréflaouénan.	André...	Lescop...	816	944	»	944	»
	Trézilidé..	Dalidec...	Moal....	461	441	»	441	»
	Batz (Ile de).	Guéguen..	Milin....	307	1073	»	1073	»
	Mespaul..	Maingam..	L'Ollivier..	1158	1331	»	1331	»
	Plouénan..	Le Rougé de Rusunan.	Rosec....	3118	3280	»	3280	406
Saint-Pol.	Plongoulm.	Léon...	Méar...	1885	2488	»	2488	76
	Roscoff...	Lesquin...	Kerivel...	966	3690	69	3621	1303
	Santec.	»	Lamour...	»	»	»	»	»
	Saint-Pol..	De Kerhorro	Pouliquen..	2769	6836	400	6436	3019
	Sibiril..	Le Jeune..	Le Dall...	1181	1512	»	1512	»
	Le Cloître..	Dilasser..	Le Bras...	2848	1527	»	1527	»
	Pleyber-Christ	Guillou...	Cloarec...	4547	3292	»	3292	500
Saint-Thégonnec.	Plounéour Ménez....	Poitevin...	Le Bras...	5976	3973	»	3973	288
	Loc-Eguiner.	id....	Lecorre...	»	»	»	»	»
	Saint-Thégonnec...	Caroff...	Bériet....	4177	3962	»	3962	641
	Commana.	Boucher...	Le Bras, yves.	3997	2976	»	2976	280
	Locmélard.	Le Bras...	Le Roux...	1555	1123	»	1123	»
Sizun.....	Saint-Sauveur.	Herry...	Le Bras, j.-m.	1324	1468	»	1468	»
	Sizun...	Rannou...	Gallou...	5814	3843	»	3843	666
	Saint-Cadou.	id....	Postec...	»	»	»	»	»
	Carantec..	De Kergrist.	Boulic...	907	1290	»	1290	»
	Guiclan...	Fagot...	Rosec....	4268	3688	»	3688	170
Taulé.....	Henvic...	Mescam...	Le Bris...	994	1337	»	1337	»
	Locquénolé.	Le Moal...	Corre, p.-m.	87	454	»	454	»
	Taulé...	Hamon...	Kervennic..	2943	3027	»	3027	136

Superficie totale de l'arrondissement de Morlaix : 32,484 hect., ou 1,224 kilom. carrés 84.

CANTONS.	COMMUNES.	MAIRES.	CURÉS et desservants	SUPERFICIE en hectares.	POPULATION totale.	Population comptée à part conformément à l'art. 2 de l'ordon. royale du 4 mai 1846	Population normale ou municipale. totale	ng-glomérée.
Carhaix. . . .	Carhaix . . .	Le Navennec.	ENU. . . .	245	2201	211	1900	1827
	Cléden-Poher .	Héliou. . .	Leroux . .	2984	1521	»	1521	»
	Kergloff . .	Lostanlem.	Le Guillou .	2494	982	»	982	»
	Motreff. . .	Rivoal. . .	Thomas . .	2132	1028	»	1028	»
	Plouguer. .	Bozec. . .	Prémelcabic	2334	959	»	959	»
	Plounévézel. .	Corvest. . .	Morice. . .	2425	1070	»	1070	»
	Poullaouen. .	Jourdren. .	Quéinec, y.	7436	3733	»	3733	273
	Saint-Hernin .	Parlier. . .	Helpin. . .	2929	1356	»	1356	»
	Spézet. . .	Ruppe. . .	Le Grand. .	6063	2782	»	2782	183
Châteaulin. .	Cast. . . .	Le Menn. .	Thalamot. .	3687	1890	»	1890	»
	Château in .	Durest le Bris.	DURAND . .	2075	2790	27	2763	1523
	Dinéault. .	Moreau. . .	Le Gac. . .	4715	1698	»	1698	»
	Locronan. .	Sauveur. .	Le Rest . .	330	865	»	865	»
	Ploéven . .	Philippot. .	Le Guen. .	1301	687	»	687	»
	Plomodiern. .	Balcon. . .	Cariou. . .	4657	2816	»	2816	349
	Plonévez-Por-zay. .	Coffec. . .	Pouchous .	4443	2585	»	2585	35
	Port-Launay. .	Nicolas. . .	Goarant . .	187	858	»	858	»
	Quéménéven..	Rividic. . .	Desquatrevaux.	2781	1316	»	1316	»
	Saint-Coulitz..	Le Quéau. .	Tilly. . . .	1102	596	»	596	»
	Saint-Nic. .	Guéguéniat.	Le Pape. .	1791	1134	»	1134	»
	Saint-ségal.	Nicolas. . .	Le Dilasser.	2254	1285	»	1283	»
Châteauneuf. .	Châteauneuf.	Bernard.	KERMEL . .	4194	2700	»	2700	837
	Collorec. .	Martin. . .	Marc . . .	2839	1352	»	1352	»
	Coray. . .	Gestin. . .	Kerdréac'h.	3136	1809	»	1809	»
	Landeleau..	Lemoal . .	Suignard. .	3033	1180	»	1180	»
	Laz. . .	Hémery..	Riou. . .	3429	1555	»	1555	»
	Leuhan. . .	Treuttel. .	Quidelleur .	3274	1545	»	1545	»
	Plonévez-du-Faou. . .	Danjel Beaupré.	Lostanlen. .	8066	3747	»	3747	125
	Saint-Goazec..	David. . .	Le Bozec. .	3337	1121	»	1121	»
	Saint-Thois. .	Rosparts. .	Le Guern. .	1794	1089	»	1089	»
	Trégourez. .	Mahé. . .	Le Toux. .	1772	1065	»	1065	»
Crozon. . . .	Argol.. . .	Goasguen. .	Le Guével .	3173	1325	»	1325	»
	Camaret. .	Lescop. . .	Pasquet . .	447	1136	»	1136	»
	Crozon. . .	Louboutin..	GRALL. . .	10720	8576	47	8529	673
	Landévennec..	Louarn. . .	Maguer . .	1383	891	»	891	»
	Roscanvel. .	Salomon. .	Madec. . .	773	852	»	852	»
	Telgruc. .	Savina. . .	Mesangroas.	2828	2163	»	2163	70
	Trégarvan. .	Mérour. . .	Bolloré. . .	935	609	»	609	»
Le Faou. . . .	Le Faou.. .	Caurant. .	PLASSART j.	275	935	»	935	»
	Logonna-Qui-merch. . .	Caër. . .	Plassart, p.	446	255	»	255	»
	Lopérec.. .	Le Menn.. .	Le Goff. . .	3988	2104	»	2104	174
	Quimerch..	Rolland. .	Le Saout. .	3242	1769	21	1748	»
	Rosnoën. .	Quillou. .	Nédélec. .	8384	1741	»	1741	»
Huelgoat . .	Berrien. . .	Barazer.. .	Buzaré. . .	6647	2670	»	2670	51
	Le Botmeur .	id. . .	Le Breton. .	»	»	»	»	»
	Bolazec. . .	Ropars. . .	Kerbaul . .	1747	692	»	692	»
	Huelgoat. .	Soufaché.	DE LA LANDE-DE CALAN	1487	1200	»	1200	»
	La Feuillée.	Bronnec. .	Louarn . .	3156	2002	»	2002	398
	Locmaria..	Collober. .	Le Moign. .	1719	1005	»	1005	»
	Plouyé. . .	Nédellec. .	Mingam . .	3757	2028	»	2028	137
	Scrignac. .	Le Ny. . .	Balcon. . .	7094	2891	»	2891	155
Pleyben.. . . .	Brasparts. .	Chénel. . .	Tanguy . .	6926	2921	»	2921	382
	Saint-Rivoal. .	id. . .	Le Normant. .	»	»	»	»	»
	Edern. . .	Le Fourhis.	Kerrest . .	3998	1973	»	1973	»
	Gouézec. .	Le Jollec. .	Keranguéven	3064	1800	»	1800	»
	Lannédern. .	Favennec. .	Le Floc'hlay	1237	663	»	663	»
	Le Cloître. .	Le Menn. .	Le De m	2045	1087	»	1087	»
	Lennon.. .	Derrien.. .	Arhan. . .	2277	1508	»	1508	»
	Loqueffret..	Mével. . .	Breton. . .	4799	1927	»	1927	»
	Brennilis. .	id. . .	Marec. . .	»	»	»	»	»
	Lothey . .	Le Jollec. .	Lannou . .	1327	1008	»	1008	»
	Pleyben.. .	De Launay.	ALEXANDRE.	7753	5010	»	5010	854

Superficie totale de l'arrondissement de Châteaulin 183,178 hect., ou 1,831 kilom. carrés 78.

CANTONS.	COMMUNES.	MAIRES.	CURÉS. et désservants	SUPERFICIE en hectares.	POPULATION totale.	Population comptée à part, conformément à l'art. 2 de l'ordon. royale du 4 mai 1846	Population normale ou municipale. total	agglomérée.
Briec	Briec.. . . .	Kerbourc'h. .	LE FLOCH. . .	10491	5310	»	5310	234
	Landrévarzec.	id. . .	Le Gac. . . .	»	»	»	»	»
	Landudal. .	id. . .	Coadou . .	»	»	»	»	»
	Langolen. .	Barré. . .	Nedellec. .	1692	922	»	922	»
	Beuzec-Conq.	Le Mauyc. .	Caradec . .	2884	1430	»	1430	»
Concarneau.. .	Concarneau. .	Le Guillou Pénanros. .	LE TROADEC. .	116	2147	47	2100	2024
	Lanriec. .	Caudan. .	Le Maout. .	1112	1080	»	1080	»
	Trégunc. .	Prouhet.. .	Guédès . .	5067	3462	»	3462	298
Douarnenez. .	Douarnenez. .	Le Guillou-Pénanros. .	"	70	3952	»	3952	3952
	Ploaré. . .	Halna–Dufrétay..	BOGA	2747	2300	»	2300	217
	Le Juch. . .	id. . .	Auffret. . .	»	»	»	»	»
	Guengat. .	Chuto. . .	Bernard . .	2271	1256	»	1256	»
	Plogonnec.. .	Le Hénaff. .	Tanguy . .	5443	2761	»	2761	112
	Pouldergat..	Gouzil. . .	Marzin. . .	2993	2275	»	2275	206
	Poullan.. .	Kerdréac'h. .	Herjean . .	3638	3204	»	3204	147
	Tréboul. . .	id.	Mescam . .	»	»	»	»	»
Fouesnant, . .	Clohars-Fouesnant. . .	Hernio. . .	Le Goezec .	1302	595	»	595	»
	Fouesnant.. .	Parquer.. .	LE GUILLOU. .	5071	3224	»	3224	106
	Gouesnach.. .	LeGoazre deToulgoet.	Jaffry . . .	1707	688	»	688	»
	Perguet-Bénodet..	Le Caïn. . .	Ropars. . .	1053	712	»	712	»
	Pleuven.. .	Lesneven.. .	Bariou. . .	1369	746	»	746	»
	Saint-Eyarzec.	Kerliézec-Royou.	Lollivier. .	2465	1062	»	1062	»
	Guilers. . .	Le Gall. . .	L'Honnen. .	1123	605	»	605	»
	Landudec. .	Le Gall. . .	Loison. . .	2057	1037	»	1037	»
Plogastel- Saint-Germain. . .	Peumeurit..	Viers.. . . .	Normand. .	1981	1271	»	1271	»
	Plogastel - St.-Germain..	Lebâtard. .	BODÉNEZ. .	3113	1671	»	1671	»
	Plonéis.. .	Le Floch. .	Le Grand. .	3169	1353	»	1353	»
	Plonéour. .	Quéneudec. .	Le Dréau. .	4830	3200	»	3200	380
	Plovan. . .	Le Berre. .	Queinec . .	1619	1101	»	1101	»
	Plozévet. .	Julien. . .	Le Louet. .	2726	2363	»	2363	62
	Pouldreuzic.	Le Gall. . .	Jossin. . .	1678	1743	»	1743	»
	Lababan. .	id. . .	Le Normant. .	»	»	»	»	»
	Tréogat. .	Voquer. , .	Charles . .	952	496	»	496	»
Pont-Croix. . .	Audierne. .	Ponguilly-Merle	Loget. . . .	288	1485	»	1485	»
	Beuzec-Cap-Sizun.	Le Bras. . .	Balannec. .	3468	1973	»	1973	»
	Cléden-cap-Sizun.	Donnart. .	Billon. . .	1899	2277	»	2277	470
	Esquibien. .	Lebars.. .	Stanguennec	1542	1900	»	1900	»
	Goulien.. .	Donnart.. .	Jannic. . .	1280	1033	»	1033	»
	Mahalon.. .	Le Bihan. .	Le Coat . .	2130	1331	»	1331	»
	Meilars. . .	Claquin.. .	Bernard . .	1467	994	»	994	»
	Plogoff. . .	Carval. . .	Yven . . .	1163	1533	»	1533	»
	Plouhinec.. .	Colin. . .	Cozian. . .	2003	3014	»	3014	402
	Pont-Croix. .	Higuard. .	LE ROUX. .	774	2237	290	1937	1416
	Primelin. .	Dagorn. .	Le Jacq . .	872	1307	»	1307	»
	Sein (Ile de) .	Salaun. .	Martin. . .	»	440	»	440	»
	Combrit.. .	Guitot. . .	Le Coq . .	2333	1687	»	1687	»
	Loctudy.. .	De Penfente - nyo. . .	Nivo . . .	1263	1600	n	1600	»
	Penmarch. .	Tanneau. .	Migeot. . .	1639	1867	»	1867	»
	Plobannalec. .	Toulemont..	Kersaudy. .	1782	1865	»	1865	»
	Plomeur. .	Pascal. . .	Le Pape .	3213	2463	»	2463	407
Pont-Labbé.. .	Pont-Labbé. .	Cosmao-Duménez.. . .	JARTEL. . .	1818	3626	16	3610	2644
	Saint-Jean-Trolimon.. . .	Desban. . .	Dupont . .	1468	1128	»	1128	»
	Trefflagat. .	Daniel. . .	Corvellec. .	811	783	»	785	»
	Tréguennec. .	Le Garrec..	G. Le Bars. .	961	457	»	457	»
	Tréméoc. .	Le Roux. .	Crozon. . .	1166	737	»	737	»
	Tudy (Ile). .	Divanac'h..	Garo . . .	39	311	»	311	»
Quimper. . .	Erguè-Armel.	Loédon. .	Cornec.. . .	3472	1770	»	1770	»

CANTONS.	COMMUNES,	MAIRES.	CURÉS et desservants	SUPERFICIE en hectares.	POPULATION totale.	Population comptée à part, conformément à l'art. 2 de l'ordon. royale du 4 mai 1846.	Population normale ou municipale.	
							totale	agglomérée.
Quimper....	Ergué-Gabéric.	Nédellec. . .	Palud. . . .	3989	2097	»	2097	60
	Kerfeunteun..	Danion. . . .	Gourc'hant. .	3217	2160	»	2160	120
	Penhars.. . .	De Madec.. .	Pelleter . . ,	1539	868	»	868	»
	Plomelin. . .	Le Brusque. .	Meillard . .	2608	1310	»	1310	a
	Pluguffan. . .	Larhant. . .	Le Quéré. . :	3209	1500	»	1500	»
	Quimper. . .	N.	NÉDÉLEC. . .	192	10943	1304	9639	9639
	Saint-Mathieu.	id. . . .	Dufeigna. . .	»	»	»	»	»
Rosporden. . .	Elliant.. . .	De Rosencoat.	GUIZOUARN .	7031	2870	»	2870	470
	Rosporden.	Prévôst.. . .	Diligeard. , .	1071	1048	»	1048	»
	Saint-Yvy .	Le Tirant. . .	Guiffant . . .	2703	1264	»	1264	»
	Tourch. . . .	Gourmelen . .	Garo	1970	752	»	752	»

Superficie totale de l'arrondissement de Quimper , 139,904 hectares, ou 1,339 kil. carrés 04. L'île de Sein non cadastrée.

ARRONDISSEMENT DE QUIMPERLÉ.

CANTONS.	COMMUNES,	MAIRES.	CURÉS et desservants	SUPERFICIE en hectares.	POPULATION totale.	Population comptée à part.	Population normale totale	agglomérée.
Arzano. . . .	Arzano. . . .	Cadet. . . .	MOULLEC. . .	3413	1917	»	1917	»
	Guilligomarch	Gourlay.. . .	Le Nahennec .	2275	1141	»	1141	»
	Rédené. . . .	Penobert . .	De Frollo. . .	2449	1339	»	1339	»
Bannalec. . .	Bannalec. . .	Ablé. . . .	CANÉVET. . .	7753	4372	»	4372	478
	Kernével. . .	l'Haridon.. .	Jamin. . . .	4264	2032	»	2032	120
	Trévoux.. . .	Le Gall.. . .	Le Pape. . .	2082	1211	»	1211	»
	Melgven. . .	De St-Georges.	Marchand . .	5519	2274	»	2274	163
	Moëlan.. . .	De Mauduit. .	Stanguennec .	4735	4325	»	4325	242
Pont-Aven. . .	Névez. . . .	Coadou.. . .	L'Hour. . . .	2537	2040	»	2040	91
	Nizon. . . .	Hersart de la Villemarqué.	Kergoat . . .	2682	1292	»	1292	»
	Pont-Aven.. .	David.. . . .	Dagorn . . .	183	939	»	939	»
	Riec.. . . .	Le Gac. . . .	BALCON . . .	5432	3110	»	3110	402
	Beye.	Guillou.. . .	Hervoche. . .	729	547	»	547	»
Quimperlé.. . .	Clohars Carnoet.	Portier. . . .	Robic. . . .	3481	3146	»	3146	303
	Mellac. . . .	Jaouen. . . .	Penguilly. . .	2637	1299	»	1299	»
	Quimperlé.. .	Audran.. . .	MAZÉ . . .	3184	5791	108	5683	3981
	Tréméven.. .	Gillard. . . .	Mahé . . .	1542	837	»	837	»
Scaër.	Querrien. . .	Cadic.. . . .	Bourhis . . ,	6474	3260	»	3260	261
	Saint-Thurrien	Le Corre. . .	Rospabé. . .	2141	943	»	943	»
	Scaër.. . . .	Le Duigou . .	LUCAS. . .	11759	4156	»	4156	526

Superficie totale de l'arrondissement de Quimperlé: 75,271 hect., ou 752 kilom. carrés 77.

D'après le moniteur du 30 mai 1849, le Finistère ne comptait que 150,165 électeurs inscrits, tandis que le département de la Manche en avait 163,000, près de 13,000 de plus : cependant la population officielle du département de la Manche est inférieure de près de 8,000 âmes à celle du Finistère. Si l'on admet l'exactitude du moniteur et des recensemens officiels de la population, si l'on suppose un soin égal dans les deux départemens, pour l'inscription des électeurs, la différence considérable entre le nombre des électeurs, dans la Manche et dans le Finistère, tiendrait d'abord un peu à ce qu'il y a, peut-être, dans le Finistère une population flottante , plus considérable que dans la Manche, ensuite à ce que le département du Finistère dont la population s'est énormément accrue depuis vingt ans renfermerait pour cette raison beaucoup plus (34,000 environ, si la population flottante était la même dans les deux départements) d'individus des deux sexes au-dessous de 21 ans.

On sait que d'après la constitution les électeurs doivent voter pour la nomination des représentants du peuple au chef-lieu du canton ; néanmoins, en raison des *circonstances locales*, le canton peut être divisé en *quatre circonscriptions* électorales *au plus*. Nous croyons devoir donner ici le tableau des circonscriptions électorales tel qu'il a été arrêté pour *trois ans*, par décision du conseil général obligatoire pour le Préfet ; dans ce tableau, les chefs-lieux de cantons sont en petites majuscules, les autres chefs-lieux de circonscriptions électorales sont en caractères italiques : chaque chef-lieu de circonscription est suivi des communes qui en dépendent.

Brest 1er canton. BREST.

Brest 2me canton — BREST, *Lambézellec*, Bohars, Gouesnou, Guilers, St-Marc.

Brest 3me canton BREST (Recouvrance), *St-Pierre-Quilbignon*.

DAOULAS, Loperhet, St-Urbain, Logonna, Irvillac, *Plougastel-Daoulas*, *Hanvec*, Rumengol, St-Éloy, l'Hôpital-Camfrout.

OUESSANT.

LANDERNEAU, Pencran, Plouédern, La Forêt, St-Thonan, Trémaouézan, *Guipavas*, St-Divy, *Dirinon*.

LANNILIS, Landéda, *Plouguerneau*, *Guisseny*, St-Frégant.

LESNEVEN, Kernouès, Le Folgoët, *Plounéour-Trez*, Kerlouan, *Plouider*, Goulven, *Ploudaniel*, St-Méen, Trégarantec.

PLABENNEC, Kersaint-Plabennec, Bourg-Blanc, *Milizac*, Tréouergat, Guipronvel, Coat-Méal, *Lanarvily*, Loc-Brévalaire, Le Drennec, Kernilis, *Plouvien*.

PLOUDALMÉZEAU, Lampol-Ploudalmézeau, St-Pabu, *Plourin*, Landunvez, Porspoder, Larret, *Brélès*, Lanildut, Lampol-Plouarzel, *Plouguin*, Tréglonou.

PLOUDIRY, La Martyre, Loc-Éguiner, *Tréflévénez*, Le Tréhou, *La Roche*, Lanneufret.

ST-RENAN, Lanrivoaré, *Plouzané*, Locmaria *Ploumoguer*, Plouarzel, *Le Conquet*, Trébabu, Plougonvelin, Molène.

CARHAIX, Plouguer, Plounévézel, Kergloff, Cléden-Poher, *St-*

Hernin, Spézet, Motreff, *Poullaouen*.

CHATEAULIN, Port-Launay, St-Coulitz, Cast, Dinéault, St-Ségal, Quéménéven, *Plounévez-Porzay*, Locronan, *Plomodiern*, Ploëven, St-Nic.

CHATEAUNEUF DU FAOU, Landeleau, *Coray*, Leuhan, Trégourez, *Plounévez du Faou*, Collorec, *Laz*, St-Goazec, St-Thois.

CROZON, *Camaret*, Roscanvel, *Argol*, Telgruc, Landevennec, Trégarvan.

LE FAOU, Rosnoën, Quimerch, Logonna-Quimerch, *Lopérec*.

HUELGOAT, Locmaria, Plouyé, Berrien, *Scrignac*, Bolazec, *La Feuillée*.

PLEYBEN, Le Cloître, Lennon, *Brasparts*, Lannédern, Loqueffret, *Gouézec*, Lothey, Edern.

LANDIVISIAU, Bodilis, Plougourvest, Lampol, *Guimiliau*, *Plounéventer*, Saint-Servais.

LANMEUR, Guimaëc, Locquirec, Garlan, Plouégat-Guérand, *Plougasnou*, Plouézoch, Saint-Jean du Doigt.

MORLAIX, Sainte-Sève, Saint-Martin des Champs, *Plourin*, *Ploujean*.

PLOUESCAT, Treflez, *Lanhouarneau*, Plougar, *Plounévez-Lochrist*.

PLOUIGNEAU, Le Ponthou, *Plougonven*, Lannéanou, *Guerlesquin*, Botsorhel, Plouégat-Moysan.

PLOUZÉVÉDÉ, Tréflaouénan, St.-Vougay, Trézélidé, *Cléder*, *Plouvorn*.

ST.-POL-DE-LÉON, Roscoff, *Plougoulm*, Sibiril, *Plouénan*, Mespaul, *Ile de Batz*.

ST.-THÉGONNEC, *Pleyber-Christ*, *Plounéour-Menez*, *Le Cloître*.

SIZUN, Locmélard, *Commana*, Saint-Sauveur.

TAULÉ, Locquénolé, *Henvic*, Carantec, *Guiclan*.

BRIEC, *Langolen*.

CONCARNEAU, Beuzec-Conq, *Trégunc*, Lanriec.

DOUARNENEZ, Ploaré, Pouldergat, *Plogonnec*, Guengat, *Poullan*.

Fouesnant, Pleuven, St-Evarzec, *Clohars - Fouesnant*, Gouesnach, Perguet-Benodet.

Plogastel St Germain, Landudec, Plozévet, Guilers, Pouldreuzic, Plonéis, *Plonéour*, Plovan, Tréogat, Peumeurit.

Pontcroix, Beuzec-Cap-Sizun, Meilars, Mahalon, Plouhinec, *Audierne*, Primelin, Esquibien, *Cléden-Cap-Sizun*, Goulien, Plogoff, *Ile de Sein*.

Pont-Labbé, Tréméoc, Combrit, *Plomeur*, Penmarc'h, Saint-Jean-Trolimon, Tréguennec, Treffiagat, *Loctudy*, Plobannalec, Ile Tudy,

Quimper, Ergué-Armel, Ergué-Gabéric, Kerfeunteun, Penhars, *Plomelin*, *Pluguffan*.

Rosporden, Saint-Yvy, Tourch, *Elliant*.

Arzano, Guilligomarch, *Rédéné*, Bannalec, Kernével, Trévoux, *Melgven*.

Pontaven, Nizon, *Moëlan*, *Névez*, *Riec*.

Quimperlé, Tréméven, *Mellac*, Beye, *Clohars-Carnoët*.

Scaer, *Querrien*, Saint-Thurien.

Ainsi il y aura *pendant trois ans* 119 chefs-lieux de circonscriptions électorales dans le Finistère, pour 282 communes renfermant plus de 150,000 électeurs; 15 circonscriptions renferment moins de 500 électeurs chacune, d'autres en renferment 4,500. C'est ici le lieu de dire que la loi électorale (article 31) permet d'établir dans chaque commune, chef-lieu de circonscription, *par arrêté du Préfet* autant de sections ou de bureaux de vote que le nombre des électeurs inscrits le rend nécessaire. C'est en vertu de cette loi qu'il y a à Paris un bureau pour mille électeurs environ. La ville de Cherbourg qui ne forme qu'un canton est divisée aussi en huit sections renfermant chacune entre 800 et 1000 électeurs répartis entre chaque section d'après leur ordre d'inscription sur la liste alphabétique de la commune.

Nous appelons donc l'attention des maires et des conseils municipaux sur ce fait que le Préfet, sur leur demande, peut établir dans la commune chef-lieu d'une circonscription électorale, un nombre de sections ou de bureaux de vote qu'aucune loi ne limite. La mairie, la maison d'école, le prétoire de la justice de paix, à défaut d'autres édifices communaux ou départementaux, des édifices privés, loués pour la circonstance, pourront permettre aux communes éloignées de voter toutes en même temps que les électeurs du chef-lieu : dans toutes les communes, siège d'une circonscription électorale, grandes ou petites, les électeurs de toutes les communes pourront voter non seulement dans la journée du Dimanche, mais avant midi même, si on veut. Or, aux élections du 13 mai, on a remarqué dans les campagnes que les communes appelées à voter le Lundi n'ont fourni que peu ou point d'électeurs, et dans les villes, que les électeurs forcés d'attendre trop long-temps leur tour d'appel par leur rang d'inscription sur la liste, ont fourni moins de votans. L'installation de bureaux supplémentaires dans les 119 chefs-lieux de circonscriptions électorales, si les conseils municipaux les demandent, pourra remédier à cet inconvénient, en permettant à tous les électeurs, après avoir rempli leurs devoirs civiques dans la matinée du Dimanche, de garder pour eux et pour leur famille la plus grande partie de la journée. On pourra rendre ainsi le vote plus facile et plus prompt qu'avec un seul bureau par commune dans les grandes aussi bien que dans les petites, et on lui conservera son caractère politique par les rapports qu'on établira entre de nombreux électeurs réunis presqu'en même temps.

EXTRAITS

DU

COMPTE MORAL ET D'ADMINISTRATION,

POUR 1848,

PRÉSENTÉ PAR LE MAIRE DE LA VILLE DE BREST AU CONSEIL MUNICIPAL AU MOIS DE JUIN 1849.

Mouvement de la Population.

Aucune cause accidentelle, autre que la différence qui existe entre les naissances et les décès, n'est venue cette année modifier le chiffre de la population ; ainsi que l'année précédente, nous avons été dans l'impossibilité de faire opérer le recensement, malgré l'utilité incontestable dont il nous eût été pour la confection des listes électorales qui, d'après la nouvelle loi, sont devenues permanentes.

La population se compose comme par le passé, de 54,141 habitants.

Population fixe.	36,513	} 54,141
flottante. . . .	17,628	

Naissances.

Enfants légitimes,	Garçons.	698	} 1,400
	Filles.	702	
Enfants naturels reconnus,	Garçons.	52	} 105
	Filles.	53	
Enfants naturels non reconnus.	Garçons.	88	}
	Filles.	97	
Récapitulation des naissances,	Garçons.	838	} 1,690
	Filles.	852	

Mariages,

Entre garçons et filles.	360
Entre garçons et veuves.	25
Entre veufs et filles.	41
Entre veufs et veuves.	17
Total des mariages. . . .	443

$$\text{Décès,} \begin{cases} \text{Garçons.} & . . . . . . \ 690 \\ \text{Hommes mariés.} & . . \ 305 \\ \text{Veufs.} & . . . . . . \ 111 \\ \text{Filles.} & . . . . . . \ 391 \\ \text{Femmes mariées.} & . . \ 159 \\ \text{Veuves..} & . . . . . \ 112 \end{cases} \begin{array}{l} 1{,}106. \\ \\ \\ 662. \end{array} \Big\} \ 1{,}768.$$

Décès provenant de l'extérieur, transcrits dans le cours de l'année, 72.

Ces états raprochés de ceux analogues, dressés l'an dernier à la même époque, présentent les différences ci-après :

En 1848, les mariages se sont élevés au chiffre de . . . 443.

En 1847, ils n'avaient atteint que celui de . . . . 364.

En plus pour 1848. . . . 79.

Les naissances offrent le même chiffre pour 1847 et pour 1848, — 1690 — il n'existe de variation que dans les catégories qui composent le nombre total.

Les décès se sont élevés en 1848, à . . . . 1,768.

Et en 1847, à . . . . 1,755.

En plus pour 1848.. . . . 13.

Instruction publique.

LYCÉE.

Une importante amélioration s'est opérée dans l'instruction publique à Brest, grâce à vos efforts et à votre résolution bien arrêtée de ne reculer devant aucun sacrifice pour doter notre ville d'un système complet d'études ; vous avez réussi à faire transformer le collége communal en Lycée de second ordre ; un arrêté du Pouvoir exécutif, en date du 28 Septembre 1848, consacre ce bienfait. Désormais les familles pourront se dispenser d'expatrier leurs enfants pour leur faire acquérir les connaissances nécessaires aux carrières de leur choix; l'instruction et l'éducation de la famille marcheront de pair, et les études littéraires, les plus fortes qu'on puisse entreprendre, sont devenues à la portée des fortunes les plus réduites, par l'effet de l'abaissement de la rétribution universitaire. Pour parvenir à ces fins, vous avez employé cinq cent mille francs à la construction d'un édifice, cent mille francs à l'acquisition d'un mobilier usuel et scientifique ; vous vous êtes engagés aux charges annuelles d'entretenir pour 6,500 francs de bourses dans le Lycée et de faire exécuter les grosses réparations dont l'édifice pourrait avoir besoin.

Dans la transformation du Collège en Lycée, vous avez sagement ménagé les intérêts de la commune en obtenant, par dérogation aux règles universitaires, non seulement le maintien mais encore le développement du cours préparatoire ; vous avez sainement jugé que Brest devait conserver sa spécialité de préparer des élèves pour l'Ecole navale principalement et pour toutes les écoles spéciales du Gouvernement. Conformément à la décision que vous avez prise, dans votre délibération du 26 Avril dernier, j'ai fait afficher un avis dans lequel j'invite les familles qui croiraient avoir des droits à l'obtention d'une bourse entière, trois quarts de bourse ou demi-bourse, à vouloir bien m'adresser leurs demandes, afin que leurs enfants soient soumis à l'examen préalable prescrit par le code universitaire; mais je ne vous le cache pas, Messieurs, je crains que cet appel ne soit infructueux, car dans les 650 francs de pension qui seront payés par la ville, le prix du trousseau n'est pas compris et les parents sont obligés de prendre l'engagement de le fournir en nature, conformément au prospectus, ou de verser une somme de 500 francs dans la caisse du Lycée; ces conditions sont de rigueur et aucune autre ne peut leur être substituée, à cause de l'influence qu'elle exercerait sur la position pécunière faite aux professeurs ou sur les produits du Lycée.

En fondant à Brest un Lycée de 2e classe, vous avez aussi servi l'intérêt fiscal de la commune; la présence d'un pareil établissement dans nos murs ne peut manquer de devenir prospère; dans un temps prochain, il doit absorber, pour ainsi dire, les petits collèges qui nous avoisinent, et donner, dans le courant de l'année, un mouvement d'étrangers profitable au commerce de détail comme au trésor de la ville : le mouvement est la vie de toutes les localités.

Bien que le Lycée ne se trouve plus placé sous la surveillance directe de la commune, nous ne continuerons pas moins à vous informer de tout ce qui pourra s'y passer d'intéressant. La dotation faite par le gouvernement est de 36,000 francs; le prix de la pension a été fixé à 700 fr., et celui de l'externat à 72 francs. Toutes les chaires du Lycée sont tenues par des professeurs distingués, dont quelques-uns sont agrégés, et le cours préparatoire se fait remarquer par une installation qu'on ne rencontre nulle part dans un autre Lycée.

Ecoles gratuites et Salles d'asile fondées et entretenues par la Commune.

Ces établissements charitables sont toujours en pleine voie d'activité; ils sont appelés plus que jamais à produire d'utiles résultats, car lorsque la démocratie est devenue la base de l'état social, l'instruction doit en être le correctif, pour ne pas tomber dans les excès de la démagogie; en effet, le pouvoir qu'a la souveraineté nationale de puiser dans tous les rangs de la société les hommes qui sont appelés à la gestion des intérêts publics, impose l'obligation de répandre l'instruction dans tous les rangs de la société ; ce qui autrefois pouvait être considéré uniquement comme un moyen de moralisation et de bien-être pour les classes professionnelles, est aujourd'hui un besoin public; le suffrage universel exige la diffusion des lumières sur la plus vaste échelle possible.

Salles d'Asile.

Etat des enfants qui se trouvaient admis dans les écoles communales et les salles d'asile au 31 Décembre 1848.

	Gar-çons.	Filles.	TOTAL. par établisse-ment,	par e. pèce d'école.
Côté de Brest. . . . Mme veuve Vigneux.	180	200	380	
Côté de Recouvrance. { Mlle Labarre.	100	111	211	902
{ Mlle Faron.	158	153	311	

NOTA. *226 Enfants sont inscrits pour être admis à la Salle d'Asile de Brest, à mesure des vacances.*

ÉCOLES PRIMAIRES. — GARÇONS.

	Gar-çons.	Filles.	TOTAL. par établisse-ment,	par e. pèce d'école.
Ecole supérieure dirigée par M. Caroff (49 élèves gratuits).	85	»	85	
Ecole mutuelle de Brest, M. Perron.	280	»	280	
Ecole de la doctrine chrétienne, frère Mamertin. . . .	703	»	703	1432
Ecole de l'Hospice Civil, M. Billon.	80	»	80	
Ecole mutuelle de Recouvrance, M. Legoff.	312	»	312	

NOTA. *48 Enfants sont en instance pour être admis à l'école de la doctrine chrétienne.*

FILLES.

	Gar-çons.	Filles.	TOTAL. par établisse-ment,	par e. pèce d'école.
Ecole mutuelle, dirigée par Mlle Lafosse (Côté de Brest).	»	140	140	
Ecole des sœurs de la Providence. . . . . *Id.* . . .	»	280	280	620
Ecole des sœurs de Saint-Joseph. (Recouvrance)... .	»	200	200	

NOTA. *195 Filles sont inscrites pour être admises aux deux premières écoles.*
(Enfants en instance pour admission du côté de Brest, 469).

	Gar-çons.	Filles.	TOTAL. par établissement
Totaux généraux. . . .	1900	1084	2984

Ecoles privées.

Ecoles de Garçons (12 instituteurs.).   569
    Id.   Filles   (20 institutrices.).   1172
Salles d'asile. . . . (3 . *Id.*   ).   234

     Total.   1975

Comme vous le voyez par l'état qui précède, la commune fait donner l'instruction primaire élémentaire à deux mille huit cent quatre-vingt-dix-neuf élèves, et l'instruction supérieure à quatre-vingt cinq élèves, et cependant, nos écoles et salles d'asile ne sont pas assez spacieuses ou assez multipliées pour recevoir tous les enfants qui demandent à jouir de cette faveur. Quatre cent soixante-neuf enfants sont inscrits pour y être admis au fur et à mesure des vacances. Vous savez, messieurs les conseillers, que nous avons dans la commune plusieurs écoles dirigées par des instituteurs laïques, une seule par les frères de la doctrine chrétienne ; cette dernière se trouve établie du côté de Brest, et la population de Recouvrance désirant participer à l'enseignement pratiqué par ces religieux, vous avez concédé, pour les enfants de ce dernier côté de la ville, quatre-vingt places dont ils jouissent. Les difficultés, les dangers même du passage, ne sont point un obstacle à l'*extension* du désir que manifestent les habitants de Recouvrance d'envoyer leurs enfants à l'école chez les frères. Une pétition nous a été adressée pour obtenir un établissement semblable, sur la rive droite de la Penfeld, et nous aurons l'honneur de vous en entretenir dans le courant de la présente session.

Les établissements d'instruction privée sont restés les mêmes que par le passé pour leur importance en nombre et pour les moyens d'enseignement dont ils sont pourvus, deux mille enfants environ y recoivent les bienfaits de l'instruction, moyennant des rétributions qui sont à la portée de toutes les fortunes ; il est seulement regrettable que la commune ne soit pas en possession d'un pensionnat d'internes pour les jeunes personnes, et que les familles de la localité se trouvent encore dans la nécessité d'envoyer leurs enfants soit à Lesneven, soit à Lannion..... Espérons que la spéculation finira par comprendre, qne là, où il y a un service public à rendre, il y a de l'argent à gagner et de la considération à recueillir.

La société d'émulation poursuit avec persévérance et succès l'utile mission qu'elle s'est imposée ; ses cours ont été, dans l'exercice de 1847-1848, suivis par trois cent soixante-cinq élèves. Les cours fondés par cette société, sont au nombre de treize :

Le cours de lecture, d'écriture, de calcul et de grammaire, dirigé par. M. Perron, jeune.
Id. de grammaire raisonnée.. . . . . M. Guillou.
Id. de géométrie élémentaire. . . . . M. Perron, aîné.
Id. d'algèbre élémentaire. . . . . . M. Vigoureux.
Id. de Géométrie descriptive. . . . . M. Perron, aîné.
Id. de Trigonométrie. . . . . . . M. Quillien.
Id. de Statique. . . . . M. Quillien.
Id. comptabilité générale et commerciale. M. Koch.
Id. de projection et levé des plans, de tracé des machines, de dessin architectural et d'ornementation. . M. Barbier.
Id. de dessin pittoresque. . . . . . M. Caradec.
Id. de perspective théorique et pratique. M. Pilven.
Id. de musique. . . . . M. Lécureux.
Id. d'arithmétique raisonnée. . . . . M. Caroef.

Le cours d'adultes, (côté de Recouvrance), suivi particulièrement par des ouvriers de l'arsenal, se compose de trois classes :
Celle de français, tenue par M. Le Goff, comprend. . . 39 élèves.
Id. de mathématiques { arithmétique / géométrie } par M. Gourvès. . 50 *Id.*
Id. de dessin.. . . . . M. Le Parc. . 44 *Id.*

Les frères de la doctrine chrétienne ont également continué le cours d'adultes qu'ils ont ouvert, il y a plusieurs années, et qui est principalement affecté aux ouvriers composant la société de secours mutuel ; le zèle de ces dignes instituteurs est vraiment infatigable.

M. Auger continue également avec succès son cours de dessin pittoresque dans tous les genres et celui du tracé des machines.

Dans l'état où nous nous trouvons, il n'est plus permis d'apprécier les moyens d'instruction qui existent dans la commune de Brest ; la situation est transitoire et bientôt une nouvelle loi . concernant cette importante matière, viendra sans aucun doute statuer d'une façon définitive sur les devoirs des communes envers les populations ; espérons donc, messieurs, en toute confiance, et formons seulement des vœux pour que la législation à intervenir ne soit pas aussi exclusive que celle qui l'a précédée et que la part du sexe féminin soit mise en rapport avec la mission délicate dont il est chargé dans l'organisation sociale.

Police générale.

L'organisation du service de la police n'a point éprouvé de modification dans le courant de l'année ; son personnel seulement a subi des changements dans les fonctions de commissaires.

Police Judiciaire.

Etat des affaires jugées par le tribunal de simple police de la ville de Brest, pendant l'année 1848 comparées à celles de 1847.

NATURE DES CONTRAVENTIONS.	Nombre de contrav. constatées par procès-verbaux.		Nombre de jugements rendus contre les contrevenants. Condamnations.		Acquittements.		Nombre de jours de prisons.		Amendes prononcées.	
	1847	1848	1847	1848	1847	1848	1847	1848	1847	1848
Bruit et tapage injurieux, nocturne, troublant la tranquillité.	30	23	27	20	3	3	5	17	192	175
Cavaliers ayant fait galopper leurs chevaux dans la ville.	2	»	2	»	»	»	»	»	6	0
Défaut de ramonage.	3	2	3	2	»	»	»	»	5	2
Embarras sur la voie publique.	29	46	27	44	2	2	1	»	53	45
Injures verbales.	1	1	1	1	»	»	»	»	1	1
Jet de choses nuisibles sur la voie publique.	33	33	32	29	1	4	»	»	44	48
Logeurs qui ont négligé d'inscrire les personnes logées chez eux.	15	20	15	20	»	»	»	»	36	63
Marchands chez lesquels de fausses mesures et de faux poids ont été trouvés et saisis.	47	6	46	5	1	1	»	1	83	50
Propriétaires de chiens ayant négligé de les attacher ou de les museler.	28	1	26	1	2	»	»	»	32	3
Voitures abandonnées ou non enrayées à la descente de certaines rues.	10	11	10	11	»	»	»	»	15	11
RÉGLEMENTS MUNICIPAUX.										
Sur la police d'ordre.	4	3	4	3	»	»	»	0	5	7
Sur la police des marchés.	1	12	1	9	»	3	»	0	1	10
Sur la police du théâtre.	5	9	5	9	»	»	1	0	5	20
Sur la police de la salubrité publique.	23	16	20	15	3	1	»	0	42	33
Sur la sûreté et la commodité de la voie publique.	26	11	24	10	2	1	1	0	51	13
Sur la vidange des fosses d'aisance.	»	»	»	»	»	»	»	0	»	0
Sur la voirie.	6	12	5	10	1	2	»	0	14	19
Sur le balayage et l'enlèvement des boues	47	55	43	50	4	5	»	0	61	67
Sur les cafés et cabarets ouverts.	18	32	17	31	1	1	»	3	30	77
Sur la boulangerie.	50	20	50	48	»	2	16	4	217	74
Vente de boissons dans les maisons de tolérance.	»	»	»	»	»	»	»	0	0	0
Sur les jeux de hasard.	3	3	3	2	»	1	»	0	10	17
Totaux.	384	316	361	290	20	26	24	25	903	735

Vous reconnaîtrez , Messieurs les conseillers , par l'état ci-dessus , que les amendes de police ont été moins nombreuses en 1848 qu'en 1847 , ce qui laisserait supposer, de la part des citoyens , plus de disposition à se conformer aux réglements de police. Cette amélioration dans les habitudes de la vie communale est profitable à tous , puisque la police judiciaire n'a pour effet que de prévenir par la crainte d'une condamnation les contraventions qui peuvent porter préjudice à la tranquillité des citoyens, ou de réprimer ces mêmes contraventions, quand elles ont eu lieu, plutôt dans un but exemplaire, que dans une intention fiscale.

Mendicité.

De nombreuses plaintes parviennent journellement à l'administration municipale sur l'importunité causée par les mendiants, et cependant malgré le désir qu'elle aurait d'y faire droit, elle demeure impuissante à les faire cesser ; l'état de la législation ne lui permet d'adopter que certaines mesures à l'égard des mendiants valides ; les autres ont le droit de mendier dans les lieux où il n'existe pas de dépôts de mendicité. Malgré la surveillance active exercée envers les mendiants valides, beaucoup d'entre eux échappent à cette surveillance, encouragés qu'ils sont par la pitié qu'ils rencontrent et les aumônes qu'ils reçoivent ; tendre la main est pour eux une industrie tellement productive qu'ils s'exposent volontiers aux chances d'une condamnation en police correctionnelle, plutôt que de renoncer à leur lucratif métier ; ainsi le mal a deux sources bien connues : d'une part, la facilité avec laquelle on se livre à l'aumône ; et de l'autre, l'insuffisance des moyens répressifs. Il est probable que la loi sur l'assistance publique, promise par la Constitution, remédiera aux inconvénients si bien signalés de la mendicité et qu'on découvrira la possibilité de mettre un terme à cette plaie sociale que tout le monde reconnaît et dont personne ne peut entreprendre la guérison.

État numérique des individus des deux sexes et de tout âge , mendiant habituellement dans la ville de Brest, et auxquels des Médailles ont été délivrées en vertu de l'arrêté de M. le Maire, en date du 21 Janvier 1847.

ARRONDISSEMENTS DE POLICE.	de 2 à 10 ans.	de 10 à 20 ans.	de 20 à 30 ans.	de 30 à 40 ans.	de 40 à 50 ans.	de 50 à 60 ans.	de 60 à 70 ans.	de 70 à 80 ans.	de 80 à 90 ans.	TOTAL.
Côté de Brest. 1er arrondis^t.	9	2	3	10	11	11	21	20	0	87
2e id.	2	3	1	0	11	9	14	21	3	64
Côté de Recouvrance. 3e id.	4	5	2	3	12	9	9	10	2	56
TOTAUX.	15	10	6	13	34	62	44	51	5	207

ARRONDISSEMENTS DE POLICE.	Mendiants nés à Brest.	Mendiants nés dans le département du Finistère mais ayant acquis le domicile à Brest.	Mendiants nés dans les autres départements, mais ayant acquis le domicile à Brest.	TOTAL.	Mendiants recevant des secours du bureau de bienfaisance.
Côté de Brest. . . { 1er arrond.	24	51	12	87	12
2e id.	10	36	18	64	14
Côté de Recouvrance. 3e id.	22	30	4	56	9
TOTAUX. . . .	56	117	34	207	35

Vous l'aurez sans doute remarqué, Messieurs, l'état que nous venons de vous exposer ne présente que les mendiants autorisés à mendier comme étant de la commune; c'est la situation numérique du dernier échelon de la misére indigène, mais en outre de cela, il existe des mendiants étrangers qui affluent dans nos murs, parce qu'ils y trouvent des secours plus facilement qu'ailleurs. Il ne faut donc pas croire, en comparant les états de 1847 et de 1848, qu'il y ait eu diminution dans le personnel de la mendicité; la différence en moins qui existe en faveur de 1848 provient de ce que l'état actuel ne contient que les mendiants nés à Brest ou qui, nés ailleurs, ont acquis le droit de domicile dans la commune.

Évènements.

Les évènements de toutes natures et qui se trouvent du ressort de la police ont été moins nombreux cette année qu'en 1847, et nous avons encore la satisfaction de constater que pas un seul d'entre eux n'a été occasionné par un cas d'hydrophobie; la vigilance municipale est rassurante à cet égard; 332 chiens ont été empoisonnés par ses soins.

État numérique des évènements, morts violentes, accidentelles, subites, suicides et incendies, qui ont eu lieu dans la ville de Brest, depuis le 1er Janvier jusqu'au 31 Décembre 1848.

ACCIDENTS qui n'ont point causé la mort.	MORTS					INCENDIES.		Observations.
	Violentes.	Accidentelles.	Subites.	Suicides.	TOTAL.	Feux de cheminées.	Feux d'appartements.	
13	1	9	9	8	27	10	1	

Éclairage.

Cette partie si importante du service municipal s'est améliorée, dans le courant de 1848, par l'établissement de quelques nouveaux becs dans les lieux où la morale et la surveillance réclamaient cette augmentation, et les rondes établies pour s'assurer si les conditions des marchés relatifs à l'éclairage de la ville, sont rigoureusement remplies : ces inspections de nuit sont faites simultanément par les employés des entrepreneurs et les sergents de ville ; un état de toutes les contraventions est arrêté à chaque trimestre et des retenues sont faites selon l'importance des extinctions et des fautes réglementaires commises.

Dans le courant de l'exercice, il a été retenu :

A la compagnie du Gaz. . . 300 fr.

A M. Le Bihan, adjudicataire pour le côté de Recouvrance. . . . . 80 fr.

Le marché concernant l'éclairage à l'huile, côté de Recouvrance, a été renouvelé cette année ; il a subi une augmentation : de $0^f,0103$ qu'il était, il s'est élevé à $0^f,0113$ par bec et par heure.

Recrutement.

Le tirage au sort entre les jeunes gens de la classe de 1847, pour les trois cantons de Brest, a eu lieu du 4 au 13 Mars 1848.

Le nombre des jeunes gens inscrits sur les tableaux des trois cantons a présenté un effectif de 470 hommes, 30 de moins que l'année précédente ; cette diminution a porté presque exclusivement sur la commune de Brest. Le contingent à fournir a diminué proportionnellement de 7 hommes.

L'appel a été le même que les années antérieures, 80,000 hommes.

Le nombre des jeunes gens de la commune qui ont concouru au tirage dans les trois cantons de Brest, a été :

Pour le 1er canton, de. . 144 (nombre total du canton).

Pour le 2e canton, de. . 50 (sur 197, total des six communes formant ce canton).

Pour le 3e canton, de. . 98 (sur 129, total de St.-Pierre et de la section de Recouvrance).

Total. . . . 292 sur 470 jeunes gens portés sur les tableaux réunis des sept communes formant les trois cantons de Brest moins des deux tiers.

Le contingent proportionnel demandé à chaque canton a été :

Pour le premier canton. . . . . 38 hommes.

Pour le deuxième canton. . . . . . 52 id.

Et pour le troisième canton. . . . . 34 id.

Pour les trois cantons ensemble. . 124 hommes, un peu plus du quart des jeunes gens inscrits ; proportion habituelle.

78

Voici le résultat des opérations du tirage pour la classe de 1847.

	Nombre total des jeunes gens qui ont concouru au tirage au sort.	Contingent proportionnel assigné au canton.	Dernier numéro atteint par le contingent dans chaque canton.	Inscrits sur les tableaux de recensement.	Reconnus propres au service et compris dans le contingent.	Dispensés de l'appel comme étant déjà liés envers le service.	pour défaut de taille.	pour infirmités.	comme aînés d'orphelins.	comme fils aînés ou uniques de veuves.	comme fils de pères septuagénaires ou aveugles.	aînés de frères jumeaux concourant au même tirage.	pour frère au service et frère mort au service.	Décédés!	Examinés par le conseil de révision.	Sachant lire et écrire.	Sachant lire seulement.	Ne sachant ni lire ni écrire.	Dont l'instruction est restée douteuse.
							NOMBRE TOTAL DES JEUNES GENS DE LA COMMUNE				EXEMPTÉS								
1er canton..	144	38	54 ou environ 3/8.	144	5	33	5	1	»	4	»	»	4	2	54	119	4	18	3
2e canton...	197	52	90 ou environ 6/13	50	3	10	1	2	»	2	»	»	2	»	20	39	5	6	0
3e canton...	129	34	38 ou moins de 1/3	98	4	21	1	2	»	»	»	»	1	»	29	69	3	25	1
Résultat pour les 3 cantons..	470	124	182	292	12	64	7	5	»	6	»	»	7	2	103	227	12	49	4
Totaux...	470	124	182 ou les 3/8 des inscrits.	292	76		25							2	103	292			

Annotations dans les colonnes « Reconnus » et « Dispensés » : 1er canton : 38 h. contingent total ; 2e canton : 13/52 du conting ; 3e canton : 25/34 du contin.

Il ressort du tableau ci-dessus que la ville de Brest est entrée dans la formation des listes de tirage des trois cantons pour 292 jeunes gens sur 470 un peu plus des 3/5, et qu'elle n'a fourni au contingent que 76 hommes sur 124, soit les 3/5 environ. Elle a donc été favorisée par le sort.

Sur les 76 hommes fournis au contingent, 64 étaient déjà liés envers le service.

La commune a joui de 25 exemptions, moitié moins qu'en 1847.

Les numéros parcourus par le contingent, en y comprenant 2 décès, s'élèvent à 103 sur 292 ; ce chiffre est proportionnellement moins élevé que celui des communes réunies des trois cantons, qui est de 182 sur 470, ou un peu plus des 3/8.

L'instruction s'est maintenue dans la même proportion que l'année précédente : 4/5 sachant lire et écrire ; 1/6 sans aucune intruction.

Dans le 1er canton, les chances ont été beaucoup plus belles que pour les classes de 1845 et 1846.

Dans le 2e canton, elles ont été comparativement mauvaises pour le résultat général ; le chiffre du contingent a atteint presque la moitié des inscriis; pour la portion de Brest entrant dans ce canton, le chiffre atteint a été de 20 sur 50, ou les 2|5 comme les années précédentes.

Dans le 3e canton, les chances ont été magnifiques. Le chiffre atteint est resté entre 1|4 et 1|3 des inscrits.

Etablissements charitables et d'utilité publique.

Hospice-Civil.

Cet établissement, comme par le passé, a été régi pendant le cours de l'exercice, dont nous avons à vous rendre compte, avec un zèle, un dévouement et une entente administrative remarquables. Commission de bienfaisance, Sœurs hospitalières, Employés, ont été plus que jamais guidés par la sévère obligation du devoir et les résultats obtenus sont la preuve la plus certaine de nos assertions. Vous retrouverez dans l'excellent Compte moral de la Commission administrative de l'Hospice, tous les renseignements désirables sur les mouvements de la population intérieure et extérieure, sur le service sanitaire, si bien dirigée par Monsieur le médecin en chef, sur l'école communale qui s'y trouve établie, sur l'administration, sur l'état des édifices, sur la régie des biens ou des revenus de toute nature ; mais qu'il nous soit permis de vous mettre sous les yeux les principaux résultats obtenus et qui sont, pour ainsi dire, le résumé de la bonne administration de cet important établissement.

Ainsi la journée de malades n'a été que de. . . 0 f. 70 c.
Celle de vieillards et d'incurables, de. 0   40
»   D'enfants et d'adultes de l'Hospice, de. . . 0   19
»   De nourrices sèches et d'ouvriers, de.. . . 1   50
»   D'infirmiers et agents de service, de. . . 1   10
»   D'enfants trouvés et abandonnés nourris
      à la campagne, de. 0   196

Ce qui constitue pour la moyenne de toutes les journées, le chiffre réduit de 0,316, soit une diminution de 0,009 sur celui de l'exercice précédent.

Bureau de Bienfaisance.

Deux honorables membres de cette institution charitable ont donné leur démission, dans le courant de l'exercice ; ce sont : MM. Babron et Barbet. Ces retraites ont été l'objet de regrets vivement sentis; les services rendus par ces MM. étaient justement appréciés de leurs collègues et l'on peut dire qu'ils n'ont cessé d'exercer le mandat qu'ils avaient accepté; dans l'intérêt du pauvre, qu'à l'heure absolument marquée pour le repos. MM. Babron et Barbet ont été remplacés dans leurs pénibles fonctions par MM. Hébert, ancien sous-commissaire de la marine, et Le Guen Kerneison, garde-magasin de la direction des travaux hydrauliques.

En 1847, le nombre des pauvres secourus s'était élevé à 4,120, moyennant une somme de 34,993 fr. 89 c. Cette année la somme affectée aux secours n'a été que de 34,131 fr. 41 c. et cependant le nombre de ceux qui ont participé aux soulagements qu'elle a procurés a atteint le chiffre de 5234, ainsi diminution de 862 fr. 46 c, dans les ressources et augmentation de 1,114 dans le nombre des secours.

Le service des malades à domicile a coûté cette année 3,273 fr. 25 c. Afin de réduire autant que possible la dépense relative à cette spécialité, nous avons prié la société médicale de vouloir bien réviser la nomenclature des médicaments à fournir aux indigents, ce qui a été fait, Messieurs, avec un soin qui nous laisse pressentir que le crédi alloué par vous ne sera plus dépassé, d'autant plus que l'adjudication, scindée par nécessité en deux parties, a été obtenue par M. Podevin, pharmacien, pour le côté de Brest, à 27 p. 0[0

de rabais sur les prix de bases; il n'en a pas été de même pour le côté de Recouvrance, le rabais offert n'a été que de 3 p. 0[0, et malgré quelques observations soumises par nous à M. le Préfet, l'adjudication générale a été approuvée.

La totalité des familles secourues par le bureau de Bienfaisance, s'est élevés à 510, et sur une somme de 34,131 fr. 41 c., il n'a été affecté que 13,823 fr. 50 c. aux secours en argent, divisés comme suit :

4,800 fr. 00 c. pour loyers, 8,943 fr. 50 c. en distributions monétaires.

C'est ici le cas, Messieurs, d'adresser des remerciments bien sincères à tous les membres du bureau de Bienfaisance qui rivalisent entre eux de zèle et d'activité pour rechercher et secourir les infortunes les plus méritantes...

Caisse d'Épargnes.

Vous connaissez, Messieurs, les décrets successifs qui ont été rendus concernant ces établissements depuis le 24 Février 1848. Le premier porte la dâte du 7 mars même année ; il est relatif à la fixation de l'intérêt à payer aux déposants et par des considérations d'égalité à établir entre les capitaux du riche et du pauvre, il élève à 5 p. 0[0 l'intérêt de l'argent versé par les citoyens dans les caisses d'épargnes à partir du 10 Mars 1848.

Le deuxième, à la dâte du 9 Mars, prescrit le renboursement des dépôts faits dans les caisses d'épargnes, comme suit :

Pour ceux de cent francs et au-dessous intégralement en espèces ;

Pour ceux de cent-un francs à mille francs ;

Cent francs en espèces; le surplus, jusqu'à concurrence de la moitié de la somme versée, en un ou plusieurs bons du trésor, à quatre

mois d'échéance avec intérêt à 5 p. 0[0 ; la dernière moitié, en coupons de rentes 5 p. 0[0 au pair.

Pour ceux dépassant mille francs ;

Cent francs en espèces; le surplus, jusqu'à concurrence de la moitié de la somme versée, en un ou plusieurs bons du trésor, à six mois d'échéance et portant intérêt à 5 p. 0[0 : la dernière moitié, en un coupon de 5 p. 0[0 au pair.

Enfin, pour ceux appartenant à des sociétés de secours mutuels, le remboursement intégral en espèces.

Le troisième porte la dâte du 7 Juillet et consolide les livrets des déposants.

Le quatrième est du 21 Novembre et déclare que les déposants seront crédités de la différence qu'il y a entre le taux de 71 fr. 61 centimes et celui de 80 francs prix d'émission de la rente cinq pour cent.

Les réglements, auxquels ces divers décrets ont donné lieu, n'ont pas permis à l'Administration de la Caisse d'épargnes, d'établir, comme les années précédentes, le compte rendu de ses opérations et nous sommes par conséquent dans l'impossibilité de vous fixer sur les mouvements financiers de cet établissement; seulement, nous devons vous dire que les remboursements se sont constamment opérés dans le plus grand calme et que l'ordre n'a pas été un instant troublé.

Société de la Maternité.

L'association de la Maternité poursuit son cours bienfaisant, ses recettes bien que moins considérables que dans l'exercice précédent, n'ont pas été moins profitables aux familles malheureuses de la localité; l'état ci-après, Messieurs, va vous initier de nouveau aux bienfaits d'une institution que vous subventionnez depuis plusieurs années.

EXERCICE 1848.

Compte sommaire rendu par la Présidente.

RECETTES.

Solde de l'exercice 1847.	1 f. 27 c.
Subvention du gouvernement.	2,300 »
Subvention de la ville de Brest.	300 »
Montant des Souscriptions..	2,360 »
Produit de la loterie.	1,366 50
Don de Madame Thomas.	10 »
Reversement de solde de fr. 100, en dépôt chez Madame Duval.	46 50
Intérêt en faveur de la société..	44 65
TOTAL.	6,428 92

DÉPENSES.

Paiement à Mad. Duval chargée des secours et de la distribution des médicaments.	150 fr.» c.
Id. à Mad. de la Rochassière, chargée du service de la lingerie, suivant cinq mandats.	2,064 82
Id. à Mad. Houllay, chargée des secours et de la distribution des médicaments.	161 50
Id. à Mad. Michaud, chargée de la nourriture et du chauffage, suivant quatre mandats.	698 42
Id. à Mad. Debourgues, chargée du service à Recouvrance, suivant quatre mandats.	567 78
Id. à Jacques Floch, pour gages comme employé.	30
Note de M. Normand, pour un cadre doré.	13 50
1 Id. acquittée de M. Cornec, pour loyer..	45 »
1 Id. Id. de M. Le Hideux, pour papier.	2 10
1 Id. Id. de M. Vallée, pour un cachet et un tampon.	10 »
2 Id. Id. de M. Anner, pour impressions.	22 »
Achats faits pour la lingerie, (remplacements d'objets hors de service).	1,200 »
TOTAL.	4,965 12

11

Le nombre de femmes secourues a été moindre que les années précédentes, dans la prévision que les ressources procurées à la société maternelle par la loterie et les souscriptions ne fussent diminuées par l'état de crise dans lequel se trouvait le pays. Dans le dernier trimestre, il a été admis un plus grand nombre de mères, qui n'accoucheront qu'en 1849.

La nécessité de renouveler l'approvisionnement de la lingerie a contraint d'augmenter les dépenses qui, se sont élevées à une somme supérieure à celle des autres années.

RÉCAPITULATION.

Les Recettes se sont élevées à. 6,428 92

Les Dépenses se sont élevées à. 4,965 12

Excédant à reporter sur 1849. . . . 1,463 80

Nombre de Femmes.		Naissances.		Décès.	
Secourues.	Décédées en couche.	Garçons.	Filles.	Garçons.	Filles.
104 Deux couches doubles.	2	58	48	5	3

Crèche.

Une circulaire administrative, émanant de M. le Préfet, est venue rappeler aux administrations municipales l'utilité des Crèches ; le premier magistrat du département vivement préoccupé de la recherche des moyens qui peuvent exercer une influence salutaire sur la constitution physique et sur l'amélioration du bien-être matériel des familles indigentes, a fait ressortir les avantages de ces établissements encore trop peu nombreux, par malheur, dans les communes urbaines où le nombre des mères de familles obligées de vivre de leur travail est considérable. Nous aurions voulu, Messieurs, pour répondre convenablement à l'appel de M. le Préfet, comme pour vous offrir une occasion nouvelle de manifester votre bienfaisance éclairée, vous proposer la fondation d'une Crèche du côté de Recouvrance, mais un obstacle insurmontable existe, la situation financière de la commune ne nous permet pas d'accueillir avec entraînement les dépenses qui portent un caractère de permanence quelque utiles qu'elles soient.

TABLEAU résumant toute l'Administration de la Crèche, pendant trois années.

	RECETTES.		
	1846.	1847.	1848.
	f. c.	f. c.	f. c.
Recettes par dons et souscriptions. .	4527 56	3540 85	2263 00
Recettes par dons pour premier établissem^t.	442 00	»	»
Recettes faites par le tronc.	231 20	129 95	80 65
Recettes par concerts de charité.. . .	1254 65	524 25	»
Recettes par quêtes au carnaval. . .	500 00	150 00	»
Recettes de la caisse municipale.. . .	»	»	300 00
Recettes du Ministère de l'intérieur. .	»	200 00	300 00
Souscription..	300 00	100 00	»
Rétributions des mères des enfants. .	275 70	290 50	233 05
Intérêts des fonds chez le banquier. .	124 85	177 70	177 00
	f. c.	f. c.	f. c.
Total des Recettes. .	7655 95	5113 25	3353 70

	DÉPENSES pour premier Établissement	DÉPENSES ORDINAIRES.		
		1846.	1847.	1848.
	f. c.	f. c.	f. c.	f. c.
Dépense pour 46 berceaux en fer et 26 casiers en bois.. . . .	648 30	»	»	»
Dépense pour objets divers de mobilier..	474 55	»	»	»
Dépense pour objets de literie et entretien.	1280 50	»	»	»
Dépense pour déménagement. .	166 15	»	»	»
Dépense en frais d'impression. .	32 25	62 90	61 40	»
Dépense pour le loyer et l'assurance.	»	696 00	737 50	728 40
Dépense pour une ou deux religieuses..	»	1000 00	700 00	500 00
Dépense pour salaires et blanchissage..	»	665 20	694 80	1276 50
Dépense pour nourriture et chauffage..	»	731 30	1144 25	1378 75
	f. c.	f. c.	f. c.	f. c.
Total des Dépenses..	2601 75	3155 40	3337 95	3883 65
Journées de présence par année.	»	6086 00	7156 00	8642 00
Dépense moyenne par jour, pour un enfant, suivant les années.	»	0 52	0 47	0 45

Vous remarquerez que depuis sa fondation, qui dâte de trois années, la Crèche a reçu soit par dons volontaires, souscriptions ou subventions quelconques, une somme de 16,322 francs 90 centimes sur laquelle 2,601 francs 75 centimes ont été dépensés pour frais d'installation, et 10,377 francs pour dépenses ordinaires de toute nature, nécessaires à l'entretien de 195 enfants. Le tableau ci-dessus révèlerait quelque chose d'alarmant pour l'avenir de la Crèche, l'amoindrissement des recettes depuis 1846, si l'on pouvait craindre un instant que la charité publique abandonnât l'enfant du pauvre.

Sociétés de Bienfaisance et de secours mutuels.

Ces Sociétés prennent un grand développement. Le nombre de leurs sociétaires s'accroît tous les jours, et le but que se sont proposé les fondateurs a été parfaitement compris par les ouvriers sages dont le bon sens résiste aux maximes perfides dont on les entoure ; l'ouvrier sait bien que tout ce qui tend à l'affranchir des éventualités fâcheuses de sa position est un bienfait ; que des secours dans le cas de maladie lui sont précieux ; que des ressources dans le cas de chômage, l'empêchent de se dégrader en touchant au pain de la charité, mais recommandons aux généreux citoyens qui se trouvent placés à la tête d'une association noble et courageuse, de ne pas trop employer, pour grossir leurs ressources, les moyens dont se servent les établissements charitables, la caisse de l'ouvrier ne doit pas s'alimenter de la même manière que celle de l'indigent : l'économie doit en être la source unique.

Brest possède aujourd'hui trois associations de secours mutuels ; l'une présidée par M. Cuzent, l'autre par M. Mazé-Launay, et la troisième par M. Chapelle. On peut évaluer à 1,200 le nombre des associés.

Le Refuge.

Le nombre des personnes qui ont habité le Refuge, dans le cours de 1848, a été de 48.

Les entrées se sont élevées à 17.
Les sorties à . . . . . .14.

Dans ces dernières, deux sont retournées dans leurs familles ; dix ont été placées et deux ont été abandonnées comme n'offrant pas assez de garanties pour mériter une recommandation favorable.

Le travail n'a produit que 4,126 francs 25 centimes, somme inférieure à celle de 1847 ; il faut attribuer cette diminution à la baisse incessante dans le prix des façons, car l'activité du personnel de l'établissement est resté la même. La somme précitée, Messieurs, ne présente que les 2|6 de la dépense de la maison. Jugez ce qu'il a fallu obtenir de la charité.

L'Ouvroir.

L'Ouvroir est en deuil, Messieurs ; sa fondatrice Madame veuve de Fréon, est décédée dans le courant de 1848, et la crainte de ne pouvoir continuer l'œuvre de charité, conçue et si bien pratiquée par cette respectable dame, s'est fait jour un instant dans l'atelier de l'indigence. Vous exposer la situation précaire de cet établissement, dans lequel la fille du pauvre reçoit une profession, se soustrait aux dangers d'une liberté funeste, et se façonne aux habitudes d'ordre, sous l'influence salutaire d'un travail assidu, c'est faire un appel à votre générosité, qui n'a jamais fait défaut aux institutions utiles et moralisatrices ; espérons donc, Messieurs, que vous en viendrez à doter l'Ouvroir dans les limites des ressources communales.

Depuis sa fondation l'Ouvroir a reçu 117 jeunes filles ; 48 y sont réunies actuellement, 32 internes et 16 externes.

69 en sont sorties, dont 50 sont rentrées dans leurs familles ;

2 mortes à l'établissement ;

8 ont été placées ;

et 9 n'ont pas mérité qu'on leur procurât cet avantage.

Le travail ne couvre que le quart de la dépense.

Mont-de-Piété.

Cette utile création continue la série de ses nombreux services, elle vient en aide aux personnes momentanément gênées, et n'est point, comme on a souvent semblé le dire, une caisse ouverte à la débauche pour y puiser des ressources, afin de pouvoir satisfaire ses mauvais penchants. C'est là au contraire que l'honnêteté qui vit de son travail, se débarrasse d'une crise passagère et s'affranchit de l'usure. Ce qui le prouve le mieux et détruit péremptoirement tous les arguments contraires à cette assertion, c'est le nombre et la valeur des dégagements opérés pendant l'exercice

» La suppression, du droit de dix centimes par prêt, à partir du 1er Janvier 1847, et qui avait été établi précédemment pour couvrir les frais d'impression, a occasionné dans les produits, une diminution de près de 2,000 fr. par an.

» En prenant principalement en considération la partie morale, on remarquera que les résultats qu'elle présente sont, par continuation, favorables à la classe des emprunteurs les plus nécessiteux. Il est démontré par le tableau statistique ci-annexé.

1° Que sur les 52,524 prêts effectués pendant les années 1846, 1847 et 1848, 47,881 fr., soit les 90|100 appartiennent aux catégories de 3 à 20 f. ; 4,259, soit les 9|100, aux catégories de 20 à 100 f. ; 384, soit un peu moins de 1|100, aux catégories de 100 à 1000 francs.

2° Que sur les 35,726 qui ont été déposés pendant les deux exercices clos de 1846 et 1847, 31,213, soit les 88|100, ont été dégagés, valeur moyenne 11 fr. 37 c. 2,774, soit les 8|100 ont été renouvelés, valeur moyenne 18 fr. 58 c.; 1,739, soit un peu plus des 4|100 ont été vendus, valeur moyenne, 13 fr. 45 c.

» Il s'en suit que la classe pauvre a participé au 9|10 des prêts, (catégories de 3 à 20 fr.) effectués pendant les trois dernières années, et que ce sont les nantissements de moindre valeur, dont la majeure partie appartient à cette classe, qui ont été dégagés, (à peu près dans la même proportion,) pendant les deux exercices clos.

» Il est à remarquer aussi qu'il n'a été livré à la vente que quatre nantissements environ, sur 100. Ainsi, l'empressement que les emprunteurs mettent généralement à retirer leurs gages, prouve qu'ils n'usent qu'avec réserve des ressources que l'établissement leur procure, dans les moments de gène.

» D'après le compte particulier des bonis acquis, les plus values résultant des ventes effectuées sur l'exercice 1845, se sont élevées à une somme totale de 2,995 fr. 13 c., sur laquelle celle de 2444 fr. 07 c., soit un peu plus des 8|10, a été remboursée aux emprunteurs, qui n'ayant pu dégager leurs nantissements, ont profité d'autant sur leur valeur. Il s'en suit que, par suite des échéances, il n'est resté à l'établissement qu'une somme de 550 fr. 06 c. soit un peu moins de 2|10.

» En définitive, on voit, par tout ce qui précède, que c'est principalement à la classe pauvre que le Mont-de-Piété vient en aide et qu'ainsi cet établissement remplit, par continuation, le but de son institution »

L'Administration du Mont-de-Piété ne laisse rien à désirer ; ordre et clarté sont les bases principales de la comptabilité de cet utile établissement ; le zèle et la capacité de M. le Directeur, comme de tous les employés, sont de surs garants pour l'avenir prochain où des concessions meilleures pourront être faites aux emprunteurs.

Dispensaire,

Outre les rapports partiels qui nous sont fournis tous les dix jours, le rapport général de fin d'exercice qui nous est servi chaque année, nous apprend que le service a été régulièrement fait par MM. les médecins et les employés attachés à l'établissement. Très peu de filles se sont soustraites aux visites, et celles qui se sont mises dans ce cas de contravention, ont été recherchées avec empressement et punies conformément aux règles disciplinaires.

Le nombre des filles en maisons de tolérance et isolées, y compris celles en traitement, a été de 218, soit une augmentation de 10 pour 1848. Pendant l'année, 97 filles immatriculées ont été reconnues malsaines et sont entrées à Sainte-Pélagie ; 102 femmes et filles non reconnues publiques alors, provenant de Brest et d'ailleurs, trouvées également malsaines ont été aussi admises à Sainte-Pélagie, ce qui forme pour les femmes qui ont subi un traitement dans le courant de l'année, en y com-

prenant 57 existantes au premier Janvier, un total de 256 ;

Sur ce nombre, 220 ont été guéries.

Enfin le résultat du traitement présente les chiffres suivants :

Restantes au 1er Janvier 1848, admises à guérison.. . . . 57
Entrées dans le cours de l'année. 199

___
256
___

Sorties dans le cours de l'année. . . . . . , . 220
Restantes au premier Janvier 1849. 36

___
256
___

116 punitions, au violon du Dispensaire, ont été infligées aux filles publiques soumises à la surveillance de l'établissement.

Plusieurs plaintes nous ont été portées sur la présence des grisettes dans les lieux publics, entre autres au spectacle ; il faut qu'on sache bien que la police n'a d'action que sur les filles immatriculées et que les lois sur la prostitution ne lui permettent pas d'atteindre les filles ou femmes qui se prostituent clandestinement.

Les maladies vénériennes ont été à Clermont-Tonnerre (hôpital de la marine) en moyenne par mois de 163.

Santé publique,

Nous avons l'honneur de vous soumettre le rapport que nous devons à l'obligeance de M. Dufour, Président de la Société médicale de Brest :

« Brest n'a eu à subir, pendant l'année 1848, aucune grande épidémie. Le Choléra, dont les traces n'ont jamais disparu depuis l'apparition formidable qu'il a faite dans ces contrées, ne s'est montré cependant ici que dans quelques cas tout-à-fait isolés et n'a pas fait, dans l'année, plus de deux ou trois victimes.

La variole ne s'est offerte qu'à l'état de varioloïde, grâce à la vaccination qui se pratique très-généralement aujourd'hui, aussi les cas très simples qui ont été comptés, n'ont-ils offert aucune sorte de gravité.

Mais d'autres maladies épidémiques bien moins dangereuses ont longtemps sévi sur notre population. Ainsi les fièvres éruptives : rougeole, scarlatine, etc., ont régné pendant toute l'année, et ces dernières surtout ont amené des accidents sérieux et quelquefois la mort. Leur complication la plus fâcheuse a été l'angine couenneuse qui s'est manifestée fréquemment.

A ces maladies éruptives, dont les enfants ont été particulièrement atteints, il faut en joindre une autre qui a fait parmi eux beaucoup plus de ravages et qui paraît être devenue endémique dans cette ville ; c'est le croup, dont chaque mois nous avons observé plusieurs cas terminés par la mort.

La fièvre typhoïde, qui a fait quelques victimes dans les hôpitaux et a dévasté certains villages des environs de Brest, n'a offert dans la ville même que des cas isolés, assez peu nombreux et rarement fatals.

Les pneumonies, catarrhes pulmonaires, rhumatismes et autres affections que la nature de nos conditions climatériques rend si fréquentes, n'ont rien présenté de vraiment spécial cette année.

Les affections des voies digestives ont été moins fréquentes et moins graves que l'année dernière où nous dûmes signaler beaucoup de terminaisons funestes des dysenteries et diarrhées cholériformes.

La fièvre muqueuse est une affection toujours fréquente dans notre pays, et elle s'est souvent compliquée cette année d'accidents intermittents graves.

Deux cas d'hydrophobie ont été constatés et ont eu des suites funestes. (*Ce passage est en contradiction avec l'article du compte moral intitulé Évènements. N des Ed.*)

La fièvre intermittente, sous ses diverses formes, a été assez commune, et plusieurs accès pernicieux ont amené une terminaison malheureuse.

Tel est, M. le Maire, le rapide tableau qui résume les faits les plus saillants observés par les médecins de la Société dans le cours de leur pratique. Il faut ajouter que malgré l'amélioration des conditions hygiéniques de la ville, due à une administration éclairée et pleine de dévouement, malgré l'élévation du niveau de l'instruction, il est un bien grand nombre de faits qui attestent l'influence des habitudes d'ivrognerie que conserve un certain nombre de nos concitoyens.

La scrofule, cet agent actif de l'abatardissement des races, moihs répandue à Brest que dans d'autres grands centres de populations, est encore trop commune ici. *La syphilis* se propage toujours avec intensité, se perpétue souvent chez les mêmes individus qui n'opposent à ses atteintes qu'une résignation inerte et une complète indifférence, et continue à vicier dans sa source la génération prochaine.

Disons enfin, que grâce à la sagesse et à la modération de nos populations, nous n'avons pas eu à déplorer ces cas nombreux de folie et de monomanie qui sont signalés dans tant d'autres villes et qui ne manquent guère d'apparaître à la suite des commotions politiques.

Vaccination,

L'opération de la vaccination a commencé, comme habituellement, le premier mai, pour être continuée le Samedi de chaque semaine et terminée au mois de Novembre suivant.

Le nombre des enfants vaccinés, pendant 1848, s'est élevé à 94, dont 55 garçons et 39 filles, 80 ont été vaccinés avec succès, les 14 autres ne s'étant pas représentés pour faire reconnaître l'effet de l'opération, les résultats n'ont pu en être constatés.

Archives,

L'année dernière, le classement de la seconde partie des archives de la mairie, documents postérieurs à 1790, ne se présentait que par grandes divisions ; cette année des travaux nombreux et assidus permettent de donner le commencement de l'inventaire détaillé des pièces.

Dans les quinze grandes divisions établies par la circulaire ministérielle de 1842, les divisions A. — *Lois*, B. — *actes administratifs de la sous-préfecture* et C. — *livres divers*, sont entièrement terminées et portées sur l'inventaire. La division D. — *actes de l'administration municipale*, qui se divise elle-même en un très grand nombre d'articles, est faite en partie.

Les régistres du Conseil municipal et administration
municipale. . . . . 1790—1848—17 reg.

Id. du Conseil Général. . . . . 1789— an 4— 4 *Id.*

Id. des rapports présentés au C^{eil} m^{al}. » — » — 3 *Id.*

Id. des répertoires du C^{eil} m^{al} et du C^{eil} g^{al} 1682—1839— 5 *Id.*

Id. des proclamations, arrêtés, etc.,
des maires. . . . . 1791—1841— 4 *Id.*

Id. des répertoires des actes administratifs sujets à l'enrégistrem^{t}. 1827—1848— 4 *Id.*

Total. . . . . . 37 *Id.*

Plus 29 grosses liasses, contenant mille pièces au moins, ont été lues et compulsées avec soin et une analyse succincte en a été faite sur l'inventaire.

Ces articles de la division D. sont tout-à-fait terminés.

Bibliothèque.

Le catalogue de la Bibliothèque qui n'était que commencé l'année dernière est depuis longtemps terminé. Malgré les difficultés qu'il présentait à dresser, en raison de l'entassement dans lequel se trouvent les livres dans les endroits peu spacieux où ils sont renfermés, le bibliothécaire a fait tous ses efforts pour le rendre complet et il a l'espoir d'y avoir réussi.

Cet entassement de livres, dans des armoires fermées, où l'air ni la lumière ne peuvent pénétrer, et qu'on ne peut tenir ouvertes, est une cause incessante de détérioration pour ces ouvrages, dont la valeur est déjà fort importante et s'accroît tous les jours, par les achats que fait la ville; et par les dons qu'elle reçoit du Gouvernement.

Ouvrages adressés à la Bibliothèque par le Gouvernement républicain, depuis 1849.

La Revue des Deux Mondes à commencer du premier Janvier 1849 (Abonnement.)

Le Correspondant, journal hebdomadaire, à commencer de Janvier 1849. (Abonnement.)

Mémoires de l'Institut de France, 2 volumes in-4º.

Mémoires présentés par divers savants à la Société des inscriptions et belles lettres, 1 volume in-4º.

Histoire littéraire de France, 1 volume in-4º.

Ministère de l'instruction publique.

Les *Annales des Ponts-et-Chaussées*, journal avec planches, paraissant tous les deux mois. Toute l'année 1848.

Ministère des travaux publics.

Six livraisons du *Dauphiné*, voyage pittoresque dans l'ancienne France, de 38 à 43, faisant suite à ce qui avait été envoyé par le Gouvernement précédent.

Une livraison de la *Champagne*, du même voyage, la 77e.

Ministère de l'intérieur.

Huit volumes des *Annales maritimes* de Juin 1847 à Décembre. La Bibliothèque possède toute la collection.

Travaux.

Les travaux communaux se règlent d'après le disponible trouvé dans les ressources budgétaires; or, vous savez, Messieurs, qu'en 1848, la situation financière ne nous a permis l'adoption d'aucun projet nouveau. Les travaux se sont donc bornés à ceux relatifs à l'entretien et aux quelques améliorations qui sont annuellement exécutées par l'Atelier de Charité.

Sur la demande des habitants de la place de la Tour-d'Auvergne, une borne-fontaine y a été placée.

L'entretien des pavés a été exécuté conformément aux dispositions de l'abonnement passé par adjudication.

Sur les promenades du Cours-d'Ajot, du Champ-de-Bataille et de la place de la Tour-d'Auvergne, plusieurs arbres ont été remplacés. Les grilles du Cours-d'Ajot, ont été repeintes à deux couches et les Statues nettoyées avec soin. Quelques inscriptions des noms des rues ont été refaites. La barrière devant l'allée du cimetière a été reconstruite.

Le crédit affecté aux réparations des aqueducs, ponts et fontaines, ainsi qu'aux escaliers de la Ville, a été employé par des travaux exécutés aux aqueducs sur les quais et à l'abreuvoir, et par le remplacement de grilles sur les cuvettes inodores.

Les pompes à incendie ont été entretenues, et 50 seaux neufs ont été achetés par adjudication, au prix de 9 fr. 50 c. l'un.

Le crédit de l'atelier de charité s'élevant à 9,594 fr. 83 c. a été absorbé à 98 fr. près, comme suit :

Cet atelier comptait au premier Janvier 1848, 50 indigents ; au premier Août, 54 et au 31 Décembre, 14.

L'atelier a été principalement occupé :

COTÉ DE BREST.

1º Aux promenades de la Ville et aux rues qui ne sont point pavées et aux travaux de terrassements et d'empierrements ; 2º à la place de la Liberté et à ses abords ; 3º à exécuter des travaux de terrassements et d'empierrements sur tout le développement du chemin de Porstrein, depuis la place du Château ; 4º Il a commencé à remblayer la grande fosse commune au cimetière de Brest ; 5º Il a réparé la route du cimetière et celle du dépôt des fumiers ; 6º L'emplacement pour la station des charrettes devant les bureaux de l'octroi a été terminé pour le redressement et l'empierrement ; 7º Il a été employé au nettoyage des cours attenant aux écoles communales et aux salles d'asiles, des fontaines de la ville,

des grilles des aqueducs et à l'arrosage de la promenade du Champ-de-Bataille.

COTÉ DE RECOUVRANCE.

1º Aux travaux d'entretien et d'empierrement aux abords du cimetière de Recouvrance ; 2º à réparer le haut de la rue de l'Église et celle du Rempart près la place St.-Sauveur ; 3º à réparer la place Vauban ; 4º à dresser et empierrer la rue qui joint celle de Bel-Air à la rue de Pontaniou, le long de la caserne des marins ; 5º à réparer l'extrémité de la rue Armorique, près du rempart; 6º à réparer la place St.-Sauveur; 7º les cours attenant aux écoles communales et salles d'asiles, aux fontaines et aqueducs.

Article 103.

Pavés neufs. . . .	10,000 fr. 00 c.
La dépense a été de	7,159 72
RESTE. .	2.840 28

Cette différence provient de la nécessité où l'on s'est trouvé de prendre sur ce crédit près de 2,000 fr. (séance du premier Avril 1848), pour compléter celui de 4,000 fr. fait par la Ville pour l'atelier des ouvriers sans travail.

Les travaux exécutés ont été savoir :

Le complément de la rue J.-J.-Rousseau, depuis le nº 17 jusqu'à la rue Charronnière ; la rue de la place du Château depuis celle d'Alger jusqu'à la rue Voltaire ; le complément du quai Jean-Bart, depuis la chapelle Notre-Dame jusqu'au Parc des vivres de la marine. Ceux de la partie de la rue du Bois-d'Amour, depuis le nº 14. jusqu'à la rue du Château, ainsi que l'extrémité nord de la rue de Bel-Air à Recouvrance, n'ont point été exécutés par suite de la diminution du crédit ci-dessus indiqué.

La dépense pour la rue du Bois-d'Amour pourrait être reportée au budget supplémentaire de cette année.

Les travaux de pavage de la rue de Bel-Air, portés au budget de 1849, sont aujourd'hui terminés.

Article 6.

Atelier pour ouvriers sans travail. (du budget supplémentaire.)

Partie du crédit
de la Ville. . . 4,000 fr. 00c.
Souscription. . . . 5,461   65

Total. . . . 9,461 fr. 65c.
Là dépense a été de 8,435   09

Reste. . . 1,026 fr. 56c.

Les ouvriers de la commune de Brest, seuls, ont été admis dans l'atelier. Il y avait été établi quatre catégories, savoir :

1º Ceux mariés ayant plusieurs enfants.

2º Ceux mariés n'ayant qu'un enfant.

3º Ceux mariés sans enfants et les célibataires.

4º Enfin les ouvriers pensionnés

Cet atelier a été occupé depuis le 18 Avril jusqu'au 31 Décembre 1848. Le nombre des ouvriers qui ont été secourus par l'atelier a été de 300, savoir :

Dans les premier et deuxième arrondissements. . . 245.

Dans le troisième arrondissement. . . . . 55.

TOTAL. . . . . . 300.

Le nombre des ouvriers de cet atelier pendant le mois d'Avril était de. 42.

. . . . *Idem.* . . . . de Mai, *id.* 143.

. . . . *Idem.* . . . . de Juin, *id.* 170.

. . . . *Idem.* . . . . de Juillet, *id.* 102.

. . . . *Idem.* . . . . d'Août, *id.* 25.

. . . . *Idem.* . . . . de Septembre, *id.* 13.

. . . . *Idem.* . . . . d'Octobre, *id.* 16.

. . . . *Idem.* . . . . de Novembre, *id.* 18.

. . . . *Idem.* . . . . de Décembre, *id.* 18

Les travaux qui ont été exécutés consistent :

CÔTÉ DE BREST.

1º En fouilles des terres et pierrailles, avec transports, provenant de l'abaissement et du redressement de la rue de la place du Château, entre la rue d'Alger et la rue Voltaire.

CÔTÉ DE RECOUVRANCE.

2º En fouilles des terres et des déblais, avec transports, de la place de la pointe ; du transport des décombres qui étaient déposés à l'extrémité nord de la rue Vauban. Une partie de ces déblais a été employée en remblais sur les remparts ; le reste et les pierrailles ont été transportés près du Carpon, au lieu désigné par le Génie Militaire.

L'administration municipale a été très secondée par la direction du Génie Militaire de la place de Brest, qui lui a donné toutes les facilités désirables pour l'exécution de ces travaux de terrassements.

ART. 55. *Éclairage au gaz.*

Un candelabre a été placé au centre du marché Pouliquen, en remplacement d'une lanterne. Cette substitution, qui a eu lieu au commencement de l'hiver dernier et qui était depuis long-temps réclamée, n'avait pu être faite plus tôt, le crédit ne l'ayant pas permis.

Cinq lanternes, avec leurs consoles, ont été déplacées et replacées par suite de la reconstruction des édifices contre lesquels elles étaient appliquées; savoir : l'une à l'extrémité Est de la rue Saint-Yves, deux à la porte principale du Lycée, et deux dans la rue Charronnière.

Cette dépense s'est élevée à la somme de 370 fr., conformément à l'article 8 du marché avec la ville.

Propriétés communales.

A celles énumérées dans le compte de 1847, il faut ajouter la construction du Lycée. Cet édifice a été livré à l'Université lors de la transformation du Collége communal en Lycée de 2ᵉ classe.

Octrois.

Vous avez ajouté à votre tarif d'octroi un certain nombre d'objets passibles de la taxe; cette adjonction bien qu'approuvée par ordonnance du 30 Décembre 1847, n'a pu être mise à exécution que le mois suivant, et l'exercice 1848 n'a, par conséquent, profité des nouvelles taxes que pendant 11 mois.

Cependant vos prévisions qui, au budget de 1848, etaient de 450000 francs ont été dépassées par les recettes réelles d'une somme de 9939 fr. 37 c.

La différence dans les produits de 1847 et de 1848 a été de 57262 fr. 66 c. provenant :

Pour les taxes nouvelles de. . . . . ; 47323 fr. 29 c.

Et pour accroissement des consommations. . 9939 37

Ensemble. 57262 66

Dans les 459939 fr. 37 c. montant des recettes générales, la marine a produit une somme de 72397 fr. 30 c. Voici les divers chapitres composant la recette générale, avec les augmentations ou diminutions qu'ils ont subies dans l'exercice.

Ch. 1er.— Boissons. . .	162425 fr. 17 c.	augmon sur 1847 de. .	29147 fr. 27 c.
id. 2. — Liquides. . .	21079 48	. . . . idem.	1629 24
id. 3. — Comestibles. .	177433 24	. . . . idem.	16190 71
id. 4. — Combustibles.	62716 24	. . . . idem. . . . . : .	5689 57
id. 5. — Fourrages. .	4485 99	n'étaient pas au tarif avant 1848.	» »
id. 6. — Matériaux. .	25206 38	diminon sur 1847 de. .	909 99
id. 7. — Objets divers.	3874 98	augmon . . id. . . . . :	1029 87

La perception s'est opérée comme suit; le bureau :
Porte de Landerneau. . . . . . . 147114 fr. 47 c.

Quai Tourville	135872 fr. 02 c.
Port	72197 84
Porte du Conquet	22655 22
Centre (Brest)	67595 25
Centre (Recouvrance)	11786 68

Le nombre des expéditions délivrées, des registres d'octroi et de ceux communs aux deux services a été, en 1848, de 78912, ce qui constitue une augmentation comparativement à 1847 de 11745.

Indépendamment de ces expéditions, 7017 sorties d'entrepôt ont été constatées.

FRAIS DE PERCEPTION.

Le budget avait alloué une somme de . 41935 fr. 00 c.

Par décisions des 26 Mai et 8 Juillet, des crédits supplémentaires ont été alloués, s'élevant à 1507 00

} 43442 fr. 00 c.

Les dépenses ordonnancées ont été de. 43541 79

Différence en plus. 99 79

Cette augmentation a porté sur les frais d'impression et d'exercice, dépenses éventuelles, pour lesquelles nous étions autorisé à dépasser les crédits, par décision de M. le Ministre des finances.

Le 10ᵉ du produit net de l'octroi a été de. . 41367 fr. 97 c.

En 1847, il ne s'était élevé qu'à. 35313 70

Différence en plus. . . 6054 27

Aucun changement n'est survenu dans le personnel.

Le nombre des saisies a été de 28, qui ont produit. . . 765 fr. 00 c.

En 1847, les saisies avaient été de 44, qui avaient produit. 462 28

Diminution en nombre, 16. Augmentation en somme. . 302 72

Nous pensons, Messieurs, que les documents qui précèdent suffiront pour vous faire apprécier l'importance du service de l'Octroi auquel M. le Préposé en chef consacre, par continuation, tout son zèle et sa capacité.

Commerce.

Nous devons à l'obligeance de M. le Directeur des Douanes et à celle de M. l'Ingénieur de l'Arrondissement de Brest, des renseignements statistiques sur l'importance commerciale de la Place et sur les mou vements du Port qui ne laisseront pas que de vous paraître intéressants. Il existe, comme vous le savez, à l'ordre du jour, plusieurs questions d'un intérêt communal, tel qu'elles peuvent être servies par les arguments à tirer des tableaux qui suivent, arguments qui apparaîtront sans aucun doute, à votre habitude des discussions sur de pareilles matières.

Relevé des Marchandises entrées dans le port de Brest, et de celles qui en sont sorties pendant l'année 1848.

DÉSIGNATION DES MARCHANDISES.		UNITÉS.	QUANTITÉS ENTRÉES.	QUANTITÉS SORTIES.	Observations.
Grains.		Hectolitres.	39,931	3,357	
Farines		Kilo.	570,679	292,768	
Fruits de table.		id.	284,688	30,380	
Bois à construire	au stère. .	Stères.	14,948	759	
	au mètre. .	Mètres.	432,444	87,453	
	au nombre,	Pièces.	16,727	3,902	
Merrains.		id.	»	1,600	
Bitumes.		Kilo.	150	4,473	
Houille		id.	33,942,661	470,609	
Résines et leurs composés. . .		id.	171,456	33,648	
Boissons. . . . . ,		Litres.	7,270,645	893,086	
Denrées coloniales.		Kilo.	664,143	83,619	
Chanvre et lin.		id.	464,727	20,637	
Fil de lin et de chanvre. . .		id.	4,592	12,033	
Métaux bruts et fabriqués. . .		id.	3,132,040	296,444	
Savons.		id.	526,557	159,319	
Sels		id.	1,135,458	58,580	
Autres marchandises		id.	5,180,360	4,845,465	

Mouvement du Port de Commerce.

Navires entrés 1326, jaugeant 80417 tonneaux, montés par 7153 hommes.

Navires sortis 1341, jaugeant 71410 tonneaux, montés par 7211 hommes.

Quant à la provenance des navires entrés et à la destination des navires sortis, le tableau qui suit l'indique suffisamment.

NOMBRE de Navires entrés à Brest.	NOMS.	NOMBRE de Navires sortis de Brest.
494	Manche.	367
549	Océan.	698
23	Méditerranée.	3
233	Iles Britanniques.	226
14	Norwège et Suède.	14
1	Hollande.	2
1	Allemagne.	1
»	Espagne.	2
»	Portugal.	5
2	Italie.	»
1	Sicile.	»
1	Valachie.	»
2	Asie.	1
»	Afrique.	3
5	Amérique.	9
1326	TOTAUX..	1341

Principales décisions prises par le conseil municipal
PENDANT L'ANNÉE 1848.

L'année 1848 s'ouvre en ce qui concerne vos délibérations par celle relative à l'engagement que vous prites sur la demande de M. le recteur de l'Académie de Rennes, d'accorder les sommes nécessaires au complément du mobilier exigé pour la transformation du Collège communal en Lycée. Les termes de cette délibération, qui porte la date du premier Février, prouvent combien vous teniez à ce que cette transformation eut lieu , puisque vous vous engagiez dès lors à des dépenses dont la valeur vous était inconnue.

Dans cette même séance vous accordâtes à l'octroi un crédit dont ce service avait besoin pour augmenter de deux employés son personnel et pour faire face à quelques légères dépenses qu'entrainaient des mesures de surveillance prises dans l'intérêt de la perception. Vous votâtes en outre, d'une part à M. Carof, ancien professeur au Collège communal et frappé de cécité complète dans l'exercice de ses fonctions, la juste rémunération due à ses bons services et de l'autre vous adhériez aux propositions qui vous étaient faites par l'administration municipale pour conserver dans l'atelier de charité le nombre de travailleurs auquel les misères de 1847 l'avaient élevé.

Le 17 Mars , vous accordâtes à la garde nationale le crédit nécessaire à la réorganisation de cette milice si précieuse , avec la faculté de ne plus se renfermer , comme par le passé , dans les limites des crédits spéciaux formant le budget de cette institution, vous laissâtes au chef de la légion toute latitude vous en remettant à ses habitudes d'économie et de bonne administration ; le chiffre du crédit alloué s'élevait à 5,116 francs.

Le même jour il vous fut exposé qu'en présence des charges inattendues que les circonstances venaient imposer à la commune, il devenait indispensable d'ajourner la reconstruction du clocher de Saint-Sauveur et vous vous rendîtes aux considérations présentées par l'administration municipale en mettant à sa disposition la somme de 15,000 francs votée pour le travail en question.

Le 20 Mars , vous fûtes informés que, la crise commerciale ayant rendu le numéraire tellement rare sur la place de Brest, M. Mer, entrepreneur du Collège communal , demandait à suspendre ses travaux jusqu'à ce qu'il fut devenu plus facile de se procurer des fonds , vous comprîtes tout ce que l'adoption d'une pareille mesure aurait de compromettant pour l'avenir du Collège et pour le sort de la classe des travailleurs et vous vous empressâtes de faire ouvrir à l'entrepreneur un crédit de 12,000 francs chez M. Guilhem , Receveur-Général , lequel s'empressa de nouveau d'obliger la Ville dans cette circonstance.

Le 25 Mars , vous reconnûtes l'impossibilité de trouver un Directeur pour le Théâtre en exigeant un cautionnement et en ne versant la subvention communale qu'à l'expiration de l'année théâtrale. — Le cahier des charges fut modifié et vous laissâtes à la prudence de l'administration le soin de fixer les époques auxquelles la subvention serait accordée *partiellement*.

Un crédit de 7,311 francs 10 centimes fut accordé par vous dans la même réunion pour combler le déficit présenté par les comptes du Collège communal pour l'exercice 1847 et provenant de ce que les prévisions des recettes n'avaient point été atteintes.

Le premier Avril, l'administration vint faire un nouvel appel à votre bienfaisance , en vous exposant que la misère extrême qui pesait sur les classes malheureuses de la Ville , nécessitait la création d'un atelier pour les ouvriers sans travail ; vous vous empressâtes d'accueillir favorablement cette proposition et vous fixâtes à 4,000 francs le fonds communal qui devait contribuer à cette bonne œuvre :

2000 francs pris sur les dépenses imprévues.

2000 francs pris sur le crédit alloué pour le pavage.

Une souscription fut ouverte pour le même objet , elle produisit près de 6,000 francs , et l'administration put à l'aide de ces deux sommes soulager bien des familles par l'admission de quelques-uns de leurs membres aux travaux communaux.

Le travail est la plus salutaire de toutes les aumônes , mais, dans cette soirée , vous ne bornâtes pas vos bienfaits à ce seul acte d'humanité ; vous décidâtes en outre, sur la proposition qui vous en fut faite par l'Administration , qu'à l'avenir les malheureux, décédés à l'Hôpital civil, ne seraient plus jetés, pour ainsi dire, à la voirie, et qu'un cercueil serait accordé à leur inhumation. Cette décision émanait d'un sentiment religieux bien senti.

Le 7 Avril, les souffrances éprouvées par le commerce vous émurent et vous fîtes examiner par une commission, l'un des moyens offerts par le Gouvernement pour y porter remède ; la création d'un comptoir d'escompte fut l'objet des investigations d'une commission nommée par vous, laquelle ne trouva pas dans le mode de création adopté par le Gouvernement, ce qu'il fallait pour satisfaire les intérêts commerciaux de la localité. Cette commission proposa des règles de fondation et d'administration qui lui parurent plus applicables à la spécialité commerciale de Brest, mais le gouvernement ne put consentir à la dérogation demandée à ses statuts généraux et l'appel fait aux capitaux de la place et de l'extérieur demeura sans effet.

Le 30 Avril, le Sous-Commissaire du gouvernement à Brest, procéda à notre installation comme Maire, conformément à l'arrêté du pouvoir exécutif en date du 26 avril : à cette occasion nous adressâmes au Conseil réuni les paroles suivantes :

» Je me serais volontiers contenté de la part qui m'avait été faite dans l'administration municipale et j'aurais décliné les fonctions dont on vient de m'investir, si je n'avais compris qu'il est du devoir de chacun de prêter son concours, le plus large possible, au Gouvernement républicain sur lequel se fonde à jamais l'avenir du pays. Je me suis rappelé les premières paroles prononcées par le Gouvernement Provisoire, à l'issue des barricades : » *Pour maintenir l'ordre et la tranquillité, tout citoyen est magistrat.* » Je n'ai donc vu, dans la promotion dont je suis l'objet, qu'un moyen de remplir plus activement mes obligations...... J'ai accepté...... sans que mon zèle pour les intérêts d'une ville que je sers depuis près de dix années, se sentît effrayé des difficultés de la situation.

» Ce n'est pas présomption de ma part, Citoyens Conseillers, j'étais, plus que personne en position de bien apprécier la mission qui m'est confiée, mais rassuré par rapport au patriotisme que peuvent exiger les fonctions de Maire, je me suis dit que je trouverais toujours en vous, un dévouement à la hauteur des circonstances, et les lumières qui viendraient à me manquer dans la solution des questions graves que soulèvent parfois les intérêts de la commune.

» Quand l'ordre politique sera parfaitement assis; quand la souveraineté nationale nous aura donné sa constitution, nous aurons sans doute à nous occuper de quelques-uns des problèmes sociaux qui se rattachent au sort des travailleurs; et, dans la recherche des moyens pratiques propres à soulager leurs souffrances, comme à rehausser leurs pensées, nous sommes sûrs de nous rencontrer sur le terrain de la bienfaisance et de la morale publiques. Vous avez donné trop de preuves irrécusables de vos sentiments généreux, pour ne pas vous retrouver là où le bien devra se faire, là où des actes de fraternité devront s'exercer; et si j'ai souscrit à l'honneur d'y participer en qualité de Maire, c'est que j'ai foi dans vos intentions, dans vos lumières et dans l'appui que vous n'avez jamais refusé à ceux qui se montrent disposés à être utiles.

» Je n'emploierai pas, Citoyens Conseillers, le court instant qui nous rassemble à vous exposer l'état moral et financier de la commune, un court délai nous sépare de la session budgétaire, à laquelle ces documents vous seront présentés, et je me plais à penser que vous m'accorderez, à l'occasion de ce travail, une bienveillance dont j'aurai grand besoin.

» De mon côté, si pour justifier la confiance que le Gouvernement républicain vient de placer en moi; si, pour développer les idées généreuses, devenues la religion, comme la politique de notre époque; si, pour obtenir votre estime et celle de la population, il suffit d'apporter dans ses actions du dévouement, de la charité chrétienne et de la loyauté, je serai l'homme de la

Republique , de la Ville , et par conséquent , le vôtre.

» Je dois au citoyen Sous-Commissaire, qui représente parmi nous si dignement la République de 1848, l'assurance de mes constants efforts, afin de le seconder dans l'application des principes de liberté, d'égalité et de fraternité, sous la sauvegarde desquels sont aujourd'hui placés l'honneur et les intérêts de notre belle et puissante patrie. »

Le 15 Mai, — Pour vous conformer au vœu manifesté par le gouvernement, de voir assister à la fête de la Concorde, à Paris, des délégués des départements, vous ouvrîtes un scrutin, lequel désigna Monsieur Pesron qui, comme toujours, s'empressa d'accomplir avec zèle, la mission dont le Conseil Municipal venait de le charger.

Le 8 Juin, — M. Coté, peintre d'histoire à Brest, fit hommage à la Commune d'un tableau représentant la liberté de 1848. Vous décidâtes que ce tableau ornerait la salle de vos délibérations et vous votâtes des remercîments à l'auteur d'une composition qui se fait remarquer par beaucoup de qualités précieuses. Organe de vos sentiments, nous nous sommes empressé de transmettre à M. Coté, les termes flatteurs de votre délibération.

Le 26 Juin, — seulement s'ouvrit la session budgétaire de 1848, retardée qu'elle avait été par les événements politiques. Cette époque d'ouverture de session coïncidant avec le renouvellement du Conseil Municipal par l'application du suffrage universel, vous décidâtes que vous ne vous livreriez qu'à l'examen des comptes de l'exercice clos et des budgets supplémentaires se rattachant à l'exercice en cours, laissant à vos successeurs le soin de se prononcer sur les propositions budgétaires de 1849 ; vous instituâtes une commission à cet effet , et le 24 Juillet suivant ,

nous éprouvâmes la satisfaction de voir nos comptes approuvés par vous et les budgets supplémentaires accueillis sans la moindre modification. Le sentiment qui vous fît agir de la sorte se comprend aisément ; vous aviez à cœur de remplir vos devoirs , sans prétendre enchaîner par des délibérations anticipées , ceux que le scrutin allait appeler à vous succéder.

Les élections eurent lieu et le 23 Août le nouveau Conseil fut installé dans ses fonctions.

Il reprit aussitôt la session budgétaire et les budgets de 1849 furent soumis à l'examen d'une commission composée de onze membres.

Vous renvoyâtes également à une commission, dans la même séance, l'examen du crédit demandé pour les chemins vicinaux, afin qu'il fut fait une juste application de la loi du 21 Mai 1836.

Vous autorisâtes l'Hospice civil à accepter le legs de 8000 francs fait par Mad. Kindelan à cet établissement , et par suite de votre sollicitude constante pour les malheureux, vous arrêtâtes l'emploi des 2000 francs obtenus pour le bureau de bienfaisance, sur le fonds gouvernemental de 500,000 francs , accordé par le décret du 10 Juillet pour être employé au soulagement des nécessiteux.

Dans les séances des 4 et 6 Septembre, les Budgets furent adoptés.

Le 2 Octobre. — vous vous livrâtes à la discussion soulevée par le rapport fait au Conseil concernant la demande d'établir une taxe unique sur les boissons ; vous apportâtes dans l'examen de cette importante question, le soin le plus scupuleux et après de longs débats, vous décidâtes le maintien des choses en l'état actuel, reconnaissant principalement que la législation en vigueur permettait aux débitants d'obtenir isolément ou collectivement la faveur pour l'obtention de laquelle ils réclamaient l'intervention du Conseil Municipal.

Le 4 Octobre. — Communication vous fut donnée de l'arrêté du Pouvoir Exécutif érigeant le Collége communal de Brest, en Lycée de 2ᵉ classe ; cet arrêté porte la date du 28 Septembre 1848, et pour signatures Cavaignac, Chef du Pouvoir Exécutif, Vaulabelle, Ministre de l'Instruction publique.

L'Année 1848 se termina dans l'ordre de vos travaux, par la constitution de l'administration municipale telle qu'elle est aujourd'hui : ce fut à la date du 8 Décembre que M. le Sous-Préfet vint communiquer au Conseil l'arrêté du Pouvoir Exécutif qui nous conférait de nouveau les fonctions de Maire et qui appelait à celle d'adjoints, pour le côté de Brest, MM. Crozals et Le Gléau et, pour celui de Recouvrance, M. De Bourgues.

Vous inaugurâtes cette installation par un vote de bienfaisance, en réglant, immédiatement après la sortie de M. le Sous-Préfet du conseil, l'emploi de la somme de 1,800 francs obtenue du Gouvernement à titre de secours pour les ouvriers sans travail.

CONSEIL
D'ARRONDISSEMENT DE BREST.

Session de 1849.

PREMIÈRE PARTIE.

M. le Sous-Préfet prend la parole et lit au Conseil un rapport sur les besoins de l'arrondissement. Acte est donné de cette lecture et du dépôt des pièces.

Il est procédé à la nomination de commissions pour l'étude des questions spéciales. *Agriculture* : MM. De Poulpiquet, Bergevin et Julien. — *Enfants trouvés* : MM. Debourgues, Thomas et Bizet. — *Délimitations nouvelles pour les communes de Plouzané et Saint-Renan* : MM. Le Vessel, Pidoux et Thomas.

Hôtel de la Sous-Préfecture.

Le conseil entend la lecture d'une lettre de M. le Préfet du Finistère, sous la date du 6 août 1849, qui autorise M. le Sous-Préfet de Brest à passer bail immédiatement avec M. Dubois, pour la location de sa maison, sise rue du Château. Le local actuel de la Sous-Préfecture exige de grandes réparations que le propriétaire se refuse à faire, s'il ne lui est pas accordé une somme annuelle équivalent à l'intérêt du capital de la dépense, et si, de plus, l'administration ne se charge d'un magasin contigu à la maison et qui sert aujourd'hui d'entrepôt. Ces conditions ont paru trop onéreuses au conseil, qui est d'avis d'accepter les propositions de M. Dubois, en renonçant à la location actuelle.

Gendarmerie.

Le Conseil reconnait itérativement l'urgence : 1° de remplacer par une brigade à cheval, la brigade à pied de Saint-Renan ; 2° de créer une demi-brigade de gendarmerie au Conquet, des travaux considérables y attirant 3 et 400 ouvriers et manœuvres, on ne peut rester constamment privé de moyens de surveillance ; 3° d'établir à Daoulas, chef-lieu de canton, une brigade entière. La route nationale n° 170 traverse cette localité, où se trouve un relai pour les voitures publiques, et qui possède aujourd'hui plus d'importance, en raison de sa plus grande fréquentation.

Prisons.

Depuis longtemps on réclame à Brest une prison civile pour remplacer l'établissement du département de la guerre, qui offre les graves inconvénients signalés dans les délibérations antérieures. Le Conseil renouvelle, avec la plus vive instance ses vœux de l'année dernière à cet égard.
Quand au régime intérieur des détenus, il est à désirer qu'il subisse des modifications.
La nourriture accordée suivant le réglement du 30 Octobre 1841 est trop coûteuse; en substituant le pain bis au pain blanc, on obtiendrait une économie qui servirait à augmenter les objets de literie, qui manquent entièrement.

-Archives.

Il est regrettable que les Archives du Tribunal et de la Sous-Préfecture de Brest ne soient pas classées avec ordre Le Conseil persiste dans sa demande d'allocation de fonds pour ce travail d'utilité générale. Le moment est très opportun ; l'installation de la Sous-Préfecture dans un nouveau local exigera le déplacement de tous les papiers qui pourraient être examinés avant d'être rangés dans le lieu destiné à les recevoir.

Aliénés et Enfants trouvés.

Le Conseil, se référant au vœu exprimé l'année dernière, demande que ces services soient mis à la charge de l'état.

Églises et Paratonnerres.

C'est avec peine qu'on a vu le Conseil Général supprimer au budget de l'exercice courant le crédit de 3,000 francs précédemment alloué pour la conservation des églises.
Le Conseil appelle de nouveau l'attention dn Conseil Général sur cette matière, qui intéresse à un très haut dégré l'histoire et la religion ; il demande au département des secours dans l'ordre suivant : pour Saint-Méen, 800 fr.; pour Saint-Pabu, 500 fr. ; pour la chapelle Saint-Christophe, du Conquet, 500 fr. ; Lesneven, 200 fr. Les églises de Lambézellec, Saint-Thomas de Landerneau, de Ploudiry méritent aussi d'attirer les regards de l'administration ; le clocher de Ploudiry, particulièrement qui menace ruine.

Courses Départementales.

Cette année les courses de la Martyre n'ont pas offert un résultat aussi satisfaisant que les années précédentes : c'est fâcheux, car, cette institution devait être appelée à développer dans le département l'élève· des chevaux pur sang ou se rapprochant de ce type, croisé avec notre race bretonne, et fournir d'excellents sujets pour notre cavalerie. La cause de cette décadence peut être rejetée en partie sur les faibles ressources du budget départemental. Au lieu de diminuer les crédits, le Conseil Général devrait au contraire les faire figurer pour la somme la plus élevée possible, afin d'attirer les amateurs par des prix proportionnés à leurs dépenses. Un autre motif doit éveiller la sollicitude du Conseil Général, c'est que les souscriptions particulières tendent à se relâcher ; et si donc, les fonds départementaux alloués sur une large échelle ne viennent pas stimuler les éleveurs, la Basse-Bretagne, si renommée par les produits de race chevaline, sera bientôt déshéritée d'une institution dont elle avait droit de s'énorgueillir.

Vétérinaires

Le Conseil verrait avec plaisir leur nombre s'augmenter, et voudrait que le traitement fixe fût combiné avec les vacations, de manière à alléger la charge du trésor et à donner aux vétérinaires une rémunération plus forte : l'agriculture profiterait beaucoup de ce système.

Vaccinations.

Pendant l'année 1848, le nombre des vaccinations s'est élevé, suivant les états officiels, à 2,919 ; il y a progrès sur l'année précédente. Il est à désirer que les familles continuent à s'acquitter d'un soin aussi important pour la santé publique.

Médecins cantonnaux.

Sourds-Muets et jeunes Aveugles, Mendicité.

Le conseil appelle de tous ses vœux la loi qui doit être prochainement discutée a l'Assemblée législative, relativement à l'assistance publique. Ces trois chapitres y seront traités et compris, aussi en l'état il y a lieu de se référer purement et simplement aux délibérations prises les années précédentes.

Délimitation de plusieurs communes du canton de Ploudalmézeau.

La question à cet égard, n'ayant pas encore été résolue, le Conseil se fait un devoir de la rappeler au souvenir de l'administration : il est urgent que le canton de Ploudalmézeau puisse être définitivement cadastré, afin de voir les contributions s'y établir sur une assiette équitable.

Monuments historiques.

C'est avec un vif plaisir que le Conseil apprend que M. le Ministre de l'Intérieur paraît disposé à accueillir favorablement le vœu émis par le Conseil Général et par le Conseil d'Arrondissement de Brest, relativement à la belle et antique église du Folgoët. Un devis des travaux à exécuter pour empêcher ce monument de tomber très prochainement en ruine, s'élève à 25,981 francs. Il est de la première urgence que l'Etat alloue cette somme, qui sera peut être même insuffisante.

Routes nationales.

Le Conseil rappelle le vœu de l'année dernière, pour les rectifications des routes nos 12 et 164.

Routes départementales.

M. le Sous-Préfet annonce que ces routes sont en état satisfaisant d'entretien. Le Conseil regrette de ne pouvoir pas partager cette opinion à l'égard de la route de Brest à Lannion, qui est fort dégradée.

Pour obvier à ce mal, il faudrait que les crédits alloués pour fourniture de matériaux sur les lignes de l'arrondissement de Brest fussent plus élevés.

Plusieurs projets de rectification, d'élargissement et de démontage sont présentés pour 1850 ; le Conseil signale particulièrement comme urgent, l'élargissement de l'entrée du bourg de Ploudalmézeau.

Le Conseil persiste à demander que la route départementale n° 4 de Gouesnou au Conquet, soit ouverte jusqu'à la mer; et que l'on s'occupe des études pour les abaissement des pentes en général, sans toutefois se lancer dans des travaux qui entraîneraient des dépenses non-proportionnées avec le profit qu'on en retirerait.

A deux heures, la séance est levée.

SÉANCE DU 14 AOUT 1849.

La séance est ouverte à 11 heures du matin.

Sont présents : MM. Debourgues, président, Thomas, Fauger-Dupesseau, Nicol, Boucher, De Poulpiquet, Pidoux, Julien, Le Vessel, secrétaire.

M. Bizet, sous-prefet délégué, assiste à la séance.

Le procès-verbal de la dernière séance est lu et adopté.

Chemins vicinaux de grande communication.

Ces chemins s'achèvent lentement; cela est peut être dû à la trop grande largeur qui leur a été donnée et qui occasionne d'énormes dépenses en expropriations et en main-d'œuvre. L'entretien se ressentira également de cette dimension fort inutile pour les besoins du roulage et de l'agriculture; le Conseil appelle à cet égard, l'attention de l'administration, l'invitant à diminuer progressivement la largeur de ces routes secondaires.

Il serait à désirer que les travaux d'entretien fussent exécutés par entreprise, sauf les transports qui seraient faits par prestation. Une économie bien sensible serait le résultat de cette mesure, car il a été reconnu que le mètre cube de pierres, extraction et brisage, revient actuellement à 4 francs, tandis que, à l'entreprise, il ne coûte que 1 franc 75 cent.

Dans l'intérêt d'une meilleure viabilité, le Conseil demande que l'article 6 de la loi du 21 mai 1836 soit appliqué au profit des chemins :

1° De Brest à Ploudalmézeau par Lambézellec et Plouguin ;

2° De Recouvrance à Saint Renan par le bourg de Guilers ;

3° De Lesneven à la grève de Goulven par Plouider et Goulven ;

4° De la Martyre à Landivisiau par Ploudiry et Kerfaven ,

5° De Landerneau à Plougastel-Daoulas ;

6° De Brest à Daoulas par Plougastel.

Il n'est pas utile de classer comme route départementale le chemin du Moulin-Blanc au passage de Plougastel, mais il y a urgence à l'ouvrir et à le prolonger jusqu'à Daoulas, afin de lier par le littoral, les deux points extrêmes du département. Pour arriver à ce but, l'application de l'article 6 de la loi du 21 mai 1836 est indispensable.

Le Conseil demande aussi le prompt achèvement du chemin n° 18. La commune de Plouider demande à être dégrevée de la totalité du contingent auquel elle est soumise pour le chemin n° 19, de Morlaix à Lesneven. Cette réclamation paraît fondée en raison du minime intérêt qu'a cette commune dans l'existence de ce chemin. Le Conseil est d'avis de la dégrever entièrement.

Une seconde réclamation se présente: c'est celle de la commune de

Kerlouan , qui demande à être dispensée de toute participation au chemin n° 10. Considérant que cette commune a une part d'intérêt assez forte dans ce chemin , et qu'il est juste qu'une part de charge lui incombe , d'autant plus que les sacrifices exigés d'elle vont chaque année en décroissant, le Conseil rejette cette demande.

Un membre, se rendant l'organe de quelques pétitionnaires de la commune de Landerneau, propose, dans l'ordre suivant , la création de nouveaux chemins de grande communication.

1° De Landerneau à Saint-Pol par Plouédern, Plounéventer et Berven, ou toute autre direction qui semblerait plus convenable ;

2° De Landerneau à Ploudalmézeau par Saint-Thonan, Plabennec, le Bourg-Blanc, Coatméal et Plouguin ;

3° De Landerneau à Châteauneuf, reliant une partie du département du Morbihan , à l'arrondissement de Brest.

Le Conseil, n'ayant sous les yeux aucune pièce sur cette matière, si ce n'est la pétition passe à l'ordre du jour.

Chemins vicinaux ordinaires.

Se rappelant les vœux émis dans sa session de 1847, le Conseil engage l'administration à substituer aux cantonniers mobiles, des cantonniers permanents par commune. Cette organisation qui créerait une surveillance plus active en raison de son cercle plus resserré, ferait mieux profiter des ressources qui s'enfouissent aujourd'hui sans succès dans les voies vicinales.

M. le Sous-Préfet , dans son rapport, fait connaître que, sur les ressources créditées en 1848 , il a été exécuté :

Travaux neufs.

	Mètres.
Longueur amenée. à l'état d'entretien.	11,470
Longueur des terrassements faits.	13,429
Mètres-cubes de pierres extraites, transportées , cassées et répandues. . .	7,000

Travaux de réparations.

	Kil.
Longueur de chemins réparés.	160

	Mètres.
Mètres cubes de pierres extraites , transportées, cassées et répandues pour ces réparations. . .	19,000

Le Conseil, connaissant le zèle et la capacité de M. l'agent-voyer de l'arrondissement, croit devoir le recommander spécialement à la sollicitude du Conseil Général et de l'Administration. Il serait équitable, pour le rémunérer du surcroit de travail qui lui incombe chaque année, par suite du développement successif des voies de communication, que ses appointements fussent augmentés , et que, pour le récompenser de ses services passés et l'encourager pour l'avenir , on lui accordât une gratification de 400 francs, sur les 1200 francs alloués sous ce titre au budget du Conseil Général.

Quelques communes ont participé au fonds commun , alloué par le Conseil Général ; plusieurs autres n'ont rien obtenu , le Conseil, par les motifs déduits dans sa délibération de l'année dernière , demande de nouveau, avec instance des allocations pour les communes suivantes :

Locmaria.	150 f
Plougonvelin.	200
Recouvrance , chemin de Guilers.	400
Saint-Frégan	500
Goulven.	500
Ploumoguer.	500

Dirinon. 700
Rumengol. 200
Daoulas 800
Le Bourg-Blanc. 600
Kernouès. 200

Quant aux communes de Bohars et de Ploudiry, le Conseil demande en leur faveur, l'application de l'article 6 de la loi du 20 mai 1836.

Enfin, il recommande les études pour la reconstruction de la chaussée du Tromeur.

Instruction publique.

Un projet de loi sur toutes les parties de l'instruction se trouvant soumis à l'Assemblée législative, le Conseil croit devoir se dispenser, en l'état, d'entrer dans les détails qui, jusqu'à ce jour, l'ont préoccupé. Il appelle, de tous ses vœux, le moment où la France sera dotée d'une décision proclamant la liberté de l'enseignement. Qu'y a-t-il de plus équitable et de plus naturel, que de laisser au père de famille la complète direction de ses enfants ? Sans doute, l'Etat a des droits sur chacun des membres qui le composent, il doit les préparer à être utiles à la société, mais ne doit-il pas aussi se soumettre à la volonté divine, d'où découle la puissance paternelle ?

Salles d'Asile.

Ce chapitre sera compris dans la loi sur l'assistance publique.

Compte d'emploi des fonds de non-valeur.

Conformément à l'article 43 de la loi du 10 mai 1838, M. le Sous-Préfet dépose sur le bureau un extrait certifié conforme, par M. le Préfet, de l'état général de distribution en ce qui concerne l'arrondissement de Brest, des fonds de non-valeur entre les communes, pour l'exercice 1847.

Acte est donné de ce dépôt.

Compte d'emploi des fonds d'abonnement de la Sous-Préfecture.

M. le Sous-Préfet dépose également le compte d'emploi, pour 1848, de la partie du fonds d'abonnement affectée au traitement des employés de la sous-préfecture.

Employés de la Sous-Préfecture.

Le Conseil renouvelle, avec la plus vive instance, les vœux de l'année dernière, pour l'amélioration du sort de MM. les employés de la sous-préfecture.

Ouessant.

Cette île mérite toute la sollicitude du gouvernement. Il y a urgence à y faire les travaux signalés par le Conseil depuis longues années, pour assurer aux marins indigènes un refuge assuré pour leurs bateaux.

L'édifice de la maison d'école est dans un tel état de dégradation que la ruine en est imminente; le Conseil appelle de nouveau, à ce sujet, l'attention de l'autorité compétente.

Molène.

Ce port a besoin d'un môle pour abriter les bâtiments en relâche, et d'une cale pour y faciliter les embarquements et les débarquements.

Le Conquet.

Le Conseil, dans l'intérêt de la navigation du commerce et de l'Etat, appelle avec la plus vive instance l'attention du Gouvernement sur l'urgence d'établir au Conquet un port de refuge. Se référant à ses délibérations précédentes de 1843 et 1844, il demande la prompte réalisation du projet adopté par le Conseil Général des Ponts-et-Chaussées, qui consiste à établir sur ce point un brise-lame avec travaux accessoires.

Brest.

C'est avec peine que l'on voit le département de la marine entraver le projet de construction d'un pont entre Brest et Recouvrance ; cette résistance est d'autant plus regrettable qu'elle ajourne indéfiniment l'établissement du port de commerce de Porstrein.

Un membre signale le mauvais état du platin de Recouvrance, sur lequel il est impossible de faire radouber simultanément deux navires. Une réparation est urgente.

Le Conseil demande que les formalités voulues pour la mise en adjudication des terrains compris dans la nouvelle enceinte des fortifications soient remplies dans le plus bref délai possible, afin de livrer aux spéculateurs cette partie de la ville, et de fournir ainsi de l'ouvrage aux malheureux pendant l'hiver.

Le Conseil renouvelle ses vœux des années précédentes : 1° pour les passages de Tréglonou, Laberwrach, de Landéda et de Plougastel ;

2° Les ports d'Argenton, Portsal, Paluden, Laber-Ildut ;

3° La Société d'émulation de Brest;

4° L'impôt sur les chiens ;

5° Le reboisement ;

6° La pêche et l'inscription maritime ;

7° Le dragage du maërl ;

8° Les lais de mer,

9° Les terres vaines et vagues ;

10° Le clergé ;

11° Le tableau des distances ;

12° Les délits ruraux ;

13° Condamnés en surveillance ;

14° Justice ;

15° Elections.

Postes.

C'est avec plaisir que le Conseil apprend qu'incessamment un bureau de poste sera établi à Plabennec.

La commune du Conquet, par sa position extrême, voisine de tout l'archipel des îles d'Ouessant et Molène, mérite une sollicitude particulière. Sa population maritime a besoin fréquemment de recourir au bureau de direction, qu'elle ne rencontre qu'à Saint-Renan, situé à 14,000 mètres du Conquet, ce qui entraîne à des dépenses considérables et à des retards très préjudiciables, surtout pour les habitants des îles. Un bureau de direction au Conquet compléterait, à la satisfaction de tous, la mesure que vient de prendre M. le directeur des postes, de faire faire le service des dépêches par un courrier à cheval. Le Conseil, pénétré de ces observations présentées par un membre, maintient son vœu émis l'année dernière, et prie instamment l'administration de transformer en bureau de direction le bureau de distribution du Conquet.

Plus que jamais il y a urgence d'établir à Daoulas un bureau de poste.

Demande d'un bureau d'enregistrement à Plabennec.

Le Conseil, appréciant les motifs développés par un de ses membres, en faveur de la création d'un bureau d'enregistrement à Plabennec, chef-lieu d'un canton de 15,000 habitants, et d'une étendue de 19,000 hectares, motifs qui ont déjà reçu la sanction du Conseil Général, dans sa séance du 29 Novembre dernier, est d'avis que cette demande, équitable en principe, favorable aux intérêts du canton et du trésor, doit d'autant mieux être accueillie, que le canton, par son étendue et sa population, se trouve dans les conditions les plus favorables pour l'établissement réclamé.

En conséquence, le Conseil émet aussi le vœu qu'il soit créé un bureau d'enregistrement dans le canton de Plabennec.

14.

Agriculture , Foires , Récolte de 1849.

Le Rapporteur de la Commission prend la parole en ces termes :

Votre Commission vous propose de maintenir les vœux et les demandes que vous aviez formés l'année dernière, car si les allocations du ministère et du département ont été d'une grande utilité, et que les résultats peuvent déjà être appréciés, il convient de persister dans cette voie d'encouragement pour parvenir au but d'améliorations sur les différentes branches de notre industrie agricole.

Relativement aux produits des céréales de l'année et aux restants des récoltes précédentes, sur lesquels le ministre de l'agriculture, par sa dépêche du 7 de ce mois réclame votre avis, la commission ne peut encore, à cette époque, et sous l'influence de la variation du temps depuis ces deux dernières semaines, fixer d'opinion sur les résultats de plusieurs espèces de céréales, et particulièrement des froments d'hiver et de mars. Beaucoup de nos moissons ont été versées, et l'on peut assurer que la récolte sera au moins difficile. Cependant, en général, l'on peut compter sur une année moyenne, si les circonstances ne changent pas.

Quant aux réserves présumées chez les cultivateurs les plus aisés, elles doivent être d'autant plus fortes que depuis près d'un an le cours de nos principaux marchés est resté constamment très bas.

L'administration a de nouveau saisi le Conseil d'une double demande de la commune de Lambézellec, de deux foires au chef-lieu et d'un marché à fourrages sur la place de la Liberté. A cette communication sont joints les extraits des délibérations des communes de Saint-Renan, de Gouesnou, de Guipavas et de Brest, qui repoussent généralement la demande de foires à Lambézellec, et appuient celle relative au marché de fourrages.

Votre commission ne peut, en présence des considérations du Conseil Général, sur la première demande de la commune de Lambézellec, renouveller les vœux de l'année dernière, mais elle vous invite à réclamer avec instance la prompte révision du tableau régulateur des foires de l'arrondissement.

Quant au marché des fourrages, malgré l'opinion favorable de quelques communes, la commission, se rangeant à l'opinion du Conseil municipal de Brest, pense que ces produits, qui se vendent en masses plus ou moins considérables, ne sont pas de nature à être réunis sur un marché, et que cette tentative serait sans résultat pour les chances qu'auraient à courir les producteurs.

Le Conseil, après examen de ce rapport, en adopte les conclusions.

Circonscriptions territoriales.

Le Rapporteur de la Commission chargée d'examiner la demande de changement de limites entre les communes de Plouzané et de St.-Renan, prend la parole en ces termes :

La commission a remarqué que la pétition du 20 Mai 1848 n'est signée par aucun habitant des ferme ou moulin de Tourons ; qu'ainsi c'est par erreur, sans doute, que le plan comprend dans les nouvelles délimitations cette partie de Plouzané, d'autant plus que les fermiers de ces métairie et moulin ont protesté contre toute idée de leur faire changer de commune.

Par ces motifs, la commission pense qu'il y a équité et urgence de restreindre la pétition à ses vraïes limites, c'est-à-dire de ne s'occuper exclusivement que des fermes deCoatmanac'h-Bian, Coataned, Coatmanac'h, Coatusval et Poulinoc, qu'il est utile d'annexer à Saint-Renan.

Un autre motif est déterminant pour ne point étendre, dans l'espèce, le sens de la pétition : Saint-Renan, commune riche et possédant peu de chemins vicinaux, ne doit pas augmenter ses ressources au détriment de la commune de Plouzané qui, surchargée de voies de communications, a besoin d'une grande somme de prestations en nature, de patentes et d'octroi.

Le Conseil, après discussion approfondie, reconnaît, à l'unanimité, que les exigences du conseil municipal de Saint-Renan ne sont seulement en rapport avec les besoins des deux localités limitrophes; qu'il serait très préjudiciable à la commune de Plouzané d'être morcelée d'une manière aussi sensible, et surtout en l'absence de toute demande de la part des sectionnaires; par ces motifs, il s'arrête aux vœux exprimés par les seuls habitants de Coataned, Coataned-Bian, Coatmanac'h, Poulinoc et moulin de Poulinoc, et invite l'Administration à fixer les limites nouvelles entre les deux communes par une ligne partant du point *O* au point *P*. Cette ligne devra suivre les accidents de terrain les plus favorables pour une limitation.

Enfants trouvés.

Le Conseil a lu un travail proposé par la Commission administrative de l'Hospice de Brest. Ce travail reçoit toutes ses sympathies et est recommandé spécialement au Conseil Général. M. le Préfet du Finistère, par sa lettre du 30 Juillet dernier, demande s'il ne serait pas utile de rétablir l'inspection départementale des enfants trouvés et des établissements de bienfaisance, supprimée par le Conseil Général dans sa dernière session.

Le Conseil ne trouve pas ce système opportun; il préfère l'inspection d'après le mode signalé par la Commission administrative de l'Hospice de Brest.

Publications des procès-verbaux

Le Conseil décide que ses délibérations seront publiées dans les Journaux, et invite le Conseil Général à allouer une subvention pour couvrir cette dépense.

A trois heures, la séance est levée.

EXTRAIT

DU RAPPORT DU PRÉFET.

MOUVEMENT DE LA POPULATION.

Le nombre des naissances a été, en 1848, de 19,613

Celui des décès de. 18,195

Les naissances ont donc excédé les décès et, conséquemment, la population s'est encore accrue de. 1,418

En comparant ces chiffres à ceux que vous a donnés mon précédent rapport, vous trouverez qu'il a été enregistré en 1848, 1,159 naissances de plus qu'en 1847 et que les décès sont restés au-dessous de ceux de cette dernière année, de 567.

Sur les 19,613 naissances constatées l'année dernière, on compte 18,902 enfants légitimes et 711 enfants naturels, dont 214 ont été reconnus. C'est un peu plus de deux naissances illégitimes sur cent légitimes ; la proportion en 1847 était de trois pour cent. Il y a donc amélioration réelle et je crois que peu de départements se trouvent, à cet égard, dans une position plus favorable.

Il a été enregistré, en 1848, 585 enfants morts nés, dont 28 enfants naturels seulement.

SANTÉ PUBLIQUE.

Pendant l'année 1848, la santé publique a été généralement bonne dans le Finistère. Le redoutable fléau, qui ailleurs a fait tant de victimes, nous a heureusement épargnés. Quelques cas de choléra sporadique, la plupart suivis de guérison, ont seulement été constatés. Mais l'administration a eu à combattre les cruels effets d'une autre épidémie. La fièvre typhoïde s'est déclarée sur quelques points du département et elle a particulièrement sévi avec intensité dans les communes de Penmarch et de Plouguin. Le service médical que je me suis empressé de faire organiser dans ces communes, au moyen des subventions du département et de l'Etat, a eu de très bons résultats. S'il n'a pas fait disparaître entièrement la maladie qui, du moins en ce qui concerne Pénmarch, tient à des causes d'insalubrité toutes locales, il en a considérablement atténué l'action. Je m'occupe, avec le concours des Conseils d'hygiène, des moyens de détruire successivement ces causes d'insalubrité ; l'administration doit y réussir avec le temps.

CONSEILS D'HYGIÈNE PUBLIQUE ET DE SALUBRITÉ.

Les Conseils d'hygiène publique, institués au chef-lieu de chaque arrondissement, conformément à l'arrêté rendu le 13 décembre dernier, par le chef du pouvoir exécutif, ont une mission importante à accomplir. Leurs principales attributions consistent à réunir et à coordonner les documents relatifs à la mortalité et à ses causes, à la topographie, à la statistique et à rechercher les moyens de combattre et de détruire les différentes causes d'insalubrité. Les Conseils d'hygiène fonctionnent avec une louable activité ; déjà ils ont pu s'occuper de l'étude de questions intéressant à un haut degré la salubrité publique, telles que celles qui se rattachent à l'existence des mares, marais, dépôts de goëmon et aussi des cimetières qui entourent nos églises de campagne. Pour aider ces conseils dans l'accomplissement de leur tâche, j'ai institué, sur leurs propositions, dans tous les chefs-lieux de canton, soit des commissions, soit des correspondants chargés de les tenir au courant de l'état hygiénique de leurs circonscriptions respectives.

RECRUTEMENT DE L'ARMÉE.

Le nombre des jeunes gens inscrits sur les tableaux de recensement, et qui ont concouru au tirage de la classe de 1848, est de 5,721. C'est 389 de plus que pour la classe de 1847. Aussi, notre contingent, plus élevé cette année de 98 hommes, a-t-il été de 1,495.

Cinq départements seulement ont fourni un contingent plus fort.

Pour former ce contingent, 2,925 jeunes gens ont comparu devant le Conseil de révision ; c'est-à-dire 2 pour 1, résultat plus satisfaisant que celui de la classe de 1847.

Les exemptions accordées aux fils de veuves, aux aînés d'orphelins ou pour toute autre cause légale ont été de. 523

Pour défaut de taille de. 376
Pour faiblesse de constitution de. 215
Pour infirmités diverses de. 316

Parmi les jeunes gens admis dans le contingent, il en a été dispensé, savoir :

Comme enrôlés volontaires. 162
Comme marins classés. 178
Comme étudiants ecclésiastiques. 18
Comme engagés dans l'instruction publique. 5

Le nombre des remplaçants a été de 217, dont 68 avaient servi; celui des substitutions, de 52.

La taille moyenne a été, pour la classe de 1848, de 1 mètre 636 mil., c'est un millimètre de moins que pour celle de 1847.

Sur les 5,721 jeunes gens inscrits sur les tableaux de recensement, 1,728 savent lire et écrire; c'est 115 de plus qu'en 1847.

Ce contingent, bien que composé d'hommes d'une taille moyenne, à peu près égale à celle de la classe précédente, ne comprend que des jeunes gens capables de supporter toutes les fatigues de la guerre.

Les opérations se sont effectuées comme d'ordinaire, avec calme, ordre et régularité.

Il est vivement à regretter que le Finistère n'ait eu à fournir, cette année, aucun contingent pour la marine. Les jeunes gens de notre littoral, habitués dès l'enfance à la vie de marin, ont pour la navigation un goût décidé qui les rend plus propres à ce service qu'à celui de l'armée de terre. Le désarmement d'une partie de la marine explique cet incident.

RÉCOLTE DE 1849.

Les récoltes de l'année courante donneront généralement de bons produits sous le double rapport de la quantité et de la qualité. Le sarrasin qui avait un peu souffert de la sécheresse des mois de juin et juillet, a pris un aspect plus rassurant sous l'action bienfaisante des dernières pluies. La maladie des pommes de terre a reparu sur quelques points; mais, d'après les renseignements qui me sont parvenus, le mal ne serait pas aussi grand qu'il l'a été les années précédentes.

En attendant les informations plus précises, que je ne pourrai lui fournir que plus tard à ce sujet, M. le Ministre m'a invité à vous consulter, Messieurs, pour ce qui concerne les principaux grains, sur le résultat de la récolte, tant en quantité qu'en qualité. Vous auriez à l'apprécier comme égale, supérieure ou inférieure à celle d'une année ordinaire et par rapport aussi aux restants des récoltes précédentes. Je prie le Conseil de vouloir bien exprimer son avis sur un objet qui intéresse à un si haut degré la prospérité publique.

EXPOSITION DES PRODUITS DE L'INDUSTRIE.

Le Finistère, où l'industrie est comparativement peu développée, n'a pas eu la prétention de rivaliser avec les départements qui ont récemment apporté tant de merveilles à l'exposition nationale. Toutefois, il a présenté un très honorable contingent en objets utiles : vingt-trois industriels ont fait admettre leurs produits, et ont ainsi témoigné de progrès remarquables.

Les décisions du jury central n'ont pas encore été proclamées. J'ai l'espoir de voir quelques-uns de nos exposants appelés à prendre part aux récompenses nationales qui seront décernées.

L'administration avait engagé l'agriculture à envoyer aussi son contingent à l'exposition.

Malheureusement bien peu de cultivateurs ont répondu à l'appel que je leur avais adressé : six seulement ont envoyé des produits vivants à Paris, de sorte que l'industrie rurale d'un département essentiellement agricole n'a pas été représentée dans cette solennité nationale, ou ne l'a été que très incomplétement. Cela tient, sans doute, à l'époque peu favorable fixée pour l'exposition, à notre éloignement de la capitale et aux difficultés que présente, à une aussi grande distance, le transport des animaux.

REVENUS PUBLICS.

RENTRÉE DES CONTRIBUTIONS DIRECTES.

Pendant l'année 1848, les difficultés inséparables de l'établissement d'un nouveau Gouvernement et le ressouvenir de la disette des années précédentes, n'ont apporté aucun obstacle sérieux au recouvrement des rôles de cet exercice.

Ces rôles pourtant étaient frappés d'une taxe supplémentaire de quarante-cinq centimes par franc du montant en principal et centimes additionnels des quatre contributions directes. Tous les citoyens, à peu d'exception près, dans l'espoir de mettre le gouvernement à même d'assurer les services publics, se sont empressés de répondre à l'appel qui leur a été fait, en apportant intégralemeut leur cote-part de contributions et en devançant ainsi l'échéance. Les percepteurs ont versé à la recette générale 5,453,086 fr. 77 c., soit 1,584,938 fr. 98 c. de plus qu'en 1847 ; les frais auxquels a donné lieu le recouvrement de cette somme, ne se sont élevés que dans la proportion de 1 fr. 61 c, p. 0/0, résultat très remarquable, qui démontre la soumission constante aux lois du pays.

PRODUITS DES DIVERS SERVICES FINANCIERS.

A l'exception des postes, les services financiers ont présenté des diminutions que l'on ne saurait attribuer au mauvais vouloir des citoyens, mais bien à la crise résultant de la gêne et de la réserve apportée dans les affaires et les transactions par suite des circonstances.

L'enregistrement n'a produit que.	1,583,864 f. 00 c.
Tandis qu'en 1847 les recettes se sont élevées à. . .	2,079,385 00
Différence en moins. . . .	495,521 00
Les douanes ont produit.	1,130,949 49
En 1847, les recettes ont été de.	1,191,106 70
Différence en moins. . . .	60,157 21
Les contributions indirectes se sont élevées à. .	4,347,593 11
En 1847, elles ont été de.	4,389,545 85
Différence en moins. . . .	41,952 74

Les postes ont produit.	267,500 f. 00 c.
Tandis qu'en 1847, elles n'ont donné que. . . .	189,316 00
Différence en plus.	77,193 00
En résumé, ces divers résultats donnent en moins.	597,630 95
En plus.	77,193 00
Montant total des diminutions.	520,437 95

MOUVEMENT MARITIME COMMERCIAL.

Le mouvement industriel et commercial du département a peu différé. en 1848, de celui des années précédentes. Il est entré dans nos ports 3,728 navires en charge et 1,543 sur lest, en tout 5,271 navires. Il en est sorti en charge 3,460, sur lest 1,790 ; ensemble 5,250 navires. 3,417 bâtiments sont, en outre, entrés en relâche sur nos rades ou dans nos ports.

Le transport des denrées et produits, indiqués précédemment, a motivé l'activité de notre cabotage.

FAILLITES.

Six faillites seulement, dont le passif réuni n'excède pas 112,000 fr., ont été déclarées dans le cours de l'année dernière. Ce résultat est peu important, si nous considérons les circonstances exceptionnelles au milieu desquelles s'est écoulée l'année 1848.

NAUFRAGES.

Quatorze navires se sont perdus sur les côtes du Finistère pendant le cours de 1848 ; trois de plus que l'année précédente.

INCENDIES.

On avait compté 99 incendies en 1847, il m'en a été signalé 68 pour l'année dernière ; 60 sont purement accidentels ; 8 sont attribués à la malveillance ; sur ces 8, 2 sont le fait d'aliénés.

Les pertes qu'ils ont occasionnées ont été évaluées à 151,831 fr.

Les compagnies d'assurances ont payé 51,471 fr.

Les secours accordés par le Gouvernement aux victimes de ces sinistres ont été de 3,467 fr.

DÉCÈS ACCIDENTELS.

Il a été enregistré dans le cours de l'année 1848, 114 décès accidentels ; trois de plus qu'en 1847.

Dans ces 114 décès, 7 sont le résultat d'homicides volontaires, 4 de moins qu'en 1847 ; 26 peuvent être attribués au suicide, 3 de plus que l'année précédente ; 4 à des infanticides ; enfin 16 sont la conséquence de l'ivresse, 2 de plus qu'en 1847.

Vous savez, Messieurs, combien je déplore l'abus des liqueurs alcooliques, si funeste aux habitants de nos campagnes. Sur votre invitation, j'ai recherché les moyens de combattre le fléau dont les désastreux résultats m'affligent bien vivement. Au mois de Janvier, j'ai formulé dans ce but un projet d'arrêté relatif à la police et à la surveillance des cabarets ; je suis heureux de vous annoncer que ce travail a reçu l'entière approbation de M. le Ministre de l'intérieur. Je viens, par une récente circulaire, d'en proposer l'adoption à MM. les Maires du département. J'espère qu'ils répondront tous à mon appel. J'attends, de la stricte exécution des dispositions de cet arrêté dans toutes les communes du Finistère, un palliatif dans le présent ; je ne me dissimule pourtant pas que nous ne devons attendre une guérison radicale dans l'avenir que de la propagation de l'instruction primaire.

Le conseil général de ce département a souvent exprimé le vœu que les droits sur les eaux-de-vie soient portés au taux le plus élevé. Ainsi que je vous l'ai dit dans mon préambule la réalisation de ce vœu nous viendrait puissamment en aide et serait un élément d'amélioration pour le présent.

ATTENTATS A LA PROPRIÉTÉ.

Les vols ont diminué dans une proportion notable. Mon précédent rapport vous en signalait, pour 1847, 577 dont 331 qualifiés, tandis qu'il n'a été enregistré, pendant le cours de l'année dernière, que 274 vols, dont 102 qualifiés.

ATTAQUES SUR LES CHEMINS PUBLICS.

Ici la situation présente encore une amélioration plus sensible, il ne m'a été signalé, pour 1848, que six attaques sur les chemins publics, dix-neuf de moins que l'année précédente.

ENFANTS TROUVÉS.

Le nombre des expositions d'enfants naturels a été de 296 en 1847, et de 284 seulement en 1848; c'est en faveur de cette dernière année, 12 expositions en moins.

La différence est plus sensible à l'égard des enfants légitimes, qui avaient eu 63 admissions en 1847 et qui n'en ont eu que 45 en 1848, ce qui fait 18 en moins sur l'année précédente.

Quant aux orphelins pauvres, le nombre des admissions, durant les deux années, est à peu près le même : 29 en 1847 et 27 en 1848.

L'hospice de Brest reçoit gratuitement les filles enceintes pour y faire leurs couches. Ces accouchements ont produit 32 enfants en 1847 et 34 en 1848.

En résumé, les expositions et les admissions ont donné. en 1848, un chiffre total de. 390

Ce chiffre, en 1847, était de. 420

Différence en moins pour 1848. 30

Voici dans quelles proportions se sont effectuées les diverses radiations pendant les deux années :

	1847.	1848.
Retirés par leurs parents.	41	39
Rentrés aux hospices après leur douzième année pour rester à la charge de ces établissements. . .	93	108
Décédés.	179	187
	313	334

Distraction faite de ces radiations, le nombre total des restants, était, au 31 décembre 1847, de. 1,619

et au 31 décembre 1848, de. 1,675

d'où résulte, pour cette dernière année, une augmentation de. 66

Les 1,675 enfants, dont l'existence était constatée au 31 décembre 1848, se répartissent comme suit entre les trois catégories :

Enfants trouvés. 1,489

Enfants abandonnés. 121

Orphelins pauvres. 65

TOTAL. 1,675

Relativement aux dépenses des deux années, elles ont été de 115,011 fr. 32 c. en 1847, et de 118,516 fr. 04 c. en 1848. L'augmentation est de 3,504 fr. 72 c. pour 1848.

ALIÉNÉS.

Pendant cette année, le progrès des maladies mentales s'est sensiblement ralenti dans le département.

Il est en effet constaté que les admissions d'aliénés indigents, qui étaient, en 1847, au nombre de 42 dans l'asile des hommes et au nombre de 46 dans l'asile des femmes, ne se sont élevées, en 1848, qu'au chiffre de 30 pour le premier établissement et à celui de 36 pour le second.

Les admissions de 1848, comparativement à celles de 1847, présentent donc, en moins, 12 hommes et 10 femmes, ce qui est une amélioration réelle dans la santé publique, au point de vue des facultés intellectuelles.

Des circonstances exceptionnelles, qui vous ont été expliquées dans mon dernier rapport, amenèrent, en 1847, un nombre considérable de décès ; on en comptait 51 dans l'asile des hommes et 25 dans celui des femmes.

On n'a signalé en 1848 que la perte de 19 hommes et de 16 femmes, c'est-à-dire, qu'au lieu de 76 décès, il n'y en a eu que 35, ce qui donne une différence en moins de 41.

Vingt-six guérisons ont été obtenues en 1847, dont 12 hommes et 14 femmes, et 24 en 1848, dont 8 hommes et 16 femmes. Cette dernière année n'a donc qu'une légère différence de 2 en moins.

Comme je viens de le dire, le nombre des décès a seul influé sur le résultat final de chacune des deux années. Voici ce résultat :

Au 31 décembre 1847. . . . . 213 aliénés.

Au 31 décembre 1848. . . . . 236 *id.*

Augmentation. . . . . 23 *id.*

Vous savez qu'un autre aliéné indigent, nommé Quefféléan, est entretenu dans un asile d'aliénés du département des Côtes-du-Nord, aux frais du Finistère, ce qui porte le nombre de nos aliénés indigents, au chiffre total de 237, à l'époque du 31 décembre 1848.

A la même époque la population générale des deux asiles d'aliénés, se résumait comme suit :

	HOMMES.	FEMMES.	TOTAL.
1° Aliénés pourvoyant eux-mêmes à leurs dépenses.	20	19	39
2° Aux frais du département.	23	9	32
3° Aux frais du département et des familles.	1	»	1
A *reporter.* . . .	44	28	72

Report. . . .	44	28	72
4° Aux frais du département et des communes.	101	76	177
4° Aux frais du département, des communes et des familles.	6	8	14
6° Aux frais d'autres départements. . .	1	»	1
7° Aux frais de l'administration de la guerre.	1	»	1
8° Aux frais de l'administration de la marine.	»	»	»
9° Condamnés à la charge de l'état. . .	»	4	4
10° Indigentes à la charge spéciale de l'établissement.	»	1	1
Totaux.	153	117	270

L'administration de la guerre fait traiter à ses frais les militaires frappés d'aliénation, qui n'ont pas achevé leur temps de service.

M. le Préfet maritime à Brest refuse de faire l'application de cette disposition ; il se fonde sur ce que les soldats de la marine nationale ne sont liés au service que *temporairement.*

J'ai soumis cette difficulté à M. le Ministre de l'Intérieur, en le priant de se concerter avec M. le Ministre de la Marine pour la résoudre.

D'après la réponse provisoire qui m'a été faite, je ne dois pas tarder à recevoir une décision. Je le désire d'autant plus que M. le Directeur de l'asile départemental d'aliénés s'est plaint plusieurs fois du retard que mettait l'administration de la marine à diriger sur cet établissement les marins atteints d'aliénation. On attend que la maladie ait tellement fait de progrès qu'elle soit devenue incurable.

PROPAGATION DE LA VACCINE.

En 1848, il a été pratiqué, 9,343 vaccinations, suivant les états fournis à la préfecture, savoir :

Arrondissement de Brest. 2,942
—   de Châteaulin. 1,166
—   de Morlaix. 2,200
—   de Quimper. 1,487
—   de Quimperlé. 1,048

Total. 9,343

C'est 1,122 vaccinations de moins qu'en 1847.

Si vous abandonniez, Messieurs, le système adopté par l'administration, il ne s'opérerait bientôt plus de vaccinations dans les campagnes où, malgré nos efforts, la variole fait encore chaque année de nombreuses victimes. Il y a nécessité de renouveler l'allocation de 3,000 fr.

SOCIÉTÉ MATERNELLE.

Je regrette, Messieurs, que vous ayez supprimé au budget de l'exercice courant la subvention annuelle de 300 fr. précédemment accordée à la société maternelle de Brest. Le bien immense qu'elle produit me porte à vous proposer de rétablir cette allocation, ci 300 fr.

CRÈCHES.

La société de charité maternelle s'occupe de donner des soins à l'enfant, même avant sa naissance, la salle d'asile le reçoit lorsqu'il est âgé de quelques années. Une lacune existait entre ces deux institutions charitables. A Brest elle a été comblée par la *crèche* qui a pris place dans notre système de secours.

La *crèche* a pour objet de recevoir le nouveau-né pendant que sa mère travaille, de le garder et de le soigner, sans altérer les liens de la famille.

Brest est encore la seule de nos villes qui possède une institution de ce genre, dont les services sont incontestables ; il est à désirer qu'elle soit adoptée et propagée, non-seulement dans les villes, mais encore dans les communes rurales. Elle serait d'une bien grande utilité à l'époque où les travaux de la terre réclament les bras de tous les habitants des campagnes.

J'ai pensé que le conseil serait heureux de concourir au bien que produit la crèche de Brest, et qu'il voudrait bien accorder à cette œuvre de charité une subvention sur les fonds dont il dispose. Je remettrai sous vos yeux, Messsieurs, le rapport qui a été fait aux membres-fondateurs, par le comité d'administration le 1er juillet dernier. Je me féliciterais de pouvoir vous déterminer à satisfaire au vœu qui y est exprimé, et à voter pour cet objet, par forme d'encouragement, une somme de 200 fr. que je vous propose d'inscrire au budget de 1850, ci . . . . 200 fr.

INSTRUCTION PRIMAIRE.

Le département du Finistère compte aujourd'hui, savoir :

199 écoles communales de garçons, fréquentées par 11,863 élèves ;

54 écoles communales de filles, fréquentées par 3,445 élèves ;

53 écoles privées de garçons, fréquentées par 2,342 élèves ;

199 écoles privées de filles, fréquentées par 7,236 élèves ;

10 salles d'asile publiques, fréquentées par 2,273 enfants ;

83 écoles maternelles privées, fréquentées par 2,252 enfants ;

72 classes d'adultes, fréquentées par 2,030 élèves.

Ainsi, le nombre des établissements d'instruction primaire, existant aujourd'hui dans le département, est de 670, fréquentés par 31,441 élèves.

C'est 40 établissements et 1,008 élèves de plus qu'en 1848.

Le nombre des maisons d'école que possèdent les communes est de 123 ; c'est deux seulement de plus que l'année dernière. 16 communes ont des bâtiments en cours de construction.

Le nombre des établissements d'instruction primaire et celui des enfants qui fréquentent ces établissements, augmentent progressivement d'année en année. L'enseignement se fortifie graduellement dans toutes nos écoles. Généralement aussi la conduite des instituteurs répond à leur zèle ; rarement l'administration a eu à se plaindre de leurs rapports avec les autorités locales.

Le conseil général voudra, sans aucun doute, comme les années précédentes, favoriser de tout son pouvoir cette heureuse extension de l'instruction populaire dans le département, en votant les deux centimes spéciaux que la loi lui permet d'affecter à ce service. Il peut compter, d'ailleurs, sur le zèle actif et soutenu des autorités et des fonctionnaires qui y sont préposés à tous les degrés.

BUDGET DÉPARTEMENTAL

DE

L'EXERCICE 1880.

1re SECTION. — *DÉPENSES ORDINAIRES.*

SOUS-CHAPITRE 1er. — Travaux ordinaires des bâtiments départementaux.

ART. 1er.	Réparations à la prison de Brest, (solde). .	1182f 49
ART. 2.	Réparations à l'édifice de Ste-Croix à Quimperlé.	364 60
ART. 3.	Entretien de l'hôtel et des bureaux de la préfecture	1000 »
ART. 4.	Entretien de la sous-préfecture de Quimperlé. .	300 »
ART. 5.	Entretien des tribunaux.	800 »
ART. 6.	Entretien des prisons	1100 »
ART. 7.	Entretien des casernes de gendarmerie appartenant au département.	800 »
ART. 8.	Entretien annuel des édifices départementaux. .	1596 25
ART. 9.	Honoraires de l'architecte sur les travaux ci-dessus.	214 30
ART. 10.	Traitement fixe de l'architecte principal et des deux architectes d'arrondissement	2700 »
	Total du sous-chapitre 1er.	10057 64

SOUS-CHAPITRE 2. — Contributions.

ARTICLE UNIQUE. Contributions dues par les propriétés du département. . . . . 270 »

SOUS-CHAPITRE 3. — Loyers des hôtels de sous-préfecture.

ARTICLE UNIQUE. Loyer de la sous-préfecture de Brest. . .			2387 50
Id.	id.	de Morlaix. .	1500 »
Id.	id.	de Châteaulin	1200 »
Total du sous-chapitre 3.			5087 50

SOUS-CHAPITRE 4. Mobilier de l'hôtel de préfecture et des bureaux de sous-préfecture.

ART. 1er. Entretien du mobilier de la Préfecture. . . . . . 1000 »

A reporter. 1000 00

| | | *Report.* . . . . . | 1000f 00c |

ART. 2. Entretien du mobilier des bureaux des sous-préfectures.

Sous-préfecture de Brest	120f 00c	
— de Morlaix.	26 00	
— de Châteaulin. . . .	36 00	220 »
— de Quimperlé	38 00	

ART. 3. Frais de vente de mobilier de la préfecture ou des sous-préfectures. . . . . — 30 »

Total du sous-chapitre 4. . . . . . . 1250 »

SOUS-CHAPITRE 5. — Casernement de la gendarmerie.

ART. 1er. Eclairage des casernes et remplacement des drapeaux placés sur les bâtiments. . . . . 450 »

ART. 2. Loyers et frais des baux des casernes qui n'appartiennent pas au département. . . . 21700 »

ART. 3. Indemnité de literie aux gendarmes extraits de la ligne ou admis dans les six mois de leur congé. . . . . 500 »

Total du sous-chapitre 5. . . . . 22650 »

SOUS-CHAPITRE 6. — Prisons départementales.

ART. 1er. Frais d'administration. . . . . 13635 »
ART. 2. Régime économique. . . . . 63000 »
ART. 3. Dépenses diverses . . . . 2940 »
ART. 4. Dépensés des chambres ou dépôts de sûreté . . 2800 »
ART. 5. Dépenses communes aux diverses prisons. . . 575 »

Total du sous-chapitre 6. . . . . 82950 »

SOUS-CHAPITRE 7. — Cour d'assises et tribunaux.

ART. 1er. Eclairage des bâtiments. . . . . 150 »
ART. 2. Loyers et frais de baux des bâtiments qui n'appartiennent pas au département. . . . . . 3530 »
ART. 3. Frais d'entretien du mobilier de la cour d'assises et des tribunaux. . . . . 600 »
ART. 4. Achat ou renouvellement de mobilier pour le tribunal de Brest. . . . . 600 »
ART. 5. Menues dépenses et frais de parquet de la cour d'assises et des tribunaux. . . . . 8040 »
ART. 6. Menues dépenses des justices de paix. . . . 2150 »

Total du sous-chapitre 7. . . . . . . 15070 »

SOUS-CHAPITRE 8. — Corps-de-garde de la préfecture.

ARTICLE UNIQUE. Chauffage et éclairage. . . . . . . 350 f. » c

SOUS-CHAPITRE 9. — Entretien des routes départementales.

ART.	1er.	Route n° 1, d'Hennebon à Lorient..	12852	»
—	2.	Idem 2, de Lannion à Brest.	12448	›
—	3.	Idem 3, de Châteaulin à Guimgamp. . . .	5303	›
—	4.	Idem 4, de Gouesnou au Conquet.	3473	»
—	5.	Idem 5, de Quimper à Pont-l'Abbé.	3998	›
—	6.	Idem 6, de Saint-Renan à Argenton. . . :	4876	»
—	7.	Idem 7, de Lesneven à Lannilis.	2023	›
—	8.	Idem 8, de Landivisiau à Kervren et à la mer.	4408	›
—	9.	Idem 9, de Rosporden à Scaër et aux limites.	2548	›
—	10.	Idem 10, de Brest à Saint-Renan.	4648	›
—	11.	Idem 11, de Concarneau à Rosporden. . . .	2348	›
—	12.	Idem 12, de Quimperlé au Faouët.	2148	»
—	13.	Idem 13, de Quimper à Morlaix. . . . , .	11478	50
—	14.	Idem 14, de Quimper à Châteauneuf par Briec.	1503	»
—	15.	Réserves pour dépenses diverses.	3247	57
—	16.	Indemnités proportionnelles à accorder aux ingénieurs.	1952	43

Total du sous-chapitre 9. . 79254 50

SOUS-CHAPITRE 10. — Enfants trouvés, abandonnés et orphelins pauvres.

ARTICLE UNIQUE. Évaluation des dépenses sur un nombre moyen de 1720 enfants à raison d'un prix moyen de 72 francs, calculé :

1° Pour mois de nourrices et autres dépenses du service extérieur. . . . . .122000 ›

2° Pour remises des percepteurs, translations d'enfants. 2000 ›

Total, . . . 124000 »

A déduire comme produits étrangers au budget

1° Produit présumé des amendes et confiscations affectées à cette dépense. . . . . 1200 »

2° Contingent à la charge des communes. . . . . . 38750 »

Reste à la charge du département. . . 84050 »

SOUS-CHAPITRE 11. — Aliénés.

ART. 1er. Évaluation des dépenses à la charge du département d'après un nombre moyen de 240 aliénés à raison de 312 fr. 75 c.(1) pour la pension annuelle de chacun, ci. . . . . 69500 »

Comdamnés aliénés par approximation. . . . . . . 3500 »

A reporter. 73000 00

(1) Ce chapitre paraît renfermer quelques erreurs de calcul.

Report. . . . . . 73000 ^f 00 ^c

A déduire comme produits étrangers au budget.

1º Part contributive des aliénés ou de leurs
    familles. . . . . 2000fr. »c ⎱ 13000 »
2º Produit du concours des communes. . 11000 » ⎰

Reste à la charge du département. . . 60000 »

Art. 2. Frais de transport et nourriture en route des aliénés indigens qui appartiennent au département. . . . . 2000 »

Total du sous-chapitre 11. . . 62000 »

SOUS-CHAPITRE 12. — Impressions.

Article unique. Frais d'impression des budgets et des comptes des recettes et des dépenses départementales. . . . . 750 »

SOUS-CHAPITRE 13. — Archives du département.

Art. 1er. Appointements du conservateur des archives. . 1500 »
Art. 2. Dépouillement extraordinaire des archives, achat de cartons, établissement de tablettes. . . 300 »
Art. 3. Frais de vente des papiers de rebut. . . . . 30 »

Total du sous-chapitre 13. . . . 1830 »

SOUS-CHAPITRE 14. — Frais de translation, de routes et autres dépenses ordinaires réunies en un seul chapitre.

Art. 1er. Frais de translation et de conduite des détenus, des condamnés et des secours de route aux forçats libérés. . . . . 2000 »
Art. 2. Secours de route aux voyageurs indigents. . 550 »
Art. 3. Frais de tenue des assemblées convoquées pour nommer les membres de la représentation nationale et les conseillers généraux. . . 150 »
Art. 4. Mesures contre les épidémies. . . . . . . 600 »
Art. 5. Mesures contre les épizooties, ... 200 »
Art. 6. Primes pour la destruction des animaux nuisibles 600 »

Total du sous-chapitre 14. . . 4100 »

SOUS-CHAPITRE 15. — Dettes départementales ordinaires.

Art. 1er. Solde de l'entretien et du remontage des pendules de l'hôtel de la Préfecture. . . . . . . 24 »
Art. 2 Solde d'une fourniture de drapeaux. 13 95
Art. 3. Dépenses des prisons. 19229 40
Art. 4. Enfants trouvés.. . . . . 2946 62
Art. 5. Aliénés. 3545 23

A reporter. 25759 20

Report. . . . . . 25759 ᶠ 20 ᶜ

Art. 6. Frais de transport et autres. 842 54
Art. 7. Solde de l'indemnité de literie aux gendarmes. . 154 18

Total du sous-chapitre 15. . . . 26755 92

RÉCAPITULATION DES DÉPENSES DE LA 1ʳᵉ SECTION.

S.-Chap.	1ᵉʳ. Travaux ordinaires des bâtiments. . . .	10057	64
—	2. Contributions.	270	»
—	3. Loyers des sous-préfectures.	5087	50
—	4. Mobilier de la préfecture et des bureaux de sous-préfecture.	1250	»
—	5. Casernement de la gendarmerie.	22650	»
—	6. Prisons départementales.	82950	»
—	7. Cour d'assises et tribunaux.	15070	»
—	8. Corps-de-garde de la préfecture. . . .	350	»
—	9. Entretien des routes départementales. . .	79254	50
—	10. Enfants trouvés et abandonnés.	84050	»
—	11. Aliénés.	62000	»
—	12. Impressions.	750	»
—	13. Archives du département.	1830	»
—	14. Frais de translation, de route et autres. . .	4100	»
—	15. Dettes ordinaires.	26755	92

Total général des dépenses ordinaires. 396425 56

RECETTES DE LA 1ʳᵉ SECTION..

Fonds libres de 1848.

Art. 1ᵉʳ Sur les centimes ordinaires et le fonds commun. 1018 39

Recettes de 1850.

Produit des dix centimes 4ᵢ10 additionnels ordinaires. . . 195572 93
Part du département dans le premier fonds commun. . . 165000 »

Produits éventuels.

1º Produits d'expéditions. . . . . 90 »
2º Revenus particuliers des prisons. . . . 150 »
3º Produit de cessions de terrains. . . 200 »
4º Produit de la vente du mobilier départemental reconnu hors de service. . . . 100 »
5º Produit de la vente de vieux papiers
provenant des archives de la préfecture et des sous-préfectures. . . . 50 »
6º Remboursement d'avances faites par le
département. 34244 24

Total. . . 34834 24 34834 24

Total général des recettes ordinaires. . . 396425 56

BALANCE.

Total général des dépenses ordinaires 396425 56

id. des recettes ordinaires. 396425 56

2e *SECTION. — DÉPENSES FACULTATIVES.*

SOUS-CHAPITRE 16. — Travaux neufs des bâtiments départementaux.

Art.	1er.	Construction d'édifices à l'asile départemental des aliénés à Quimper (intérêts des travaux terminés).	1027	31
—	2.	Construction dans le même établissement d'un corridor sud.	2000	»
—	3.	Réparations au palais de justice de Quimper.	2518	45
—	4.	Réparations à la maison d'arrêt de Quimper.	1586	60
—	5.	Réparations à la caserne de gendarmerie de Quimper.	1200	»
—	6.	Acquisition d'un bâtiment pour agrandir la prison de Quimperlé.	836	82
—	7.	Honoraires de l'architecte sur les travaux ci-dessus.	484	30
—	8.	Assurance des bâtiments départementaux contre l'incendie.	335	73

Total du sous-chapitre 16. . . . . . . 9989 21

SOUS-CHAPITRE 17. — Travaux des routes départementales et des ouvrages d'art qui en font partie. — § 1er. Supplément au fonds d'entretien des routes départementales.

Art.	1er.	Route N° 1 d'Hennebon à Lanveoc.	2000	»
—	2.	— N° 2 de Lannion à Brest.	3000	»
—	3.	— N° 3 de Châteaulin à Guingamp. . . .	1000	»
—	4.	— N° 4 de Gouesnou au Conquet. . . .	500	»
—	5.	—. N° 5 de Quimper à Pont-Labbé. . . .	500	»
—	6.	— N° 6 de Saint-Renan à Argenton . . .	1000	»
—	7.	— N° 7 de Lesneven à Lannilis.	500	»
—	8.	— N° 8 de Landivisiau à Kvren et à la mer.	500	»
—	9.	— N° 9 de Rosporden à Scaër.	500	»
—	10.	— N° 10 de Brest à Saint-Renan.	500	»
—	11.	— N° 11 de Concarneau à Rosporden . .	200	»
—	12.	— N° 12 de Quimperlé au Faouet. . . .	1000	»
—	13.	— N° 13 de Quimper à Morlaix.	4545	50
—	14.	— N° 14 de Quimper à Châteauneuf. . .	300	»

§ 2. *Travaux d'art, de constructions et de grosses réparations.*

Art. 15.	Rectification de la route n° 1 , à l'entrée de Quimper.	4733	70
Art. 16.	Démontage de la route n° 2, aux abords de St Pol.	400	»

A *reporter.* 21179 20

| | Report. . . . | 21179f 20 | |

Art. 17.	Restauration de la route n° 8, entre Landivisiau et Kervren.	1515	47
Art. 18.	Travaux d'amélioration de la route n° 5. . . .	8302	66
Art. 19.	Construction d'un pont sur la rivière d'Hyères, route n° 3, travaux dont la dépense est évaluée à 18584 fr. 85 c. Premier à-compte. . . .	1000	»
Art. 20.	Traitement des conducteurs, salaire des piqueurs, chefs-ouvriers, gardes-magasins et préposés des ponts à bascule.	5652	43
Art. 21.	Réserve destinée au payement des impressions, loyers, etc.	1889	»
Art. 22.	Indemnités proportionnelles à MM. les ingénieurs.	328	86
	Total du sous-chapitre 17.	39867	62

SOUS-CHAPITRE 18. — Subventions aux communes.

| Article unique. | Subvention aux communes pour établissement de paratonnerres sur leurs églises. . . . | 500 | » |

SOUS-CHAPITRE 19. — Encouragements et secours.

Art. 1er.	Supplément de retraite à M. Lallour, chef de bureau à la préfecture.	690	»
Art. 2.	Indemnités aux employés de la préfecture pour travaux extraordinaires pendant la session du Conseil général. . . . . . . ;	400	»
Art. 3.	Sociétés d'agriculture	2500	»
Art. 4.	Encouragements à l'agriculture :		
	1° Chaire d'enseignement à l'école spéciale des enfants de la campagne.	1500	»
	2° Entretien des instruments aratoires. . .	100	»
	3° Ferme-école.	3541	66
	4° Comices agricoles.	2500	»
	5° Achat de taureaux et béliers.	300	»
Art. 5.	Artistes vétérinaires.	300	»
Art. 6.	Encouragements pour les courses de chevaux de la Martyre et de Quimper (500 fr. pour chaque société).	1000	»
Art. 7.	Encouragements pour l'élève des chevaux. .	6000	»
Art. 8.	Elèves sages-femmes envoyées à l'école d'accouchement à Paris ou à Lorient.	1500	»
Art. 9.	Indemnité pour la propagation de la vaccine. .	3000	»
Art. 10.	Secours pour le traitement des indigents attaqués de maladies syphilitiques ou psoriques. . .	2000	»
Art. 11.	Entretien de sourds-muets dans des institutions spéciales.	2750	»
Art. 12.	Conservation des monuments religieux et historiques.	4000	»
Art. 13.	Souscription en faveur des crèches.	200	»
	A reporter.	32281	66

		Report.	32281 f	66 c
Art. 14.	Traitement de l'agent-voyer des carrières d'ardoises.		1000	»
Art. 15.	Encouragement à la société linière du Finistère. (4e à-compte à la somme de 9000 francs). .		1500	»
Art. 16.	Achat d'étalons.		2800	»
Art. 17.	Subvention à la colonie de Mettray.		200	»

Total du sous-chapitre 19. . . . . . 3778f 66

SOUS-CHAPITRE 20. — Culte Catholique.

Néant.

SOUS-CHAPITRE 21. — Secours pour remédier à la mendicité.

Art. 1er.	Secours effectifs en aliments dans le cas d'extrême misère ou de disette locale. . . .	2525	38
Art. 2.	Traitement dans les hospices, des malades indigents.	2000	»

Total du sous-chapitre 21. . . . . . 4525 38

SOUS-CHAPITRE 22. — Affaires diverses.

Art. 1er.	Frais de publication de tout ou partie des délibérations du Conseil général ou procès-verbaux de ses séances.	800	»
Art. 2.	Frais relatifs à la confection et à la publication des listes électorales pour l'élection des membres du tribunal de commerce. . .	800	»
Art. 3.	Frais relatifs à la confection et à la publication des listes du jury.	150	»
Art. 4.	Achat d'ouvrages d'administration pour la préfecture et les sous-préfectures.	300	»
Art. 5.	Gratifications pour belles actions.	300	»
Art. 6.	Frais d'illumination des édifices départementaux, les jours de fêtes publiques.	400	»
Art. 7.	Frais d'expertise et de vérification des voitures publiques.	50	»
Art. 8.	Frais de transport de la gendarmerie du continent dans l'île de Batz.	30	»
Art. 9.	Indemnité à l'hospice de Brest (à-compte). .	1000	»
Art. 10.	Subvention aux hospices dépositaires pour l'inspection des enfants trouvés.	800	»

Total du sous-chapitre 22. . . . . . 4630 »

SOUS-CHAPITRE 23. — Dettes départementales extraordinaires.

Art. 1er.	Frais de pension de dix élèves apprentis à la Ferme-Ecole de Trévarez, pour les sept derniers mois de 1848.	729	20
Art. 2.	Solde des dépenses des indigents syphilitiques pendant le 2e semestre de 1848.	398	01

Total du sous-chapitre 23. . . . . . 1127 21

RÉCAPITULATION DES DÉPENSES DE LA 2e SECTION.

S.-Chap.	16. Edifices départementaux.	9989	21
—	17. Routes départementales.	39867	62
—	18. Subvention aux communes.	500	00
—	19. Encouragements et secours.	37787	66
—	20. Cultes.	»	»
—	21. Mendicité.	4525	38
—	22. Dépenses diverses.	4630	»
—	23. Dettes extraordinaires.	1127	21

Total des dépenses de la deuxième section. . . 98421 08

RECETTES DE LA 2e SECTION.

Fonds libres de 1848.

Art. 1er. Sur les centimes facultatifs. 1876 03
Art. 2. Sur les produits des propriétés départementales, etc. . . . . 1330 »
Art. 3. Sur produits spéciaux 59 60

Recettes de 1850.

Art. 1er. Produits des centimes facultatifs (cinq centimes sur les contributions foncière, personnelle et mobilière). 94025 45

Art. 2. Loyer de l'édifice départemental de Sainte-Croix. . . . . . 635f »
Loyer de l'édifice devant servir de prison à Quimperlé. . . . . 125 » } 1130 »
Loyer de la portion du jardin, dit l'observatoire, à Brest. . . . 370 »

Total des recettes de la deuxième section. 98421 08

BALANCE.

Dépenses de la deuxième section. 98421 08
Recettes de la deuxième section. 98421 08

3e SECTION. — DÉPENSES EXTRAORDINAIRES.

SOUS-CHAPITRE 24. — Dépenses imputables sur le produit d'impositions extraordinaires.

§ 2. Construction et achèvement des routes départementales.

Art. 1er. Travaux d'amélioration de la route départementale n° 5, de Quimper à Pont-Labbé 2785 46
Art. 2. Indemnités extraordinaires aux ingénieurs et conducteurs. 28 14

§ 4. Service des emprunts départementaux.

Art. 3. Réserve destinée au paiement du nouvel emprunt. . . . . 3000 »

A reporter. . . . 5813f 60c

Report. . . . . 581 3 60^c

$$\text{(Lois des 6 juin 1838 et 6 août 1839.)}$$

Art.	4.	Intérêts de l'emprunt.	1346 25
Art.	5.	Remboursement.	30000 »

$$\text{(Loi du 4 juin 1842.)}$$

Art.	6.	Intérêts de l'emprunt.	4046 25
Art.	7.	Remboursement.	30000 »

$$\text{(Loi du 5 juillet 1844.)}$$

Art.	8.	Intérêts de l'emprunt.	11807 80
Art.	9.	Remboursement	37500 »

$$\text{(Décret du 23 mai 1848.)}$$

Art.	10.	Intérêts de l'emprunt (par approximation). . .	4854 65
Art.	11.	Remboursement	46666 »

Total du sous-chapitre 24 . . . . 172034 55

SOUS-CHAPITRE 25. — Dépenses imputables sur fonds d'emprunts.

Art. 1er. Somme restée sans emploi sur un précédent emprunt applicable aux travaux en exécution sur la route départementale n° 4. . . . . : 12 40

Art. 2. Route départementale n° 1. — Rectification à l'entrée de Quimper. (Solde) . . . . . . 1000 »

Art. 3. Route départementale n° 3.—Rectification de la côte du Moulin de Roi . . . . 34000 »

Art. 4. Route départementale n° 6. — Elargissement de la traverse de Ploudalmézeau. 4714 31

Art. 5. Indemnités proportionelles à MM. les ingénieurs. 397 13

Art. 6. Subvention aux chemins vicinaux ordinaires conduisant à la mer. . . . . 20000 »

Total du sous-chapitre 25. . . . . . 60123 84

RÉCAPITULATION.

Sous-chap. 24. — Dépenses sur impositions extraordinaires. 172034 55
— 25. — Dépenses sur emprunts départementaux. 60123 84

Total de la troisième section. 232158 39

RECETTES DE LA TROISIÈME SECTION.

Fonds libres de 1848.

Art. 1er. Sur les centimes extraordinaires. 1431 91
Art. 2. Sur les fonds d'emprunt. 12 40

A reporter. 1444 31

Report . . . . . 14441^f 31^c

Recettes de 1850.

Art. 1er. Produit des centimes extraordinaires (7 centimes
sur les quatre contributions) 170714 08

Art. 2. Produit d'un emprunt réalisable en 1850. . . 60000 »

Total des recettes de la troisième section. . . 232158 39

BALANCE.

Total des dépenses extraordinaires. 232158 39
Total des recettes. 232158 39

4e SECTION. — CHEMINS VICINAUX.

SOUS-CHAPITRE 26. — Impositions spéciales

Art. 1er. Subvention pour travaux. . . . . 90000 »
Art. 2. Traitement des agens-voyers.
Un agent-voyer en chef. . . . . 3000^f »^c
Cinq agents-voyers d'arrondissem^t 9000 »
Vingt agents-voyers secondaires. 14000 »
Un agent de comptabilité. . . . 800 » } 28800 »
Un dessinateur. . . . . 800 »
Gratification éventuelle aux agents-
voyers. . . . . 1200 »

Art. 3. Réserve pour frais d'impression et dépenses
diverses. 3138 63

Total du sous-chapitre 26. . . . . 121938 63

SOUS-CHAPITRE 27. — Contingents communaux.

Fonds de subventions à répartir par le Préfet. . . 80000 »

RÉCAPITULATION.

S.-chap. 26. — Dépenses sur centimes spéciaux. . . . 121938 63
—   27.   —   contingents communaux. . 80000 »

Total des dépenses. . . 201938 63

RECETTES DE LA QUATRIÈME SECTION.

Recettes de 1850.

Produit des centimes spéciaux (5^c sur les 4 contributions). 121938 63
Contingents communaux. . . . . 80000 »

Total des recettes. . . 201938 63

Total des dépenses spéciales. . . 201938 63
Total des recettes. 201938 63

5e SECTION. — INSTRUCTION PRIMAIRE.

Fonds disponibles de 1849. . . . . 786 31
Produit des deux centimes sur les 4 contributions directes
    votés pour 1850. . . . . 48775 45

Total des ressources. . . . 49561 76

CHAPITRE 1er. — Dépenses ordinaires.

PREMIÈRE PARTIE.

ART. 1er. Complément des dépenses ordinaires des écoles
    primaires communales. . . . . : 5000 »
ART. 2, Dépenses ordinaires de l'école normale. . . 8538 80
ART. 3. Menues dépenses et frais d'impression de la
    caisse d'épargne. . . . . 1200 »

Total. . . 14738 80

DEUXIÈME PARTIE.

*Dépenses relatives à l'établissement et à l'entretien des écoles primaires
et des écoles normales.*

ART. 1er. Subvention pour achat et renouvellement du
    matériel et du mobilier des écoles. . . . 1000 »
ART. 2, Subvention aux communes pauvres, pour leur
    donner les moyens de fournir gratuitement
    des livres d'école aux élèves indigents. . . 1800 »

Total. . . 2800 »

CHAPITRE 2. — Dépenses extraordinaires.

ART. 1er. Subvention aux communes pour acquisition, cons-
    truction et réparations de maisons d'école
    (dont 1000 fr. pour l'école des likés à Quimper). 10000 »
ART. 2. Don à la caisse d'épargne et de prévoyance établie
    en faveur des instituteurs.. . . . . 500 »
ART. 3. Subvention aux instituteurs qui ne trouvent pas
    dans les revenus de leur emploi des moyens
    d'existence suffisants. . . . . 5500 »

A reporter. 16000 00

Report.   .   .   .   16000 f 00 c

ART. 4. Encouragements pour l'instruction des filles: dans les communes où il existe des institutrices pourvues de brevet de capacité, elles seront les seules à prendre part à la répartition. . .   10700   »

ART. 5. Subvention pour l'établissement et l'entretien des classes d'adultes.   1800   »

ART. 6. Subvention pour l'établissement et l'entretien des salles d'asiles.   3000   »

ART. 7. Encouragements, prix et récompenses aux instituteurs qui se sont le plus distingués.   522   96

Total. . 32022 96

RÉCAPITULATION DES DÉPENSES.

Chapitre 1er { Première partie. 14738 80
              { Deuxième partie.   2800   »

—   2. . . . .   32022 96

Total des dépenses. . . .   49561 76
Total des réssources. . . .   49561 76

6e SECTION. — SERVICE DU CADASTRE.

Recettes.

Reste non employé lors de la clôture de l'exercice 1848. .   264   91
Produit du centime et 1|3 sur la contribution foncière, demandé pour 1850.   19507   04
Secours sur le fonds commun . . . .   »   »

Total des recettes.   19771   95

Dépenses.

Travaux d'art et d'expertise.   19771   95

Total des dépenses.   19771   95

Total des recettes.   19771   95

ANALYSE

des Décisions principales et des Vœux du Conseil général.

DANS SA SESSION DE 1849.

Répartition pour l'exercice 1850, entre les cinq arrondissements du Finistère, du principal des contributions.

	Foncière.	Personnelle et mobiliére.	Des portes et fenêtres.
Arrondissement de Brest. . .	479425	173993	106991
— de Châteaulin	223130	55430	26108
— de Morlaix.. .	385119	99401	65336
— de Quimper..	268079	65432	38504
— de Quimperlé	107240	23260	13204
TOTAUX.	1462993	417516	250143

Relativement aux enfants trouvés le préfet avait proposé de les confier désormais à des sœurs de charité, qui les éléveraient au biberon dans trois ou quatre vastes chalets a fonder dans l'intérieur du département. De là ces enfants passeraient dans des fermes-modèles aussitôt que leur âge et leur force le leur permettraient.

Dans un autre ordre d'idées, l'administration de l'hospice civil de Brest proposait de prolonger au contraire le séjour des enfants chez leurs nourrices au delà de leur douzième année, en continuant de servir la pension mensuelle de 5 francs pendant trois ans, à la condition que les nourrices s'engageraient à élever les enfants à leurs frais jusqu'à l'âge de 18 ans révolus, époque a laquelle une double prime de 50 francs serait accordée en argent à la famille nourricière, en linges et vêtements à l'enfant.

Le conseil estimant que la dépense des enfants trouvés, serait au moins triplée, seulement par le service courant des chalets et des fermes-modèles, abstraction faite des frais de premier établissement, écarte par cette objection préjudicielle le projet de

M. le préfet, malgré les intentions libérales et philanthropiques qui l'ont inspiré.

Il approuve le projet charitable de l'administration de l'Hospice civil de Brest, à cause de l'économie et de la facilité d'exécution qu'il comporte, et pour entrer dans ce système, il exprime *le désir* qu'une somme de 600 francs soit prélevée sur le sous-chapitre 10, et employée à couvrir les frais nécessaires pour trouver des nourrices dans de bonnes conditions, et dont la position permette d'espérer qu'elles conserveront leurs nourrissons après l'âge de douze ans. En même temps il *vote* au sous-chapitre 22, une somme de 800 francs pour frais de surveillance et d'inspection des nourrices à la campagne, par les dames religieuses des hospices dépositaires de Brest et de Quimper.

Il déclare en outre persister dans les motifs qui l'ont déterminé l'année dernière à supprimer les fonctions de médecin inspecteur des enfants trouvés. Pages 186 à 194, du procès-verbal de la session de 1849.

Le conseil invite M. le préfet à faire transporter à Quimper, tout ou partie des archives de Brest, pour les soumettre à l'examen de M. l'archiviste. Page 198.

Le conseil exprime le vœu que le remboursement des avances faites pour l'État, soit désormais effectué avec régularité. P. 205.

Il demande l'autorisation au pouvoir législatif de contracter un emprunt de 120,000 fr., à 5 p. 0[0 au plus, qui sera partagé par moitié entre les exercices 1850 et 1851, et remboursé au moyen d'une imposition sur les quatre contributions directes, de 1 c. 1[2 en 1851 et de 3 c. 1[2 en 1852. P. 207, 209 et 210.

Il refuse les fonds demandés par le préfet pour aménager les casernes de gendarmerie de Quimperlé et de Châteaulin, de manière à donner aux gendarmes, presque tous pères de famille, deux pièces au lieu d'une, minimum suffisant aux termes de l'article 199 du réglement du 22 Janvier 1825. Cette innovation obligerait à agir de même pour les autres brigades et imposerait au département des charges qu'on ne peut apprécier. P. 214 et 215.

Le conseil général exprime le vœu que le personnel des ponts-et-chaussées, attaché au service des travaux départementaux, soit réduit par le ministre des travaux publics dans la même proportion que ces travaux l'ont été par le conseil. P. 217 et 218.

Le conseil général émet le vœu que M. le préfet, dans l'établissement du budget de 1851, réserve une somme suffisante pour l'achat d'étalons départementaux. P. 248.

Il exprime le vœu qu'à l'avenir le rapport de M. le préfet soit, chaque année, imprimé avant l'ouverture de la session et qu'un exemplaire soit remis à chacun des membres du conseil. P. 259 et 260.

Le conseil, persuadé qu'il est du plus haut intérêt pour le pays, d'établir sur de meilleures bases le service de la viabilité rurale, propose de renvoyer les projets d'organisation de ce service, présentés, l'un par le sous-préfet de Châteaulin, l'autre par l'agent voyer en chef du département, à l'administration, pour les soumettre à l'étude d'une commission composée d'hommes spéciaux, et présenter l'an prochain au conseil général, un projet complet sur la matière. P. 269 et 270.

Bien que le conseil général persiste dans ses délibérations précédentes, de ne classer aucune voie de grande communication, avant l'achèvement de celles en cours d'exécution, il croit devoir néanmoins appeler l'attention de l'administration sur les lignes suivantes :

1° De Châteaulin à Huelgoat.

2° De Landerneau à la mer, par Plouédern, Plounéventer, Lanhouarneau et Plounévez-Lochrist.

3° De Sizun à la mer, par Lamellar, Lampaul, Landivisiau, Bodilis, Plougar, St.-Vougay, Plounévez-Lochrist et Plouescat.

4° De St.-Thégonnec au Faou.

5° De Commana à Penzès.

6° De Rosporden à Pontaven.

7° De Lesneven à Commana.

8° De Brest à Ploudalmézeau, par Lambézellec et Plouguin.

9° De Recouvrance à St.-Renan, par le bourg de Guiler.

10° De Lesneven à la grève de Goulven, par Plouider et Goulven.

11° De La Martyre à Landivisiau, par Ploudiry et Kerfaven.

12° De Landerneau à Plougastel-Daoulas.

13° De Brest à Daoulas.

14° Du Moulin-Blanc en Guipavas au passage de Plougastel.

Le chemin vicinal de jonction des routes départementale de Morlaix à Quimper et nationale de Brest à Quimper, sur un parcours de 4 kilomètres, à partir des 3 fontaines pour aboutir à Trohallec : c'est la seule communication d'Edern avec Châteaulin.

Pour la plupart de ces routes, le conseil demande qu'on leur applique l'article 6 de la loi du 21 Mai 1836, en attendant qu'on puisse les classer parmi les chemins de grande communication.

Il en est de même d'un embranchement qui serait incorporé au chemin de grande communication n° 7, de Douarnenez à Châteaulin. P. 273, 274 et 275.

Le conseil général invite le préfet à n'autoriser aucune rectification sur les chemins de grande communication, avant l'achèvement de toutes les lacunes. P. 278.

Consulté par le ministre sur les modifications à apporter à la loi du 21 Mai 1836, sur les chemins vicinaux le conseil général émet le vœu :

Que la prestation soit maintenue ainsi que le système consacré par la loi du 21 Mai 1836; avec les modifications suivantes :

1° Que la loi du 25 Juin 1841, relative aux routes départementales qui intéressent plusieurs départements, soit rendue applicable aux chemins de grande communication.

2° Que les préfets soient autorisés, sur l'avis des conseils municipaux et cantonaux, à déclarer parties intégrantes des chemins vicinaux de grande communication, les rues qui en sont le prolongement dans la traverse de la commune.

3° Que les rôles de prestataires pour les routes de grande communication et d'intérêt commun, soient dressés par sections cadastrales, et que les prestataires ne puissent être assujétis à travailler à plus de quatre kilomètres de la limite de leur commune.

4° Que l'autorité municipale ait la faculté de convertir en journées d'hommes, celles de voiture et d'animaux qui ne pourraient être utilement employées. P. 284 et 285.

Il prend l'engagement de souscrire pour 10 exemplaires à l'atlas-cantonnal du Finistère (soit 800 fr.), que M. le Géomètre en chef s'occupe de publier. P. 286.

Le conseil général en votant une somme de 1800 francs pour l'établissement et l'entretien des classes d'adultes, invite M. le préfet à prendre en considération les observations suivantes de la commission de l'intérieur. « Les cours d'adultes, l'on a tout lieu de le croire, n'ont ni l'importance, ni même la *réalité*. (1)

(1) En ce qui concerne les cours d'adultes ouverts à Brest par la société d'émulation depuis 1832, 597 élèves se sont fait inscrire pour les suivre pendant l'année scholaire 1848-1849. Tous les cours ont été professés *sans interruption* du 1er octobre 1848 au 1er mai 1849, aux jours et heures indiqués sur le programme. Ils ont été repris au 1er octobre 1849, et sont suivis en ce moment par 430 élèves inscrits. (Novembre 1849.)

qu'ils semblent avoir. Cependant la commission ne propose ni le rejet, ni même la réduction du crédit demandé, mais elle invite instamment M. le préfet à faire porter sur ce point une surveillance toute particulière. P. 287 et 291.

Le conseil donne un avis favorable à la demande de M. de Mauduit, tendant à établir une nouvelle Ferme-Ecole, sur sa propriété de Plaçamen, arrondissement de Quimperlé. M. de Mauduit se contenterait de la subvention du gouvernement et ne demanderait rien au budget départemental. P. 294.

Le conseil émet le vœu que le ministre de l'agriculture entretienne aux frais de son département :

1o Un vétérinaire à la Ferme-Ecole de Trévarez ;

2o Un irrigateur qni serait mis à la disposition des fermiers ou propriétaires, sur leur demande, pour diriger les travaux d'irrigation. P. 294.

Il propose l'adjonction à la commune de Saint-Renan, de la section de Plouzané renfermant les moulins et village de Poulinoc, les villages de Coatusval, Coatmanach, Coatmanach-Bian, Coataned, les moulins et village de Tourons, le tout borné par des chemins vicinaux et ruraux ; et renfermant 180 hectares et 67 habitants. P. 295, 296 et 298.

Le conseil général persiste dans l'avis émis par lui l'année précédente relativement aux limites à donner aux cinq communes de Landunvez, Plourin, Lanildut, Brelès et Lanrivoaré. P. 299.

Il rejette la demande, formée le 28 Mai 1849, par le conseil municipal de Kerlouan, pour placer à Kerlouan le chef-lieu de la 2e circonscription électorale du canton de Lesneven, actuellement fixé à Plounéour-Trez. P. 300.

Il ajourne à statuer sur la demande du maire de Pouldergat, tendant à créer une troisième cir-

conscription électorale dans le canton de Douarnenez, jusqu'à la présentation à l'appui de cette demande d'une délibération du conseil municipal de Pouldergat. P. 300.

Il accorde à chacun des cantons de Quimper et de Crozon une troisième circonscription. P. 300.

Il recommande à l'attention du ministre de l'agriculture et du commerce les moyens indiqués par la société d'agriculture de Brest, et par M. Besnou, membre de cette société, pour réprimer la falsification des engrais. P. 306.

Il prie le ministre de l'agriculture de mettre à la disposition du préfet une subvention qui lui permette de faire venir, du nord de la France, un plus grand nombre d'ouvriers préparateurs de lin, pour enseigner leur méthode. Il désire de plus que des fonds puissent être assignés en primes aux cultivateurs. P. 307.

Il engage le préfet à faire les démarches les plus actives près des ministres de l'agriculture et de la marine, pour faire rapporter la décision prise, dit-on, par ce dernier ministère, de remplacer exclusivement par le coke, le bois de chauffage pour la consommation des bureaux et corps-de-garde dans l'intérieur du port de Brest. P. 308.

Il appuye les réclamations de M. Eléouet pour le recouvrement du secours de 1000 fr. qui lui avait été promis par le ministre de l'agriculture, à l'occasion de l'ouvrage de statistique géologique et agricole qu'il publie.

Il serait désirable que le préfet put, l'année prochaine, comprendre, sur le budget, une allocation pour souscrire à quelques exemplaires de cet important ouvrage. P. 309.

Le conseil général exprime le regret que la situation financière du département ne lui permette pas d'allouer une subvention pour faire participer les employés des sous-préfectures aux bienfaits de la caisse de retraite fondée dans le Finistère. P. 310.

Il rejette la demande formée par la commune de Fouesnant, de quatre nouvelles foires. P. 313.

Il donne un avis favorable à la demande formée par la commune de Plonéour-Ménez, que les foires qui se tiennent au bourg soient fixées, à l'avenir, au troisième mardi, du mois dans lequel elles se rencontrent. P. 314.

Il émet un avis favorable 1° à l'établissement de deux foires qui se tiendraient au bourg de Lambézellec, le lundi qui suit la St.-Laurent et le lundi qui précède le lundi gras. 2° A la création d'un marché à fourrages, qui se tiendrait le vendredi, sur la place de la liberté à l'entrée de Brest. P. 316; 317, 318.

Le conseil général émet le vœu de voir maintenir l'impôt sur les boissons et d'attendre à des temps meilleurs pour en réduire le produit, il propose de doubler au moins le droit sur les eaux-de-vie, en faisant profiter cette surtaxe au dégrèvement de l'impôt sur les vins. P. 319.

Le conseil appelle de nouveau de tous ses vœux un changement dans la législation qui permette aux communes d'établir ou de maintenir des tarifs d'octroi, même en frappant des droits supérieurs à ceux que perçoit le trésor. La consommation d'eau-de-vie par individu a été exactement la même dans 140 communes, de moins de 1500 âmes ou l'on paie des droits d'octroi plus ou moins élevés, que dans 130 communes de la même catégorie affranchies de la taxe. L'élévation de la taxe dans les limites de la législation actuelle est donc sans influence sur la consommation. P. 319 et 320.

Le conseil émet le vœu que l'état renoue des négociations avec la compagnie, dite des quatre canaux, pour mettre le canal de Nantes à Brest en parfait état de navigabilité et y établir de suite un service de bateaux avec un tarif réduit. P. 320.

Consulté par le ministre des travaux publics sur l'examen des modifications à introduire dans la législation actuelle de la police du roulage, le conseil général répond ainsi à une série de questions posées par le ministre.

1° La législation actuelle sur le roulage est trop restrictive.

2° On ne remarque pas que les parties de route protégées par les ponts à bascule soient meilleures que les autres.

3° On peut donc supprimer, sans inconvénient, le seul pont à bascule du département, qui du reste ne fonctionne pas.

4° La loi sur la police du roulage doit être étendue aux chemins vicinaux pour les voitures de l'industrie et du roulage et non pour celles de l'agriculture.

5° On pourrait abaisser à 0m 08 la limite de 0m 11 fixée par la loi du 7 ventôse an XII, pour les largeurs des bandes des voitures attelées de deux chevaux, celles qui n'en ont qu'un restant affranchies de toute limitation à cet égard

6° Il y aurait lieu, si on supprimait les ponts à bascule, de fixer un nombre de chevaux pour chaque largeur de bande, ou un maximum de chevaux pour la voiture à deux roues et celle à quatre roues. Les chevaux de renfort nécessités dans certains passages difficiles, seraient en dehors du maximum.

7° L'agriculture aurait liberté entière et serait affranchie de toute restriction. P. 323 et 324.

Le conseil émet le vœu que les voitures suspendues, aussi bien que les voitures de roulage, portent une plaque indiquant le nom de leur propriétaire.

Il exprime le vœu que les tribunaux ordinaires soient saisis des contraventions en matière de grande voirie. P. 525.

Consulté sur l'état de la récolte, le conseil général estime que l'excédant de la récolte de 1848, resté chez les cultivateurs, est environ du sixième de la consommation de l'année, et que la récolte de 1849 paraît devoir être assez bonne pour dépasser les besoins de la consommation dans le Finistère.

Il repousse la création d'un ministère spécial de l'agriculture. P. 326 et 327.

Il adopte la proposition de M. Pernolet, de décerner des mentions honorables au nom du conseil général, aux personnes charitables ou amies des améliorations utiles qui se seraient distinguées dans l'année pour l'étendue et l'intelligence de leurs bienfaits. P. 328 et 329.

Il vote un témoignage de sympathie à l'association pour la propagande anti-socialiste et pour l'amélioration du sort des populations laborieuses. — (La qualification de socialiste dans ce vote, se rapporte suivant M. le rapporteur à ceux qui, pour réformer la société veulent commencer par la bouleverser.) P. 329 et 330.

Le conseil persistant dans le vœu émis par lui l'année dernière, demande que l'assemblée nationale fonde sur de larges bases les institutions destinées à l'établissement du crédit foncier.

Il appelle de tous ses vœux la réforme du régime hypothécaire, par l'établissement d'un état-civil foncier, mais repousse comme insuffisant et trop onéreux pour les contribuables, le projet présenté à cet égard par M. Girard. P. 330.

—

VOEUX DIVERS ÉMIS PAR LE CONSEIL GÉNÉRAL DANS LA DEUXIÈME PARTIE DE LA 1re SÉANCE DU 5 SEPTEMBRE 1849.

AGRICULTURE ET COMMERCE.

Le conseil général reproduit dans les mêmes termes les vœux énoncés à son procès-verbal de l'année dernière, et réproduits aux pages 180 et suivantes de l'annuaire de la société d'émulation pour 1849, sous les titres *subventions à l'agriculture, haras, étalons, mercuriales, droits de navigation, commerce, libre échange, vices redhibitoires, défrichements.* Relativement à cette dernière question, il repousse une proposition de M. de Pompéry, demandant au conseil d'émettre le vœu que la législation puisse concilier les droits du propriétaire et ceux du fermier dans la plus value donnée au sol défriché par celui-ci.

Relativement aux courses, il renouvelle la demande que le ministre de l'agriculture accorde une subvention plus forte aux courses départementales de la Martyre et aux courses de Quimper, pour lesquelles l'exiguité de ses ressources ne lui a permis de voter cette année que 1000 francs au budget du département.

FINANCES.

Le conseil général reproduit et dans les mêmes termes les vœux qui se trouvent dans le procès-verbal de la session de 1848, et que nous avons donnés dans l'annuaire de 1849, pages 182 et suivantes, sous les titres *paquebots à vapeur, ressels, contributions des portes et fenêtres, enregistrement.*

Il reproduit les mêmes observations que l'année dernière sur le *transport des dépêches.* Il y ajoute la demande d'un bureau de distribution dans les communes de Plonéour-Ménez et La Feuillée, et appelle l'attention de l'administration sur la convenance d'assurer sans retard à cette dernière commune un service journalier, au moins pour les rapports de l'autorité avec le maire et la gendarmerie ; il formule ensuite les vœux suivants :

Malles-postes. — Le conseil émet le vœu que dans les changements projetés pour le transport des dépêches de Paris à Brest, par l'adoption d'une route qui emprunte une partie de son parcours au chemin de fer de Paris à Nantes, il soit toujours conservé une voiture pour les voyageurs. C'est surtout pour franchir les longues distances que les voitures à grande vitesse présentent le plus d'avantages.

Douanes. — Il demande l'abrogation des réglements qui défendent de puiser de l'eau de mer. La réduction de l'impôt sur le sel rend désormais cette prohibition sans intérêt pour le trésor.

Impôt foncier. — Sur la proposition de M. de Pompéry, le conseil exprime le vœu qu'une nouvelle répartition de l'impôt foncier entre les communes du département, soit faite aussitôt que toutes les communes seront cadastrées et que tous les éléments de ce travail pourront être réunis.

GUERRE.

Le conseil reproduit les vœux qui se trouvent dans l'annuaire de 1849, page 184, sous les titres *remonte, remplacement.*

Gendarmerie. — Le conseil demande que la brigade qui a été employée temporairement à Scrignac, et qu'on a supprimée depuis soit rétablie, qu'une brigade soit créée à Pleyben, qu'une deuxième brigade soit établie à Brest. Il insiste pour la prompte installation d'une brigade à Plogastel-Saint-Germain.

INSTRUCTION PUBLIQUE.

Le conseil général reproduit les vœux qui se trouvent pages 184 et 185 de l'annuaire de 1849, sous les titres *comptabilité universitaire, instruction des filles, inspection des écoles primaires, gratuité de l'enseignement.*

Il insiste en outre pour la prompte émission d'une loi sur l'instruction des filles.

INTÉRIEUR.

Le conseil reproduit dans les mêmes termes les vœux dont l'expression a été insérée dans l'annuaire de 1849, pages 185 et suivantes, sous les titres *divisions administratives, cathédrale de Quimper, église du Folgoët, église de Lambader, (en Plouvorn), Marchés, champs de foire, maraudage, impôt sur les chiens, industrie ardoisière, code rural, remises des percepteurs sur prestations, colportage des livres, régime intérieur des prisons, extinction de la mendicité, employés de préfecture, lignes télégraphiques.* Il produit ensuite sous une nouvelle forme, ou présente pour la première fois les vœux suivants :

Église de Sainte-Croix. — Le conseil émet le vœu qu'avant de procéder à la démolition du clocher de Sainte-Croix, qui a été décidée par le comité des monuments historiques sur le rapport de M. Lassus, comme nécessaire et urgente, un nouvel examen soit fait par M. Lassus, auquel on adjoindrait une commission d'hommes compétents.

Récolte du goëmon. — Le conseil émet le vœu que la législation soit revisée, en ce qui concerne la coupe, l'enlévement et la vente du goëmon, et que les contraventions soient déférées aux tribunaux de simple police.

Registre civique. Le conseil, considérant que l'exercice du suffrage universel, base du gouvernement républicain, exige pour de nombreuses opérations électorales, la confection fréquente de listes dont il importe d'assurer la fixité et la régularité, exprime le vœu que les lois organiques de la constitution comprennent des dispositions sur la formation, dans chaque mairie, d'un registre civique permanent sur lequel seraient inscrits tous les français jouissant de leurs droits politiques et domiciliés dans la commune.

JUSTICE ET CULTES.

Après avoir reproduit les vœux consignés aux pages 189 et 190 de l'annuaire de 1849 sous les titres *code d'instruction criminelle, distances légales, quêtes éclésiastiques*, le conseil émet le vœu suivant: *Tribunal de Morlaix.* Le conseil général, considérant que le projet de réduire d'un juge le nombre des membres du tribunal civil de Morlaix a pour motif le petit nombre d'affaires civiles que ce tribunal juge annuellement, bien que la moyenne ne soit pas inférieure à celle des trois autres tribunaux de même classe existant dans le ressort: qu'en tous cas, des considérations bien autrement puissantes résultent de la statistique des travaux du tribunal de Morlaix en matière criminelle : que le chiffre moyen des affaires communiquées annuellement au juge d'instruction est d'environ 300, que le nombre des affaires criminelles et correctionnelles s'accroît chaque année : que dans presque toutes ces affaires prévenus et témoins ne peuvent être entendus que par l'intermédiaire d'un interprète, ce qui double le temps nécessaire pour les instructions, que dans de pareilles conditions, l'on ne peut songer à distraire le juge d'instruction de ses occupations au criminel. qu'ainsi, au cas où la réduction serait faite, les audiences seraient constamment tenues par deux juges titulaires et un suppléant, état anormal, irrégulier, contraire au vœu de la loi et à l'intérêt des justiciables ; que si le juge d'instruction quittait son cabinet pour siéger aux audiences, il ne lui resterait plus que trois jours et demi ou quatre jours au plus pour l'instruction des affaires criminelles : que la durée moyenne des détentions préventives serait augmentée d'une manière extrêmement fâcheuse pour les prévenus en état de détention et au grand détriment des finances du département, auquel les dépenses des prisons imposent déjà de si lourdes charges,

Exprime le vœu que le nombre des juges du tribunal civil de Morlaix soit maintenu à quatre.

MARINE.

Le conseil général reproduit dans les mêmes termes les vœux qui se trouvent dans l'annuaire de 1849 pages 190 et 191, sous les titres *approvisionnements, inscription maritime, pêche maritime. pêche de la sardine, recrutement pour la marine, secours aux îles d'Ouessant, de Molène et de Sein.* Il formule en outre les vœux qui suivent :

Pêche du saumon. Il demande que la pêche du saumon soit défendue dans les parties de rivière soumises à la surveillance de l'administration de la marine, depuis le premier du mois d'Août jusqu'au 31 du mois de décembre.

Pêche des huîtres, des homards et de la gueldre. — Le conseil émet le vœu que la pêche des huîtres, des homards et de la gueldre, soit réglementée de manière à ne pas nuire à la reproduction du poisson : que l'établissement des parcs à huîtres puisse être définitivement autorisé par les commissaires de l'inscription maritime, sans que l'intervention de l'autorité supérieure soit nécessaire.

Bateaux employés au transport des engrais de mer. — Le dragage et le transport du maërl et des sables occupent une grande quantité de bateaux des communes du littoral. Assimilés aux bâtiments du petit cabotage, ces bateaux sont forcés d'embarquer un mousse. Cette exigence est l'objet de vives réclamations de la part des riverains. Le conseil, dans l'intérêt de l'agriculture, renouvelle la demande que l'ordonnance soit tempérée dans son application et que les bateaux employés au transport des engrais de mer, soient autorisés à n'embarquer que deux marins et un manœuvre suffisants pour leur sûreté et leur travail.

TRAVAUX PUBLICS.

M. Menu de Ménil, rapporteur de la commission des travaux publics, fait le rapport suivant :

« M. le ministre des travaux publics, dans une dépêche du 22 août, qui vous a été communiquée, vous a fait connaître qu'il s'était déjà occupé de préparer des ressources pour la continuation en 1850, des grands travaux qui s'exécutent dans le Finistère. Désirant se conformer, autant que le permettront les crédits dont il dispose aux désirs manifestés par le conseil général, mais ne pouvant faire entreprendre simultanément des travaux aussi multipliés, il désire que le conseil veuille bien assigner un ordre d'urgence aux divers ouvrages dont il demande l'étude ou l'exécution: »

« M. le préfet a remis à ce sujet, une note qui a été remise à la commission, qui y donne son entier assentiment : elle vous propose, en conséquence, de classer les travaux à exécuter dans l'ordre d'urgence suivant, en posant en principe, qu'il convient d'abord de terminer les ouvrages commencés avant d'en entreprendre de nouveaux. »

« *Routes nationales.* — 1° Achèvement de la rectification de la route nationale n° 165, à l'entrée de Quimperlé. »

« 2° Achèvement de la rectification de la route du Ponthou, sur la route nationale n° 12. »

« 3° Achèvement de la route nationale n° 169, entre la limite du département et le pont de Goaranvec, et commencement d'exécution du projet approuvé entre le pont de Goaranvec et Carhaix. Ce dernier travail surtout est indispensable pour faire suite aux travaux que vous avez prescrits à la rampe du Moulin du Roi. »

« 4° La continuation des travaux de rectification de la route nationale n° 165, aux abords de Pont-Croix. »

« 5° Achèvement des travaux de rectification de la route nationale n° 169, à la sortie de Morlaix, travaux entrepris d'urgence pour donner de l'ouvrage aux indigents de cette ville, »

« 6° Commencement des rectifications sur place qui restent à effectuer sur la route nationale n° 170, entre Châteaulin et le Faou. »

« 7° Amélioration de la route nationale n° 170, dans la traverse de Lesneven. »

« *Ports maritimes de commerce.* — M. le ministre des travaux publics annonce qu'il demande pour 1850: »

« Pour les travaux du port de Morlaix, 60,000 francs. »

« Pour le môle de l'île de Batz, 40,000 francs. »

« Pour le bassin de Port-Launay, 25,000 francs. »

« M. le préfet ne demande pas d'augmentation pour Morlaix, mais il demande que le crédit de Port-Launay soit élevé à 60,000 francs. »

« 1° Achèvement du môle d'Audierne. »

« 2º Achèvement du môle de Camaret. »

« 3º Achèvement du môle de Morgat. »

4º Prolongement des quais de Pontaven. »

« 5º Construction d'un embarcadère à Laberwrach.

Phares et fanaux. — 1º Construction du chemin d'accession et du pont pour relier le phare de Kermorvan à la presqu'île de ce nom.

« 2º Construction du fanal de Loctudy. »

« 3º Construction de deux fanaux au port de Douélan. »

« *Bacs et bateaux.* — Passages de Camelet près de Landéda et de Bénodet. Le conseil voit avec plaisir que faisant droit aux vœux qu'il a émis l'année dernière il vient d'être prescrit aux ingénieurs d'étudier : 1º Le projet d'un embarcadère, destiné à faciliter le passage de Camelet. »

« 2º Le projet d'un grand bac propre au passage des voitures, à substituer au matériel du bac de Benodet

Le conseil adopte les conclusions de la commission.

Le conseil reproduit les vœux qui se trouvent dans l'annuaire de 1849, page 191 à 195, sous les titres *routes* , *classement de routes* , *roulage*, *port de Quimper*, *Port-Rhu* , *port de Pont-Croix*, *port de Landerneau*, *Port-Sal*, *port de Quimperlé* , *port du Fret*, *Pempoul* , *Ouessant*, *Laber et Plouarzel* , *port d'Argenton* , *Pontaven*.

Il formule en outre les vœux suivants, dont la plupart sont ceux de l'année précédente , légèrement modifiés dans quelques détails.

Ponts. — Le conseil émet le vœu que l'on entreprenne le plus promptement possible , la construction des ponts projetés au passage de Paluden et de Tréglonou.

Il reconnaît toute la difficulté que présente la question du pont à construire pour établir une communication entre Brest et Recouvrance ; mais il apprécie aussi les avantages que procurerait cet établissement et exprime le vœu que l'on puisse simplifier assez les données du problème, pour que la solution devienne possible.

Molène. — Il demande qu'une cale soit construite à Molène.

Pont-de-Buis. — Le conseil demande que la cale de Ty-Beus , sur la rivière du Pont-de-Buis , accessible au flot , soit réparée.

Le Faou. — Que l'on achève au port du Faou des quais commencés depuis longtemps.

Kernic. — Qu'il soit alloué les fonds nécessaires pour l'enlèvement des rochers qui ferment l'entrée du port du Kernic , opération qui ferait de ce point un bon port de relâche.

Route nationale nº 12. — Les études faites par MM. les ingénieurs , pour la rectification de la route nationale nº 12 , aux abords de Brest, inspirent aux habitants de cette ville les inquiétudes les plus vives. Le conseil exprime le vœu que la rectification sur place soit préférée à la rectification par contournement , et que MM. les ingénieurs soient invités à faire dans ce sens les plus sérieuses études. Il demande également de classer comme partie intégrante de la route nationale nº 12 , le parcours dans la ville de Brest , depuis la porte de Landerneau jusqu'à la porte du Conquet.

Route nationale nº 169. — Le conseil demande que la direction de la route nº 169 , entre Morlaix et Saint-Pol-de-Léon , soit étudiée de nouveau, de façon à la faire passer par Henvic et le passage de la Corde. Ce projet diminuerait le parcours de la route , en même temps qu'il doterait de voies de communication les communes de Carantec et Henvic, aujourd'hui inabordables.

Canal de Nantes à Brest. — Le conseil demande qu'une cale embarcadère soit construite à Port-Coblantz, sur la rive droite du canal, bief n° 11, aux abords du nouveau pont.

Il émet aussi le vœu que les édifices en ruine qui rendent difficile et périlleux l'accès de la cále de construction située sur la rive gauche, près de l'écluse n° 1, à Châteaulin, soient démolis et que la navigation soit délivrée de toute entrave sur ce point du canal de Nantes à Brest.

Travaux d'utilité agricole. — Le conseil exprime le vœu :

1° Que la loi intervienne pour investir l'administration d'un pouvoir plus étendu pour autoriser les travaux d'irrigation et de dessèchement des marais, reconnus d'utilité publique et réunissant l'assentiment de plus de la moitié des propriétaires de la surface du terrain à irriguer et à dessécher ; qu'elle puisse réunir d'office tous les intéressés en une association syndicale, chargée d'exécuter les travaux approuvés, avec ou sans le concours de l'état, des départements ou des communes, en conformité de la loi du 16 Septembre 1807.

2° Que l'on étende, dans l'établissement des barrages destinés aux usines, le principe du droit d'appui, créé par la loi du 11 Juillet 1847, pour les barrages d'irrigation.

3° Qu'il soit prescrit aux ingénieurs chargés de ce service, de surveiller avec le plus grand soin le curage des cours d'eau, des étangs, des moulins, de vérifier la hauteur de leurs barrages et vannes de charge, en faisant d'ailleurs exécuter rigoureusement les prescriptions de la loi et des réglements rendus sur un objet aussi important pour le bien général.

OPINION DU CONSEIL GÉNÉRAL DU FINISTÈRE SUR LES DISPOSITIONS A INTRODUIRE DANS LA LOI D'ORGANISATION DE L'ADMINISTRATION COMMUNALE, CANTONALE ET DÉPARTEMENTALE. (2ᵉ SÉANCE DU 5 SEPTEMBRE 1849).

Une commission spéciale de sept membres (1) avait préparé des réponses à 78 questions principales, posées par le ministre de l'intérieur, M. Dufaure, sur diverses modifications à introduire dans les lois du 21 Mars 1831, 18 Juillet 1837, 10 Mai 1838, et dans le décret du 3 Juillet 1848. Nous nous bornerons à rendre compte ici des solutions principales données par le conseil général du Finistère, qui a adopté dans son entier et sans une seule modification le travail de sa commission.

Le conseil général du Finistère pense que les conditions d'électorat, pour les élections municipales, cantonales, départementales, doivent être les mêmes que celles établies par la loi du 15 Mars 1849, pour l'assemblée législative ; seulement aux causes d'incapacité établies par cette loi, on ajouterait celle qui résulterait d'une condamnation pour vagabondage. Les militaires ne pourraient, comme aujourd'hui, participer à ces trois sortes d'élections qu'autant qu'ils se trouveraient dans le lieu de leur domicile au moment du recrutement.

Pour les deux premières élections, le vote aurait lieu à la commune, au scrutin de liste. Le nombre des conseillers municipaux serait tel qu'il est établi par les lois actuelles ; chaque commune aurait un nombre de conseillers cantonaux, fixé par la loi, d'après sa population ; elle en aurait au moins un, quelque faible que fut sa population. Pour les élections départementales, on voterait dans les lieux désignés pour

---

(1) MM. de Mércy, (rapporteur), De Kerjégu, Guennoc, Le Roux, Mével, de Fournas, et Swiney.

les élections à l'assemblée législative.

Dans les trois élections, la présence de plus de la moitié des électeurs inscrits et la majorité absolue des suffrages seraient également nécessaires au premier tour de scrutin : au second tour de scrutin, la majorité relative suffirait pour valider les nominations.

Les conditions d'éligibilité seraient les mêmes que pour l'assemblée législative ; en outre, il faudrait avoir son domicile dans la commune pour pouvoir y être nommé conseiller municipal ou cantonal, dans le département pour pouvoir y être nommé conseiller général.

Les difficultés en matière d'élections municipales seraient jugées en premier ressort par le conseil cantonal, en appel par une commission nommée par le conseil général et prise dans son sein, si toutefois le conseil de préfecture n'est pas rendu électif.

Pour les élections cantonales et départementales, le conseil général jugerait en premier ressort, sauf appel au conseil d'état par le préfet ou les intéressés.

Le maire sera nommé par le pouvoir exécutif, sur une liste double ou triple, suivant la population de la commune, de candidats présentés par le conseil municipal. L'adjoint ou les adjoints seront nommés par le conseil municipal, sur une liste double de candidats présentés par le maire. Les fonctions de maire et d'adjoints continueront à être gratuites. Pour pouvoir être appelé à ces fonctions, il faudra réunir aux conditions exigées aujourd'hui, pour pouvoir être nommé membre de l'assemblée législative, celle d'avoir son principal établissement dans la commune. (Il ne paraît pas que le conseil général exige comme aujourd'hui la condition d'être déjà membre du conseil municipal). Des parents au degré de père, fils et frère, ne pour-

ront jamais faire partie d'un même conseil municipal, même dans les communes les moins peuplées, où cela est loisible aujourd'hui. Les réunions du conseil municipal seront secrètes, excepté dans la session où le maire rendra ses comptes, et où on votera le budget. Les séances du conseil cantonal, et du conseil général seront publiques. Dans les deux premiers conseils, sur la demande des deux tiers des membres présents, la séance de publique deviendra secrète ; elle le sera toujours pendant la délibération sur les traitements des agents salariés par la commune.

Indépendamment des réunions fixées par la loi, les conseils municipaux pourront se réunir pour un objet déterminé à la demande, soit du maire, soit du préfet ou sous-préfet, soit d'un tiers de leurs membres : les conseils cantonaux pourront aussi se réunir, mais seulement sur la demande des deux tiers de leurs membres.

Enfin, en cas de circonstances graves, dont le conseil général sera le seul juge, il sera constitué par la présence des deux tiers de ses membres. Notification de cette réunion sera faite immédiatement au préfet.

Les préfets et sous-préfets auront entrée dans le conseil général et dans les conseils cantonaux, mais non dans les conseils municipaux dont les procès-verbaux des délibérations devront leur être transmis dans dix jours pour les sessions ordinaires, dans trois jours pour les sessions extraordinaires.

L'incurie et la négligence des maires et adjoints, devra être punie par des amendes pécuniaires portées dans la loi. Il ne sera plus nécessaire de l'autorisation du conseil d'état pour poursuivre un maire ou un adjoint pour délit commis dans l'exercice ou à l'occasion de l'exercice de ses fonctions, mais en cas de non condamnation, le plaignant pourra être condamné, même d'office, à une amende de 50 à 1,000 francs , sans préjudice des dommages intérêts.

La révocation , par le pouvoir exécutif, des maires et adjoints, la dissolution des conseils municipaux ne pourrait avoir lieu qu'après une instruction faite sur les causes de leur suspension par une commission nommée par le conseil cantonal et prise dans son sein. La dissolution des conseils cantonaux ne pourra être prononcée qu'après une instruction faite par le conseil général, s'il est assemblé , sinon par une commission prise dans son sein , en vertu de certaines règles déterminées par la loi.

Le conseil général du Finistère pense que les conseils généraux ne doivent pas participer à l'administration proprement dite , que les conseils cantonaux ne doivent avoir aucune action sur l'administration communale : il propose ensuite d'augmenter les attributions des conseils locaux , en leur donnant la faculté de régler définitivement un grand nombre d'affaires pour lesquelles leur délibération avait besoin de l'approbation du pouvoir exécutif ou de ses délégués, ou sur lesquelles on ne leur demandait qu'un avis. D'autres fois, il propose de remplacer l'approbation du pouvoir exécutif ou du ministre par celle du préfet qui est sur les lieux, et dont l'avis aujourd'hui sert de base à l'approbation donnée à Paris.

Il propose d'adjoindre , *dans toutes les communes*, les plus imposés en nombre égal à celui des conseillers municipaux , pour le vote des centimes extraordinaires. Avant le 24 février 1848, cette adjonction n'avait lieu que dans les communes ayant moins de 100,000 francs de revenus.

Le nombre des centimes additionnels ordinaires mis à la disposition des communes, serait au maximum de dix. En outre , le conseil général voterait un maximum de deux centimes qui formerait un fonds commun qui serait réparti par le préfet entre les communes d'après leur pauvreté et leurs besoins , de la même manière que ce qu'on appelle le premier fonds commun, est réparti par le ministre de l'intérieur entre les départements. L'état de répartition arrêté par le préfet serait présenté au conseil général.

Le vote par les communes , de centimes spéciaux et extraordinaires, sera autorisé définitivement par le conseil général, le préfet entendu, ou hors la session du conseil général par le préfet , si une commission formée de tous les membres du conseil général de l'arrondissement où est la commune , déclare qu'il y a urgence.—Toute demande d'emprunts formée par les communes , sera soumise au conseil général qui aura droit de l'autoriser définitivement, seulement quand l'emprunt n'excédera pas une année des revenus ordinaires de la commune.

Les conseils municipaux régleraient définitivement en outre de ce qui leur est attribué par les lois actuelles.

1º Le budget de la commune en ce qui concerne les recettes et les dépenses ordinaires et obligatoires.

2º Les tarifs et règlements de perception de tous les revenus communaux à l'exception des droits de place et d'étalage dont le tarif devra être soumis au conseil cantonal et au conseil général : 3º les baux à ferme et à loyer de 18 ans au plus pour les premiers, de 9 ans pour les seconds : 4º l'ouverture des rues et places publiques et les projets d'alignement de voirie municipale : 5º le parcours et la vaine pâture.

Les conseils municipaux exerce-raient à l'égard des hospices et des établissements de bienfaisance communaux le contrôle et la sur-veillance ainsi que tous les droits attribués par la législation actuelle à l'administration en ce qui con-cerne seulement les budgets de ces divers établissements.

Les conseils municipaux délibé-reraient sur les projets de cons-tructions, reconstructions, grosses réparations, démolitions les plans et devis des ouvrages projetés seraient approuvés définitivement par le préfet, sur l'avis d'un conseil des bâtiments civils institué au chef-lieu du département.

Enfin le maire ou les conseils municipaux nommeraient, quelque fois suivant certaines règles de présentation, tous les fonctionnai-res communaux autres que les commissaires de police.

Les conseils cantonaux auraient le même pouvoir sur les établis-sements cantonaux, quand il y en aura, que les conseils munici-paux sur les établissements mu-nicipaux : ils auraient à répartir entre les différentes communes le contingent cantonal de l'impôt: ils donneraient leur avis sur tout ce qui intéresse plusieurs communes du canton, enfin ils exerceraient, dans leurs cantons, des fonctions analogues à celles des conseils d'ar-rondissement. Les délibérations des conseils cantonaux seraient trans-mises au Sous-Préfet dans les dix jours qui suivront la réunion du conseil.

Le conseil général réglerait dé-finitivement les objets sur lesquels il est appelé aujourd'hui à délibé-rer ou à donner son avis, excepté les emprunts à contracter dans l'intérêt du département et les changements à apporter aux cir-conscriptions territoriales. Les bud-gets n'auraient plus besoin de l'ap-probation du pouvoir exécutif. Le conseil général réglerait définitive-ment les travaux de la grande vicinalité et les allocations à donner chaque année à chaque ligne, sur les fonds départementaux et les contingents des communes ; l'état continuerait à répartir entre les dé-partements ce que l'on appelle le premier fonds commun, d'après les règles actuelles, et chaque dé-partement serait autorisé à voter, chaque année, un nombre de cen-times ordinaires suffisant pour cou-vrir les dépenses obligatoires en y joignant la part du département dans le premier fonds commun.

Le second fonds commun qui vient en aide aux travaux extra-ordinaires des départements serait supprimé. Pour le remplacer, le nombre des centimes facultatifs départementaux serait élevé de cinq à dix.

La présence de plus de la moitié des membres du conseil municipal, de plus des deux tiers des membres du conseil général est nécessaire pour valider leurs délibérations.

En cas de dissolution de ces conseils il est procédé à leur ré-élection, le troisième dimanche à dater de la dissolution pour les conseils municipaux, dans le mois pour les conseils généraux.

Les arrêtés des maires ne peuvent être annulés par le préfet que le conseil de préfecture entendu.

Le conseil de préfecture annu-lera les délibérations des conseils cantonaux contraires aux lois.

Les délibérations du conseil géné-ral seront transmises au pouvoir exécutif qui s'assurera qu'elles sont conformes aux lois.

Enfin, pour compléter les réfor-mes qu'il désire dans l'administra-tion départementale, le conseil général exprime le vœu que les conseils de préfecture deviennent électifs.

COMMISSIONS PERMANENTES NOMMÉES PAR LE CONSEIL GÉNÉRAL.

1° Commission nommée en exécution de la loi du 27 novembre 1848, pour faire partie du jury départemental chargé de l'examen des élèves qui aspirent à obtenir des bourses nationales dans les lycées de la république.

MM. Guyot, Pernolet, Guennoc, Menu de Ménil, Bouët et Pascal.

2° Commission hippique :

MM. De Kerhorre, Paul Dulaz, Emile du Porzic, Emile de Kermenguy, de Pompery. (MM. Paul Dulaz et Emile du Porzic ne font pas partie du conseil général.)

Nous croyons devoir ajouter aux renseignements qui précèdent sur l'administration de la commune et de l'arrondissement de Brest, ainsi que du département du Finistère, la liste des Finistériens qui ont obtenu en 1849 des récompenses honorifiques, pour les progrès qu'ils ont fait faire à l'agriculture et à l'industrie, ou pour les actes de courage et de dévouement qu'ils ont accomplis.

§ 1. — Récompenses obtenues à l'exposition quinquennale de 1849, pour l'industrie et l'agriculture, à Paris.

Trois médailles d'or, ont été décernées : 1° A la société linière de Landerneau, 2° à M. Lemarié, fabricant de papiers, près Quimper; 3° à M. Querret, président de la société d'agriculture de Morlaix.

Six médailles d'argent ont été obtenues 1° par MM. Bernard Breton, président du comice agricole de Saint-Thégonnec; 2° Th. de Pompéry, agriculteur à Rosnoën, (canton du Faou), 3° Inizan, cultivateur à la Martyre; 4° Roissard, fabricant d'instruments de chirurgie à Brest; 5° Sallerin, à Brest; 6° Tissier, aîné, fabricant de produits chimiques au Conquet,

Un rappel de médaille d'argent a été mérité par MM. Andrieux, Vallée, père fils et compagnie, fabricants de papiers à Morlaix

Cinq médailles de bronze ont été accordées, 1° à MM. Chicoisneau, tanneur à Quimperlé; 2° Cudennec, agriculteur à Plougonven; 3° De Ploesquellec, agriculteur à Plounéour-Ménez; 4° Le Saout, agriculteur à Plougonven. (Ces trois derniers, membres de la société d'agriculture de Morlaix); 5° à M. de Madec, secrétaire-adjoint de la société d'agriculture de Quimper.

Onze mentions honorables ont été accordées en outre, 1° à MM. Adam, fermier, associé de MM. Kerjégu, à Plabennec; 2° Anner, imprimeur à Brest; 3° De la Hubaudière, fabricant de grès, à Quimper; 4° Gontier, mécanicien à Brest; 5° Louis de Kerjégu, agriculteur à Trévarez; 6° Marsille Guillotaux, tanneur à Quimperlé; 7° Pernolet, directeur des mines de Poullaouen; 8° Peyron, négociant à Quimperlé, pour une scierie près du Faou; 9° Porquier, frères, fabricants de grès, à Quimper; 10° Silliau, agriculteur à Plouigneau. 11° Simon, à Brest.

§ 2. — Récompenses obtenues pour actes de courage et de dévouement.

Une médaille d'argent de première classe a été décernée à M. Palud, Aimé, sapeur-pompier de la garde nationale de Quimper, pour avoir au péril de ses jours, sauvé plusieurs personnes en danger de périr dans les flammes ou dans les flots.

Sept médailles d'argent de deuxième classe ont été accordées 1° à MM. Chériner, portier de la buanderie du port de Brest, pour son courage et son dévouement dans un incendie; 2° Oliveau, éclusier à Coatpont, pour divers actes de dévouement; 3° Palud François, pêcheur à Quimperlé, pour avoir sauvé diverses personnes en danger de se noyer, en 1836, 1845 et 1848.

4° Guizien Louis, clerc d'avoué à Châteaulin, âgé de 18 ans, pour le courage et le dévouement dont il a fait preuve le 30 avril 1849, en s'élançant au secours d'un enfant qui se noyait dans le canal de l'Aulne.

5° Perron, Pierre-Corentin, aubergiste à Quimper, pour avoir retiré au péril de sa vie un jeune homme d'un puits où il venait de tomber à Pluguffan.

6° Laviec, charron, à Jaouen en Châteaulin, pour avoir sauvé la vie à un enfant qui se noyait dans le canal, en s'y précipitant tout habillé pour l'en retirer.

7° Golhen François, âgé de 14 ans, à Lindour en Châteaulin, pour avoir attaqué et tué à coups de hache, une louve atteinte d'hydrophobie, dont les morsures ont occasionné la mort de deux personnes.

DE
L'INDUSTRIE LINIÈRE

DANS LE FINISTÈRE.

I.

La culture du lin, son filage, son blanchiment et son tissage, paraissent avoir été de temps immémorial, une industrie entièrement agricole dans plusieurs parties de la province de Bretagne, et notamment dans l'évêché de Léon, où se trouvaient a peu près enclavés les deux arrrondissements actuels de Brest et de Morlaix.

Cette production, à la fois territoriale et industrielle dût, à une époque très reculée, atteindre des proportions fort importantes, si l'on considère qu'en dehors des besoins d'un pays où la population était presque exclusivement vêtue de toile, les exportations de ces tissus s'élevaient à plusieurs millions de francs par année.

Quand on parcourt les deux arrondissements de Brest et de Morlaix depuis la côte de l'Armorique dans toute sa longueur jusques au pied des montagnes d'Arrês, on peut se faire une idée de l'extension que semble avoir eue jadis cette industrie. En effet, partout où l'on rencontre un hameau ou une ferme possédant une source d'eau vive, suffisamment abondante, il est rare qu'on ne puisse constater dans le voisinage, les vestiges d'un *candi*, maison de buée, et le champ ou courtil, conservant son ancienne dénomination, *ar prat*, pelouse affectée à l'étendage et à l'exposition des fils, sous l'influence des rosées et autres agents atmosphériques, après leurs divers lessivages.

Tout semblait d'ailleurs, en ce pays, concourir d'une façon merveilleuse au développement et à la prospérité de cette industrie agricole. Le très bas prix de location des terres, l'absence presque complète des communications, ou l'état imparfait des voies existantes qui rendaient impossible tout autre mode de transport que le dos du cheval; la multiplicité des sources et l'excellence de leur eau pour le blanchiment des fils et des tissus, l'abondance et la vileté du prix des combustibles, enfin les loisirs de la partie féminine de la population rurale durant les fréquents et longs repos que lui laissent les travaux des champs, formaient autant de causes qu devaient naturellement porter les agriculteurs, d'un sol très favorable à la culture du lin, à cultiver cette plante et à lui donner toutes les mains-d'œuvre, toutes les préparations requises pour qu'on en pût opérer le transport sous le plus petit volume représentant la plus grande valeur possible.

L'industrie linière n'était pas seulement lucrative pour l'agriculture qui l'exploitait, elle était encore honorée dans son essence. Les anciennes chroniques du pays nous apprennent que les différentes classes de la population concouraient aux diverses manipulations de ce produit territorial, et que les dames du plus haut rang de la société et de la noblesse faisaient du filage du lin une de leurs occupations journalières.

Chez le cultivateur, sauf les travaux de culture et de préparation qui réclament l'emploi de la force musculaire, tous les autres, filage dévidage, lessivage, ourdissage et même tissage, étaient de la compétence presque exclusive des femmes et des jeunes filles de la ferme. On comprendra facilement combien pendant des siècles ce genre de production dût être avantageux au pays et dût par cela même le maintenir à l'abri de toute concurrence : car il satisfaisait non-seulement aux besoins de la consommation locale, mais il faisait en outre profiter la population agricole de cinq à six millions de valeurs exportées qui, en totalité, ne représentaient qu'un travail manuel et l'emploi d'un temps bien utilisé au lieu d'être perdu.

Là ne s'arrêtait pas pour le pays l'avantage de cette industrie. La marchandise passait des mains du cultivateur fabricant à celles des négociants exportateurs de Roscoff, dans les temps les plus reculés, et successivement, de Morlaix et de Landerneau, durant les trois derniers siècles. Elles étaient ensuite expédiées en Espagne et aux Indes occidentales, ce qui donnait lieu à un mouvement de commerce et de navigation assez considérable.

Cet état de choses dut se perpétuer tant que les circonstances restèrent les mêmes; mais dès que l'Europe, épuisée par les longues guerres qu'elle avait eu à soutenir contre la république et contre l'empire français, pût goûter les bienfaits d'une paix durable, l'activité industrielle se développa et vint remplacer les incertitudes et les préoccupations qu'entraînent les collisions militaires. Alors aussi la production agricole et industrielle de la Bretagne vit se modifier les conditions vitales qui jusqu'à ce moment avaient assuré sa prospérité et son existence. Ce nouvel ordre de choses qui annullait ou amoindrissait plusieurs des éléments où elle avait jusqu'alors puisé sa force, lui imposa l'obligation d'en étudier de nouveaux, dont elle n'avait jamais eu à se préoccuper.

II.

La seconde phase de l'industrie linière dans le Finistère, remonte aux années 1823-1825. A cette époque la Belgique, la Silésie, l'Ecosse et l'Irlande, commencèrent à se montrer sur les marchés avec des tissus notablement améliorés dans leur composition et avantageusement modifiés quant à leurs moyens de production par la mise en pratique des nouvelles découvertes de la science, soit dans l'art de blanchir, soit dans les diverses transformations de la matière première ; si bien que dès 1826 la concurrence devint tellement désastreuse pour les tissus bretons, que tous les marchés étrangers leur furent à la fois fermés.

De ce moment date la décadence si rapide de la fabrication rurale des toiles et celle progressive, quoique moins prompte, de la culture des lins.

Une révolution morale s'opérait en Europe, avons nous dit : les ressources pécuniaires des gouvernements, naguère absorbées par l'entretien d'innombrables armées, se tournaient désormais vers les améliorations de tous genres, suspendues pendant la longue période des déchirements révolutionnaires, ou des sanglantes luttes de l'Empire. — Les avantages industriels que le Finistère devait surtout aux circonstances — facheusement exceptionnelles — que nous avons énumérées, disparaissaient de jour en jour avec l'amélioration de ses routes, et l'ouverture de nouvelles voies de communication, qui donnaient aux productions spontanées du sol, comme aux denrées fournies par sa culture, un économique et facile accès vers les nombreux ports de mer dont son périmètre est découpé. La facilité du placement de tous les produits, l'élévation de leurs prix, furent promptement suivis de l'augmentation des loyers, et de l'extension superficielle des terres cultivées. Les travaux des champs réclamèrent plus de temps, plus de bras ; dès lors les prix de la main-d'œuvre, furent naturellement changés, et il devint évident que si les éléments de l'industrie linière ne se trouvaient pas anéantis, ils étaient au moins modifiés de telle sorte, qu'ils ne présentaient plus que des conditions d'égalité avec ceux des autres pays producteurs.

Pour prétendre à lutter avec quelque fruit contre une concurrence redoutable il fallait sérieusement compter sur un nouvel auxiliaire, l'intelligence, constamment soutenue par l'étude, par l'observation de tous les progrès, et sans cesse stimulée par les découvertes de la science.

Il ne s'agissait plus en effet de suivre machinalement une ornière tracée par les siècles, aboutissant toujours au même point, où se rencontraient toujours les mêmes besoins habituels et les mêmes débouchés. Désormais, le siècle marchait et les besoins de la consommation se modifiaient dans l'ancien comme dans le nouveau monde. Les Anglais et les Allemands étudiaient ces besoins jusque dans leurs caprices ; les Bretons seuls restaient stationnaires, et même rétrogradaient en n'opposant à cette concurrence, que des diminutions de prix, obtenues par des altérations dans les qualités, erreur funeste qui achevant bientôt de mettre leurs tissus en complet discrédit leur fit fermer tout débouché extérieur.

Le Finistère tout en possédant les éléments constitutifs de l'industrie linière, la voyait néanmoins marcher avec une désolante rapidité vers un complet anéantissement, par suite de la nature même de ses fabricants ruraux, dont jusque là, de génération en génération, toute la science se bornait, depuis un temps immémorial, à reproduire servilement et toujours ce qu'avaient produit leurs pères.

Ce fut à ce moment que le commerce, jusque là, simple intermédiaire entre le fabricant rural et le consommateur national ou étranger , jugea indispensable d'intervenir et d'apporter à cette industrie mourante le concours de son intelligence et des études auxquelles toutes ses relations lui permettaient de se livrer avec fruit. Seul en effet, il pouvait lui offrir l'élément nouveau propre à vivifier, à corroborer ceux préexistants et à leur donner une impulsion convenable.

Trois maisons de Landerneau se dévouèrent et entreprirent cette réforme ; mais en entrant les premières dans cette nouvelle voie, elle ne se dissimulèrent pas les difficultés et les ennuis qu'elles devaient rencontrer, dans la lutte ou elles allaient s'engager, contre les routines, les préjugés et la malveillance de certaine partie de la population, toujours disposée à repousser et à combattre toutes les innovations, même, et surtout alors, que son bon sens ne lui permet pas de révoquer en doute la probabilité d'une incontestable réussite.

Deux maisons de Landivisiau et de Morlaix venaient peu d'années après s'associer à leurs efforts. Quoique libres de toutes conventions réciproques elles marchèrent, avec des intentions identiques, dans les mêmes errements. Leur but était de relever, de soutenir l'industrie rurale, en la régularisant et en l'améliorant, et non de la supplanter en la concentrant dans les villes, comme on s'est longtemps plû à le faire croire et comme semblaient en effet l'indiquer les nécessités préparatoires de la tâche entreprise.

La création immédiate d'une manufacture urbaine dût en effet paraître une contradiction flagrante avec le but avoué, surtout aux yeux des gens prévenus et ignorant les plans préconçus ; mais ce fut une nécessité : car si en thèse générale il est souvent difficile de réformer et de modifier certaines habitudes, de vaincre soit l'amour propre, soit les préjugés de la classe ouvrière, cette vérité s'applique surtout aux campagnards bretons, dont il faut séduire la vue pour séduire l'intelligence, et vis-à-vis desquels tout raisonnement serait superflu, s'il ne venait à l'appui de faits patents et palpables qu'ils ne peuvent plus révoquer en doute. Or, pour obtenir ces faits et montrer que dans le Finistère on pouvait fabriquer facilement les mêmes tissus que partout ailleurs ; il fallait avoir sous la main un noyau d'habiles maîtres et contre-maîtres, pour diriger et instruire incessamment soit des apprentis, soit des ouvriers déjà formés, qui volontairement disposés à se laisser guider dans la voie nouvelle pourraient plus tard, à leur tour, se disséminer dans les communes rurales et enseigner aux autres tisserands les moyens de bien faire.

La régénération de l'industrie du tissage embrassait un cadre immense et présentait de grandes et nombreuses difficultés.

Il fallait retoucher à presque toutes les manipulations de la matière première, depuis son peignage jusqu'aux dernières préparations des tissus fabriqués ; il fallait de plus remplacer les moyens surannés et imparfaits par ceux que la marche du temps et les progrès de la science indiquaient comme préférables.

On créa donc à Landerneau : un moulinage mécanique pour la préparation des chanvres teillés destinés à des tissus exigeant l'emploi de ce textile ; un peignage à la main, pour chanvre et lin, affecté à l'épuration graduelle des matières suivant la destination qui leur était réservée ; une filature à la main également régularisée, s'étendant sur la majeure partie des communes des arrondissements de Morlaix, Brest, Châteaulin, dans la zône comprise entre St.-Pol de Léon et Plouguerneau, sur la côte de la Manche et au pied des montagnes d'Arrès, depuis Pleyber-Christ jusques' et y compris Châteaulin : (Nous reviendrons sur cette partie intéressante de la réforme) des blanchisseries sur une grande échelle et adoptant les plus nouveaux procédés ; un cylindrage à chaud et à froid pour l'aplatissement ou le calendrage des tissus exigeant cette préparation ; enfin, la fabrication des ros, lames et autres armures nécessaires aux travaux des manufactures de toiles.

Le filage à la main fut peut-être, de toutes les améliorations projetées, celle qui présentait le plus de difficultés à vaincre. Sans le filage, il faut le dire, tout perfectionnement devenait presqu'impossible; mais à force de soins, d'attentions et d'encouragements on parvint à obtenir des résultats bien supérieurs à ceux qu'on osait espérer. Plus de 4,000 fileuses inscrites, furent stylées à fournir toujours les mêmes numéros et à travailler suivant des types parfaits; chaque localité, chaque commune, ayant été appelée à filer autant que possible lés espèces approchant le plus de ses anciennes habitudes.

La complète réussite de ce point essentiel de la réforme donna aux diverses espéces des nouveaux tissus une telle perfection que les maisons du Finistère purent braver toute concurrence.

Alors s'élevèrent successivement les établissements centraux des communes rurales de Sizun, Commana , St.-Sauveur et Ploudiry. Chacun d'eux renfermait un nombre de métiers proportionnel à la population ouvrière demeurant dans les bourgs ou aux environs et leurs contre-maîtres pouvaient visiter facilement un nombre de métiers triple ou quadruple, placés dans les villages et fermes à un certain rayon de distance.

Ces créations offraient aux tisserands le double avantage de livrer sans frais de déplacement et chaque jour de la semaine les tissus fabriqués, de recevoir les chaînes et fils nécessaires pour en confectionner d'autres, et en même temps de pouvoir examiner sur les métiers, les nouvelles espèces, toujours étudiées et fabriquées préalablement dans les établissements centraux, soit par les contre-maîtres eux-mêmes soit sous leur direction par les plus habiles ouvriers.

Cette seconde phase de l'industrie linière atteignait sa plus haute prospérité quand à la faveur d'une modification aussi inopportune qu'incroyable des tarifs protecteurs de l'industrie nationale, surtout en ce qui touchait les tissus similaires de ceux du Finistère ; les fils et les toiles de l'Angleterre et de la Belgique faisant irruption sur les marchés français, vinrent rompre tout équilibre, soumettre l'industrie toilière, à des conditions différentes, lui imposer de nouvelles épreuves.

La filature à la main , débordée par les fils mécaniques qui s'offraient à des prix excessivement bas, chercha vainement à se soutenir. — Tant qu'un reste de souffle parut l'animer encore, les fabricants réformateurs s'imposèrent la loi de s'abstenir, avant sa fin prochaine et naturelle, de la remplacer par les moyens analogues à ceux qui occasionnaient sa mort. Leur intérêt immédiat eut a en souffrir: car ils laissèrent ainsi passer quelques années de prospérité dont aurait pu jouir cette industrie, mais ils tenaient à bien constater qu'ils voulaient encore une fois faire revivre et non supplanter l'ancienne industrie rurale du pays.

L'anéantissement presque complet de la filature à la main, créant un obstacle infranchissable entre la production territoriale et l'industrie textile, la première devait nécessairement tomber; la préparation de ses matières les rendant presque totalalement impropres au travail à la mécanique.

L'agriculture du Finistère se trouvait donc tout-à-coup dépouillée d'une de ses productions les plus familières et les plus lucratives, lorsqu'en 1845, les maisons de Landerneau, Landivisiau et Morlaix, jugèrent le moment arrivé de relever par un suprême effort cette industrie encore agonisante, et de la rendre d'un coup, aux conditions de vitalité prospère, dont les éléments que renfermait le pays ne pouvaient manquer de lui assurer le retour.

III.

La troisième phase de l'industrie linière, celle dans laquelle on entre en ce moment, n'a pas encore d'historique. Elle marche accomplissant les faits qui, plus tard, lui constitueront un passé probablement en rapport avec les prévisions sur lesquelles ont été fondées les espérances d'un heureux avenir.

Du moment ou l'ancienne industrie rurale telle qu'elle a été décrite, se trouva scindée en deux tronçons, désormais sans rapport de continuité, ceux-ci ne pouvaient plus que se tordre et périr, si pendant qu'un reste d'existence les animait encore, on ne trouvait un moyen aussi efficace que prompt de les ressouder

La nature du mal en indiquait le remède; c'était l'introduction entre la culture de la plante et son tissage, de la filature mécanique; moyen certain, radical, mais d'une difficile application, autant par l'immense capital qu'il réclamait, que par son étrangeté, relativement aux connaissances spéciales et à l'expérience acquise des hommes appelés les premiers à s'en servir.

La tâche était lourde et la responsabilité d'autant plus grande, que l'opinion publique pouvait taxer de présomptueuse la prétention d'aborder une réforme industrielle qui, dans le département des Côtes-du-Nord, échouait depuis deux années, malgré les sympathiques encouragements du Conseil général, et de toutes les sommités commerciales et administratives, appuyés d'une prime départementale de quatre-vingt mille francs.

Nonobstant ces graves considérations, les quatre maisons qui par une lutte de plus de vingt années couronnée d'un grand succès, avaient pu connaître à fond les besoins et les ressources du pays, ne balancèrent pas de nouveau à se jeter en avant, mais en faisant appel cette fois, à la population intéressée. Elles confondirent leurs intérêts, et au lieu de couvrir l'entreprise du voile de l'*anonyme* qui met à l'abri des évènements la responsabilité morale des noms propres, et la partie matérielle de la fortune non engagée; *MM. Heuzé, Radiguet, Homon, Goury et Leroux*, offrirent sans hésiter, leur solidarité comme gage d'une conviction profonde dans le succès. Ils enchaînaient leur avenir, se condamnaient à subir le poids du travail, des émotions et de toutes les éventualités attachées à une si difficile entreprise, et renonçaient à toute rémunération avant prélèvement, pour les actionnaires, d'un intérêt annuel de 5 p. $^o/_o$ et aussi d'un amortissement de 5 p. $^o/_o$, sur les valeurs industrielles, qui ne pouvaient guère s'élever à moins de quinze à seize cent mille francs.

Leur appel fut entendu surtout dans les campagnes. Les cultivateurs en général, fermiers ou propriétaires, saluèrent avec joie l'ère nouvelle destinée à ranimer la culture d'un produit avantageux, auquel ils n'avaient renoncé qu'avec les plus grands regrets. La naissante société eut alors la satisfaction de voir entrer dans ses rangs plusieurs maisons de commerce des plus respectables et des mieux posées dans le département, pour apprécier l'avenir de l'opération ; elle put en outre juger, par les souscriptions de beaucoup de propriétaires ruraux totalement étrangers aux spéculations commerciales et porteurs des noms les plus anciens et les plus aristocratiques du pays, que dans l'esprit breton, l'industrie linière n'avait ni dérogé, ni rien perdu de l'ancienne considération dont jadis elle fut honorée.

L'ensemble des travaux de la société linière du Finistère comprend : — La réforme de la culture, du rouissage et du teillage des lins, pour les approprier aux exigences de la mécanique. — Leur classement et leur peignage. — Le lessivage et le blanchiment des fils et des tissus fabriqués. — Le tissage de toute espèce de toiles, soit pour les fournitures de l'état, soit pour les besoins commerciaux. — Enfin, les dernières préparations des tissus et leur placement le plus immédiat possible à la consommation.

Voici l'état statistique complet de la société linière, à la fin de 1849.

ÉTAT STATISTIQUE

De la Société Linière du Finistère.

Associés-Gérants : HEUZÉ, RADIGUET, HOMON, GOURY et LE ROUX ;
Directeur : HEUZÉ.

Établissements industriels de la Société Linière.

1º Établissement de teillage mécanique pour le lin, à Pontpol, près Morlaix. — Mû par l'eau. Force motrice, 24 chevaux. 80 ouvriers.

2º Filature de chanvre et de lin, située à 800 mètres de Landerneau, sur la route nationale nº 12. . . . . . 450 ouvriers.

Moteurs $\begin{cases} \text{Turbine de. . . . 120 ch}^\text{x} \\ \text{Machine à vapeur de 70 ch}^\text{x} \end{cases} \begin{cases} \text{marchant soit} \\ \text{alternativ}^\text{t} \text{ soit} \\ \text{simultaném}^\text{t}. \end{cases}$

3º Trois blanchisseries de fils et toiles, situées à Morlaix, Landivisiau et Landerneau, comportant 4 chaudières à vapeur et occupant ensemble. . . . . 180 ouvriers.

4º Six manufactures de toiles pour les services de la marine nationale, de la guerre, la marine marchande et le commerce des marchés français. . . . . 550 métiers.

5º Neuf cents tisserands répandus dans les communes rurales des arrondissements de Brest et de Morlaix, qui entourent les manufactures régulières ci-dessus indiquées et qui sont sous la direction de ces établissements centraux et la surveillance des contre-maîtres qui y sont attachés. 900 ouvriers.

Elle occupe en outre en devideuses, charretiers, personnel attaché au cylindrage, calendrage, au pliage des toiles et paquetage des fils, environ 250 à 300 personnes. 250

Total. . . . . . . 2410.

Culture des Lins.

L'introduction de la culture flamande a donné, depuis 1846, de bons résultats moyens, quoique des quatre récoltes qui se sont succédées, il y en ait eu deux fort ordinaires et même assez médiocres en quantité.

En 1846 et 1848 les lins n'ont pas été abondants, tant s'en faut.

1847 et 1849 ont donné de meilleurs résultats en quantité de filasse et de graine, mais la qualité moins belle, moins soyeuse que la première année, ce qu'on croit pouvoir attribuer à un plus grand emploi de la graine du pays pour semence: néanmoins les rendements relatifs en brin et en graine ont constamment été supérieurs dans les lins traités par la méthode flamande, à ceux travaillés suivant l'ancienne méthode bretonne.

On voit dans un opuscule publié en septembre 1849, par M. Charles Homon, l'un des gérants de la société, spécialement chargé de la recette des lins à Pontpol, qu'il résulte des déclarations de plusieurs cultivateurs des communes qui ont les premiers adopté la nouvelle méthode, que la moyenne du rendement par hectare en lin Flamand, a donné 1004 fr., tandis qu'il est reconnu que l'hectare de lin, ancienne méthode, ne donne guère que 725 fr.

Ces résultats expliquent l'empressement des cultivateurs bretons à suivre la nouvelle méthode et à réclamer les conseils et l'assistauce des ouvriers Flamands.

La progression de cette culture a marché rapidement. Presque nulle la première année, elle arrive en 1849 à offrir 5 à 600 mille kilog. de lin en bois, qui prétend-on atteindra un million de kilog. en 1850.

Le département des Côtes-du-Nord, attentif au progrès de cette culture dans le Finistére, vient de voter des fonds pour solder des Flamands et poursuivre le même but dans les riches communes de son littoral.

Filature.

L'usine est construite et emménagée pour recevoir 5000 broches.

On n'en a monté d'abord que 3200, qui sont en pleine activité, et ne recevront leur complément qu'au fur et à mesure que le besoin s'en fera sentir, et que les perfectionnements des machines permettront à la société de suivre ses concurrents dans l'amélioration de ses produits.

Son matériel est composé pour produire :

du numéro 2 jusqu'au numéro 16, fils de chanvre
   id.   2 jusqu'au numéro 32, fils de lin.   En filé sec.
   id.   2 jusqu'au numéro 25, fils d'étoupes

Ces fils sont en grande partie employés dans le pays, tant pour la confection des tissus fabriqués par la société que pour ceux que font confectionner les fabricants ruraux et qui s'élèvent déjà à un chiffre assez important.

L'année se compose de trois cents jours de 12 heures de travail, et les quantités de fils que peut produire l'usine avec ses 3200 broches actuelles, dans cette période, sans varier notablement en longueur de fil produit, présentent d'énormes différences en poids, puisque ces quantités peuvent varier entre 450 et 650 mille kilogrammes de fils, suivant que les besoins réclament des numéros 2 à 14, ou qu'ils n'exigent que des numéros 16 à 32.

La société par l'organisation économique de son industrie, s'est parfaitement rencontrée avec les vues du gouvernement, en s'attachant à relier le travail agricole et le travail industriel, en régularisant celui-ci, et en prévenant autant que possible les agglomérations d'ouvriers, source continuelle de malaise et d'embarras pour les villes. Elle avait aussi compris dès-longtemps, les heureux résultats que l'on pouvait retirer d'une association raisonnée du capital et du travail, de manière à provoquer le zèle et le concours incessant de toutes les forces intelligentes dirigées vers un but commun.

La société, en assurant par ses statuts aux collaborateurs de ses gérants une part assez notable dans les bénéfices sociaux, en même temps qu'elle instituait une réserve spécialement affectée à l'assistance des ouvriers qui, par suite de malheur ou de maladie, ne pourraient travailler ; la société, disons-nous, en introduisant ces clauses, au moment où se révélaient toutes les nouvelles théories sur l'association, n'a pas eu pour but une innovation spéculative. Elle n'a fait que consacrer les errements dans lesquels marchaient depuis vingt ans les maisons qui forment aujourd'hui sa gérance. Libres de leurs actes comme de tout engagement envers leurs subordonnés, elles avaient intéressé au succès de leurs entreprises, les maîtres, commis et contre-maîtres, par des distributions de sommes proportionnées aux résultats et aux services rendus ; et les ouvriers, par des primes nombreuses à chaque livraison de la marchandise. Ces primes, combinées de manière à s'accroître au fur et à mesure que la promptitude d'exécution concordait avec la perfection du travail, s'élevaient parfois jusqu'à dix et douze pour cent du taux de la main-d'œuvre.

Les suites de cette façon d'opérer ont indubitablement influé sur les résultats suivants :

1º Pendant vingt ans et malgré les froissements inhérents à toute réforme, pas un attroupement n'a eu lieu, pas une plainte collective ne s'est élevée de la part des ouvriers contre les patrons.

2º Le perfectionnement des tissus s'est opéré en même temps que la promptitude d'exécution augmentait le bien-être de l'ouvrier.

3º Les commis et contre-maîtres, voyant un avenir dans la prospérité des établissements, se sont identifiés avec eux, s'y sont créé des positions avantageuses et se trouvent aujourd'hui, pour la plupart, non-seulement actionnaires, mais encore actionnaires pour un intérêt important dans la nouvelle société.

C'est à de semblables précédents et à la sollicitude que dans les circonstances graves et exceptionnelles, la société a toujours montrée pour les ouvriers, comme récemment dans la crise alimentaire de 1846-47, encore présente à leur mémoire, et au moment de la violente commotion politique et commerciale de 1848, qu'elle doit, sans aucun doute, de n'avoir pas vu se joindre à toutes les tribulations et à tous les embarras de cette périlleuse époque, les graves perturbations, qui, presque partout ailleurs, ont été produites par l'effervescence des masses ouvrières contre les patrons qui les employaient.

Deux années désastreuses pour l'industrie ont accompagné les premiers pas de la nouvelle entreprise. Pendant qu'une partie notable des grands établissements similaires tombait écrasée sous le poids des événements, des cultivateurs de Flandre, soldés par la société et soutenus par le conseil général au moyen des faibles ressources dont il pouvait disposer, parcouraient les campagnes, instruisaient les cultivateurs bretons et portaient en trois années la quantité de lin préparé suivant la méthode flamande, à près de six cent mille kilogrammes de lin en bois, de bonne qualité, bien qu'il n'eût pas encore toute la valeur que le perfectionnement de la nouvelle méthode doit lui permettre d'atteindre.

Des ouvriers anglais des deux sexes, guidés par d'habiles contremaîtres, se livrent à l'éducation du personnel breton avec zèle et douceur (1). Ils obtiennent les plus heureux effets en concourant, sous l'infatigable et habile direction de l'élu de la gérance, à placer tout d'abord la société linière en première ligne pour la filature comme elle l'était déjà pour le tissage. La médaille d'or de première classe que vient de lui décerner le jury national de l'exposition de 1849, témoigne du rang qui lui a été assigné au milieu de si nombreux et de si honorables concurrents (2). Ce jugement trouve au reste sa confirmation dans la faveur acquise aux produits de la société linière, sur les grands marchés de fabrication et de consommation, et dans le pays même, près des fabricants ruraux qui commencent à comprendre tous les avantages qu'ils peuvent en retirer.

---

(1) La conduite des Écossaises particulièrement a toujours été admirable, à l'égard des enfants dont elles ont été appelées à diriger l'apprentissage. Loin de les maintenir dans l'ignorance, par des motifs faciles à comprendre ; elles se sont non-seulement attachées à les instruire, mais elles leur ont donné souvent d'affectueuses preuves de sympathie. Maintefois en les a vues partager leur nourriture avec les petites ouvrières dont la misère excitait leur pitié, avant que la société se fut décidée à les nourrir.

Le personnel étranger exercera peut-être aussi une heureuse influence sur le personnel breton, en l'initiant à des habitudes d'ordre, à des soins de propreté qui lui sont trop longtemps restées inconnues : c'est en grande partie sans doute à ces précieuses qualités, qui sont dans leur essence, que les Anglais doivent ce séduisant éclat de jeunesse et de fraîcheur, ces physionomies distinguées et intelligentes qui semblent appartenir à une nature toute privilégiée.

(2) En décernant une médaille d'or à la société linière, le jury a, ce nous semble, récompensé l'excellence des produits exposés, -- nous regrettons pour notre part, qu'il ait ignoré les droits qu'une carrière industrielle, pleine de ces luttes opiniâtres et de ce travail incessant qui délabrent la santé et usent la vie, donnent au directeur de la société, M. Heuzé, d'obtenir la récompense accordée aux citoyens qui ont personnellement rendu des services à leur pays.

Les résultats obtenus, après une si courte période hérissée de tant de difficultés et au milieu d'un ébranlement général qui couvrait la France de ruines, ne peuvent laisser de doutes sur l'heureux avenir réservé à l'industrie régénérée du Finistère. Elle est désormais aussi étroitement liée qu'elle l'a jamais été à la production du sol et au travail manuel de la population agricole de ses campagnes.

Espérons que des circonstances plus calmes viendront développer encore les éléments de prospérité que le pays assure à cette industrie destinée à répandre l'aisance autour d'elle, dans toutes les classes de la population. Alors sans doute, au nombre des améliorations graduelles et incessantes, dont la société s'occupe sans relâche, en même temps que du perfectionnement progressif des produits manufacturés, figureront bientôt des institutions philanthropiques, propres à garantir les ouvriers contre des éventualités d'une réalisation trop fréquente, qui, d'un jour à l'autre peuvent les jeter dans l'indigence et le dénûment (1).

****

(1) Jusqu'à ce jour les projets conçus par la gérance pour les institutions de prévoyance ont été entravées par plusieurs causes qui ne sont pas insurmontables, mais qui pour arriver à bien, réclament le temps moral nécessaire pour former les convictions, et les établir avec la plus entière bonne volonté des parties qui seront appelées à y concourir.

Au nombre des obstacles qui se sont opposés à leur création immédiate, se trouve d'abord la répulsion de l'ouvrier à garantir au moyen d'un denier d'épargne, si faible qu'il soit imposé au présent, un avenir dont bien peu se préoccupent. Un autre motif de difficulté s'est rencontré dans les deux nationalités du personnel. Il ne pouvait y avoir de mesures communes, les Anglais tenant déjà à des confréries générales de leur pays et jouissant de tous les avantages d'une mutualité religieusement observée. Il n'y a donc jusqu'à ce moment d'organisés, que les secours médicaux et l'assistance donnée aux ouvriers par la société linière sans la moindre participation de leur part. Il est fâcheux de le dire, le repas quotidien institué en faveur des petites ouvrières de la filature, repas abondant, sain et nutritif, qui n'est jamais suspendu pendant les chômages de l'usine et qui n'a pas tardé à révéler son heureuse influence sur le développement physique et sur la santé de ces enfants, a été dès le principe l'objet de réclamations assez vives de la part d'un assez grand nombre de parents qui eussent préféré une augmentation de salaire en argent, dût-elle être moindre que le prix revenant de la nourriture donnée.

Troisième Partie.

FONCTIONNAIRES PRINCIPAUX

DE LA RÉPUBLIQUE

ET DU FINISTÈRE.

POUVOIRS DE L'ÉTAT.

POUVOIR EXÉCUTIF.

Charles - Louis - Napoléon BONA-PARTE, proclamé le 20 Décembre 1848 *Président de la République française*, jusqu'au 10 Mai 1852.

BOULAY (de la Meurthe), *Vice-Président de la République française, Président du Conseil d'Etat.*

ASSEMBLÉE LÉGISLATIVE.

Elle se compose de 750 membres, élus pour trois ans, par les départements et les colonies françaises, le 13 Mai 1849; son président qu'elle choisit elle-même tous les trois mois, est, au 1er Janvier 1850, M. Dupin, aîné; Les 13 représentants du peuple élus par le Finistère, sont : MM.

Barchou de Penhoën, Collas de Lamotte, De Blois, De Keranflech, De Roquefeuil, Ducouëdic, Kératry, Lacrosse, Laimé, Le Flo, Mazé-Launay, Mége , Romain-Desfossés; 86,000 électeurs sur 150,000 ont pris part à cette élection.

Ministres Secrétaires d'Etat.

Leur nombre et leurs attributions sont fixés par le pouvoir législatif; ils sont choisis et révoqués à volonté par le pouvoir exécutif; il y a à la fin de 1849, neuf ministres qui sont : MM. 1o. Rouher, *ministre de la justice.* 2o Ducos de Lahitte, *ministre des affaires étrangères.* 3o Dumas, *ministre de l'agriculture et du com-*merce. 4o Achille Fould, *ministre des finances.* 5o D'Hautpoul, *ministre de la guerre.* 6o Parieu, *ministre de l'instruction publique et des cultes.* 7o Ferdinand Barrot, *ministre de l'intérieur.* 8o Romain Desfossés, *ministre de la marine.* 9o Bineau, *ministre des travaux publics.*

JUSTICE ET CULTES.

JUSTICE.

Cour d'appel de Rennes.

BOUCLY, *premier président.*
DUBODAN, *procureur général.*
DRÉO, *greffier en chef.*

Les appels des tribunaux de première instance et des tribunaux de commerce des départements des Côtes-du-Nord, du Finistère, d'Ille-et-Vilaine, de la Loire-Inférieure et du Morbihan, se portent à cette cour.

COUR D'ASSISES DU FINISTÈRE.

Elle se compose tous les ans de trois juges : 1° d'un conseiller de la cour d'appel de Rennes, délégué chaque trimestre pour présider la cour d'assises du département ; 2° de deux juges pris, soit parmi les conseillers de la cour d'appel, lorsque celle-ci juge convenable de les déléguer à cet effet, soit parmi les président ou juges du tribunal de première instance de Quimper ; 3° du procureur de la république près le tribunal, ou de l'un de ses substituts, quand le procureur général ne juge pas à propos de s'y rendre lui-même pour y exercer ses fonctions ; 4° du greffier du tribunal, ou de l'un de ses commis assermentés, (loi du 4 mars 1831.)

DU JURY.

Le jury de jugement est composé de 12 jurés tirés au sort par le président, pour chaque affaire portée devant la cour d'assises, sur une liste de 36 jurés, plus 4 suppléants, formée par le sort en vertu du tirage qui doit être fait devant le tribunal du chef-lieu du département, et prise sur la liste générale transmise par le préfet pour le service du jury de l'année. En cas de décès ou d'incapacité reconnue depuis la formation de la liste générale du jury, le président de la cour d'assises est tenu de compléter, par la voie du sort, à peine de nullité, au nombre de 30 noms, la liste sur laquelle on prend le jury appelé à juger chaque affaire. L'accusé et le ministère public ont le droit d'exercer un pareil nombre de récusations. L'accusé exerce son droit le premier. Le jury est formé quand 12 jurés non récusés sont sortis de l'urne. Les jurés sont renouvelés tous les trimestres, et ne peuvent être appelés en service plus d'une fois dans l'espace de trois années, (loi du 7 août 1848.) Les questions de fait seules doivent être soumises aux jurés, et non les questions de droit, qui sont du ressort de la cour. Les attributions du jury ne sont plus bornées aux jugements des crimes ordinaires : il est encore chargé de statuer sur les délits politiques et les délits de la presse.

Tout juré qui, cité légalement, huit jours d'avance, comme juré de service pour le trimestre indiqué, ne se rend pas à son poste au jour et à l'heure voulus, peut être condamné par la cour à 500 francs d'amendes, à moins de moyens d'excuse, sur la validité desquels la cour est appelée à prononcer. En cas de récidive, la peine peut être portée à 1,000 francs pour la deuxième fois, et à 1,500 fr. pour la troisième, avec interdiction d'exercer à l'avenir les fonctions de juré, impression et affiche de l'arrêt à ses frais, (code d'instruction criminelle, 396). La validité de l'excuse pour cause d'absence se prouve, s'il s'agit de santé, par un certificat d'un médecin patenté, affirmé devant le juge de paix, et, dans tout autre cas, par un acte de notoriété en règle, reçu par le même magistrat, et remis au procureur de la république du lieu où est le juré, avec les formalités d'usage. (Voir les lois du 2 mai 1837, 2 juillet 1828, 17 avril 1831 et 7 août 1848.) Cette dernière loi a été insérée dans l'annuaire de 1849, page 145.

TRIBUNAUX DE PREMIÈRE INSTANCE DU FINISTÈRE.

1º **QUIMPER.** — Les audiences civiles de ce tribunal se tiennent les lundi, mardi et mercredi de chaque semaine, et les audiences correctionnelles, les jeudis et vendredis : le jeudi est consacré aux affaires correctionnelles de l'arrondissement et le vendredi aux appels correctionnels. Les audiences ont lieu à 11 heures du matin.

Membres du tribunal. — MM. Voyer, *président*, Lozach, *vice-président*, Camenen, *juge d'instruction*, Le Tersec, Le Guisquet, Cropp, Verdun, *juges*, Dorn, Faugeyroux, Alain Le Bastard de Mesmeur, *juges suppléants*, Duportal, *procureur de la république*, Brager, Le Goaesbo de Bellée, *substituts*, Cloarec, *greffier*, Delplanque et Alexandre, *commis greffiers*.

Avocats. — MM. Le Roux, Perrotin, De Blois, Le Hars (th.), Hernio fils, Rivet, Dumarnay, Dorn, Moallic (henri), Le Guillou (louis), Ponthier de Chamaillard fils : Penanros, *stagiaire*. Le conseil de l'ordre est composé de MM. Rivet, *bâtonnier*, Dumarnay, Le Roux, *doyen*, Le Hars et de Blois, anciens bâtonniers.

MM. Le Hars, Dumarnay, Ponthier de Chamaillard, forment le comité consultatif des communes, des hospices et des bureaux de bienfaisance de l'arrondissement.

Avoués. — MM. Le Guillou, Moallic, Le Moyne, Tassel, Laplace, Guyot, Bernay, Ansquer.

2º **BREST.** — Le tribunal de Brest tient ses audiences civiles les mercredis et jeudis, à onze heures du matin. Les jeudis sont spécialement consacrés aux appels de justice de paix.

Les audiences correctionnelles ont lieu tous les vendredis et samedis, à onze heures du matin.

M. le président tient ses audiences de référé tous les jeudis, à dix heures du matin, au palais de justice.

Le greffe est ouvert tous les jours, à l'exception des dimanches et fêtes, depuis huit heures du matin jusqu'à quatre heures du soir. Tous les registres de l'état-civil des 83 communes de l'arrondissement, antérieurs à ceux de l'année courante, y sont déposés, et l'on en délivre toute expédition légalisée, dans les 24 heures, ainsi que des pièces annexées à l'appui des actes de mariage.

Membres du tribunal. — MM. Duval, *président*, rue de traverse, 7, Le Donné aîné, rue saint-yves, 24, Le Saulnier de la Pinelais (instruction), rue de la rampe, 7, Oudart, rue voltaire, 4, *juges*, Pérénès, rue de siam, 34, Dein, rue de la rampe, 5, Desbois, rue Duguay-Trouin, 13, *juges suppléants*, Gouin, *procureur de la république*, rue voltaire, 7, Yzopt, *substitut*, rue de la rampe, 29, Allard, *greffier*, grand'rue, 56, Cadiou, *commis greffier*, rue de la mairie, 35.

Avocats. — MM. Barbier aîné, à Lambézellec, Miorcec de Kerdanet, fils aîné, docteur en droit, à Lesneven, Pérénès, rue de siam, 34, Brest, Rault, rue du château, 35, Clérec, aîné, rue de la rampe, 17, Miorcec de Kerdanet (daniel), à Lesneven, Kersauson de Pennendreff, rue de l'église, 27, à Recouvrance, Dein, rue de la rampe, 5, De Bourayne, rue d'aiguillon, 27, Billard, rue st.-yves, 41, Greé, à Lesneven, Guesnet, à la Forest, Kernévez, rue de siam, 57, Delaporte, rue du château, 17, Gilbert-Villeneuve, rue d'aiguillon, 22, Camescasse, rue voltaire, 4, Audren de Kerdrel, à Lannilis, Le Bastard de Mesmeur (Ernest), rampe, 33, Le Guen, rue de la pointe, n° 1, à Recouvrance.

Le conseil de l'ordre est composé de MM. Kersauson de Pennendreff, *bâtonnier*, Pérénès, Dein, Camescasse, Kernévez, et de Bourayne.

MM. Pérénès et Dein, avocats, M. Le Second De Coatpont, avoué, forment le comité consultatif des communes, des hospices et des bureaux de bienfaisance de l'arrondissement.

Avoués. — MM. Thomas, rue du château, 33, Le Jeune, rue saint yves, 11, clérec jeune, rue saint-yves , 24 , Le Bescond De Coatpont, agrégé du trésor, rue, d'aiguillon, 36, Gillart rue de siam, 50, Tanné, rue de siam, 34, Nicolas, rue d'aiguillon, 40, Joubert, place de la tour-d'auvergne, nº 8.

3º **MORLAIX.** — Audience civile ordinaire ; les mardis et vendredis, à dix heures du matin. — Audience de police correctionnelle, le jeudi, à dix heures du matin. — Audience des criés, le vendredi, à une heure. — Audience de bureau , le vendredi, à l'issue de l'audience ordinaire. — Audience des référés, le vendredi, à trois heures.

Membres du tribunal. — MM. Godefroy, *président*, Sauvée, *juge d'instruction*, Guégot de Traoulen, Millerot, *juges*, Barazer-Lannurien, Guillou (constant), *juges suppléants*, Dupuy, *procureur de la république*, Le Clair, *substitut*, Le Scour, *greffier*, Fouillard, *commis greffier*.

Avocats. — MM. Guégot, père, Barazer-Lannurien (françois-étienne), Découvrant, Gillart de Keranflech, de Kergrist, Villart, Swiney (edmond), Barazer-Lannurien (jean-marie-étienne), Le Denmat-Kervern (Philippe-victor), Daniellou fils , Le Bozec fils , Tixier Damas de St.-Prix (charles), Tixier Damas de St.-Prix (philippe). Constant-Guillou fils, Bourgeois, Miorcec de Kerdanet (émilien).

Avocats stagiaires. — MM. Le Férec et Courtois.

Avoués.—MM.Le Gac-Lansalut, Le Bozec père, président de la chambre des avoués , Bienvenue, Chaudy , Dubois, Guézennec,Rihouay

CHATEAULIN. — Les audiences de ce tribunal ont lieu à 40 heures du matin , le mardi pour les affaires civiles ou commerciales , le mercredi pour les affaires civiles, le jeudi pour les affaires correctionnelles.

Membres du tribunal. — MM. Hunault , *président*, Esnaud , *Juge d'instruction*, Lacoste, *Juge*, Fénigan et Allais, *Juges suppléants*, Claret, *procureur de la république*, Vimal-Dumonteil, *substitut*, Léon , *greffier*, Balcon, *commis greffier*.

Avocat. — M. Le Marchadour (arthur),

Avoués. MM. Fénigan , Guermeur, Halléguen, Chauvel , Grivart

QUIMPERLÉ. — Les audiences ont lieu à 40 heures du matin le lundi et le mardi pour les affaires civiles, le mercredi pour les affaires correctionnelles, le jeudi pour les adjudications ; les affaires de commerce se portent à l'audience du mardi après les affaires civiles.

Membres du tribunal. — MM. Barbier, *président*, Abyven, *juge d'instruction*, Limon , *juge*, Caurant, Renault et Audran , aîné , *juges suppléants*, Tahier, *procureur de la république*, Sansot, *substitut*, Buguel aîné, *greffier* , Buguel jeune, *commis-greffier*.

Avocats. —MM. Dulescoët aîné, Abyven fils.

Avoués. — MM. Renault, Caurant, Audran aîné, Lohier , Pierre , N.

<h1 style="text-align:center">TRIBUNAUX DE COMMERCE.</h1>

QUIMPER. — MM. Rabot , jeune, *président*, F. de la Hubaudière , Veisseyre, Ed. Porquier, *juges*, Sionnet , Puech (pierre) , *juges-suppléants*, Bernard , *greffier*.

Les audiences du tribunal de commerce de Quimper ont lieu les vendredis.

BREST. — MM. Kerros, fils aîné. *président*, rue du château, 37, Pesron, cours d'ajot , 7, Chevillotte, quai tourville , 45, Le Pontois, aîné, rue du rempart, 47, Vignioboul, rue de la mairie, 54, *juges*, Dubreuil, rue saint-louis, 6, Brousmiche, fils, grand'rue, 24, Croissant. à Landerneau. Calbrie, fils. grand'rue, 46, *juges suppléants*, Monteaud, fils, rue du château , 30, *greffier*, Monteaud, père, rue de la rampe, 37, *commis-greffier*.

Les audiences du tribunal de commerce de Brest se tiennent à la bourse, le lundi et le vendredi à une heure après midi.

MORLAIX. — MM. Beau jeune, *président*, Vallée, charles Homon, Daniellou père, Picot, *juges*, Le Hir, Boulineau, père, Lenaour, Dubeau, *juges suppléants*, Desjardins, *greffier*.

Les audiences du tribunal de commerce de Morlaix ont lieu le lundi à 40 heures du matin.

CHATEAULIN et **QUIMPERLÉ** n'ont pas de tribunaux de commerce; les affaires de commerce se portent, dans ces deux arrondissements, devant le tribunal civil.

<h3 style="text-align:center">JUSTICES DE PAIX DU DÉPARTEMENT DU FINISTÈRE.</h3>

CANTONS.	JUGES de PAIX.	SUPPLÉANTS.	GREFFIERS.	JOURS ET HEURES D'AUDIENCE.
Quimper.	Nouet.	Tassel, av. Mondehair, propr.	Peyné.	Vend. et samedi, 44 h.
Briec.	Salaun.	Le Berre, cult. N,....	Le Goïc.	Mardi et vendre. 44 h.
Concarneau.	De Malherbe.	Prouhet, n. à Trégunc, Dumanoir. pr. à Concarneau.	Thalamot.	Lundi et vendr, 44 h.
Douarnenez.	Béléguic.	Debon, pr. , Halna Dufrétay , prop.	Le Léal.	Lundi, 44 h.
Fouesnant.	Pelletier.	Parquer, n.,Clorennec.	Planchais.	Jeudi et samedi, 44 h.
Plog.-St.-Germ.	Lucas.	Viers. not. à Peumeurit , N.....	Le Mignon.	Jeudi, 44 h.
Pont-Croix.	Moreau.	Penguilly-Merle, à Audierne , Delécluse , chef de bataillon ret.	Riou.	Lundi , 44 h.
Pont-Labbé.	Garaby.	Cosmao-Dumenez, pr. Pascal, à Plomeur.	Desbans.	Jeudi et vend , 44 h.
Rosporden.	Guichoux.	Le Tirant, à St.-Yvi , Kervarec, institut.	Lollichon.	Jeudi , 44 h.

CANTONS.	JUGES de PAIX.	SUPPLÉANTS.	GREFFIERS.	JOURS ET HEURES D'AUDIENCE.
Brest, 1er arron	Le Férec.	Le Bescond de Coatpont, av, Le Monnier, notaire.	Paillard.	Mardi et same. , midi.
Brest, 2e arrond.	Demontreux.	Kernevez, avocat, Cléree jeune, avoué.	Lostis.	Lundi et vend., midi.
Brest, 3e arrond.	Cosmao.	Fresion , pr. , Beuscher , pr.	Foll.	Vend. et samedi, 10 h.
Daoulas.	Nicole.	Gac, pr., Danguy-Desdéserts, not.	Bergot.	Mardi et mercr., 10 h.
Landerneau.	Quéré.	Picquenard, pr. , Malléjac , not.	Brélivet.	Mardi et vendr., 10 h.
Lannilis.	Salaun.	Quéméneur, pr., Rolland , not.	Querré.	Mercre. et jeudi, 10 h.
Lesneven.	Prigent.	Lamare, pr., Lemoine, prop.	Barjou.	Mardi et samedi, 10 h.
Ouessant.	Babo.	Malgorn , pr.. et N.....	Malgorn, pror	Lundi, 10 h.. jeudi, 2 h.
Plabennec.	Pidoux.	Billant , p. , et Collin , prop.	Mazé.	Jeudi et samedi, 10 h.
Ploudalmézeau.	Caroff.	Julien, n., Cléree, aîné, avocat.	Ollivier.	Lundi et jeudi, 10 h.
Ploudiry.	Vaumousse.	Huc. n. , Bazin , pr.	Piriou.	Mardi et vend., 10 h.
Saint-Renan.	Le Vessel, émile.	De Miniac , n. , N.....	Le Hideux.	{ Lun. et sam. 10 h. St-R. Mardi, 10 h., au Conqu.
--	--	--	--	--
Morlaix.	Lozach.	Le Noan, n. Daniellou, fils , avocat.	Saint-Cas.	Vend. et samedi, 10 h.
Landivisiau.	Le Frère.	Cozanet et Pollard , notaires.	Le Scanff.	Mercre. et jeudi, 10 h.
Lanmeur.	Guillou.	Silliau, pr. , Le Saux , prop.	Le Cloarec.	Vendredi . 10 h.
Plouigneau.	Jamin.	Bourven, n., Jaouen , prop.	Le Verge.	Mardi , 10 h.
Plouescat.	Bodénès, aîné.	Le Moine. pr., Le Barzic , notaire.	Potel.	Lundi , 10 h.
Plouzévédé.	Lacaze.	Caill, prop., Prat, not.	Manach.	Mardi et vendr., 11 h.
St-Pol-de-Léon.	Deschamps.	Macé, n., Le Floch , p.	Chauvin.	Mardi et jeudi , 10 h.
Sizun.	Boucher.	Le Bras et Quéméner propriétaires.	Lagéat.	Jeudi , 10 h.
Taulé.	Quéinec.	Brélivet, pr.. Fagot p.,	Crosson.	Jeudi , 10 h.
St.-Thégonnec.	Joncour.	N....., Bourven , not.	Mer.	Lundi , 10 h.
--	--	--	--	--
Chateaulin.	Noury.	Le Marchadour , not. Révault . (Emm).	Le Bourgeois	Vend. et same., 10 h.
Carhaix.	Veller de Kersalaun.	Révault , (louis), Le Navennec, notaires.	Le Moine.	Vendredi , 10 h.
Chateauneuf.	Maisonneuve.	Séré, prop., Delaporte, notaire.	Lollivier.	Vendredi , 10 h.
Crozon.	Cusin.	Alavoine, not., Lescop, prop.	Henault.	Jeudi et vendr. , 10 h.
Le Faou.	Gourmelon.	Charuel , (félix) , not. Quillou , (louis), pr.	Le Menn.	Vendredi , 10 h.
Huelgoat.	Fégéan.	Le Morvan, n., Lemasson , prop.	Coquard.	Mercredi , 10 h.
Pleyben.	Le Taro.	Le Bretton, (max.), pr. Delaunay, not.	Dupays.	Mardi et same. , 10 h.
--	--	--	--	--
Quimperlé.	De la Boixière.	Le Doussal , n., Rousseau fils, not.	Perrot.	Jeudi et vend. , 11 h.
Arzano.	De Kerouallan.	Le Gall, pr., Brisoual, prop.	Henrio.	Mercr. et jeudi, 10 h.
Bannalec.	Guyho.	L'helgouach, p., Chardon, not.	Le Grand.	Merc. et same. . 10 h.
Pontaven.	Le Songeux.	Kersulec, not.. Carer , prop.	Coantec.	Merc. et same. , 10 h.
Scaër.	Dufleit.	Le Duigou , not., Guerhel, n., p.	Sinquin , fils.	Merc. et same. , 10 h.

TRIBUNAUX DE SIMPLE POLICE.

Ces tribunaux sont présidés par le juge de paix de chaque canton ; le maire du chef-lieu de canton y remplit les fonctions du ministère public, excepté dans les chefs-lieux d'arrondissement où il est remplacé par un commissaire de police. A Brest, qui se divise en trois cantons, chacun des juges de paix préside, à tour de rôle, pendant trois mois, le tribunal de simple police. Les audiences ont lieu à midi ; le jeudi, au palais de justice. M. Genly, commissaire de police, rue charronnière, 7, remplit les fonctions du ministère public, M. Libert, rue du château, 54, remplit les fonctions de greffier. Les commissaires de police qui remplissent les fonctions du ministère public sont : MM. Soudeix à Quimper, Crenn à Morlaix, Bernard (jacques) à Châteaulin, De Longraye à Quimperlé.

NOTAIRES DU DÉPARTEMENT DU FINISTÉRE.

MM. les notaires établis au chef lieu d'un des cinq arrondissements de Brest, Morlaix, Quimper, Châteaulin ou Quimperlé ont droit d'instrumenter dans tout l'arrondissement ; ceux établis dans d'autres communes ne peuvent faire d'actes que dans l'étendue du canton où est leur étude.

QUIMPER. — MM. Chauvel, Créac'hcadic, de la Lande de Calan, Joubert, N....., à Quimper. — *Briec.* MM. Jaouen et Plunier, à Briec. — *Concarneau.* MM. Le Mauyc et Lamy à Concarneau, Prouhet à Trégunc. — *Douarnenez.* MM. Le Clech, Le Guillou-Pénanros, victor Delécluse à Douarnenez, Damey à Plogonnec. — *Fouesnant.* MM. Parquer à Fouesnant, Lesneven à Pleuven, — *Plogastel-St.-Germain.* MM. Le Bâtard à Plogastel-St.-Germain, Le Bail à Plozévet, chargés Kernilis à Plonéour, Viers à Peumeurit, Boucheron à Pouldreuzic. — *Pont-Croix.* MM. Durest-Lebris et Daniélou à Pont-Croix, Pastol et Fénoux à Audierne, Pichavant à Cléden-Cap-Sizun. — *Pont-L'Abbé.* MM. félix Kernilis, Flamant, Verrye, Arnoult, Bargain à Pont-Labbé. *Rosporden* MM. Prévost à Rosporden, Le Rouxeau de Rosencoat à Elliant.

BREST. (1) MM. Kernéis, rue de Siam, 52, Le Monnier, rue de la mairie 15, Marchard, rue St.-Yves 37, Halligon, rue du château 28, Le Jeune, rue de Siam 43, Bérubé, rue de la mairie 21, Chayer, rue de st.-yves 30, Lemaux, rue de siam 23, Faque à Lambézellec. — *Daoulas.* MM. Picaud fils, Danguy des Déserts à Daoulas, Salaun à Hanvec, Jullen à Irvillac. — *Landerneau.* MM. Malléjac, Droniou, Terriot, Robert à Landerneau, Desmarest à Guipavas, — *Lannilis.* MM. Rolland, Jaouen à Lannilis, Le Menn à Guissény, Larreur à Plouguerneau. — *Lesneven.* MM. Guennoc, Brichet, Barjou, Rucard à Lesneven, Lamarre à Plounéour-Trez. — *Plabennec.* MM. Dourfer à Plabennec, Nicolas au Bourg-Blanc. — *St.-Renan* MM. de Miniac, Mével à St.-Renan, Leroy au Conquet. — *Ploudalmézeau.* MM. Guillard, Jullen à Ploudalmézeau, Le Gall à Porspoder. — *Ploudiry.* M. Huc, à Ploudiry.

MORLAIX. — MM. Barazer, Le Noan, Le Teurnier, Le Saux, Peschard, secrétaire de la chambre des notaires de l'arrondissement, — *Landivisiau.* MM. Pollard, Leconte père, Cozanet à Landivisiau, Landouar à Guimilliau. — *Lanmeur.* MM. Nédellec, Leyaouanc à Lanmeur, Le Bourdonnec à Plougasnou, Folgalvez à Plouézoc'h. — *Plouigneau.* MM. Le Magne, Bourven, aîné à Plouigneau, Le Coz à Botsorhel, Le Guyon à Guerlesquin. — *Plouescat.* MM. Le Clech, Leconte, fils à Plouescat, P. Bodénés à Plounévez-Lochrist, Le Barzic à Lanhouarneau. — *Plouzévédé.* MM. Rozec à Cléder, Tanguy à Berven, Prat à Plouvorn. — *St.-Pol-de-Léon.* MM. Miorcec, Macé, président de la chambre des notaires de l'arrondissement, Du Penhoat à St.-Pol-de-Léon, Meuric à Roscoff. — *Sizun.* MM. Corvé à Sizun, Derrien à Commana. — *Taulé.* MM. Le Gall à Pensez en Taulé, Queynec à Guiclan. — *St.-Thégonnec.* MM. Piriou à St.-Thégonnec, Bourven, jeune à Pleyber-Christ, Lamandour au Relecq en Plounéour-Ménez.

CHÂTEAULIN. — MM. Le Marchadour, Govin, Salonne à Châteaulin, Hervieu à Quéménéven, Balcon à Plomodiern. — *Carhaix.* MM. louis Revault, joseph Revault, le Navennec, Nouet, fils à Carhaix, Le Goff à Poullaouen. — *Chateauneuf.* MM. Delaporte, Leroux à Chateauneuf, Jarno à Coray, Levaillant à Leuhan, danyel Beaupré à Plonévez du Faou. — *Crozon.* MM. Alavoine, Taburet à Crozon, Savina, fils à Telgruc. — *Le Faou.* MM. Charuel, Caurant au Faou, Le Menn à Lopérec. — *Huelgoat.* Le Morvan à Huelgoat, Gourville à Scrignac. — *Pleyben.* MM. Delaunay, Le Breton à Pleyben, Chenel, Le Guyader à Brasparts, N... à Gouézec.

QUIMPERLÉ. — MM. Audran jeune, Le Doussal père, Agie, Rousseau fils, Guyot de Salins à Quimperlé. — *Arzano.* MM. Mahé de Berdouaré à Arzano, Le Romancer à Guilligomarc'h. — *Bannalec.* MM. Chardon, Le Clorennec à Bannalec, Squiriou à Melgven. — *Pontaven.* MM. Kersulec, Le Styr à Pontaven, Barbe à Moëlan. — *Scaër.* MM. Le Duigou, Sinquin fils à Scaër, Daniel fils à Querrien.

HUISSIERS DU DÉPARTEMENT DU FINISTÈRE.

MM. les Huissiers assistent aux audiences des tribunaux établis dans leur circonscription. En matière civile ils peuvent instrumenter dans toute l'étendue de l'arrondissement où est leur étude. En matière criminelle, ils ne peuvent exercer hors de leur circonscription que sur mandat du procureur de la république.

QUIMPER. — MM. Le Guillou (désiré), Le Berre, Louarn, *syndic*, Stéphant, Le Bonnaire. — *Briec.* Le Berre à Quimper. — *Concarneau et Rosporden.* Le Guillou (corentin), à Concar-

(1) Voir, page 252 de l'annuaire de 1849, la liste des anciens notaires, dont les minutes sont déposées chez les différents notaires de Brest.

neau. — *Douarnenez.* Le Goff. — *Fouesnant.*
Louarn à Quimper. — *Plougastel-St.-Germain.*
Le Föll. — *Pont-Croix.* Quillivic, Le Pays.
— *Pont-Labbé.* Durand, Le Drenn·
BREST. — Amalric, rue d'aiguillon, 22,
Le Bastard, rue de la rampe, 55, Traon-
voués, rue de la rampe, 6, Floch, rue neuve,
20, à Recouvrance. — *Daoulas.* Toullec. —
Ouessant et *St.-Renan.* Prouff à St-Renan.
— *Landerneau* et *Ploudiry.* Le Roux à Lan-
derneau. — *Lannilis.* Casteignet, père. —
Lesneven. Le Lez. — *Plabennec.* Casteignet,
fils. — *Ploudalmézeau.* Gante.
MORLAIX. — Cabon, Dourver, Le Roux,
Herfray, Rolland. .. *Landivisiau.* Caroff. —
Lanmeur. Bodros. --- *Plouescat.* Michel. —
Plouzévédé. Michel à Plouescat, Lucas, fils, à
St.-Pol. -- *St.-Pol-de-Léon.* Lucas, père, Lucas,
fils. -- *Plouigneau.* Troussel à Guerlesqulu.
-- *Sizun.* Jézéquel. -- *Taulé.* Dourver à Mor-
laix. -- *St.-Thégonnec.* Le Breton.
CHATEAULIN. -- Halléguen, Le Saux, Den-
niel. -- *Carhaix* Derrien, N.... -- *Châteauneuf.*
Odeyé, Le Gall. -- *Crozon.* Provost. ·- *Le Faou.*
Bouroullec. -- *Huelgoat.* Jaffrenou. -- *Pleyben.*
Le Taro à Pleyben, Favennec à Brasparts.
QUIMPERLÉ et *Arzano.* Chevassu et Mon-
tillon à Quimperlé. -- *Bannalec* et *Scaër.* Pus-
toch à Bannalec. -- *Pontaven.* Corveu.

COMMISSAIRES PRISEURS.

MM. E. Le Bozec, rue de traverse, 20, Brichet, rue de la rampe, 27, Le Monnier, place du château, 9, à Brest. M. Pastol à Quimper· M. Severain à Morlaix.

CULTES.

CLERGÉ CATHOLIQUE

DIOCÉSE DE QUIMPÈR.

Monseigneur GRAVERAN (joseph-marie), *évêque* de Quimper, né à Crozon, le 16 mars 1793.
Vicaires généraux agréés par le gouverne-ment, MM. Sauveur et Keraudy. *Vicaires généraux honoraires,* Jégou, *chanoine honoraire,* Goujon, *supérieur du grand séminaire. Secrétaire de l'évéché,* Evrard. *prosecrétaire* Moëlo.

Chanoines titulaires, Le Clanche, Binard, Langrez, Sauveur, *vicaire général,* Mével, Michel, Quillien, Pennarun.
Chanoines honoraires résidant dans le diocèse, Nédelec, *curé de la cathédrale* (1), Keraudy, *vicaire général,* Jégou, *vicaire général,* Keramanach, *curé de Morlaix,* Goujon, *supérieur du grand séminaire* (2), Alexandre, *curé de Pleyben,* Kervoal, *curé de Landerneau,* Cottain, *curé de Lambézellec.* Durand, *curé de Châteaulin,* Mazé, *curé de Quimperlé,* Le Bars, *curé de Plabennec,* Mercier, *curé de Saint-Louis, Brest,* Pouliquen, *curé de Saint-Pol-de-Léon,* Canévet, *curé de Bannalec,* Boussard, *aumô-nier des Ursulines de Quimperlé,* Pouliquen (F.), *supérieur du petit séminaire de Pont-Croix,* Le Guen-Kernéizon, *directeur-économe du grand séminaire,* Kervennic, *curé de Taulé,* Guizouarn, *curé d'Elliant,* Billon, *desservant de Cléden-Cap-Sizun,* Moal, *desservant de Saint-Martin de Morlaix,* Bucaille, *aumônier de première classe de la marine à Brest.*
Chanoines honoraires non résidants, Duval, *curé de Cancale,* Coquereau, *chanoine de Saint-Denis,* Le Guillou, *aumônier de la charité,* Clerc, *prédicateur.*
Pour les curés et desservants, voir le tableau statistique des communes, page 64.

SÉMINAIRES DIOCÉSAINS.

Grand Séminaire de Quimper.
(Il y a au grand séminaire 140 élèves).
Goujon, *vicaire général honoraire, supérieur,* Le Guen-Kernéizon, *chanoine honoraire, directeur-économe.*

(1-2) Le supérieur du grand séminaire et le curé de la cathédrale ont rang de chanoine titulaire.

Professeurs.

Morale, Cozanet. *Ecriture sainte*, De La Houssaye. *Dogme*, Quéinnec. *Histoire ecclésiastique*, De Léséleuc. *Philosophie*, Stanguennec.

Petit séminaire de Pont-Croix.

(Cet établissement renferme 274 élèves).
Pouliquen, cadet, *chanoine honoraire, supérieur*, Fromentin, *prêtre, économe.*

Professeurs.

Rhétorique, M. Daniel, *prêtre. Seconde*, M. Yvenat, *prêtre. Troisième*, M. Le Mestre, *prêtre. Quatrième*, M. Soleun., *prêtre. Cinquième*, M. Roger, *prêtre. Sixième*, M. Pennec. *Septième*, M. Serré, *sous-diacre. Histoire*, Goarnisson, *prêtre. Physique et Chimie*, Lannuzel, *prêtre. Mathématiques*, Silliau, *prêtre. Dessin*, Dupé. *Musique*, Crécy. *Maîtres d'études*, MM. Castel, *diacre, et* Corcuff, *sous-diacre.*

MAISON DE RETRAITE ECCLÉSIASTIQUE POUR LES PRÊTRES AGÉS ET INFIRMES, A SAINT-POL-DE-LÉON.

Bohic, *prêtre, supérieur.*
Prêtres résidant dans cette maison. Cozanet, *ancien desservant* de Carantec, Clech, *ancien desservant* de Plougasnou, Lunven, *ancien desservant* de Trébabu, Macé, *ancien desservant* de Loc-Mélard, Tanguy, *ancien desservant* du Ponthou, Appéré, *ancien desservant* de Pencran, Nicolas, *ancien desservant* de Saint-Sauveur, Mao, *ancien desservant* de Guimilliau, Le Guen, *ancien aumônier* de l'hospice de Lesneven, Caroff, *ancien aumônier* de Quimper, Félep, *ancien vicaire* de Clohars-Carnoët, Cabon, *ancien vicaire* de Laz, Calvez, *ancien vicaire* de Plouguin, Laurent, *ancien directeur* de la maison des chambriers, à Lesneven.

CLERGÉ DE BREST, PAROISSE DE SAINT-LOUIS.

M. Mercier, *chanoine honoraire, curé*, MM. Mengant, Cloarec, Mathieu, Creignou, De Poulpiquet, Besnier, Kerjean, *vicaires*, Jonquet, *chapelain du cimetière.*

CLERGÉ DE RECOUVRANCE, PAROISSE DE SAINT-SAUVEUR.

M. Cuzon, *curé*, MM. Balcon, Siou, Georgelin, Goulm, *vicaires.*

Aumôniers.

BREST.— MM. Bucaille, Le Roy, *aumôniers de la marine*, Guéguennou, *aumônier de la marine au bagne*, Léon, *aumônier du Lycée*, Silliau, *aumônier du vaisseau-école*, Le Siner, Cardinal, *aumôniers de l'Hospice civil.*
LANDERNEAU. — Kervennic, *au Calvaire*, Dufresne, *à l'Hospice.*

LESNEVEN. -- Léost, *à la Retraite.*
SAINT-POL-DE-LÉON. —Menguy, *aux Ursulines*, Le Clec'h, *à l'Hospice.*
MORLAIX. --- Pennors, *aux Ursulines*, Gras, *à l'Hospice*, Le Page, *aux Carmélites*, De Kermenguy, *à Saint-François de Cuburien.*
QUIMPER. -- Belbéoc'h, *à l'Hospice*, Lamarque, *au Sacré-Cœur.*
CARHAIX. -- Mahé, *à l'Hospice*, Le Cam, *aux Ursulines.*
QUIMPERLÉ. — Boussard, *aux Ursulines*, Guéguen, *à la Retraite*, Henry, *à l'Hospice.*

COMMUNAUTÉS RELIGIEUSES.

Sœurs de l'Adoration perpétuelle du Saint-Sacrement,

A Quimper.

Ces religieuses s'occupent de l'adoration du Saint-Sacrement. Jour et nuit, elles se succèdent d'heure en heure dans cet exercice.
Elles s'occupent aussi de l'éducation de petites filles orphelines, qu'elles gardent jusqu'à l'âge de 20 ans, et qu'elles placent ensuite dans de bonnes maisons. -- N. B. Cette maison existe pour les orphelins depuis 1821, sous le nom de maison de la Providence. C'est l'œuvre principal de l'institution. L'adoration y a été jointe en 1836.

Dames Ursulines,

A Quimper, Morlaix, Saint-Pol, Quimperlé et Carhaix.

Ces cinq communautés appartiennent, non à celle qui a été fondée en 1805, au village de Chevagnés, comme nous l'avons dit par erreur dans l'Annuaire de 1835, mais bien au grand et très ancien ordre religieux fondé par Sainte Angèle Mérici de Dresse.
Les Ursulines du diocèse de Quimper tiennent des pensionnats, s'occupent de l'éducation des jeunes personnes, et font des écoles aux petites filles externes qui viennent dans leurs maisons. Elles sont cloîtrées.
Toutes ces communautés d'Ursulines sont indépendantes, et chacune des maisons a une supérieure locale, éligible tous les trois ans.

Dames du Sacré-Cœur,

A Quimper.

Ces religieuses ne sont pas cloîtrées ; néanmoins elles ne sortent pas ; mais les parents et les visiteurs entrent dans les salons et les dortoirs de la communauté, ce qui n'a pas lieu dans les communautés cloîtrées. Leur maison principale est à Paris.
Leur but est l'éducation des demoiselles appartenant aux classes riches.
Cependant ces religieuses ont, suivant les lieux et indépendamment de leurs pensionnats, des écoles gratuites pour les enfants pauvres.

Hospitalières de Saint-Augustin.

A Carhaix et à Cuburien, près Morlaix.

Ces deux communautés sont indépendantes l'une de l'autre. Celle de Cuburien est connue dans le pays sous la dénomination de Saint-François de Cuburien. -- Les religieuses de l'une et l'autre sont cloîtrées et ne desservent que les hôpitaux.

Filles du Saint-Esprit ou sœurs blanches.

A Quimper, Landerneau, Saint-Pol, Plouguerneau, Landéda, Ploujean, Pleyber-Christ, Riec, Carantec, Landivisiau, Saint-Thégonnec, Plouguin, Chateaulin, Loquenolé et Pont-Croix.

Cette congrégation a été fondée à Plérin, près Saint-Brieuc.

Sa maison principale a existé dans ce petit village jusqu'en 1834, époque à laquelle elle a été transférée à Saint-Brieuc, dans un grand et beau local. Les filles du Saint-Esprit desservent seules l'hospice de Quimper. Elles sont répandues dans beaucoup de bourgs et petites villes, où elles s'occupent de l'éducation des filles et du soulagement des pauvres et des malades.

PASTEURS DES ÉGLISES RÉFORMÉES DU FINISTÈRE.

Le Fourdrey, ministre protestant, rue Foy, 10, *à Brest.*
Jenkins, *idem*, *à Morlaix.*
Williams, *idem*, *à Quimper.*

CULTE ISRAÉLITE.

Cerf, chargé, à défaut de rabbin, d'officier à la Synagogue de Brest.

INTÉRIEUR.

PRÉFECTURE.

BRISSOT-THIVARS (✴), préfet.
Arlin, conseiller de préfecture, *secrétaire général.*

CONSEIL DE PRÉFECTURE.

Le Roux.
Moallic, fils.
Lestiboudois.

BUREAUX DE LA PRÉFECTURE.

1. Cabinet du préfet.

ATTRIBUTIONS.

Enregistrement des dépêches, à l'arrivée et au départ — Correspondance et rapports confidentiels. — Police politique, étrangers réfugiés, surveillance et subsides. — Passeports à l'étranger. — Passeports gratuits avec secours de route. — Presse, imprimerie et librairie. — Théâtres. — Beaux-Arts — Actions de courage et de dévouement. — Personnel administratif, sous-préfets, conseillers de préfecture, maires et adjoints, percepteurs, commissaires de police et autres fonctionnaires; nominations, congés, délégations. *— Convocations du conseil général et des conseils d'arrondissement. — Élections à l'assemblée nationale, aux conseils d'arrondissement, au conseil général, et formation de la liste annuelle du jury pour le service des assises. — Cérémonies publiques, convocations, préséances. — Bulletin administratif, impression et distribution. — Demandes d'audiences extraordinaires. — Affaires réservées.*

Montferrant, chef.

2. Secrétariat général et affaires militaires.

ATTRIBUTIONS.

Section I. *Police générale.* Recherche des individus signalés, surveillance des forçats, réclusionnaires et vagabonds libérés. — Visa des passeports. — Mouvement des étrangers. — Examen et approbation des arrêtés de police municipale. — *Subsistances,* mercuriales. — *Ouverture et clôture de la chasse*, permis de port d'armes et de chasse. — *Pêche maritime et fluviale.* — *Cueillette du goémon.* — *Circulation des voitures publiques.* — *Police sanitaire*, épidémies, épizooties, jurys médicaux, intendance et commissions sanitaires, comités de salubrité, *établissements incommodes ou insalubres.* — *Remèdes secrets.*—*Vaccine.* —*Agriculture*, sociétés et établissements d'agriculture, comices ruraux, primes et encouragements. — Produits des récoltes. — *Haras*, dépôts de remonte. — Stations d'étalons. — Etalons approuvés. — *Industrie.* — Brevets d'invention et de perfectionnement. — Exposition des produits de l'industrie. — *Arts et manufactures.* — *Marques d'or et d'argent.* — *Commerce*, tribunaux et chambres de commerce, chambres consultatives. — Agents consulaires, courtiers de marchandises, bourses de commerce, foires et marchés. — Exportations et importations. — *Statistique.* — Recensement et mouvement de la population. — Conservation des monuments intéressant les arts et l'histoire. — Renseignements divers. — *Elections*, formation et révision de la liste électorale et du jury. — Formation et révision des listes d'électeurs communaux. — Convocation et tenue de leurs assemblées, élections des conseillers municipaux. — *Instruction publique*, colléges et institutions, école normale primaire, écoles primaires, communales, privées, écoles d'adultes, écoles de filles, écoles spéciales diverses, comités d'arrondissements, comités communaux.—Salles d'asile pour l'enfance. — *Etat-civil*, confection des registres annuels et des tables décennales, transmission des actes de département à département.

SECTION II. *Affaires militaires.* — *Garde nationale*, organisation, élections, service, armement. — *Recrutement de l'armée.* — *Réserve.* — *Ca*-sernement, habillement, chauffage des troupes. — *Gîtes d'étapes*, garnisons. — *Poursuite des déserteurs et insoumis*, notification de jugements militaires. —*Gendarmerie*, casernement, indemnité de literie.—*Ecoles polytechnique, militaire et navale.*

Ch. Rabot, chef.
Richard, sous-chef.

3. *Bureau des communes et des travaux publics.*

ATTRIBUTIONS.

SECTION I. *Comptabilité communale*, réglement des budgets des communes, octrois municipaux, impositions extraordinaires, legs et donations, emprunts, cotisations volontaires, droits de location des places aux halles, foires et marchés, droits de pesage, mesurage et jaugeage publics, acquisitions et aliénations, échanges des propriétés communales, contentieux y relatif. Revenu des bois et autres biens communaux. Gardes-champêtres.—*Etablissements de bienfaisance*, hospices, bureaux de charité, dépôts d'aliénés; personnel, budgets et comptes de ces établissements; legs, donations, échanges, contentieux y relatif; commissions administratives, admissions et sorties; régime intérieur, service médical. — *Enfants trouvés et abandonnés.* — *Sourds-Muets.* — *Aveugles.* — *Mendicité*, ateliers de charité. — *Monts-de-piété.* — *Caisses d'épargne.* — *Fabriques de paroisses*, personnel, réunions et délibérations, constructions, acquisitions, aliénations, échanges, legs et donations, contentieux y relatif.

SECTION II. *Travaux publics*, service général des ponts-et-chaussées, routes nationales et départementales, ports maritimes de commerce, phares et fanaux, navigation intérieure. — Bacs et bateaux. — *Chemins vicinaux*, classement, construction, restauration, entretien, voies et moyens, comptabilité, agents-voyers. — *Grande et petite voirie.* — *Police du roulage.* — *Cours d'eau,* établissement et surveillance des moulins et usines, travaux de toute nature. — *Bâtiments civils,* construction, réparation et entretien des édifices départementaux et communaux. — Architectes départementaux. — *Expropriation pour cause d'utilité publique.* — *Mines et carrières.* — Écoles des mineurs de St.-Etienne. — *Etablissement et surveillance des machines à vapeur.* — *Génie militaire et maritime.*

Lavenant, chef.
Maduron, sous-chef.
Rabot, Alphonse, *idem.*

4. *Bureau des finances.*

ATTRIBUTIONS.

Comptabilité départementale, budgets, comptes, travaux relatifs aux sessions du conseil général. — *Contributions directes,* arrêtés et émissions des rôles généraux et spéciaux, réclamations en décharge, remise ou modération. — *Cadastre.* — *Impositions indirectes.* — *Domaines.* — *Forêts.* — *Douanes,* contentieux y relatif. — *Secours aux colons réfugiés.* — *Mandatement des dépenses fixes et départementales.* — *Emploi des deux tiers de l'abonnement,* traitement des employés et gens de service de la préfecture; caisse de retraite des mêmes. — *Cultes,* mandatement des traitements du clergé diocésain et paroissial; construction, réparation et entretien des édifices diocésains; institution de vicariats; établissements de succursales; écoles ecclésiastiques; bourses au grand séminaire. — *Prisons,* personnel et travaux des commissions charitables, nominations des employés, concierges et guichetiers; règlement et adjudication des fournitures de toutes sortes; paiement des dépenses, surveillance du régime et de la discipline intérieure. — *Poids et mesures.* — *Règlement des frais de justice.* — *Demandes de secours pour incendies, inondations, pertes de bestiaux.* — *Primes pour la destruction des animaux nuisibles.*

Le Coq, Amédée, chef.
Touchard, sous-chef.

Le travail dans les bureaux de la préfecture commence tous les jours, en toutes saisons, les jours fériés seuls exceptés, à neuf heures du matin, et se continue, sans interruption, jusqu'à quatre heures du soir.

Les fonctionnaires publics sont reçus par le préfet et dans les bureaux, tous les jours, de midi à deux heures. Le public est reçu par le préfet et admis dans les bureaux les mercredis et samedis, de midi à trois heures. Il est en outre reçu au secrétariat général et particulier pour les visa de passeports et les légalisations, et au bureau des finances, pour le visa des récépissés délivrés par les comptables du trésor. Toutes les autres audiences ou entrées dans les bureaux doivent être demandées par écrit, les premières au préfet, les secondes au secrétaire général.

Archives départementales.
Goyat, archiviste par intérim, à Quimper.

Bibliothèque de la ville de Quimper.
Lavallée, bibliothécaire.

CONSEIL GÉNÉRAL DU FINISTÈRE.

Lacrosse, ✳, représentant du peuple, colonel de la garde nationale de Brest, (1er canton de Brest)

Bouët, négociant, vice-consul d'Angleterre. (2e canton.)
De Rodellec du Porzic, ✳, propriétaire, (3e canton.)

Goubin, propriétaire, (Daoulas.)
Ameline de Cadeville, ✳, propriétaire, maire de Landerneau, (Landerneau).

Keraruel Demerey, propriétaire, à Plouguerneau, Lannilis.

Guennoc, notaire, Lesneven.

Mazé-Launay ❋, négociant, représentant du peuple, Ouessant.

De Kermenguy (Charles), propriétaire, maire de Lanarvilly, Plabennec.

Collas de la Motte, propriétaire, Ploudalmézeau.

Bazin, négociant, maire de la Roche, Ploudiry.

Mével, notaire, maire de Saint-Renan, Saint-Renan.

Gourdin, propriétaire, Carhaix.

Lacoste, juge, Châteaulin.

Treuttel, notaire, maire de Leuhan, Châteauneuf.

Savina, notaire, maire de Telgruc, Crozon.

De Pompery, propriétaire, Le Faou.

Pernolet, ingénieur des mines, Huelgoat.

De Launay, notaire, maire de Pleyben, Pleyben.

Le Roux, négociant, Landivisiau.

Swiney, propriétaire, maire de Plouégat-Guerrand, Lanmeur.

Bodenès, juge de paix, Plouescat.

Bienvenue, avoué, Morlaix.

Jamin, juge de paix, Plouigneau.

De Kermenguy (Emile), propriétaire, et maire de Cléder, Plouzévédé.

De Kerhorre ❋, maire de St.-Pol, Saint-Pol-de-Léon.

Breton, cultivateur, Saint-Thégonnec.

Boucher, juge de paix, Sizun.

Mège, propriétaire, Taulé.

Menu de Ménil ❋, ingénieur de la marine, Briec.

Le Guillou-Penanros, négociant, maire, Concarneau.

Debon, propriétaire, Douarnenez.

Chauveau de Kernaéret, chef de bataillon en retraite, Fouesnant.

Hervieu, notaire, maire, Plogastel-Saint-Germain.

Hignard, négociant, maire, Pont-Croix.

Pascal, propriétaire, maire de Plomeur, Pont-Labbé.

Guyot, avoué, Quimper.

Le Tirant, propriétaire, maire de Saint-Yvi, Rosporden.

De Fournas ❋, propriétaire, ancien représentant du peuple, Arzano.

Chardon, notaire à Bannalec, Bannalec.

Kersulec, notaire, Pontaven.

Ducouëdic de Kergoaler, représentant du peuple, propriétaire, Quimperlé.

De Kerjégu, négociant, Scaër.

ARRONDISSEMENTS ET MAIRIES DU DÉPARTEMENT.

ARRONDISSEMENT DE BREST.

Premier arrondissement, composé des cantons de Brest, Daoulas, île d'Ouessant, Landerneau, Lannilis, Lesneven, Plabennec, Ploudalmézeau, Ploudiry et St.-Renan.

Sous-préfet, *De Col.*

Secrétaire, *Normand.*

Les bureaux de la sous-préfecture sont établis rue du Château, 40, au rez-de-chaussée. Ils sont ouverts au public tous les jours, aux heures ci-après, les dimanches et les fêtes légales exceptés ; savoir :

Le bureau des visa, légalisations, passeports, ports d'armes, depuis 9 heures du matin jusqu'à 4 heures, et les autres bureaux, depuis 11 heures jusqu'à 2 heures.

Le sous-préfet reçoit les fonctionnaires publics qui font connaître leur qualité, tous les jours et à toute heure. Il reçoit le public les jours d'ouverture des bureaux, depuis 11 heures du matin jusqu'à 1 heure.

—

Conseil d'arrondissement.

Bizet ❋, négociant, maire de Brest. (1ᵉʳ canton.)

Kernevez, avocat. (2ᵉ canton.)

N...... (3ᵉ canton.)

Nicole, juge de paix, Daoulas.

Thomas, propriétaire et adjoint au maire, Landerneau.

De Poulpiquet, propriétaire et maire de Plouguerneau, Lannilis.

Fauger-Dupesseau, médecin et maire, Lesneven.

Bergevin ❋, commissaire de la marine, Ouessant.

Pidoux, juge de paix, Plabennec.

Julien, notaire et maire, Ploudalmézeau.

Boucher, cultivateur et maire, Ploudiry.

Le Vessel, juge de paix, Saint-Renan.

—

TABLEAU des communes de l'arrondissement de Brest, avec les noms des maires. (Voir ci-dessus, p. 61.)

Architecte.

Félix Jugelet, grand'rue, 60, à Brest.

Vétérinaire.

Kerzéan, à Landerneau.

Bizet, jeune ❋, maire —Administration générale. — Police.

Crozals, adjoint.—Contributions directes. — Travaux communaux.

Le Gléau, adjoint.—Etat-civil.— Instruction publique.

Delalun, (O. ❋), adjoint.—Délégation pour l'état-civil et la police à Recouvrance.

Conseillers municipaux par ordre de suffrages.

Lacrosse, ancien ministre des travaux publics, membre du conseil général et de la représentation nationale du Finistère, rue de la poterne, 3. — *Bizet*, jeune, négociant, membre du conseil d'arrondissement, rue de la rampe, 61. — *Conseil* (Amédée), ancien négociant, rue voltaire, 19. — *Tritschler*, entrepreneur, rue vauban, n° à Recouvrance — *Bergevin*, commissaire de la marine, retraité, rue de la rampe, 10. = *Menu de Ménil*, ingénieur ordinaire des ponts-et-chaussées, rue du château, n° 2. — *Le Pontois*, aîné, négociant, rue du rempart, 17. — *Dein*, avocat, rue de la rampe, 5. — *Pesron*, courtier de navires, cours-d'ajot, 15. — *Thomas*, avoué, rue du château, 33. — *Loyer*, jeune, négociant, rue ornou, 2. — *Raillard*, sous-commissaire de la marine, rue de l'église, 18, à Recouvrance. — *Crozals*, docteur-médecin, rue duguay-trouin, 15. — *Le Férec*, juge de paix, rue d'aiguillon, 22 — *Lettré*, capitaine de vaisseau retraité, ancien maire de Brest, rue voltaire, 8. — *Delalun*, capitaine de vaisseau retraité, rue de l'église, Recouvrance. — *Passedouet*, rue de la porte, 44, Recouvrance. — *Le Gléau*, docteur-médecin et pharmacien, rue de la rampe, 43. — *Kersauson de Pennendreff*, avocat, ancien représentant du peuple, rue de l'église, 27, Recouvrance. — *Freslon*, propriétaire, rue neuve, 22, Recouvrance. — *Le Donné*, aîné, juge au tribunal civil, rue saint-yves, 24. — *Brousmiche*, propriétaire, rue saint-yves, 24. — *Poitleu*, marbrier, rue de siam, 25. — *Bérubé*, notaire, rue de la mairie, 21. — *Fontaine*, ancien pharmacien, rue neuve, à Recouvrance — *Garnot*, chef de bataillon du génie, rue du château, 28 (bis) — *Richon*, rue du parc, 8, Recouvrance. — *Le Grandais*, capitaine de vaisseau retraité, ancien maire de Brest, rue de la rampe, 5. — *Gauguet*, ancien serrurier, rue voltaire, 21. — *Kerros*, aîné, président du tribunal de commerce, rue du château, 37. —

Levot; bibliothécaire de la marine, rue de siam, n° 99. — *Angaut*, marchand de vins en gros, rue d'aiguillon, 44. — *Le Bescond de Coatpont*, avoué, rue d'aiguillon, 36. — *Rousseau*, chef de bataillon d'infanterie de marine retraité.

(Le conseil municipal de Brest, d'après la loi municipale en vigueur, doit être composé de 37 membres; il ne peut y avoir d'élections partielles que lorsque le conseil est réduit aux trois quarts : depuis les élections de juillet 1848, le conseil municipal a été réduit à 34 membres par le départ de M. *Prélot*, nommé directeur des constructions navales à Lorient, et par la mort si regrettable de MM *Beuscher*, membre du bureau de bienfaisance de Recouvrance, et *Debourgues*, adjoint spécial pour Recouvrance, enlevés tous deux à la fin de 1849 par le choléra qui décimait leurs administrés, au milieu de l'exercice de leurs fonctions de charité et de dévouement.

Employés de la mairie.

Normand, secrétaire en chef, rue du château, 18. — *Bersolle* ※, (Prosper), receveur communal, rue voltaire, 3 — *Mazé-Launay*, commis à l'état-civil pour le côté de Recouvrance, rue de la porte, 4. — *Montenot*, rue de crée, 4. *Froideveaux*, rue de siam, 25. *David*, rue de st-yves, 35, commis à l'état-civil pour le côté de Brest. — *Chailly*, commis aux contributions, rue st.-louis, 10 — *Brousmiche* (Désiré), au recrutement rue kéréon, 5. — *Moulut* ※,

aux passeports, grand'rue, 79. — *Pillard*, aux concessions sépulcrales, rue de la rampe, 47. — *Fontaine*, au recensement de la population, grand'rue, 68. — *Fleury*, bibliothécaire-archiviste, rue du château, 34. — *Marzin*, architecte des bâtiments communaux et des fontaines, rue duguay-trouin, 9. — *Pouliquen*, architecte-voyer, chargé de la voirie et des pompes à incendie, rue de la rampe, 9. — *Corric*, contre-maître surveillant de l'atelier de charité, rue de la mairie, 11.

Commissaire de police.

Genty (Frédéric), commissaire central, chargé du ministère public, rue charronnière, 7. — *Guimont* (1er arrondissement), rue du bois-d'amour, 24. — *Moulob* (2e arrondissement), rue charronnière, 5. — *Griffouil* (3e arrondissement), place saint-sauveur, à Recouvrance. — *Jaffard*, commissaire du dispensaire, grand'rue, 50. — *Sergent-major de police*. — *Goulven*, à la mairie. — *Tambour-afficheur*. — *Pauher*, rue de la mairie, 56.

Administrateurs de l'hospice civil.

Collot, capitaine de frégate en retraite, — *Ronin*. — *Hesse*. — *Delorme*, capitaine de frégate en retraite. — *Andréa de Nerciat*, capitaine de vaisseau en retraite.

Bureau de bienfaisance.

Le Guern. — *Marinier*. — *Hébert*. — *Leguen-Kernéison*. — *Dufour*.

Octroi.

Hamon, proposé en chef, rue saint-yves, 27.

ARRONDISSEMENT DE MORLAIX.

Deuxième arrondissement, composé des cantons de Morlaix, Landivisiau, Lanmeur, Plouescat, Plouzévédé, Saint-Pol-de-Léon, Plouigneau, Sizun, Taulé et Saint-Thégonnec.

Sous-préfet, *Richard*.
Secrétaire, *Richard*.

Conseil d'arrondissement.

Quéinnec, propriétaire, Landivisiau.

Mahé, propriétaire, maire de Plougasnou, Lanmeur.
Cazin de la Trésorerie, propriétaire, Morlaix.
Bodénès, notaire, maire de Plounévez-Lochrist, Plouescat.
Le Rouge de Guerdavid, propriétaire, Plouigneau.
Audren de Kerdrel, propriétaire, Plouzévédé
Huon de Kermadec, avocat, St.-Pol-de-Léon.
Le Loutre, propriétaire, Saint-Thégonnec.
Le Bras, meunier, Sizun
Hamon, cultivateur, maire, Taulé.

—

TABLEAU des communes de l'arrondissement de Morlaix, avec les noms des maires. (Voir ci-dessus, p. 61.)

Architecte de l'arrondissement.

Boyer, chargé en outre des cantons de Carhaix et du

Huelgoat (arrondissement de Châteaulin)

Vétérinaire de l'arrondissement.
Eléouet (J-M), à Morlaix.

VILLE DE MORLAIX.

—

Le Denmat-Kervern, maire.

Adjoints au maire.

Bienvenüe et *Braouézec.*

CONSEIL MUNICIPAL.

Le Denmat Kervern , maire. — *Bienvenue* et *Braouézec ,* adjoints. — *Godefroy.* — *Eléouet.* — *Briens.* — *Croissant.* — *Monier.* — *Cazin de la Trésorerie.* — *Swiney.* — *Goube.* — *Le Mière* — *Boscher.* — *Loriot* —*Vallée.* — *Le Normand. Lannurien* (Charles). — *Gillart de Keranflech.* — *Desloges.* — *Vallon* — *Le Stir* — *Geffroy.*—*Postic Kerbriand* — *Le Bozec.*—*Lannurien* (Etienne), fils. — *Frébourg.* — Découvrant.

COMMISSION ADMINISTRATIVE DE L'HOSPICE.

Le Gac Lansalut. — *Lannurien,* père. — *Alexandre,* aîné. — *De la Monneraye.* — *Daniellou.*

Bureau de bienfaisance.

De Keranflech. — *Cazin.* — *De Miollis.* — *Le Bris.* — *Desloges.* (Joseph).

Commissaire de police, Crenn.

ARRONDISSEMENT DE CHATEAULIN.

Troisième arrondissement , composé des cantons de Châteaulin Carhaix, Châteauneuf, Crozon , Le Faou , Huelgoat et Pleyben.

Sous-préfet, *Lodin.*
Secrétaire , *Caër.*

Conseil d'arrondissement.

Follézou, propriétaire , Carhaix.
Delaporte, notaire, Châteauneuf.
Révault , propriétaire , Châteaulin.
Pennec, négociant , Châteaulin.
Gillet, propriétaire, Crozon.
Caurant, notaire et maire , Le Faou.
Féjean, juge de paix, Huelgoat.
Le Bretton, notaire et adjoint au maire, Pleyben.

Le Jollec, propriétaire et maire de Gouëzec, Pleyben.

—

TABLEAU des communes de l'arrondissement de Châteaulin, avec les noms des maires. (Voir ci-dessus , p. 41.)

Architecte de l'arrondissement.

(Voir Quimper ci-après.)

Vétérinaire de l'arrondissement.

(Voir Quimper ci-après.)

VILLE DE CHATEAULIN.

Durest-Lebris , maire.

Adjoints au maire.

Govin (Auguste) et *Péréault.*

CONSEIL MUNICIPAL.

Durest - Lebris , maire. — *Govin* (Auguste) et *Péréault ,* adjoints. — *Douguédroit.* — *Collet.* — *Tourbiez.* — *Péron.* — *Hélet.* — *Guermeur.* — *Gassis.* — *Dandurand.* — *Fénigan.* — *Mignon.* — *Le Bretton.* — *Guillamot.* — *Ducap·* — *Bauguion.* — *Masson·* — *Revault.* — *Bénoist.* — *Lequéau.*

COMMISSION ADMINISTRATIVE DE L'HOSPICE.

Hunault. — *Léon* (Laurent). — *Hédal.* — *Fénigan.* — *Halléguen.*

Bernard (Jacques), commissaire de police.

ARRONDISSEMENT DE QUIMPER.

Quatrième arrondissement , composé des cantons de Quimper Briec , Concarneau, Douarnenez, Fouesnant, Plogastel–Saint-Germain, Pont-Croix, Pont-Labbé et Rosporden.

Conseil d'arrondissement.

Louboutin , adjoint au maire , Briec.
Dumanoir, négociant, adjoint au maire, Concarneau.
Le Guillou-Penaros , notaire, Douarnenez.
Hernio, propriétaire, maire de Clohars, Fouesnant.
Viers, notaire, maire de Peumeurit, Plogastel-Saint-Germain.
Le Bris-Durest, notaire, Pont-Croix.
Arnoult, notaire, Pont-Labbé.

Cropp, juge, à Quimper.
Cottes, cultivateur, Rosporden.

—

TABLEAU des communes de l'arrondissement de Quimper , avec les noms des maires. (Voir ci-dessus, p. 64.

Architecte principal du département.

Bigot , fils, à Quimper, chargé en outre du service particulier des arrondissements de Quimper, Quimperlé et Châteaulin , à l'exception de Carhaix et du Huelgoat.

Vétérinaire.

Richard, à Quimper.

VILLE DE QUIMPER.

Porquier(Edouard), maire.

Adjoints au maire.

De Jacquelot et *Leucart.*

CONSEIL MUNICIPAL.

Lallour, père. — *Le Pord,* ingénieur en chef. — *Falou* — *Leucart,* 2e adjoint.—*De Martillat.* — *Guyot.* — *Chauvel ,* notaire. — *Veisseyre ,* fils. — *Cardialaguet.* — *De Jacquelot* (Joseph), 1er adjoint. — *Porquier ,* (Edouard), maire. — *Avril* (Gustave). — *Le Guillou,* aîné.—*Boutibonne.*—*Paugam.* — *Charuel* (Alexandre). — *Duchélas,* père. — *Cropp.*

Employés de la mairie.

Dorn (Léonce), avocat, secrétaire en chef. — *Georget*, premier expéditionnaire. — *Savigny*, 2e expéditionnaire. — *Bernard* (Joseph), chef de l'état-civil. — *Duchâteau* (Adolphe), architecte-voyer. — *Philippe-Lavallée*, bibliothécaire.

Bureau de bienfaisance

Porquier (Edouard). — *Govin*, père. — *Créac'hcadic*, notaire. — *De la Hubaudière* (Félix). — *Avril* (Gustave).

COMMISSION ADMINISTRATIVE DE L'HOSPICE CIVIL.

Guyot. — *Lozach*. — *De Laubrière*. — *Dadure*. — *De Jacquelot* (Joseph).

Commission de la bibliothèque publique.

De Carné. — *De Jacquelot* (Louis). — *De Blois* (Aymar). — *Dumarhallach*, fils. — *Laplace*. — *Cropp*. — *Fougeray*.

Commissaire de police, *Soudeix* (Pierre.)

ARRONDISSEMENT DE QUIMPERLÉ.

Cinquième arrondissement, composé des cantons de Quimperlé (Arzano, Bannalec, Pont-Aven, Scaër.

Sous-préfet, *Dezille*.
Secrétaire, *Aubry*.

Conseil d'arrondissement.

Cadet, cultivateur, maire, Arzano.
Le Tallec, cultivateur, Bannalec,
Le Capitaine, cultivateur, id
Le Clerc de Fresne, propriétaire, Pont-Aven.
Le Mestric, cultivateur, Pont-Aven.
Chancellay, aîné, adjoint maire, Quimperlé.
Fesneau ✳, chef d'escadron de gendarmerie en retraite, Quimperlé.
Daniel, fils, notaire, Scaër.
Cadic, maire de Querrien, id.

TABLEAU des communes de l'arrondissement de Quimperlé, avec les noms des maires. (Voir ci-dessus, p. 66.)

—

Architecte de l'arrondissement.

(Voir Quimper, p. 168.)

VILLE DE QUIMPERLÉ.

Audran, maire.

Adjoints au maire.
Chancellay et *Le Doussal.*

CONSEIL MUNICIPAL.

Ducouëdic. — *Chancellay*, aîné, premier adjoint. — *Le Couriault*, *Duquilio*; aîné. — *Poirier de Noisseville*. — *Peyron*. — *Audran*, notaire Maire. — *Bréart de Boisanger*. — *Chicoineau*. — *Le Louëdec*. —

Le Doussal, second adjoint. — *Chesnel*, aîné. — *Buguel*, aîné, — *De Mauduit* (Joseph.) — *Beaugendre*. — *Perrot*. — *Puillandre*. — *Le Poix*. — *Le Slunf*, jeune. — *Beaufrère*. — *Le Mao* — *Jan Lagillardaie*. — *Chanceaulme*, *Jarno* (Antoine.)

COMMISSION DE L'HOSPICE CIVIL.

Chancellay, aîné. — *Duquilio*, jeune. — *De Mauduit*. — *Limon*. — *Carof*.

Bureau de Bienfaisance.

Buguel, aîné. — *Barbier*. — *Le Louëdec*. — *Duquilio*, jeune. — *Jan Lagillardaie*.

Commissaire de police, *Delongraye*.

ADMINISTRATION DES TÉLÉGRAPHES

De Vimont, fils, directeur; | *Floyd*, inspecteur de première, classe à Brest.

GARDES NATIONALES.

—

BREST.

Etat-major de la légion : *Lacrosse* représentant du peuple, colonel. — *Bersolle* (prosper), lieutenant-colonel. — *Thomas*, major. — *Crozals*, chirurgien-major. — *Chayer*, capitaine-rapporteur. — *Fontaine*, capitaine d'armement. — *Normand*, lieutenant, secrétaire du conseil.

Premier bataillon.
Conseil, chef de bataillon. — *Samson*, capitaine adjudant-major. — *Halligon*, capitaine rapporteur. — *Panaget*, aide-major. — *Biacabe*, porte-drapeau. — *Lefebvre*, secrétaire du conseil. — *Lamendour*, adjudant sous-officier.

Deuxième bataillon.

Cosmao, chef de bataillon. — *Marcolus*, capitaine adjudant-major. — *Marchard*, capitaine rapporteur. — *Penquer*, aide-major. — *Le Do*, porte-drapeau. — *Chailly*, secrétaire du conseil. *Pierre*, adjudant sous-officier.

LAMBÉZELLEC.

Babin, chef de bataillon. — *Raimond* ✻, capitaine adjudant-major. — *Francart*, capitaine rapporteur — *Paris*, aide-major. — *Gourmelon*, porte-drapeau. — *Bouguen*, lieutenant d'armement *Billand*, lieutenant, secrétaire du conseil.

MORLAIX.

Barazer-Lannurien, chef de bataillon. — *Swiney* (edmond),

capitaine rapporteur — *Courtois*, lieutenant, secrétaire. — *Geffroy*, adjudant-major.

QUIMPER.

Ausquer, chef de bataillon. — *Lion*, capitaine rapporteur. — *Golias*, secrétaire. — *Orsibal*, adjudant-major. — *Mouton*, chirurgien-major.

Les arrondissements de Cha-

teaulin et de Quimperlé n'on point d'état-major de bataillon.

QUIMPERLÉ.

Onfray, (O. ✻,) capitaine, commandant en Premier. — N..., capitaine en second. *De Mauduit*, *Maillet*, fils, lieutenants. — *Duquilio*, fils, *Montelion*, sous-lieutenants. — *Lestunf*, jeune, sous-lieutenant de pompiers — Conseil de discipline : *Chotard*, officier rapporteur. — *Le Doussal*, fils, secrétaire.

CONSEILS D'HYGIÈNE PUBLIQUE ET DE SALUBRITÉ.

ARRONDISSEMENT

DE QUIMPER.

Chauvel, médecin des épidémies. — *Gestin*, médecin de l'hospice civil. — *Mouton*, chirurgien de la garde nationale. — *Follet*, médecin du dépôt départemental des aliénés. — *Laïlour*, médecin. — *Le Desconte*, pharmacien. — *Grooters*, pharmacien. — *Bolloch*, pharmacien. — *Richard*, médecin-vétérinaire. — *Guyot*, vice-président de la commission administrative de l'ho spice civil. — *Le Guillou*, membre de la commission des prisons. — *Nouët*, juge de paix, membres délibérants. — *Le Pord*, *Beaugendre*, *Bigot*, *Ch. Rabot*, membres consultants.

ARRONDISSEMENT

DE BREST.

Le maire de Brest — Le sous-intendant militaire — *Reynaud*, chirurgien en chef de la marine. — Le président de la société mé-

dicale. *Plagne*, pharmacien en chef de la marine — *Panaget*, médecin des épidémies. — *Duverger*, docteur en médecine. — *Potel*, docteur en médecine. — *Resnou*, pharmacien de la marine. — *Ronin*, membre de la commission administrative de l'hospice. — *Podevin*, pharmacien. — *Kerzéan*, vétérinaire à Landerneau.

ARRONDISSEMENT

DE MORLAIX.

Le Hir, médecin. — *Lannurien*, médecin. — *Pennanech*, médecin — *Le Stir*, médecin — *Delannegrie*, médecin — *Danet*, pharmacien. — *Le Hir*, pharmacien. — *Le Moull*, pharmacien. — *Eléouet*, vétérinaire. — *Vallée*, président de la chambre de commerce. — *Cazin*, membre du bureau de bienfaisance. — *Kervern*, maire de Morlaix.

ARRONDISSEMENT

DE CHATEAULIN.

Le Bretton, médecin à Châ-

teaulin. — *Halléguen*, médecin à Châteaulin. — *Guillet*, médecin au Faou. — *Boyé*, officier de santé à Locronan — *Péréault*, pharmacien à Châteaulin. — *Féger*, médecin-vétérinaire à Pleyben. — *Lacoste*, juge à Châteaulin. — *Durand*, curé à Châteaulin. — *Durest*, maire à Châteaulin. — *Tourbier*, conducteur des ponts-et-chaussées, faisant fonctions d'ingénieur d'arrondissement.

ARRONDISSEMENT

DE QUIMPERLÉ.

Beaugendre, médecin à Quimperlé. — *Le Louédec*, médecin à Quimperlé. — *Bigeon*, docteur-médecin à Quimperlé — *Prévost*, officier de santé — *Droniou*, pharmacien. — *Binet*, vétérinaire. — *Allard*, maître de poste. — *Limon*, juge. — *Ducouédic*, membre du conseil général. — *De Noiseville*, propriétaire.

COMMERCE,

AGRICULTURE, TRAVAUX PUBLICS.

CHAMBRE DE COMMERCE

DE MORLAIX.

Vallée, père, président. *Homon* (charles), vice-président *Frébourg*, *Daniellou*, père, *Corbière* (édouard), *Alexandre* (victor), *Braouëzec* (victor),

Boscher (marin), *Tilly* (alexandre), membres. *Swiney* (edmond), secrétaire

ATTRIBUTIONS.

Rechercher et faire connaître les besoins des différentes industries locales, et les causes

qui en arrêtent le développement. En étudier les ressources, les moyens, les abus. — Signaler les infractions aux lois et réglements concernant le commerce et la navigation — Surveiller l'exécution des travaux qui les intéressent, tels que le curage des ports et ri-vières, les chemins de halage, etc.

Les chambres de commerce correspondent directement avec le ministre.

Les membres sont nommés par tous les patentés de pre-mière classe du département. Voir pour les tribunaux de commerce, page 158 de cet annuaire.

SOCIÉTÉS D'AGRICULTURE
ET COMICES AGRICOLES.

Il y a cinq sociétés d'agri-culture établies aux chefs-lieux des cinq arrondissements com-munaux du Finistère; et dix-sept comices agricoles, renfer-mant environ 800 membres, établis dans autant de cantons ruraux.

Voici les noms des membres des bureaux de ces 22 associa-tions agricoles :

BREST. *De Col*, sous-préfet, président de droit de la société d'agriculture. *De Rodellec du Porzic* (émile), président élu. *Duporzic*, père, *De Kerjégu* (louis), présidents honoraires. *Guiastrennec*, aîné, vice-prési-dent. *Dein*, avocat, secrétaire perpétuel. *Duthoya*, secrétaire perpétuel adjoint. *Le Bihan*, trésorier. *Paugam*, conserva-teur. *Besnou, Courtois*, secré-taires archivistes. *A. Vincent, Plagne, Le Do, Du Sein*, mem-bres du bureau.

LANDERNEAU. *De Goësbriand*, maire de St.-Urbain, président du comice. *Goury*, négociant à Landerneau, vice-président. *Flagelle*, secrétaire *Kerzéan*, trésorier. *Kernéis, Mazéas*, membres du bureau.

LESNEVEN. *Fauger-Dupes-seau*, président. *De Kersauson* (jean-marie), vice-président. *Le Moine*, secrétaire. *Vigniobout*, père, trésorier.

PLOUDALMÉZEAU. *Caroff*(syl-vain), juge de paix, président. *Julien*, notaire et maire, vice-président. *Guillard*, notaire, se-crétaire. *Caroff*(auguste), vice-secrétaire *Caroff* (vincent), trésorier. *Briand, Corrolleur* (jean), membres du bureau.

PLABENNEC. *Pidoux*, juge de paix, président. *Levasseur*, maire du Bourg-blanc, vice-prési-dent. *Moal*, maire de Plabennec, secrétaire. *Coll*, (joseph), se-crétaire adjoint. *Dourfer*, no-taire, trésorier. *Le Bars, Le Gallic de Kerisouet, Adam, Colin* (jean), membres du bureau.

SAINT-RENAN. *De Rodellec du Porzic* (émile), président. *Mével*, notaire et maire, vice-président. *Lejeune*, secrétaire. *Du Porzic* (vincent), tréso-

rier. *Kermardic, Léaustic*, mem-bres du bureau.

MORLAIX. *Richard*, sous-préfet, président de droit de la société d'agriculture. *Querret*, inspecteur de l'association bre-tonne pour l'arrondissement de Morlaix, président élu. *De Tro-melin, De Forsanz* fils, proprié-taires, vice-présidents. *Tilly*, négociant, *Lannurien* fils, doc-teur-médecin, secrétaires. *Mahé* (joseph), ancien capitaine du commerce, trésorier. *Daniellou* (père), négociant, bibliothé-caire archiviste.

LANDIVISIAU. *Prigent*, maire de Plounéventer, président. *Abgrall* (jacques), maire de Lampaul, vice-président. *Guil-lou*, cultivateur à Guimilian, trésorier. *Cozanet*, notaire, se-crétaire. *Couloignen*, à Bodilis, *Bourhis*, maître de poste à Lan-divisiau. *Soubigou*, de Plouné-venter. *Abhervé Guégen*, de St.-Servais, *Quéinnec* (Gabriel), de Landivisiau, *Abgra.l*, michel de Lampaul, membres du bu-reau.

PLOUIGNEAU. *Bourren* [Gil-les], propriétaire à Plougon-ven, président. *Jamin*, juge de paix de Plouigneau. *Bourren* [guillaume], maire de Bots-horel, vice-présidents. *Camus* [jean], à Botshorel. *Manchec* [fiacre], à Plouigneau. *Bévillon* [françois], à Plougonven, se-crétaires. *Coatanlem*, à Ploui-gneau, trésorier. *Hercé* [lau-rent], à Plougonven, *Manach* [françois], à Plouigneau. *Le Saout* [guillaume], à Plougon-ven, *Hélary* [jean], à Saint-Eutrope en Plougonven, mem-bres du bureau.

St.-THÉGONNEC. *Bernard-Bre-ton*, membre du conseil géné-ral, président. *Pouliquen*, joseph vice-président. *Le Loutre*, guil-laume, trésorier. *Grall*, fran-çois, secrétaire. *Quéinnec*, fran-çois, vice-secrétaire. *Fagot*, françois, *Caroff*, jean-baptiste, *Soubigou*, jean-louis. *Guéguen*, jean-françois, membres du bu-reau.

QUIMPER. - *Brissot-Thivars*, préfet du finistère, président de droit de la société. *Le Bastard de Kerguiffinec*, ancien député, vice-président, *Ri-chard*, médecin-vétérinaire, secrétaire. *De Madec*, maire de Penhars, inspecteur de l'association bretonne, secré-taire-adjoint. *De Kerret*, char-les, membre du bureau. *De Vuillefroy* (léon), trésorier.

PLOGASTEL-St.-GERMAIN. *Lucas*, juge de paix, président du comice. *Le Floch*, maire de Plo-néis, vice-président *Cornec* (guil-laume), *Le Moënner* (claude), *Cornec*(guillaume-louis). *Pernès* (rené), membres. *Campion*, secrétaire. *Leberre*, trésorier

PLOGONNEC. (canton de Douarnenez) *Durest-Lebris* ✠, président. *Le Hénaff*, maire de Plogonnec, vice-président. *Chuteau*, maire de Guengat, membre du bureau. *Lemoine*, trésorier. *Damey*, notaire, se-crétaire.

PONT-CROIX. *Hignard*, maire et conseiller général, prési-dent. *Le Dréau*, vice-président. *Le Bris-Durest*, secrétaire. *Pen-guilly-Merle*, trésorier.

PONT-LABBÉ. *N....*, prési-dent. *Toulemont* (pierre), vice-président. *Le Bastard de Ker-guiffinec*, trésorier. *Pascal*, se-crétaire.

CHATEAULIN. *Lodin*, sous-préfet, président de droit de la société d'agriculture. *Marzin* vice-président. *Le Bas*, tré-sorier. *Lacoste*, secrétaire.

CROZON. *Louboutin*, docteur-médecin, maire de Crozon, président. *Sacina*, maire de Telgruc, vice-président *Ala-voine* (jules), secrétaire. *Noël*, trésorier.

HUELGOAT. *Le Soufaché*, maire d'Huelgoat, président. *Barazer*, maire de Berrien, vice-président. *Collober*, maire de Locmaria-Berrien, secrétaire. *Le Bihan* (charles), négociant, trésorier. *Jaffrenou*, à Berrien, *Le Guillou* [yves] et *Abitol* à Huelgoat, *Ropars*, maire de Bo-lazec, membres du bureau.

LE FAOU. *De Pompéry* [th.] membre du conseil général, président. *Charuel*, notaire, vice-président. *Le Menn*, né-gociant, secrétaire. *Le Menn*, notaire, trésorier. *Caurant*, no-taire, *Bohan*, cultivateur, et *Riou*, commerçant, membres.

PLEYBEN. *Delaunay*, maire de Pleyben, président. *Le Jollec* maire de Gouézec, vice-prési-dent. *Le Bretten* [louis], se-crétaire. *Bois*, [hyppolite], tré-sorier. *Favennec* [noël], de Pleyben, *Le Meur* [rené], de Lennon, *Quevarrec* [jean], du Cloître, membres du bureau.

QUIMPERLÉ. *Dézille*, sous-préfet, président de droit de la société d'agriculture. *De Fresne, Du Quilio*, vice-présidents. *De Mauduit*, trésorier. *Aubry*, se-crétaire.

BANNALEC. *Chardon*, notaire président. *Canévet*, curé de Ba-nalec, vice-président. *Cloren-nec*, notaire, secrétaire.

SOCIÉTÉ VÉTÉRINAIRE
Du Département à Morlaix.

Les statuts de cette société ont été approuvés par M. le préfet du département, le 6 mai 1829, et rectifiés par M. le ministre de l'agriculture et du commerce, le 31 du même mois.

Damesme, président. *Kerzéan*, vice-président. *J. M. Eléouet*, secrétaire perpétuel. *Pellé*, vice-secrétaire. *Morel* trésorier. *M.J·M. Eléouet*, secrétaire perpétuel de cette société, vient de publier sous le titre de *Statistique agricole de l'Arrondissement de Morlaix*, un chef-d'œuvre de patience et de conscience : Nous engageons ceux de nos lecteurs qui voudront être complètement renseignés sur les richesses territoriales de l'arrondissement le plus important du Finistère sous le rapport agricole, à se procurer cet ouvrage chez M. Lefournier, libraire à Brest. Nous renvoyons à la page 143 de cet annuaire pour les récompenses obtenues par l'agriculture à l'exposition de 1849 à Paris.

INTENDANCE

ET COMMISSIONS SANITAIRES.

BREST. Le maire de Brest, président de droit. *Mollet*, docteur en médecine. *De Rossy*, ancien capitaine de vaisseau. *Léger* (louis). *Ronin*, propriétaire. *Montjarret de Kerjégu* (françois), conseiller général. *Le Normand de Kergrist*, ancien capitaine de vaisseau. *Bérubé* (ernest), notaire. *Huyot* (adolphe), architecte. *Conseil*, ancien négociant, ancien adjoint au maire de Brest. *Miriel*, médecin visiteur de l'intendance. *Brousmiche*, secrétaire, receveur des droits sanitaires. *Maréchal*, capitaine du lazaret de Trébéron.

Le lazaret de Trébéron appartient à la marine militaire; il est ouvert pour toutes les provenances aux bâtiments de l'état.

Les navires du commerce ne peuvent être admis à purger leur quarantaine à Trébéron, qu'après que l'intendance sanitaire en a obtenu l'assentiment des autorités de la marine, et lorsque le service des bâtiments de la république n'en peut souffrir.

La police sanitaire du lazaret de Trébéron appartient exclusivement à l'intendance sanitaire de Brest.

Les bureaux de l'intendance sont situés rue de la Rampe, n° 35 ; ils sont ouverts en été de 8 heures du matin à 5 heures du soir ; et en hiver, de 9 heures du matin à 4 heures du soir.

MORLAIX. Le maire de Morlaix, président de droit. *De Blois*, capitaine de vaisseau. *Pennanech*, docteur en médecine. *Le Coq Saint-Maur*, courtier de commerce. *Kergos*, négociant. *Alexandre*, aîné, négociant. *Homon Kerdaniel*, ancien officier de marine. *Boscher*, père, chirurgien. *Lattil*, médecin. L'inspecteur des douanes et le commissaire de l'inscription maritime.

CAMARET. Le Maire de Camaret, président. *Soher*, lieutenant des douanes en retraite. *Constantin*, capitaine des douanes en retraite. *Dorso* (corneille), boulanger. *Le Goff* (zacharie), marchand.

CONCARNEAU. Le Maire de Concarneau, président. *Le Guillou* (jules). *De Malherbe*, juge de paix. *Laporte*, négociant. *Cathala*, négociant.

ROSCOFF. Le Maire de Roscoff, président. *Madeleneau*, garde d'artillerie. *Vincent*, propriétaire. *Denis*, médecin. *Salaun*, capitaine de port. *Meuric*, notaire.

DOUARNENEZ. Le Maire de Douarnenez, président. *Conseil* (gustave), négociant. *Debon* (julien), propriétaire. *Leyer*, commerçant. *Grivart* (jérôme), négociant.

PONT-L'ABBÉ. Le maire de Pont-l'Abbé, président. *Daniel-Kersaux*, négociant. *Rio* (jean-marie) ✳, syndic des gens de mer, adjoint au maire. *Néel* (jean-baptiste), officier de marine en retraite. *Bideau*, maître de port. *Le Clerc*, médecin. *Kernilis* (pierre-marie), docteur-médecin.

TRAVAUX PUBLICS.

Ponts-et-chaussées. — Douzième inspection.

Service ordinaire et service des phares. — *Drappier*, inspecteur divisionnaire, rue de bellechasse, n° 11, à Paris. *Le Pord*, ingénieur en chef de 2e classe, à Quimper. *Aumaitre*, ingénieur ordinaire de 1re classe, à Morlaix. *Gojard*, ingénieur ordinaire de 2e classe, à Quimper. *Grégoire*, ingénieur de 3e classe, à Brest. *Tourbiez*, conducteur embrigadé de 1re classe, à Châteaulin.

Canal de Nantes à Brest. — *Drappier*, inspecteur divisionnaire, à Paris. *Sganzin*, ingénieur en chef de 2e classe, à Pontivy. *Tourbiez*, conducteur de 1re classe.

MINES. *Division du Nord-Ouest.*

Elie de Beaumont, inspecteur général de 2e classe, à Paris. *De Hennezel*, ingénieur en chef de 2e classe, au Mans. *Durocher*, ingénieur ordinaire de 1re classe, chargé du service dans les quatre départements d'Ille-et-Vilaine, des Côtes-du-Nord, du Morbihan et du Finistère, à Rennes.

FINANCES.

CONTRIBUTIONS DIRECTES.

—

Leuduguer-Fortmorel, directeur, à Quimper. *Ollivry*, premier commis de direction, à Quimper. *Le Maire-de-Montifault*, inspecteur de troisième classe, à Quimper. *Frollo-Kerlivio*, contrôleur hors classe, à Brest, rue voltaire, 30. *Bourdon*, contrôleur de première classe, à Morlaix. *Colomb*, contrôleur de 2e classe, à Quimper. *Le Jariel*, contrôleur principal, à Morlaix. *De Gaultier*, contrôleur de 2e classe, à Landerneau. *Bernard*, contrôleur de 2e classe, à Châteaulin. *Révault*, contrôleur de troisième classe, à Quimperlé. *Pacheu*, contrôleur surnuméraire, à Brest. *Brousmiche*, fils et *Savantier*, surnuméraires, à Quimper.

CADASTRE.

—

Taconnet, géomètre en chef, à Quimper.

Toutes les communes du département étant arpentées, le dépôt des plans, matrices, états de classement a dû être effectué aux archives de la direction, conformément aux instructions réglementaires.

Le directeur des contributions directes délivrera à tous ceux qui en formeront la demande les extraits des pièces susdites.

Pour plus de facilité, les demandeurs pourront s'adresser au contrôleur de leur arrondissement, qui transmettra à la direction les notes qu'il recevra et en échange desquelles les extraits réclamés seront immédiatement adressés aux contrôleurs chargés d'en faire la remise.

Tarif arrêté par le ministère des finances pour les extraits de plans.

Pour 40 parcelles et au-dessous, sur une seule f. c. feuille. . . . .: . 2 »

Pour 40 parcelles et au-dessus, pour chaque parcelle. 0 20

Pour chaque parcelle détachée, avec les joignants, outre la rétribution ci-dessus désignée. 0 50

Pour copie entière d'une section, par chaque parcelle. 0 10

Pour copie de plan entier d'une commune, par chaque parcelle. 0 05

Pour copies coloriées, moitié en sus du prix ci-dessus.

Extrait de la matrice cadastrale, ou états de classement. 0 06

Par parcelle ou ligne transcrite. 0 05

RECETTE DES CONTRIBUTIONS DIRECTES.

Aristide *Guilhem* ✳, receveur général, rampe prolongée, 14, à Brest.

ARRONDISSEMENT DE BREST.

Le Normand de Bretteville, à Brest, premier arrondissement, rue duguay-trouin, 18 bis. *Hersent*, à Brest, deuxieme arrondissement, rue neptune, 6. *Bréhier*, à Guilers, Bohars, St.-Pierre-Quilbignon. *Souffès-Després*, à Plouguerneau, Guissény. *Borgnis-Desbordes*, à Gouesnou, Plabennec. *Carof*, à Ploudalmézeau, Lampaul-Ploudalmézeau, Plouguin, St.-Pabu, Landunvez. *Rouilly*, à Lesneven, St.-Méen, Trégarantec, Ploudaniel. *Vignioboul*, à Plouider, Kernouès, Guicquelleau, St.-Frégant. *Vignioboul*, fils, à Plounéour-Trez, Kerlouan, Goulven. *Marziou*, à Brélès, Lampaul-Plouarzel, Lanildut, Plourin, Larret, Porspoder. *Rigolet*, à Plouvien, Loc-Brévalaire, Lanarvily, Le Drennec, Kernilis. *Tourmel*, à l'île d'Ouessant. *Conrier*, au Bourg-Blanc, Coat-Méal, Guipronvel, Milizac, Tréouergat, Lanrivoaré. *Girard*, aîné, à Lannilis, Tréglonou, Landéda. *Le Breton*, à Hanvec, l'Hôpital-Camfrout, Rumengol, St.-

Eloi, Logonna. *Gourvès*, à Plougastel, Loperhet, Daoulas. *Bourhis*, à Irvillac, Dirinon, St.-Urbain, Tréflévénez. *Néel*, à Ploudiry, Loc-Eguiner, la Martyre, la Roche, Lanneufret, le Tréhou. *Menez*, à Lambézellec, Saint-Marc. *Bro*, au Conquet, Plougonvelin, Trébabu, l'île-Molène, Ploumoguer. *Bérubé*, à Guipavas, Kersaint, Saint-Divy, La Forest, Saint-Thonan. *Thomas*, à Landerneau, Pencran, Plouédern, Trémaouézan. *Cloître*, à Saint-Renan, Plouzané, Loc-Maria, Plouarzel. *Séré*, surnuméraire.

ARRONDISSEMENT DE MORLAIX.

Comandré, receveur particulier, à Morlaix.

Percepteurs.

Charuel, à Landivisiau, Bodilis, Plougourvest, Guimiliau, Lampaul. *Brial*, fils, à Plounéventer, St.-Servais, Lanhouarneau, Plougar. *Sabot*, fils, à Lanmeur, Plouégat-Guérand, Garlan. *Delaunay*, à Guimaëc, Saint-Jean-du-Doigt, Loquirec, Plouézoch. *Varenne*, à Ploujean, St.-Martin-des-Champs, Sainte-Sève, Plourin. *Gigaud*, à Plouigneau, Plougonven, le Ponthou. *Proux*, à Guerlesquin, Lannéanou, Botshorel, Plouégat Moysan. *Le Beurrié*, à Plouescat, Cléder. *Le Tersec*, à Plonévez-Lochrist, Tréflès. *Le Flahec*, à Plouzévédé, Saint-Vougay, Trézilidé, Plouvorn, Tréflaouénan. *Lahalle*, à Roscoff, l'île de Batz, Plougoulm, Sibiril. *Simon*, à Sizun, Commana, Loc-Mélard, St.-Sauveur. *Gousselin*, à Taulé, Henvic, Carantec, Locquénolé. *Pinchon*, à Plouénan, Mespaul, Guiclan. *Testard* (paul), à Pleyber-Christ, Plounéour-Menez, Le Cloître, Saint-Thégonnec. *Deschez*, à Saint-Pol-de-Léon. *De la Monneraye*, à Morlaix. *Gicquet de Preissac*, à Plougasnou. *Le Moal*, surnuméraire.

ARRONDISSEMENT DE CHATEAULIN.

Moreau, receveur particulier.

PERCEPTEURS.

Jobbé-Duval, à Carhaix, Plouguer, Plounévézel, Kergloff. *Lallour*, [*L.-M.*] à Châteaulin, Cast, Saint-Coulitz, Saint-Ségal, Dinéault. *Lallour*, aîné, à Argol, Landévennec, Plomodiern, Saint-Nic, Telgruc, Trégarvan. *Le Bretton*, à Pleyben, Lennon, Lothey, Gouézec. *Danyel*, [*E.-C.-M.*], à Coray, Leuhan, Trégourez, Laz, Edern. *Caradec*, à Crozon, Camaret, Roscanvel. *Séré*, à Châteauneuf, Landeleau, St.-

Goazec, Saint-Thois, Plonévez-du-Faou, Collorec. *Lostie-Kerhor*, à Brasparts, Lannédern, Loqueffret, Le Cloître. *Le Moal*, à Huelgoat, Scrignac, Berrien, Bolazec, La Feuillée. *Lestir*, au Faou, Rosnoën. *Quimerc'h*, Lopérec, Logonna-Quimerc'h. *Guéguénou*, à Locronan. *Quéménéven*, Plonévez-Porzay, Ploéven. *Gaubert*, à Poullaouen, Loc-Maria, Plouyé. *Fortier*, à Spézet, St.-Hernin, Motreff, Cléden Poher. *Lequéau*, surnuméraire.

ARRONDISSEMENT DE QUIMPER.

César Delafontaine, receveur particulier.

Percepteurs.

Denic, à Audierne, Cléden-Cap-Sizun, Plogoff, Goulien, Primelin, Esquibien. *Le Moign*, à Briec, Langolen. *Laporte*, à Concarneau, Beuzec-Conq, Lanriec, Trégunc. *Bernard*, à Douarnenez, Ploaré, Poullan, Pouldergat. *Allain*, à Rosporden, Elliant, Tourch, Saint-Yvy. *Lallour* [*J.-M.*], à Kerfeuntun, Ergué-Gabéric, Ergué Armel. *Mahé des Portes*, à Fouesnant, Gouesnach, Pleuven, Perguet. *Le Breton*, à Plogastel-Saint-Germain, Plonéis, Landudec, Guilers, Saint-Honoré, Pluguffan. *Le Moine*, à Penhars, Plomelin, Plogonnec, Guengat. *Néel*, à Plomeur, Penmarc'h, Saint-Jean-Trolimon, Tréguennec, Plobannalec, Treffiagat. *Garin*, à Plounéour, Tréogat, Plovan, Pouldreuzic, Peumeurit. *Ferron*, à Pont-Croix, Plouhinec, Beuzec-Cap-Sizun, Mahalon, Meilars, Plozévet. *Cosquer*, à Pont-Labbé, Combrit, l'île Tudy, Treméoc, Loctudy. *Brousmiche* [paul], à Quimper. *Lallour*, surnuméraire.

ARRONDISSEMENT DE QUIMPERLÉ.

Carof, receveur particulier.

Percepteurs.

La Barcerie, à Arzano, Guilligomarc'h, Tréméven, Redéné. *Birquelle*, à Bannalec, le Trévoux, Meigven, Kernével. *Malinge*, à Moëlan, Clohars-Carnoët. *Le Fraper*, à Pont-Aven, Névez, Nizon, Riec. *Boyer*, à Quimperlé. *Juloux*, à Querrien, Saint-Thurien, Mellac. *Charuel*, à Scaër. *Le Guernalec*, surnuméraire.

Receveurs spéciaux.

Bersolle [prosper], receveur municipal à Brest. *Glon-Villeneuve*, receveur de l'Hospice civil et du bureau de bienfaisance de Brest. N....., receveur municipal à Landerneau. *Malléjac*, receveur de l'hospice, et du bureau de bienfaisance à Landerneau. *De Jaegher*, receveur municipal à Morlaix. *Boyer*, receveur de l'hospice et du dépôt des aliénés à Morlaix *Le Gac de Lansalut*, receveur du bureau de bienfaisance à Morlaix. *Lecoq*, aîné, receveur municipal à Quimper. *Lecoq* [théodore], receveur de l'hospice, de l'établissement des aliénés et du bureau de bienfaisance de Quimper. *Babin*, receveur-municipal et du bureau de bienfaisance de Lambézellec.

TRÉSOR PUBLIC.

—

Deschard, payeur du département du Finistère, résidant à Brest, rue Duguay-Trouin, 3, acquitte, pour le compte du trésor public, les dépenses imputées sur les budgets des divers ministères.

Les receveurs particuliers des finances dans les arrondissements de Morlaix, Châteaulin, Quimper et Quimperlé, acquittent les dépenses pour le compte du payeur du département.

ENREGISTREMENT ET DOMAINES.

—

Service général du département du Finistère.

Vosnicy, directeur à Quimper. *Dufeigna*, inspecteur de 2e classe à Quimper. *Pollet*, inspecteur de 3e classe à Brest. *Quinefault*, vérificateur de 2e classe à Morlaix. *Rochard*, vérificateur de 2e classe à Quimper. *Querbez*, premier commis de la direction à Quimper. *Sicault de Mariol*, garde-magasin à Quimper. *Courtemanche*, timbreur à Quimper.

Receveurs et Conservateurs. — *Avril*, hypothèques et domaines à Quimper. *Clouet*, enregistrement à Quimper. *Buzaré* [eugène], timbre extraordinaire à Quimper. *Buzaré* [alphonse], à Concarneau. *Gault*, à Douarnenez. *Hénon*, à Pont-Croix. *De Berdouaré*, à Pont-Labbé. —*Le Redde*, hypothèques à Brest. *Laurent de la Buffetière*, enregistrement des actes civils et soumissions à Brest. *Dohin-Duquesney*, enregistrement des actes judiciaires à Brest. *Legoarant*, à Landerneau. *Veissière*, à Lannilis. *Perou*, à Lesneven. *Verchin*, à Plabennec. *Chevalet*, à Saint-Renan.—*LeBas*, hypothèques, enregistrement et Domaines à Châteaulin. *David*, à Châteauneuf. *Richard*, à Huelgoat. *Ardouin*, à Crozon, *Gautier*, à Pleyben. *Dupenhoat*, à Carhaix.—*De Gennes*, conservateur des hypothèques, à Morlaix. *Couétoux*, receveur de l'enregistrement et des domaines à Morlaix. *Billette*, à Guerlesquin. *Le Clerc*, à Landivisiau N....., à Lanmeur. *Lenardou*, à Plouescat. *Rivière*, à Saint-Pol-de-Léon. *Chotard*, hypothèques, enregistrement et domaines à Quimperlé. *Gaubert* à Bannalec. — Surnuméraires. N....., à Quimper. *De la Monneraye*, à Brest. *Viet Ville Hamon*, à Châteaulin. *Mahé*, à Morlaix. *Lehuérou*, à Quimperlé.

DOUANES ET SELS.

—

DIRECTION DE BREST.

—

Bureaux de la direction. *De Raymond*, directeur, *Renault, Broquet, Luce, D'Arlot-de-St.-Saud, Kervern*, premier, deuxième, troisième, quatrième, cinquième commis, à Brest.

Inspection de Concarneau. — Principalité de Quimper. — *Porée*, inspecteur, à Concarneau. *De Longchamps*, receveur principal, à Quimper. *De Montgaurin*, vérificateur, *Losties* et *De Baudre*, commis de 1re classe, à Quimper. *Julien, Cassegrain, Besançon, Lahaye*, receveurs, à Quimperlé, Douélan, Pont-aven et Pont-Labbé. *Josset*, receveur, *Champglen*, visiteur, et *Le Moigne*, commis de 1re classe, à Concarneau.

Inspection de Crozon. — Principalité de Douarnenez — *Dural Ramerie*, inspecteur, à Crozon *Girod*, sous-inspecteur, à Douarnenez. *Viciot*, receveur principal, *Pinchon* et *Nivolon*, vérificateurs, *Jouve Dejou, Simon, Aizac*, commis de 2e classe, à Douarnenez. *Faure, Sohier, Henry, Desgranges, Christophe, De Grandsaigne, Maynau*, receveurs, à Audierne, à Pontcroix, à Tréboul, au Fret, à Morgat, au Faou, à Port-Launay. *Galliot*, receveur, et *Gandalbert*, visiteur à Camaret.

Inspection et principalité de Brest. — *De Saint-Genis*, inspecteur, et *Daustel*, sous-inspecteur à Brest. *Grimoult*, receveur-principal, *Michel Bonnefonds*, contrôleur, *Marie, Rosol, Le Breton*, vérificateurs, *Dadure*, commis principal, *Rousseaux* et *Dubois*, commis de 1re classe à Brest. *Ganne*, receveur à Recouvrance. *Rioux*, receveur, et *Dubled*, visiteur à Landerneau. *Lafforgue Barbut, Couture, Riché-Desforges, Pestel*, receveurs au Conquet, à Laber-Ildut, à Labervrac'h, à Paluden.

Inspection et principalité de Morlaix — *Devillers*, inspecteur, *Cadran*, sous-inspecteur, *Le Mauyc*, receveur-principal. *Dufaure* et *Barchou*, vérificateurs. *Blanc* et *Ballot*, commis de 1re classe à Morlaix. *Tréfouel, Anger de Kernisan*, receveurs à Paimpol, à Plouescat.

ADMINISTRATION DES CONTRIBUTIONS INDIRECTES.

—

ARRONDISSEMENT DE BREST.

Jouannin-Folleville, contrôleur principal, *Culine de Roux*, premier commis du contrôle. *Chollet*, deuxième commis du contrôle, *Toussaint*, receveur, particulier entreposeur, *Goué*, contrôleur de ville, à Brest. *Gardet*, receveur particulier sédentaire, à Recouvrance. *De Malherbe*, contrôleur, receveur à cheval, à Landerneau. *Debon*, contrôleur, receveur à pied, à Lambézellec. *Condamain, Rousseau, Barbedette*, receveurs à cheval, à Lesneven, à Lannilis, à St.-Renan. *Lizan*, contrôleur de la garantie, à Brest. *Hamon*, préposé en chef de l'octroi, à Brest.

—

ARRONDISSEMENTS DE QUIMPER ET QUIMPERLÉ.

Vacher, directeur du département, à Quimper. *Le Bris*, commis de direction, rang de contrôleur de ville, à Quimper. *Savantier*, commis de direction, rang de receveur à pied, à Quimper. *Le Marchand de l'Epinay*, 3e commis de direction, à Quimper. *Canivet*, receveur principal, entreposeur, à Quimper. *Damphernet*, receveur particulier, entreposeur, à Quimperlé *Boué*, contrôleur de ville de 2e classe, à Quimper. *Dubuisson*, receveur à cheval de 1re classe, à Concarneau. *Morel*, receveur à cheval de 1re classe, à Pontcroix. *Granger*, receveur à cheval de 1re classe, à Pont Labbé. *Le Days*, receveur à cheval de 2e classe, à Quimper. *Le Louédec*, receveur à cheval de 2e classe, à Rosporden. *Michel*, receveur à cheval de 3e classe, à Quimperlé. *Lecorre*, receveur ambulant à pied de 1re classe, à Douarnenez.

ARRONDISSEMENT DE
CHATEAULIN.

Ladoucette, receveur parti-culier, entreposeur, *Haireaux*, receveur à cheval, à Château-lin. *Le Cerff*, *Gand*, *Cocket*, *Guillaume*, receveurs à cheval, à Châteauneuf, à Huelgoat, à Carhaix, à Crozon.

—

ARRONDISSEMENT DE MORLAIX.

Gonichon, contrôleur princi-pal, à Morlaix. *Cormier*, 1er commis du contrôle, à Mor-laix. *Danyel Beaupré*, 2e commis, à Morlaix. *Florinier*, receveur particulier, entreposeur, à Morlaix. *Lautour*, contrôleur de ville, à Morlaix. *Jouan de Kervenoaël*, contrôleur, rece-veur à cheval, à Landivisiau. *Guègen*, *Le Gac de Lansalut*, *Louarn*, receveurs à cheval, à Morlaix, à Plouescat, à Lanmeur. *Cosmao*, receveur ambulant à pied, à St.-Pol.

—

MANUFACTURE DES TABACS,
A MORLAIX.

Goubé, régisseur *Loriot*, con-trôleur de fabrication. *Coulon*, contrôleur de comptabilité. *Le Pennéc*, sous-contrôleur. *Le Goff*, garde-magasin.

—

DIRECTION DES POSTES.

Il existe dans le département du Finistère 24 bureaux de pos-tes, 9 bureaux de distribution, 14 relais de postes aux che-vaux.

La Surveillance du service est confiée à l'inspecteur, qui est chef de service. Il est à la fois inspecteur des postes aux lettres et relais, vérificateur des produits, et ordonnateur secondaire des dépenses.

Conard, inspecteur du dépar-tement, à Brest.

Bureaux composés.—**BREST**, *Brou*, directeur comptable du département, *De Reynach*, *Bernard*, *Lassave*, *Dorléans*, *Letessier*, premier, deuxième, troisième, quatrième, cin-quième commis. *Pontallié*, surnuméraire, à Brest.

QUIMPER. *Gandalbert*, direc-teur. *Vendicq* et *Liguistin*, pre-mier et deuxième commis, à Quimper.

MORLAIX. *Bazin*, directeur, *Brenguier*, commis, et *Mégret*, surnuméraire, à Morlaix.

Directeurs des 21 bureaux simples. — Mlle *Banéal*, à Car-haix, Mme *Perennès*, à Château-lin. *Brisson*, à Concarneau. Mme *Bindault*, à Crozon. Mme *Groo-ters*, à Douarnenez. Mme *Legris*, à Landerneau. Mme *Dubosq*, à Landivisiau. *Allain-Mat*, à Lan-meur. Mlle *Provence*, au Faou.

Mme *Beau*, à Lesneven. Mme *Desclabissac*, à Pont-Croix. Mme *Verrye*, à Pont-Labbé. *Rio Ker-loret*, à Quimperlé. Mme *Bil-lette*, à Rosporden. *Ramoger*, à Saint-Pol-de-Léon. Mlle *Tou-teville*, à Saint-Renan. Mlle *Bernard*, à Pleyben. Mlle *Pic-quet*, à Châteauneuf. *Le Roux*, à Plouigneau. Mme *Levasseur*, à Lannilis. Mme *Caroff*, à Plou-dalmézeau.

Directrices des bureaux de distribution. — Mlle *Le Coq*, à Audierne. Mlle *Constantin*, à Camaret. Mme *Cavan*, Le Huel-goat. Mme *Diraison*, à Roscoff. Mme *Hélo*, à Pontaven. Mlle *Le Roy*, au Conquet. Mme *Loyer*, à Scaër. Mme *Beau*, à St.-Thé-gonnec. Mlle *Gouais-Lanaud*, à Plouescat.

SERVICE DES POIDS ET MESURES.

—

VÉRIFICATEURS.

Mélano de Cassina, à Quim-per. *Théven de Guéléran*, à Brest, rue Ducouédic, 18. *Bu-zaré (Armand)*, à Morlaix. *Cotten*, à Châteaulin. *Guillou (Alexandre)*, à Quimperlé.

ADMINISTRATION FORESTIÈRE.

—

Boutarel, inspecteur des fo-rêts, à Quimperlé. *La Guarigues*, garde général, à Carhaix.

MONT-DE-PIÉTÉ DE BREST.

Enclave de l'Hospice, rue Saint-Yves.

Directeur, *Delussay*, Grand'rue, 79.

Caissier, *Richard-Duplessis*, rue Duguay-Trouin, 16.

Appréciateur, *Le Corbellier*, rue prolongée de la Rampe, 5.

Garde-magasin, *Bonetbeau*, rue Saint-Yves, 58, bis.

Les prêts, au Mont-de-Piété, sont effectués sur dépôts de marchandises ou d'effets mobi-liers et accordés pour un an ; ils ne peuvent être moindres que 3 FRANCS ni surpasser 3,000 FRANCS.

Le droit à percevoir par l'administration est de 4|2 p. % pour frais de dépôt, de magasi-nage, de garde et de régie, et 4|2 p. % pour intérêt des sommes prêtées.

Le droit est décompté à l'emprunteur pour chaque mois, et le mois commencé est dû en entier.

Le montant des sommes à prêter est fixé, pour les matières d'or et d'argent, aux 4|5 de leur valeur au poids, et pour les autres effets, au 2|3 du prix d'estimation.

Les déposants peuvent renouveler le dépôt ou en retirer tout ou partie dans le courant de l'année pour en empêcher la vente.

Mais les objets qui n'ont pas été dégagés avant ce délai, sont vendus au compte de l'administration, jusqu'à concurrence de la somme prêtée. L'excédant ou BONI qui peut résulter de cette vente est intégralement re-mis à l'emprunteur.

Les excédants ou BONI qui n'auraient pas été réclamés dans les trois ans de la date des reconnaissances, ne peuvent plus être récla-més, et le montant en est versé dans la caisse de l'hospice civil de Brest.

Dans le cas de perte de l'objet déposé, le réclamant ne peut avoir droit qu'au montant et à un cinquième en sus de l'appréciation portée sur la reconnaissance.

Les bureaux de l'administration du Mont-de-Piété, rue Saint-Yves, sont ouverts tous les jours non fériés, depuis 9 heures du matin jusqu'à 3 heures du soir.

Les lettres adressées à la direction doivent être affranchies.

Caisse d'Épargnes et de Prévoyance

AUTORISÉE PAR ORDONNANCE ROYALE DU 27 AOUT 1821.

Administration de la Caisse.

Le Franc, commissaire de la marine en retraite, rue de siam, 32, président. *Collot*, commissaire de la marine en retraite, grand'rue, 29, vice-président. *Fauconnier*, chef de bataillon d'artillerie de marine en retraite, rue du château, 13, secrétaire. *Delorme*, capitaine de frégate en retraite, place du château, 25, vice-secrétaire.

ADMINISTRATEURS.

Fauchon, chirurgien-major de la marine en retraite, rue d'aiguillon, 6. *Riverieulx*, propriétaire rue de la mairie, 13. *Dodin-Dubreuil*, propriétaire, rue du château, 34. *Duboscq*, commissaire de la marine en retraite, grand'rue, 11. *Rimbert*, commissaire de la marine en retraite, rue d'aiguillon, 20. *Babron*, ancien sous-commissaire de la marine, grand'rue.

Delcour, sous-commissaire de la marine en retraite, quai-tourville, 17. *Le Moine*, ancien capitaine de vaisseau en retraite, rue de Siam, 30. *Cerisier*, commissaire de marine retraité, place du château, 5. *Morel*, sous-commissaire de marine retraité, rue kéréon, 12. *Dufour*, rue vauban, à Recouvrance. *Duchesne*, trésorier, grand'rue, 16. *Quellénec*, *Fontaine*, *Le Gall*, premier, deuxième, troisième commis.

La caisse ne reçoit pas de dépôts au-dessous de 1 fr. (*art. 1er des statuts*).

On ne peut déposer plus de 300 fr. par semaine. (*art. 4 de la loi du 5 juin 1835*).

Le maximum du compte d'un déposant est fixé à 1500 fr. en capital et avec les intérêts à 2000 fr., les dépôts atteignant ce capital cesseraient de porter aucun intérêt. (*art. 1er de la loi du 22 juin 1845*).

Le conseil d'administration fixe chaque année, au mois de décembre, l'intérêt qui sera alloué aux déposants pour l'année suivante. (*art. 8 des statuts*).

L'intérêt sera dû à compter du jour du versement fixé au dimanche de chaque semaine. (*art. 10 des statuts*).

Les sommes retirées cesseront de produire intérêt le jour où le remboursement sera opéré; ce jour est fixé au lundi de chaque semaine. (*art. 13 des statuts*).

L'intérêt sera réglé à la fin de l'année; il sera ajouté au capital et produira des intérêts pour l'année suivante, si ce nouveau capital n'atteint pas 2000 fr.

Toute somme non retirée au jour indiqué pour le remboursement sera rétablie au compte du déposant qui devra former une nouvelle demande.

Les dépôts seront restitués à quelque époque que ce soit, à la volonté des prêteurs, en prévenant 15 jours d'avance; la caisse se réservant toutefois, si elle le juge convenable, de rembourser avant l'expiration des 15 jours. (*art. 12 des status.*)

Les dépôts sont reçus les dimanches, de 9 heures à midi. Pour faciliter les déposants qui ne pourraient se présenter le dimanche, la caisse reçoit encore le mercredi et le jeudi de 9 heures à midi; mais ces dépôts ne comptent que du dimanche suivant.

Les demandes de remboursement sont reçues les dimanche, mercredi et jeudi de 9 heures à midi, et les remboursements se font le lundi de midi à 3 heures.

Néanmoins, les personnes qui n'auraient pas été remboursées le lundi, auront la facilité de se présenter à la caisse le vendredi suivant, à la même heure, et le remboursement sera fait comme s'il avait eu lieu le lundi.

Le bureau de la caisse est situé place du Château, 25.

NOTA. — Toutes les lettres et réclamations doivent être adressées franc de port au Trésorier.

AFFAIRES ÉTRANGÈRES.

AGENTS CONSULAIRES DES NATIONS ÉTRANGÈRES DANS LE DÉPARTEMENT DU FINISTÈRE.

BREST. *Anthony Perrier*, rue voltaire, 40, consul d'Angleterre et agent des Lloyds, pour les départements du Finistère, du Morbihan et des Côtes-du-Nord. *Bouet* (alexandre), rue de la rampe, 34, consul des Pays-Bas pour le département, vice-consul d'Angleterre et sous-agent des Lloyds. *Bazil*, rue du château, 37, consul des villes anséatiques, vice-consul du Brésil, du Danemarck, du Hanovre, de Prusse, de Suède et de Nowége, agent consulaire des Etats-Unis et de Russie. *Montjarret de Kerjégu* (Françis), consulgénéral de Belgique pour le département, rue d'aiguillon, 9. *Montjarret de Kerjégu* jeune, vice-consul de Sardaigne et de Naples, agent consulaire d'Autriche, rue d'aiguillon, 9. *Henry Guilhem*, vice-consul d'Espagne et de Portugal, rue de la rampe, 21.

MORLAIX. *Alexandre*, fils aîné, vice-consul d'Angleterre, des Etats-Unis et du Hanovre, agent consulaire de Russie et des Pays-Bas. *Alexandre*, victor, vice-consul des villes anséatiques. A. *Andriaux*, vice-consul d'Espa-gne, de Suède et de Norwége. F. *Homon*, agent consulaire de Portugal. A. *Duhamel*, agent consulaire du Danemarck.

QUIMPER. N....., vice-consul d'Angleterre, de Suède et de Norwége. Ed. *Porquier*, agent consulaire des Pays-Bas.

AUDIERNE. *Delécluse* (auguste), agent consulaire des Pays-Bas.

Dans les arrondissements où il n'y a pas de consul de leur nation, les navires étrangers doivent s'adresser au consul établi à Brest.

GUERRE.

ÉTAT-MAJOR GÉNÉRAL DE LA 13ᵉ DIVISION MILITAIRE. — *Duvivier* (C. ✳), général de division *Floyd*, capitaine aide-de-camp. *Beauquet* (O. ✳), lieutenant-colonel, chef d'état-major, *Rivière* ✳, chef d'escadron d'état-major, à Rennes.

ÉTAT-MAJOR GÉNÉRAL DE LA SUBDIVISION DU FINISTÈRE. — *Duguen* (C. ✳), général de brigade, commandant la subdivision, N....., aide-de-camp, à Brest.

Etat-major de la place de Brest. — *Lévesque* (C. ✳). colonel, commandant la place ; *Le Rouxeau de St.-Dridan* (O. ✳), chef de bataillon, major de la place, *Morizeau* ✳, *Maucourt* ✳, capitaines, adjudants de place, *Pernet*, N....., lieutenants, adjudants de place, *Vilain* ✳, capitaine, secrétaire-archiviste de la place, *Gérard*, *Diolot*, *Charbonnier*, portiers-consignes, à Brest.

De Vernon, capitaine, commandant de place, à Concarneau. (Toutes les autres places de la subdivision sont commandées par les chefs de leur garnison).

DIRECTION D'ARTILLERIE. — Pour cette direction, comme pour celle du génie, nous ne donnerons que le personnel résidant dans le département du Finistère. *Mocquard* (O. ✳), lieutenant-colonel, directeur, *De Blois de la Calande* ✳, chef d'escadron, sous-directeur, *Guitton* ✳, *Le duc Lagarde* ✳, *Roger* ✳, *Galy*, capitaines, *Charpille*, *Bérard* ✳, gardes de 1ʳᵉ classe, *Lomeré*, garde de 2ᵉ classe, *Woslet*, *Mul*, chefs ouvriers d'état, *Autelet*, contrôleur d'armes de 1ʳᵉ classe, à Brest. *Menu*, garde de 2ᵉ classe, au fort Bouguen. *Courvoisier*, garde de 2ᵉ classe, à Quélern.

DIRECTION DU GÉNIE. — *Radepont* (O. ✳), colonel, directeur des fortifications à Brest. — Chefferie de Brest. *Garnot* (O. ✳), chef de bataillon, ingénieur en chef, *Joyau* ✳, capitaine de première classe, *Pilven* ✳, garde principal, *Tertian*, garde de première classe, *Beaujeux*, garde de deuxième classe à Brest. *Découps* ✳, *Thorel*, gardes de deuxième classe à Recouvrance. *Woirin*, garde de deuxième classe à Morlaix. — Chefferie du Conquet. *Richer* ✳, chef de bataillon, ingénieur en chef. *Ramet*, capitaine de deuxième classe. *Kienné*, garde principal. *Répécaud*, *Lupi*, gardes de deuxième classe au Conquet. — Chefferie de Quélern. *Duboys-Fresney* ✳, chef de bataillon, ingénieur en chef, *Ratheau*, capitaine de deuxième classe, *Le Gaillard* et *Demange*, gardes de deuxième classe à Quélern. — Chefferie de Quimper. *Hugot-Derville* ✳, capitaine de première classe, *Pilard*, *Barthélémy*, gardes de première classe à Quimper, à Concarneau.

VIVRES. — *Pottier*, officier d'administration de première classe, chargé des magasins de Brest et Morlaix, à Brest. *Duding*, officier d'administration de deuxième classe, chargé de la direction de Quimper, à Quimper.

INTENDANCE MILITAIRE. *D'Arnaud* (O. ✳), intendant militaire, à Rennes. *Beaugendre* ✳, sous-intendant de deuxième classe, à Quimper. *Mathieu*, commis entretenu de troisième classe, à Quimper. *Dalpuget*, sous-intendant militaire de première classe, à Brest. *Rousseau*, commis entretenu de deuxième classe, à Brest.

LITS MILITAIRES. — *Lecointe*, préposé des lits militaires à Brest. *Charpignon*, préposé des lits militaires à Quimper. Mᵐᵉ *Laurent*, préposée des lits militaires à Morlaix.

CHAUFFAGE. — *Gadouot*, entrepreneur du service de chauffage à Brest. *Poisson*, entrepreneur du service de chauffage à Quimper. *Mahé*, entrepreneur du service de chauffage à Morlaix.

RECRUTEMENT ET RÉSERVE. *Labrudde*, capitaine commandant le recrutement à Quimper.

GENDARMERIE DU FINISTÈRE. — *Joly*, capitaine commandant la compagnie du Finistère à Quimper. *Humbert*, lieutenant à Quimper. *Divier*, lieutenant trésorier à Quimper. *Berchu*, lieutenant à Morlaix. *Caselly*, lieutenant à Brest. *Voirol*, sous-lieutenant à Carhaix. *Bourgeois*, lieutenant à Châteaulin.

2ᵉ CONSEIL DE GUERRE DE LA DIVISION. — *Vilain* ✳, capitaine commissaire du gouvernement. *Collard-Deschénès* ✳, capitaine rapporteur. *Martin*, capitaine, substitut-rapporteur. *Bruneau*, greffier.

MARINE.

DEUXIÈME ARRONDISSEMENT.

Le territoire maritime de la France est divisé en cinq arrondissements, dont le deuxième, ayant le port de Brest pour chef-lieu, comprend les côtes et ports de l'Océan, depuis Cherbourg exclusivement, jusqu'à Quimper inclusivement, et les îles adjacentes. Il se divise en deux sous-arrondissements, dont les chefs-lieux sont Saint-Servan et Brest.

Le sous-arrondissement de Brest se subdivise en cinq quartiers, savoir :

Brest, Saint-Brieuc, Paimpol, Morlaix et Quimper.

Le service du 2e arrondissement maritime, soit civil, soit militaire, est dirigé par un *préfet maritime*, jouissant des honneurs de vice-amiral, commandant en chef une escadre. Créé par l'arrêté consulaire du 7 floréal an VIII, puis abandonné en conformité de l'ordonnance du 29 novembre 1815, le système des préfectures maritimes a été rétabli par l'ordonnance du 27 décembre 1826.

PRÉFECTURE MARITIME.

Le préfet maritime a sous ses ordres immédiats, pour la direction des diverses parties dont se compose le service général : 1° un major général ; 2° un commissaire général ; 3° un directeur des constructions navales ; 4° un directeur des mouvements du port ; 5° un directeur d'artillerie ; 6° un directeur des travaux hydrauliques et des bâtiments civils ; 7° un président du conseil de santé. Ces divers fonctionnaires forment (à l'exception du dernier qui peut y être appelé) un conseil d'administration présidé par le préfet, qui lui fait connaître les questions sur lesquelles il doit délibérer. Le contrôleur de la marine est tenu d'assister aux délibérations de ce conseil ; il y a voix représentative et siége en face du préfet. Les attributions principales du conseil d'administration sont : l'examen des cahiers des charges et procès-verbaux d'adjudications ou marchés et conventions ; des plans, projets et devis des constructions navales, hydrauliques ou civiles ; celui des plans et devis de distributions nouvelles dans les édifices des arsenaux, des ouvrages d'artillerie, des tarifs de main-d'œuvre, des comptes annuels de consommation, etc., etc. Il propose l'admission ou l'avancement des maîtres entretenus et statue sur l'avancement des ouvriers.

LEBLANC (G. O. ✿), vice-amiral, préfet maritime.

TROUDE ✿, capitaine de frégate, aide-de-camp.

MAJORITÉ GÉNÉRALE.

Les attributions du major général sont définies par le titre IV, chap. 1er de l'ordonnance du 14 juin 1844. Il commande tout le personnel militaire de la marine ou affecté au service de ce département, et est spécialement chargé de la garde du port et du littoral de l'arrondissement. C'est sur sa proposition que le préfet donne les destinations de service aux officiers. Chargé de la police et de la sûreté du port, il reçoit des fonctionnaires compétents les rapports qui y sont relatifs, et surveille les prisons de la marine. Il surveille aussi l'instruction théorique et pratique des officiers et des troupes de la marine, la bibliothèque du port, l'observatoire, l'école d'hydrographie et tous les autres établissements du chef-lieu destinés à l'instruction des officiers et des marins. Il a sous ses ordres les professeurs et autres personnes attachées à ces établissements.

Montagniès de la Roque, (O. ✳.) contre-amiral, major-général. — *Dubut*, (O. ✳,) capitaine de vaisseau, major. — *Le Gallic-Kérisouet*, ✳, *Bizien*, ✳, capitaines de frégate, aides-major. — *Danguillecourt*, aide-commissaire, chef du secrétariat — *Aumont*, commis de marine, secrétaire particulier du major-gén éral.

Quatre lieutenants de vaisseau, sous aides-major, sont attachés à la majorité. On n'a pas cru devoir les porter non plus que dans les autres détails, à cause de la mobilité du service.

Cadre de l'armée navale. — Conditions d'admission.

Par ordonnances des 1er mars 1831, 29 décembre 1836, 14 septembre 1840, 31 octobre 1843 et 8 septembre 1846, et d'après la loi du 7 juin 1841 et le décret du 3 mai 1848, le cadre de l'armée navale se compose ainsi :

Amiraux	{ en temps de paix	2
	en temps de guerre	3
Vice-Amiraux		10
Contre-amiraux		20
Capitaines de vaisseau	{ première classe. . 36 }	110
	deuxième classe. . 74 }	
Capitaines de frégate		230
Lieutenants de vaisseau	{ première classe. . . 110 }	650
	deuxième classe. . . 540 }	
Enseignes de vaisseau		550
Aspirants de première classe		200
Aspirants de deuxième classe		(1) [»

(1) Chaque année une ordonnance du chef du pouvoir exécutif détermine le nombre des aspirants de 2e classe.

L'école navale, dont il sera parlé ci-après, est la principale source de recrutement de l'armée navale. Mais les élèves de l'école polytechnique, les premiers maîtres des équipages de ligne et les capitaines au long-cours peuvent, dans certains cas, et après avoir rempli certaines conditions que nous allons énumérer successivement, être admis dans ce corps.

Aspirants provenant de l'école polytechnique. — Les élèves sortant de cette école ont droit, chaque année, à quatre places d'aspirants de première classe de la marine. Ils obtiennent, concurremment avec les aspirants de cette classe provenant directement de l'école navale, les places vacantes dans le cadre des enseignes de vaisseau, quand ils ont navigué pendant deux ans dans le grade d'aspirant, et qu'ils ont subi avec succès un examen sur la théorie de la navigation, le gréement, les apparaux, la manœuvre et le canonnage.

Premiers maîtres des équipages de ligne. — Les premiers maîtres de manœuvre, de canonnage et de timonnerie, ainsi que les capitaines d'armes de première classe, sont susceptibles d'être proposés pour le grade d'enseigne de vaisseau. Il faut pour cela qu'ils aient servi dans le grade de premier maître, pendant deux ans au moins, sur les bâtiments de l'état, qu'ils aient fait en cette qualité une campagne sur un vaisseau ou sur une frégate, et qu'ils aient satisfait à un examen sur la théorie et la pratique de la navigation. Cet examen porte : *pour la théorie*, sur l'arithmétique, la géométrie, la trigonométrie rectiligne, la première section du traité de navigation de Bezout ; *pour la pratique*, sur le gréement, la manœuvre d'un bâtiment naviguant seul, la timonnerie et le canonnage, sur le maniement du fusil et les manœuvres d'infanterie jusqu'à l'école de peloton inclusivement. — Tout premier maître qui est dans l'intention de subir ces examens, doit adresser sa demande au préfet maritime, et l'accompagner de son acte de naissance, de ses états de service et de certificats de bonne conduite. Une commission, convoquée immédiatement, et présidée par le major général, procède à l'examen; le candidat qui n'y aurait pas satisfait peut se représenter ultérieurement avec l'autorisation du préfet maritime.

Capitaines au long-cours, officiers auxiliaires. — Les capitaines au long-cours peuvent être appelés à servir dans la marine nationale; ils y ont alors la position d'officier et le titre d'enseigne de vaisseau auxiliaire. Le gouvernement a le droit, selon les besoins du service, de confirmer dans le grade d'enseigne, et de faire entrer ainsi définitivement dans le corps des officiers de vaisseau, les enseignes auxiliaires qui ont servi deux ans en cette qualité.

DIRECTION DES CONSTRUCTIONS NAVALES.

Le directeur des constructions navales est chargé des constructions, refontes, radoubs, entretien des bâtiments flottants, des ateliers où s'exécutent les travaux relatifs aux constructions navales, de la garde, la conservation, la délivrance et la comptabilité des objets ouvrés déposés dans le magasin spécial de sa direction. Il est, en outre, chargé spécialement de la direction de toutes les écoles formées dans le port pour la direction des ouvriers.

Le Roux (C. ✳), directeur.

Le Jouteux ✳ , ingénieur de 1re classe, sous-directeur.

Chédeville ✳ , *De Gasté* ✳ , *Souchou* ✳ , *Gervaize* ✳ , ingénieurs de 2e classe.

Pastoureau, Silvestre du Perron,

Forquenot, Boumard, sous-ingénieurs de 1re classe.

Boëlle, Antoine (Louis Charles), *Zédé , Courbebaisse, Guède,* sous-ingénieurs de 2e classe.

Convers, Joyeux, Desfontaines, Peschard Dambly, Willotte, sous-ingénieurs de 3e classe.

SERVICE ADMINISTRATIF.

Le Mignon ✳ , agent administratif de 1re classe.
Lamour , Achaintre , Vidlou , sous-agents administratifs.
Pillevesse, Kervingant , Serre ,

Clauss , Le Gall , Delaplace de Lange , commis de direction.

104 écrivains de direction, dont 38 sont employés au service administratif de la direction et 66 au service des ateliers.

COMPTABILITÉ. — MATIÈRES.

Guillou , sous-agent administratif, garde-magasin particulier.
Mamert, Vergos , Painchaut ,

Guerandel , commis entretenus.

43 écrivains. 45 magasiniers, 30 distributeurs.

PERSONNEL.

33 maîtres entretenus , 3843 contre-maîtres , aides , ouvriers , etc.

DIRECTION DES MOUVEMENTS DU PORT.

Le directeur des mouvements du port est chargé de la garde et de la conservation des bâtiments flottants , de leurs mouvements , amarrage , mâtement et démâtement , de leur lestage et délestage , de leur abattage en carène , de leur entrée , de leur sortie et de leurs mouvements dans le port et dans les bassins. Il est chargé des ateliers où s'exécutent les travaux relatifs à son service , du curage ordinaire des ports et rades , du placement des ancres , tonnes et balises , etc , il commande la compagnie des pompiers , surveille l'éclairage des phares , des pilotes lamaneurs , et dirige le service des signaux et vigies.

Buglet (C. ✳), capitaine de vaisseau de 1re classe, directeur. — *Gilbert* ✳ , capitaine de frégate , sous-directeur. — *Kerimel* ✳ , capitaine de frégate , sous-directeur.

12 officiers, ayant le grade de lieutenant de vaisseau , sont attachés à la direction et repartis dans les divers détails.

SERVICE ADMINISTRATIF.

Machenaud , agent administratif de 1re classe , chef de comptabilité.
— *Chapelle ,* sous-agent administratif. — *Briand,* commis de direction.
— *Fermond,* id.

16 écrivains de direction, dont 9 sont employés au service administratif de la direction et 7 au service des ateliers.

Forgeot, agent administratif de 2e classe, garde-magasin particulier. — *Derrien*, sous-agent administratif.

4 écrivains de direction, 4 magasiniers, 12 distributeurs.

15 maîtres entretenus. — 944 ouvriers, y compris les gardiens de vaisseau, pompiers, gabiers, chaloupiers, etc., etc.

DIRECTION D'ARTILLERIE.

Le directeur de l'artillerie est chargé de tous les travaux relatifs à l'artillerie, des ateliers de charronnage, forges, armurerie, artifices, de guerre ; des épreuves des bouches à feu et des poudres ; de l'arrangement, de la conservation et de la comptabilité des poudres, artifices, projectiles, armes et munitions servant à l'armement des bâtiments de l'état et des batteries dépendantes de la marine. L'école centrale de pyrotechnie est placée sous son autorité, dans les ports où il en existe.

Deshays (O. ✻), colonel, directeur. — *Paine* ✻, chef de bataillon, sous-directeur. — *Leseure* ✻, capitaine en premier, adjoint. — *Goay*, capitaine en premier, inspecteur d'armes. — *Léonec*, agent administratif, garde-magasin. — *Defoy*, agent administratif, chef de comptabilité. — *Le Gall* (louis), *De Pruné, Cartier*, commis de direction.

15 écrivains, 13 maîtres entretenus, 300 ouvriers civils, 120 à 180 ouvriers militaires, dans les compagnies d'artillerie formées d'ouvriers en bois et en métaux, chargés de la réparation des armes, leur entretien, la façon des affuts, etc., etc.

Officiers des compagnies d'artillerie en résidence à Brest.

PREMIÈRE COMPAGNIE.

Le Brigant ✻, capitaine en premier. — *De Dompierre d'Hornoy*, lieutenant en premier. — *Blanchard*, sous-lieutenant.

DEUXIÈME COMPAGNIE.

Rohr, capitaine en deuxième. — *Poidloue*, lieutenant en second.

Forges de la Villeneuve.

Dumas ✻, chef de bataillon, directeur. — *Halligon* ✻, capitaine en premier, adjoint au directeur. — *Legrand* ✻, chirurgien de deuxième classe. — *Bouton*, sous-agent administratif, chef de comptabilité. — *Noyer*, sous-agent administratif, garde-magasin.

4 distributeur adjoint au garde-magasin, 5 écrivains, 3 maîtres entretenus, 148 ouvriers.

DIRECTION DES TRAVAUX HYDRAULIQUES.

Le directeur de ce service est chargé de la construction et de l'entretien des édifices appartenant à la marine, des quais, bassins, cales, etc., ainsi que des phares dépendant de la marine.

Méry ✻, ingénieur en chef de deuxième classe, directeur. — *Dehargne* ✻, ingénieur ordinaire de première classe. — *Verrier*, ingénieur ordinaire de deuxième classe.

SERVICE ADMINISTRATIF.

Baril-Monval, agent administratif de deuxième classe, chef de comptabilité. — *Petiton, Déniel*, sous-agents administratifs. — *Pradère-Niquet*, commis de direction. —

45 écrivains de direction, dont 6 sont employés au service administratif de la direction, et 9 au service des ateliers.

COMPTABILITÉ. — MATIÈRES.

Gastaud, sous-agent administratif, garde-magasin particulier. — *Chapelle* père, sous-agent administratif.

2 écrivains de direction, 2 magasiniers, 8 distributeurs.

6 conducteurs et 2 élèves conducteurs, 2 dessinateurs, 370 ouvriers y compris les gardiens de bureau.

COMMISSARIAT GÉNÉRAL DE LA MARINE.

Une nouvelle ordonnance du 23 décembre 1847 supprime la direction des subsistances et la répartit entre le corps du commissariat et celui des comptables. Maintenant ce détail se trouve dirigé par un commissaire de marine, placé sous les ordres du commissaire général, et de plus il est créé pour ce service sept emplois de chefs de manutention et cinq emplois de sous-chefs de manutention.

Les chefs de manutention sont divisés en deux classes, et sont assimilés aux sous-commissaires de la marine.

Les sous-chefs de manutention sont assimilés aux aides-commissaires de la marine.

Cadre du Commissariat général. — Conditions d'admission.

A compter du 1er janvier 1848, d'après l'ordonnance du 23 décembre 1847, le cadre des officiers du commissariat de la marine, pour le service des ports en France et en Algérie, pour le service à la mer et pour le service des quartiers de l'inscription maritime, est fixé ainsi qu'il suit :

Commissaires généraux............	{ 4 de première classe. 5 de deuxième classe.
Commissaires..................	{ 16 de première classe. 16 de deuxième classe.
Commissaires adjoints............	{ 11 de première classe. 21 de deuxième classe.
Sous-commissaires..............	{ 55 de première classe. 110 de deuxième classe.
Aides-commissaires..............	120

TITRE IV. — *Des élèves-commissaires.*

Il est créé dix-huit places d'élèves-commissaires de la marine. Il sera nommé successivement à un tiers du nombre de ces places, pendant chacune des années 1848, 1849 et 1850.

Nul ne pourra être nommé élève-commissaire,

S'il est âgé de plus de 25 ans;

S'il n'est pourvu du diplôme de licencié en droit, ou si, à la sortie de l'école polytechnique, il n'a été déclaré admissible dans les services publics; ou si, à la sortie de l'école navale, il n'a été déclaré admissible en qualité d'élève de la marine;

Et si, en outre, il n'est reconnu admissible par le jury dans un concours ouvert à cet effet, et auquel les candidats seront admis sur l'autorisation de notre ministre de la marine.

Les élèves-commissaires seront nommés par notre ministre de la marine. Ils recevront les appointements de 800 fr. par an. Ils seront répartis entre les ports de Cherbourg, Brest, Lorient, Rochefort et Toulon.

Les élèves-commissaires, après deux ans de service en cette qualité, pourront se présenter aux examens qui seront ouverts chaque année à l'effet de faire constater leur admissibilité au grade d'aide-commissaire.

Ces examens auront lieu à Paris; ils porteront principalement :

1° Sur la connaissance de la littérature française et des langues étrangères;

2° Sur des exercices de rédaction;

3° Sur les éléments du droit public et du droit administratif, et sur les parties des codes particulièrement applicables dans le service de la marine;

4° Sur la connaissance des munitions navales, de leur origine et de leur emploi;

5° Sur la législation et les réglements de la marine, en ce qui concerne le service des arsenaux maritimes, le service administratif à bord des bâtiments de l'état, et le service de l'inscription maritime.

Le programme détaillé des examens, la composition des jurys et les formes selon lesquelles il sera procédé, seront déterminés par notre ministre de la marine.

Les élèves-commissaires qui, à la suite desdits examens, n'auront pas été jugés admissibles au grade d'aide-commissaire, pourront, après l'intervalle d'une année, être admis à se présenter au plus prochain examen. Ceux qui, après ce second examen, n'auraient point été classés comme admissibles au grade d'aide-commissaire, seront immédiatement congédiés.

Notre ministre de la marine déterminera les règles relatives au service des élèves-commissaires et à l'ordre de leurs études.

TITRE V. — *Des commis-entretenus et des écrivains.*

Il sera employé, dans le service des ports et dans celui des quartiers de l'inscription maritime, des commis entretenus et des écrivains, dont le nombre sera fixé par notre ministre de la marine.

Les écrivains seront nommés, sauf l'approbation du ministre :

Dans les ports chefs-lieux d'arrondissements maritimes, par le préfet, sur la proposition du commissaire général ;

Dans les ports secondaires, par le chef du service de la marine ;

Dans les quartiers de l'inscription maritime, par l'administrateur de chaque quartier.

Les commis entretenus seront choisis parmi les écrivains. Ils seront nommés par le ministre, sur la proposition du préfet maritime de chaque arrondissement, ou du chef maritime de chaque port secondaire, et sur celle du contrôleur, lorsque les candidats dépendront du service du contrôle.

Les appointements des écrivains seront de 600, 750 et 900 francs.

Les appointements des commis entretenus seront de 1200 fr. Le traitement des commis âgés de plus de trente ans, et comptant plus de dix ans de service, pourra être porté à 1500 fr.

Les commis entretenus jouissant des appointements de 1500 fr. pourront être admis à recevoir un supplément annuel de 300 fr., à raison des titres particuliers qu'ils auraient acquis par leurs services.

Les commis entretenus et les écrivains du commissariat et du contrôle de la marine, âgés de vingt et un ans au moins et de trente ans au plus, seront, après quatre années de service dans cette qualité, admis à concourir pour les deux tiers des places d'aides-commissaires qui deviendront vacantes à compter du 1er janvier 1850.

Les concours seront ouverts chaque année, à l'époque qui sera fixée par notre ministre de la marine.

La liste générale, par ordre d'admissibilité, des candidats déclarés admissibles, sera arrêtée par le ministre avant le 31 décembre. Elle servira aux nominations qui auront lieu, pour les deux tiers des emplois qui deviendront vacants pendant le courant de l'année suivante, dans le grade d'aide-commissaire. Elle sera considérée comme nulle à l'égard des nominations à faire pour toutes vacances survenues ultérieurement.

Les matières du concours seront les mêmes que celles qui sont indiquées par l'art. 13 de la présente ordonnance, concernant les élèves-commissaires.

Le programme détaillé des examens, la composition des jurys et les formes selon lesquelles il sera procédé, seront déterminés par notre ministre de la marine.

Dans le cas où un candidat, à raison de sa conduite antérieure, serait reconnu ne pouvoir être admis à concourir pour le grade d'aide-commissaire, il sera rayé de la liste générale des candidats, d'après l'ordre du ministre de la marine.

Les concours à ouvrir dans le service des colonies seront régis par des dispositions spéciales.

Il sera établi, dans les ports chefs-lieux d'arrondissements maritimes, des cours où seront professées les matières d'administration spéciales au département de la marine qui sont comprises dans le programme du concours.

Dalmas, (O. ✳), commissaire général de deuxième classe. — *Guieysse* ✳, *Le Cardinal* ✳, *Guichon de Grandpont* ✳, *Bonnaudet* ✳, commissaires de deuxième classe. — *Lefèvre* ✳, *Jugelet* ✳, *Bourla* (laurent) ✳, commissaires-adjoints de deuxième classe. — *Gilbert, Fournier, Chabrié* (félix) ✳, *Chédeville* ✳, *Bourla* (jean) ✳, *Chabrié* (eugène), sous-commissaires de première classe. — *Delorisse, Pellerin, Breton, Lévicaire, Bergevin* (françois), *Barret, Martin, Berger, Dervillier, Mazé* (charles), *Pfihl, Raillard, Le Bras, Riou, Floch, Testard* ✳, *Le Blois* ✳, *Creven Kerverson, Bazoche, Mayer* ✳, sous-commissaires de deuxième classe. — *Barbier, Danguillecourt* (adolphe), *Lamaire, Lugan, Gon-dezalve de Castillon, Forgeot, Duval, Cossé, Couturaud, Imhoff, Richard Duplessis, Jolly, Desbouillons, Cosmao, Vatot, Maingon, François, Dauriac, Collot-Béranger, Rossel* (alexis), *Jacob, Blaizot, Mazé* (eugène), *Harel, Télot, Genay, Studer, Gleizes de Fourcroy, Baudry, Raby-Kerangrun, Nodot, Ollivier, De Castel, Lespert, Poncet, Ribot, Delarue*, aides-commissaires. *Le Fer de la Motte, Chef d'Hôtel de Beaulieu, Royer* (alexandre), *Rageot de la Touche, Despériers, Bonifacio, Castelno, Deltombes, Joyaut de Couesnongle, Rolland, Aumont, Piriou, Mondot, Tritschler, Kérébel, Monnier, Gué, Delabigne Villeneuve, Miriel, Cloarec, Hollard, Joubert, Souzy, Noël* ✳, *Forgeot, Dodin-Dubreuil, Ollivier*

(charles), *Coiron*, *Delafontaine*, *Auger* ✳, *Feillet*, *Alix*, *Gossinat*, *Desmarets*, *Rousse*, *Mallet*, *Rémond*, *Allys*, *Guiraud*, commis entretenus.

77 écrivains pour tous les services autres que ceux des quartiers de l'inscription maritime.

SUBSISTANCES.

Le Pesant, chef de manutention de première classe. — *Le Gall*, *Passedouet*, sous-chefs de manutention. — *Prenat*, garde-magasin de première classe.

6 maîtres entretenus, y compris un maître meunier et un maître chauffeur, 10 magasiniers ou contre-maîtres en faisant les fonctions, 5 distributeurs ou aides contre-maîtres en faisant les fonctions, 9 contre-maîtres ou aides contre-maîtres dans les ateliers, et 292 ouvriers et journaliers sont employés au détail des subsistances.

MAGASIN GÉNÉRAL.

Ce service emploie 10 magasiniers, 15 distributeurs , 180 journaliers.

INSCRIPTION MARITIME.

Quartier de Brest. — *Hesse*, commissaire adjoint de première classe et *Ledoulx de Glatigny*, sous-commissaire de première classe à Brest. *Serain*, aide-commissaire au Conquet. *Maillu*, aide-commissaire à Camaret.

Quartier de Morlaix. — *Gestin*, sous-commissaire à Morlaix. — *Jouve*, aide-commissaire à Roscoff.

Quartier de Quimper. — *De Leisseigues Rosaven*, sous-commissaire à Quimper. — *Revelière*, aide-commissaire à Douarnenez. — *Barrier*, aide-commissaire à Audierne.

Sous-quartier de Concarneau. — (dépendant de la préfecture maritime de Lorient). *De Rémond du Chdlas*, aide-commissaire à Concarneau.

CONTROLE DE LA MARINE.

Une ordonnance du 23 décembre 1847 fixe le cadre des officiers du contrôle ainsi qu'il suit , sans rien changer à leurs attributions :

Contrôleurs en chef. . . .	{ de première classe..	3
	de deuxième classe.	3
Contrôleurs..	{ de première classe..	3
	de deuxième classe.	3
Contrôleurs adjoints.		9
Sous-contrôleurs.	{ de première classe.	23
	de deuxième classe.	22

Le contrôle de la marine, créé par arrêté consulaire du 27 avril 1800 (7 floréal an 8), sous le titre d'*Inspection*, était indépendant de toute autorité locale. Son action s'étendait sur tous les services. L'ordonnance du 17 décembre 1828 , qui régla le service des préfectures maritimes rétablies en 1827, restreignit les attributions de l'inspection qui fut ensuite supprimée par l'ordonnance du 7 janvier 1835. *Ce corps a été rétabli par une ordonnance du 11 juin 1844, sous le nom de contrôle.*

D'après cette ordonnance, il a été créé dans chaque port un contrôle permanent, dont le chef, subordonné au préfet maritime , sous le rapport hiérarchique seulement, ne relève, pour l'exercice de ses fonctions, que du ministre avec qui il correspond directement. Il surveille et requiert des chefs de service, et, au besoin, du préfet maritime, l'exécution ponctuelle des lois, ordonnances et réglements , ainsi que des ordres du ministre et du préfet, sans qu'il puisse néanmoins diriger, empêcher ou suspendre aucune opération. Son contrôle et son inspection s'étendent sur la recette et la conservation des approvisionnements de toute espèce ; sur les recettes d'ouvrages ; sur la rédaction et l'exécution des marchés et des cahiers des charges ; sur les hôpitaux, bagnes, prisons et autres établissements de la marine ; sur le service de l'inscription maritime ; sur toutes les dépenses en deniers et en matières, et sur les revues du personnel. Spécialement chargé de faire réaliser les cautionnements des adjudicataires de marchés, il reste dépositaire des récépissés qui leur sont délivrés par le trésor, et exerce contre eux, ainsi que contre tout débiteur de la marine, les poursuites légales auxquelles donne lieu la non observation de leurs engagements. Il prend hypothèque sur les biens des débiteurs de la marine, forme les oppositions nécessaires, en donne main-levée, et représente la marine, soit en demandant, soit en défendant devant les tribunaux civils ou administratifs Il veille à la réintégration des objets prêtés, et en fait rembourser la moins-value, s'il y a lieu. Lors du remplacement d'un chef de service, il assiste au récolement des inventaires des archives dont il était dépositaire, et poursuit la réintégration des pièces non représentées ; il assiste à l'apposition et à la levée des scellés mis chez les différents chefs de la marine, décédés au chef-lieu de l'arrondissement, lorsqu'ils sont débiteurs envers l'état, eu qu'ils n'ont pas rendu les comptes auxquels ils étaient tenus. Il requiert, lors de la levée des scellés, la remise des papiers appartenant au gouvernement. Il vérifie la situation des bibliothèques, et veille à ce que des inventaires réguliers y soient tenus. Les archives du port lui sont confiées. Il obtient sur place, ou se fait communiquer sur récépissé, toute pièce, registre ou matricule dont il veut prendre connaissance. Il fait, quand bon lui semble, procéder à des appels et contre-appels des ouvriers, veille à ce que les recensements des magasins soient faits aux époques prescrites, et, dans les cas urgents, en provoque d'imprévus. Telles sont les principales attributions du contrôleur de la marine, plus longuement détaillées dans l'ordonnance du 11 juin 1844.

Laimant (O. ✻), contrôleur en chef de 2ᵉ classe. — *Gérodias* ✻, *Peyronnel* ✻, contrôleurs-adjoints. — *Legros* ✻, *Fillieux*, *Foucard*, *Morvan* ✻, sous-contrôleurs de 1ʳᵉ classe. — *Rousseaux-Lacombe*, *Babron*, sous-contrôleurs de 2ᵉ classe.

14 écrivains.

SERVICE DE SANTÉ.

Un conseil de santé, composé des premiers et seconds médecins, chirurgiens et pharmaciens en chef, est établi dans chaque port. Les officiers de santé professeurs font partie de ce conseil lorsqu'il se réunit pour statuer sur l'admission des élèves, et pour donner son avis sur ce qui concerne l'avancement. Le président du conseil, qui est le plus ancien en grade du 1ᵉʳ médecin ou du 1ᵉʳ chirurgien, est spécialement chargé de la police du corps et de tout ce qui intéresse le service médical, de la répartition des officiers de santé dans les hôpitaux, des propositions de leur embarquement, de la direction de l'enseignement, de la surveillance du jardin botanique, du musée d'anatomie, des collections d'histoire naturelle et de la bibliothèque spéciale de l'hôpital. Le conseil délibère, avec l'autorisation du préfet, sur tout ce qui peut intéresser la salubrité de l'arsenal et des établissements qui en dépendent, et propose les mesures qu'il juge nécessaires. Il rédige les instructions spéciales données aux chirurgiens embarqués, recueille leurs rapports, constate l'état sanitaire des officiers, marins et soldats, vérifie la comptabilité du pharmacien en chef et celle des chirurgiens embarqués, etc.

Reynaud (O. ✻), D.-M., premier chirurgien en chef. professeur de clinique chirurgicale, président du conseil de santé. — *Plagne* ✻, premier pharmacien en chef, professeur de chimie. — *Fischer* (O. ✻), D.-M.. premier médecin en chef, professeur de pathologie interne et de thérapeutique générale. — *Duval* O. ✻, D.-M., second chirurgien en chef, professeur de chirurgie. — *Vincent* ✻, D.-M., second pharmacien en chef, professeur de pharmacie générale. — *Dufour* ✻, D.-M., chirurgien, professeur d'anatomie et de physiologie. — *Quesnel* ✻, D.-M., deuxième médecin en chef, professeur de matière médicale et thérapeutique. — *Roux*, D.-M., pharmacien, professeur de botanique et minéralogie. — *Raoul* ✻, D.-M., professeur en matière médicale.

Conditions d'admission dans le service de santé.

Pour être admis comme étudiant dans le service de santé de la marine, il faut remplir les conditions exigées pour l'admission dans les facultés de médecine, c'est-à-dire être âgé de 16 ans et bachelier ès-lettres.

Le titre d'élève interne en chirurgie et pharmacie peut être conféré par le conseil de santé, après l'approbation du préfet maritime, à des étudiants âgés de moins de 22 ans, pourvus du diplôme de bachelier ès-lettres, qui ont suivi l'enseignement pendant six mois, comme étudiants, dans les hôpitaux de la marine, et qui ont subi un concours sur les matières suivantes, savoir :

Élève interne en chirurgie.— 1er Examen (sujets à traiter verbalement). — Enumération et description des régions extérieures de l'homme. Ostéologie. — Enumération des viscères. — 2e Examen (sujets à traiter verbalement). — Règles générales des pansements, de l'application des bandages et opérations de petite chirurgie.— 3e Examen (sujets à traiter par écrit). — Principes de chirurgie.

Les Elèves internes ne peuvent être employés en cette qualité que jusqu'à l'âge de 23 ans révolus.

Chirurgien de 3e classe. — 1er Examen (sujets à traiter verbalement). — Ostéologie, syndesmologie, myologie, angéiologie, position absolue et relative des viscères. — 2e Examen (sujets à traiter par écrit). — Eléments de minéralogie, de botanique et de zoologie. — 3e Examen (sujets à traiter verbalement). — La théorie et la pratique de la chirurgie élémentaire, de l'application des bandages et de la pharmacie extemporanée. — 4e Examen (sujet à traiter par écrit). Eléments de pathologie externe.

Élève interne en pharmacie. — 1er Examen (sujets a traiter verbalement). — Organographie végétale. — 2e Examen (sujets à traiter verbalement). — Pharmacie extemporanée et description des appareils employés en chimie. — 3e Examen (sujet à traiter par écrit). — Eléments de chimie (corps simple et non métallique).

Pharmacien de 3e classe. — 1er Examen (sujets à traiter verbalement). Organographie et taxonomie végétales. — 2e Examen (sujets à traiter par écrit). — Eléments de chimie et de physique. — 3e Examen (sujets à traiter verbalement). — Pharmacie chimique et manuel d'une opération de pharmacie. — 4e Examen (sujet à traiter par écrit). Pharmacie générale.

Les concours pour les places vacantes dans le service de santé de la marine ont lieu aux mois d'avril et d'octobre de chaque année. Le ministre fixe l'époque et les lieux du concours pour les places vacantes dans le service des colonies. Tous les emplois de chirurgiens et de pharmaciens, jusqu'au grade de professeur inclus, ne peuvent être donnés qu'au concours.

ÉQUIPAGES DE LIGNE.

C'est le nom qu'on donne aux marins réunis en compagnies, et casernés à terre, en attendant leur embarquement.

De Cayeu, (O. ✻), capitaine de vaisseau, commandant de la division. — *Kerdrain* ✻, capitaine de frégate, second. — *Perlier* ✻, capitaine de frégate, major.

ARTILLERIE DE MARINE.

Le régiment d'artillerie, dont le dépôt est à Lorient, se compose en temps de paix de 30 compagnies actives, du cadre d'une compagnie de dépôt, et d'une compagnie hors rang. Il est institué d'après les ordonnances des 7 août et 13 novembre 1822, ainsi que par celles des 14 septembre 1835 et 30 avril 1844, pour assurer le service de l'artillerie dans les colonies et pour armer les batteries et les forts destinés à la défense des ports et des rades. Des officiers sans troupe sont attachés au service des forges, fonderies et directions d'artillerie.—Six compagnies d'ouvriers, réparties dans les différents ports ou les colonies, complètent l'effectif de cette arme. (*Voyez direction d'artillerie, page* 181).

ÉTAT-MAJOR DES COMPAGNIES STATIONNÉES A BREST.

Gervais, ✻, lieutenant-colonel. — *Lévy*, ✻, *Olivier*, ✻, chefs de bataillon. — *Lefranc* ✻, capitaine adjudant-major, *Laprairie* ✻, chirurgien, aide-major.

GENDARMERIE MARITIME.

Les cinq compagnies de gendarmerie affectées au service des cinq grands ports militaires étaient précédemment dans les attributions et à la charge du budget de la guerre. Elles en ont été distraites pour passer au département de la marine, en vertu de l'ordonnance du 19 juin 1832. Ce corps, dont les attributions très étendues rappellent, à beaucoup d'égards, celles de l'ancienne Prévôté de la marine, est spécialement préposé à la police des ports, à l'arrestation des marins et soldats déserteurs, etc., etc. Son service est plus amplement détaillé dans l'ordonnance du 29 octobre 1820 (art. 228-258).

Courbet, ✻, capitaine, commandant la 2e compagnie. — *Thuillier*, lieutenant-trésorier. — *Riquier*, sous-lieutenant.

INFANTERIE DE MARINE.

Les régiments d'infanterie de marine, créés en vertu de l'ordonnance du 7 août 1821, et licenciés par ordonnance du 28 août 1827, pour être incorporés dans les régiments d'infanterie légère, ont été rétablis par l'ordonnance du 14 mai 1831, qui les a affectés au service spécial des colonies, et réorganisés par l'ordonnance du 29 novembre 1838, qui les a élevés au nombre de trois et destinés au service des ports et des colonies. L'ordonnance du 14 août 1840 avait porté l'effectif de ces trois régiments à 15375 hommes.

ÉTAT-MAJOR DU PREMIER RÉGIMENT STATIONNÉ A BREST.

Pascal (O. ✳) , colonel. — *Laborel* ✳, lieutenant-colonel. — *Cancé* ✳ , *Bouvet* ✳ , chefs de bataillon. — *Maurice* ✳, major. — *Balleroy* ✳ , *Cuquemel* ✳ , *De Vassoigne* , *Chappe* , capitaines, adjudants-majors. — *Walther* ✳ , capitaine-trésorier. — *Vermot* capitaine-d'habillement. — *Lebrun* , lieutenant d'armement. — *Mahieux* , lieutenant, adjoint au capitaine d'habillement. — *Tillet* , sous-lieutenant , adjoint au trésorier. — *Rolland* ✳ , D.-M. , chirurgien-major.

TRIBUNAL MARITIME.

Ce tribunal est composé de 8 juges (y compris le président) d'un commissaire-rapporteur et d'un greffier. Ce nombre de juges est fixé d'une manière absolue et ne peut être augmenté, ce qui constitue une dissemblance importante avec la composition du conseil de guerre maritime. Le commissaire rapporteur chargé du ministère public et de l'instruction, est seul permanent, ainsi que le greffier. Ce tribunal a été institué par le décret du 12 novembre 1806, en remplacement des cours martiales créées par la loi du 12 octobre 1791. Il connaît de tous les crimes et délits commis dans l'intérieur des arsenaux et relatifs, soit à la police ou à la sûreté de ces établissements , soit au service maritime. Ses jugements sont admis à la révision. Il n'en est pas de même du tribunal maritime spécial, chargé par le décret du 12 novembre 1806 et l'ordonnance du 2 janvier 1817 (art. 2), du jugement des forçats qui ont contrevenu à la police des chiourmes , et qui se sont rendus coupables de crimes ou délits ; les jugements du tribunal maritime spécial ne peuvent être attaqués ni par la voie de la révision , ni par celle de la cassation.

Segondat , commissaire - rapporteur. — *Lescop* ✳ , Greffier.

AUMONIERS DE LA MARINE.

Bucaille , chanoine honoraire de Quimper. — *Le Roy* , *Guéguennou*.

TRÉSORIERS DES INVALIDES.

Bryhan ✳ , trésorier à Brest.
La caisse est ouverte tous les jours , les dimanches et jours fériés exceptés, de 10 heures du matin à 2 heures de l'après-midi, rue d'Aiguillon , 11.

Pesseau ✳ . trésorier à Morlaix.
Noel , id. à Quimper.

PAYEUR DE LA MARINE.

Deschard ✳ , payeur du département, rue Duguay-Trouin , n° 5.
La caisse est ouverte tous les jours , les dimanches et fêtes exceptés , de 9 heures du matin à 3 heures de l'après-midi.

DIVERS AGENTS.

Maréchal ✳ , capitaine du Lazaret de Trébéron. — *Le Dault*, inspecteur des sémaphores de la côte nord de Brest. — *Paugam*, 1er jardinier botaniste de l'école de santé de la marine.

Sciences et Arts maritimes.

ÉCOLE NAVALE.

(Voir ci-après , chapitre de l'Instruction publique , p. 201 , pour les conditions d'admission à cette école , et l'Annuaire de 1845 , p. 216 , pour la constitution de l'école).

ÉTAT-MAJOR.

Jéhenne (O. ❋), capitaine de vaisseau commandant. — *N.....,* capitaine de frégate , commandant en second. — *Launay* ❋ , *Mer,* *Poidloue* (O. ❋), *De Kersauson* ❋ , *Rozier* ❋ , commandant la corvette d'instruction , *Royer* ❋ , *Laurent* ❋ , *Choux* ❋ , lieutenants de vaisseau. — *Silliau,* aumônier. — *Hombron* ❋ , chirurgien-major. — *Louvel,* chirurgien de 2ᵉ classe. — *Richard Duplessis,* quartier-maître trésorier. — *Thibaud,* secrétaire du commandant.

PROFESSEURS.

Saint-Marc ❋ , (littérature) et *Gilbert* ❋ , (dessin), professeurs de 1ʳᵉ classe. — *Romagnési* ❋ , (dessin) , *Bouis* , (anglais) , *Le Vessel* , (sciences) , *Veny,* (histoire) , *Collet* , (sciences) , *Duclos* , (sciences) , *Le Clech,* (sciences), Professeurs de 2ᵉ classe. — *Robert* , (sciences) , *Lambert,* (sciences) , *Sedwick* , (anglais) , Professeurs de 3ᵉ classe.

ÉCOLE ÉLÉMENTAIRE DES ÉQUIPAGES DE LIGNE.

(Voir l'Annuaire de 1845 , p. 217 , pour tous les détails relatifs à l'institution de l'école ,
les conditions , lieux et époques d'admission , la nature de l'enseignement, etc).

Marcolas ❋ , professeur.

ÉCOLE D'HYDROGRAPHIE.

(Voir l'Annuaire de 1845 , p. 218 , pour les conditions d'admission , le but des cours , etc.

Rivallan ❋ , professeur de première classe, à Brest. — *Four-* nier, professeur de quatrième classe à Morlaix. — *Bornic, id.* à Quimper.

ÉCOLE DE MAISTRANCE.

(Voir l'Annuaire de 1845 , page 218 , pour l'indication des cours , etc.)

Rossel, profes. de mathématiques. | Souchart, professeur de dessin.

ÉCOLE ÉLÉMENTAIRE DU PORT.

Elle est suivie, terme moyen, par 250 élèves âgés de 14 à 18 ans, apprentis des diverses directions du port.
On y enseigne la lecture, l'écriture, l'arithmétique (les quatre premières règles seulement), et les notions du dessin linéaire.
Cette école et la précédente dépendent de la direction des constructions navales.

Fournier, professeur.

ÉCOLE DE DESSIN.

Voir l'Annuaire de 1845, page 218, pour les lieux et heures d'ouverture des cours , le mode d'admission , etc.

Auger, fils, professeur.

OBSERVATOIRE DE LA MARINE.

Cet établissement, situé au quartier de la marine, pavillon du centre, est destiné à procurer aux officiers de marine les moyens de s'exercer aux observations et aux calculs astronomiques. — Le directeur, chargé de la conservation des instruments nautiques, suit les mouvements des pendules astronomiques, afin de régler exactement les montres ou chronomètres qui sont remis aux navires au moment de leur départ.

GUÉPRATTE ✳ , directeur.

BIBLIOTHÈQUES.

BIBLIOTHÈQUE DU PORT.

Fondée en 1752 par l'académie royale de la marine, cette bibliothèque ne se composait encore, il y a douze ans, que de 7,500 volumes. Depuis cette époque, des achats nombreux l'ont élevée à près de 13,000 volumes, parfaitement appropriés à sa destination. Elle est ouverte tous les jours de travail dans l'arsenal, de 9 heures du matin à 4 heures du soir. Aucun livre ni plan n'en peut sortir sans un ordre par écrit du préfet ou sans une permission délivrée par le major général lui-même.

Placée dans l'intérieur du port, cette bibliothèque n'est pas d'un accès assez facile. Pour corriger cet inconvénient, une entrée par la Grand'rue doit être substituée à celle qui existe maintenant ; l'exécution de ce projet, décidée depuis long-temps, est ardemment convoitée de tous les services de la marine.

P. LEVOT, conservateur.

BIBLIOTHÈQUE DE L'HOPITAL.

Cette bibliothèque, consacrée à l'usage spécial de l'école de médecine, se compose de 6,000 volumes provenant : 1° d'un premier fonds de 800 volumes, distraits de la bibliothèque du port par ordre de M. le préfet Caffarelli ; 2° de dons des officiers de santé, ou du produit des versements, soit des élèves lorsqu'ils sont admis à suivre les cours, soit des officiers de santé, à chaque augmentation de grade ; 3° des envois du ministère de la marine, envois qui sont maintenant en rapport avec l'importance de cette bibliothèque. Elle est située à l'hôpital de la marine, cour du jardin botanique, et ouverte tous les jours, le dimanche excepté, de 9 heures du matin à 4 heures de l'après-midi.

BERDELO ✳ , conservateur.

INSTRUCTION PUBLIQUE.

ACADÉMIE DE RENNES.

THÉRY, recteur.
SANDRAS, inspecteur pour les lettres.

BAYAN, inspecteur pour les sciences.
LE GOFF, secrétaire.

INSTRUCTION SECONDAIRE.

LYCÉE DE BREST.

Indépendamment de l'enseignement universitaire dans toutes ses parties, les élèves reçoivent dans ce lycée une instruction complète, telle qu'elle est exigée pour l'admission aux écoles spéciales du gouvernement dont nous donnons plus loin les divers programmes. Les littératures grecque, latine, française, les langues allemande et anglaise, le dessin, l'histoire, la rhétorique et la philosophie, les mathématiques, les éléments de physique et de chimie, tel est le fond de l'enseignement de la première section. Dans la seconde sont les cours ayant pour objet la préparation aux écoles forestière, navale, militaire et polytechnique. Cet établissement renferme aujourd'hui 296 élèves dont 84 internes.

ORGANISATION DU LYCÉE DE BREST.

ADMINISTRATION.

Proviseur. — Peslin, docteur ès-sciences, officier de l'université, au lycée.
Censeur. — Gaétan Simon, agrégé de grammaire, au lycée.
Aumónier. — L'abbé Léon, rue keréon, 9.
Économe. — Vollet, au lycée.
Commis d'économat. — Bonnadier, au lycée.
Médecin. — Louays-Duverger, docteur-médecin, rue du château, 16.

ENSEIGNEMENT.

Lycée proprement dit.

PROFESSEURS.

Philosophie. — Allanic, agrégé de philosophie, place du château, 19.
Mathématiques supérieures. — Grillet, agrégé des sciences mathématiques, rue d'aiguillon, 23.
Sciences physiques. — Leras, docteur ès-sciences physiques, rue duquesne, 14.
Rhétorique. — Tachet de Barneval, agrégé des classes supérieures des lettres, rue keréon, 2.
Histoire. — N.....
Seconde. — Fustec, licencié ès-lettres, rue J.-J. Rousseau, 21.
Troisième. — Pey, licencié ès-lettres.
Mathématiques élémentaires. — Forestier, agrégé des sciences mathématiques.
Quatrième. — D'Hennin, agrégé de grammaire, rue d'aiguillon, 40.
Cinquième. — Soubens, bachelier ès-lettres, rue de la Fraternité, 6.
Sixième. — Auffret, licencié ès-lettres, rue Foy, 11.
Septième. — Pethiot, bachelier ès-lettres, près du télégraphe.
Huitième. — Courtois, bachelier ès-lettres.
Langue allemande. — Koch, bréveté, grand'-rue, 54.
Langue anglaise. — Balcam, bréveté, rue duguay-trouin, 15.

Cours préparatoires.

Ces cours se composent : 1° du cours de mathématiques spéciales pour les élèves qui se destinent à l'école polytechnique ; 2° de trois divisions de mathématiques et trois divisions de littérature pour ceux qui se destinent à la marine ; 3° d'un cours de mathématiques et d'un cours de littérature pour ceux qui se destinent, soit à l'école spéciale militaire de Saint-Cyr, soit à l'école forestière.

Deux heures par jour sont consacrées à l'enseignement des mathématiques et autant à l'enseignement des langues française et latine, de l'histoire et de la géographie.

Les élèves sont exercés par des examens particuliers.

Cours de marine.

MATHÉMATIQUES.

Première division (en 2 sections). — Goëz, bachelier ès-lettres, bachelier ès-sciences, officier d'académie, rue neptune, 2 bis.
Deuxième division. — Ayrault, bachelier ès-sciences mathématiques, rue de la rampe, 28.
Troisième division (en 2 sections). — Delioux, bachelier ès-sciences.

LITTÉRATURE.

Première division (en 2 sections). — Cognac, bachelier ès-lettres, rue saint-yves, 27.
Deuxième division. — Barizeau, bachelier ès-lettres.
Troisième division (en 2 sections). — Guellant, bachelier ès-lettres, rue de siam, 24.

Cours de Saint-Cyr.

Mathématiques. — Ayrault.
Littérature. — Barizeau.
Langue allemande. — Koch.
Langue anglaise. — Balcam.

Maîtres.

Maître de dessin. — Première division. — Plomb, rue d'aiguillon, 22.
Maître d'écriture et de dessin. — Deuxième division. — Malherne, rue saint-yves, 46.
Maître de musique et de chant. — Lécureux, rue d'aiguillon, 22.
Surveillant général. — Pollard.
Maîtres d'études. — Bazire, Jégou, Doublet, Grenier, Le Goff.
Répétiteurs. — Brémaud, place d'Auvergne, 10, Chauvin, rue de Traverse, 4.

Collége de Quimper.

(Ce collège compte 150 élèves, dont 45 internes : les cours de l'école primaire supérieure sont suivis en outre par 85 élèves).

Principal. — Fougeray, bachelier ès-lettres, officier de l'université.
Aumónier. — L'abbé le Dé.

Régents.

Philosophie. — Lafon.
Rhétorique. — Laurent.
Seconde. — Derennes, bachelier ès-lettres.
Troisième. — L'abbé Mauduit.
Quatrième. — Bolloré, bachelier ès-lettres.
Cinquième. — Quénerdu.
Sixième. — Cadic, bachelier ès-lettres.
Septième — Moézan.
Huitième — Trublet de la Ville-Jégu.
Mathématiques spéciales. — Sévet, bachelier ès-sciences.
Mathématiques élémentaires et physique. —

Jardin , bachelier ès-sciences.
Classe élémentaire. — Delamarre.
Maîtres d'études. — Rouillin , Mauffray.
Langue anglaise. — Lemen,
Maître de musique. — Renner.
Maître de dessin. — Barret.

Collége de Saint-Pol-de-Léon.

(Ce collége a 288 élèves , dont 134 pensionnaires et 35 demi-pensionnaires).

Principal. — L'abbé Naveau.

Régents.

Philosophie. — L'abbé Le Naour.
Rhétorique. — L'abbé Le Bihan. officier d'académie.
Seconde. — Le Bourcer.
Troisième. — Avenier de la Grée.
Quatrième. — L'abbé Bertel.
Cinquième. — L'abbé Lahaye.
Sixième. — Monfort.
Septième. — L'abbé Cantinat.
Huitième. — L'abbé Trémintin.

COURS SPÉCIAUX.

Mathématiques spéciales. — Trézéguet.
Physique. — L'abbé Francès.
Mathématiques élémentaires. — Audic.
Cours littéraire. — Turlucher , diacre.
Anglais. — Le Bourcer.
Allemand — Rauk.
Dessin. — Clech.
Musique. — Rauk.

Collége de Lesneven.

(Il y a dans cet établissement 125 élèves , dont 50 internes).

Principal. — L'abbé Daniel.

Régents.

Philosophie. — L'abbé Cohanec.
Mathématiques spéciales. — Baymol, licencié ès-sciences.

Mathématiques élémentaires. — Sainton , bachelier ès-sciences.
Rhétorique. — L'abbé Zapiot , chanoine honoraire.
Seconde. — N...,.
Troisième — Tanguy.
Quatrième. — L'abbé Toulemont.
Cinquième. — Le Cohic.
Sixième. — Meslier.
Septième. — Sainton.
Huitième. — L'abbé Briec.
Anglais. — L'abbé Cohanec.
Dessin, — Beau (Léopold).
Musique. — Le Cohic.
Maître d'études. — L'abbé Traon.

Collége de Landerneau.

(Ce collége compte 57 élèves , dont 6 pensionnaires et 1 demi-pensionnaire. 10 élèves suivent les cours spéciaux. 44 élèves suivent en outre, les cours de l'école primaire annexée au collége.)

Principal. — Diverrès.
Mathématiques spéciales. — Le Pord , licencié ès-sciences mathématiques.
Cours spéciaux. — Le Saint.
Troisième et quatrième. — Alet.
Cinquième, sixième et anglais. — Diverrès.
Septième et huitième. — Caulet.
Maître d'études. — Gautier.
Maître de dessin, de musique vocale et instrumentale, instituteur primaire de la classe annexée au collége. — Le Grand.

Collége de Quimperlé.

(Ce collége et l'école primaire annexée au collége renferment 64 élèves, dont 14 internes.)

Principal , chargé de la cinquième et de la sixième. — N....., bachelier ès-lettres.
Professeur des classes élémentaires — Jaffré.
Directeur de l'école primaire annexée au collége. — Colomb.

INSTRUCTION PRIMAIRE.

École normale primaire à Rennes.

Campion , directeur.
Le département entretient dans cette école 23 élèves , et l'université 2 pour le Finistère.
Le Quinquis, inspecteur des écoles primaires du département.
Bléas , sous-inspecteur.

INSTITUTEURS COMMUNAUX DU FINISTÈRE.

ARRONDISSEMENT DE BREST.

Communes.	Instituteurs.
Brest.	V p. 196 de cet annuaire.
Bohars.	Steff.
Gouesnou.	Prigent.
Guilers.	Quinquis.
Lambézellec.	Gourmelon, Rohou.
Saint-Marc.	Milin.
St,-Pierre Quilb	Mérour.
Daoulas.	Quéméneur.
Saint-Éloy.	Paul.
Hanvec.	Le Styr.
Hôpital-Camfrout,	Réuni à Daoulas.
Logonna.	Le Quinquis.
Loperhet.,	Le Gall.
Plougastel Daoulas	Le Bot, Créach

Communes.	Instituteurs.
Irvillac.	Jean.
Rumengol.	Sans école.
Saint-Urbain.	Floc'h.
Ile d'Ouessant.	Malgorn.
Dirinon.	Dalidec.
Saint Divy.	FrèreGuimard
La Forest	Réuni à S. Divy
Saint-Thonan.	Réuni à S. Divy
Guipavas.	Guéganton.
Landerneau.	Pierre, Le Grand.
Pencran.	Ollivier.
Trémaouézan.	Réuni à Plouédern.
Plouédern.	Ollivier.
Saint-Frégant.	Sans école.
Guissény.	Le Roux.
Landéda.	Gouriou.
Lannilis.	Guéguen.

Communes.	Instituteurs.
Plouguerneau.	Fr.Raymbauld.
Le Folgoat.	Frère Stephan.
Goulven.	Giret.
Kerlouan.	Gandon.
Kernouès.	Sans école.
Lesneven.	Vilmer.
Saint-Méen.	Réuni à Trégarantec.
Ploudaniel.	Grall.
Plouider.	Siou.
Plounéour-Trez	Tanguy.
Trégarantec.	Cardin.
Bourg Blanc.	Iliou.
Coatméal·	Réuni à Bourg-blanc.
Le Drennec.	Sans école.
Guipronvel.	*Idem.*
Kernilis.	Le Roy.

Communes.	Instituteurs.
Kersaint - Plabennec.	Réuni à S. Divy
Lanarvily.	Réuni au Folgoat.
Loc-Brévalaire	Réuni à Kernilis.
Milizac.	Le Drévès.
Plabennec.	Kerhuel.
Plouvien.	Le Morvan.
Treouergat.	Sans école.
Brelès.	Domergue.
Lampaul-Plouarzel.	Réuni à Plouarzel.
Lampaul-Plou-	Réuni à Plou-

Communes.	Instituteurs.
dalmézeau.	
Ploudalmézeau	Bideau.
Landunvez.	Le Borgne.
Lanlidut.	Réuni à Brelès
Larret.	Réuni à Porspoder.
Saint-Pabu.	Pellen.
Plourin.	Ségalen.
Plouguin.	Héliès.
Porspoder.	Goujon.
Tréglonou.	Quinquis.
Lanneufret.	Sans école.
Loc-Eguiner.	Gourvennec.
La Martyre.	Réuni à Ploudiry.
Ploudiry.	Berthelot.

Communes.	Instituteurs.
dalmézeau.	
La roche.	Cornec.
Tréflévénez.	Sans école.
Le Tréhou.	Chossec.
Le Conquet.	Poullaouec.
Ile Molène.	Le Cam.
Lanrivoaré.	Paul.
Loc-Maria Plouzané.	Le Roux.
Plouzané.	Iliou.
Plouarzel.	Le Bris.
Plongonvelin.	Jourden.
Ploumoguer.	Bergot.
Saint-Renan.	Abéguillé.
Trébabu.	Roger.

ARRONDISSEMENT DE MORLAIX.

Communes.	Instituteurs.
Morlaix.	Créac'h. — Le Floch.
Ploujean.	Caroff.
Plourin.	Robin.
St-Martin-des-Champs.	Le Férec.
Sainte-Sève.	Stéphan.
Bodilis.	Riouall.
Guimiliau.	Coulm.
Lampaul.	Lazennec.
Landivisiau.	Breton.
Plougourvest.	Le Bras.
Plounéventer.	Guirriec.
Saint-Servais.	Postic.
Garlan.	Richard.
Guimaëc.	Riouallon.
Lanmeur.	Néar.
Loquirec.	Mescam.
Plouégat-Guerrand.	N.....
Plouézoc'h.	Le Gendre.

Communes.	Instituteurs.
Plougasnou.	Troadec.
Saint-Jean du Doigt.	Léon.
Lanhouarneau.	Saridan.
Plouescat.	Marrec.
Plougar.	Roué.
Plounévez-Lochrist.	Berriet.
Tréflez.	Collin.
Botsorhel.	Creun.
Guerlesquin.	Le Vot.
Lannéanou.	Madec.
Plouégat-Moysan.	Bellec.
Plougonven.	Caroff.
Plouigneau.	Masson.
Le Ponthou.	Hétou.
Cléder.	Priol.
Plouvorn.	Frère Hamon.
Plouzévédé.	Scouarnec.
Saint-Vougay.	Charles.
Tréflaouénan.	Nédelec.
Trézilidé.	Adjointe à Tré-

Communes.	Instituteurs.
flaouénan.	Potin.
Ile de Batz.	Le Lann.
Mespaul.	Combot.
Plouénan.	Créac'h.
Plougoulm.	Le Gras. — Quéré.
Roscoff.	Le Roux.
St-Pol-de-Léon.	Mével.
Sibiril.	Le Gall.
Le Cloître.	Euzen.
Pleyber-Christ.	Richard.
Plounéour-Ménez.	Cocaign.
St.-Thégonnec.	Silliau.
Commana.	Omnés.
Loc-Mélard.	Guiot.
Saint-Sauveur.	Le Gac.
Sizun.	Maurice.
Carantec.	Floc'h.
Guiclan.	Cochard.
Henvic.	Le Hec'h.
Loquénolé.	Fourlès.
Taulé.	

ARRONDISSEMENT DE CHATEAULIN.

Communes.	Instituteurs.
Carhaix.	Grenet.
Cléden-Poher.	N.....
Kergloff.	N.....
Motreff.	N....
Plouguer.	Le Bihan.
Plounévezel.	Adjointe à Carhaix.
Poullaouen.	N.....
Saint-Hernin,	Sans école.
Spézet.	*Idem.*
Cast.	*Idem.*
Chateaulin.	Le Pape.
Dinéault.	Sans école.
Locronan.	Brelivet.
Ploéven.	Adjointe à Plonévez - Porzay.
Plomodiern.	Nérour.
Plonévez - Porzay.	Cloarec.
Port-Launay.	Réuni à Chateaulin.

Communes.	Instituteurs.
Quéménéven.	Sans école.
Saint-Coulitz.	*Idem.*
Saint-Nic.	*Idem.*
Saint-Ségal.	*Idem.*
Chateauneuf.	Le Bras.
Collorec.	Sans école.
Coray.	Lagadec.
Landeleau.	Sans école.
Laz.	*Idem.*
Leuhan.	Toullec.
Plounévez-du-Faou.	Sans école.
Saint-Goazec.	*Idem.*
Saint-Thois.	*Idem.*
Trégourez.	Caroff.
Argol.	Paugam.
Camaret.	Simon.
Crozon.	Péron.
Landévennec.	Piquenot.
Roscanvel.	Le Traon.
Telgruc.	Lastennet.
Trégarvan.	Sans école.
Le Faou.	Forcès.
Logonna - Qui-	

Communes.	Instituteurs.
merc'h.	Sans école.
Lopérec.	Labouss.
Quimerc'h.	Brochec.
Rosnoën.	Sans école.
Berrien.	Postic.
Bolazec.	Sans école.
Huelgoat.	N....
La Feuillée.	Bergot.
Loc-Maria.	Adjointe à Huelgoat.
Plouyé,	Sans école.
Scrignac.	Le Fustec.
Brasparts.	Kerdavid.
Edern.	Sans école.
Gouézec.	*Idem.*
Lannédern.	*Idem.*
Le Cloître.	*Idem.*
Lennon.	*Idem.*
Loqueffret,	*Idem.*
Lothey.	*Idem.*
Pleyben,	Turlucher.

ARRONDISSEMENT DE QUIMPER.

Communes.	Instituteurs.
Briec.	Faucon-Dumont.
Langolen.	Sans école.
Beuzec-Conq.	Réuni à Concarneau.
Concarneau.	Le Berre.
Lanriec.	Sans école.
Trégunc.	Idem.
Douarnenez.	Bossennec.
Guengat.	Sans école.
Ploaré.	Salaun.
Plogonnec.	Bocquené.
Pouldergat.	Villard.
Poullan.	Boëté.
Clohars-Fouesnant.	Querneau.
Fouesnant.	Rogel.
Gouesnach.	Sans école.
Perguet.	Idem.
Pleuven.	Idem.
St.-Évarzec.	Idem.
Guiler.	Idem.
Landudec.	Idem.
Peumerit.	Labory.
Plonéis.	Campion.
Plonéour.	Le Phuez.
Plovan.	Gourlaouen.
Plogastel Saint-Germain.	Roudigou.
Plozévet.	Jadé.
Pouldreuzit.	N.....
Tréogat.	Sans école.
Audierne.	Le Louarn.
Beuzec--Cap--Sizun.	Mahieu.
Cléden-Cap-Sizun.	Kervévan.
Esquibien.	Fichoux.
Goulien.	Lescop.
Ile-de-Sein.	N.....
Mahalon.	Réuni à Meilars.
Meilars.	Savina.
Plogoff.	Prédéry.
Plouhinec.	Frère Yvinec.
Pont-Croix.	Fr. Bouhellec.
Primelin.	N.....
Combrit.	Planchais.
Ile-Tudy.	Sans école.
Loc-Tudy.	Galez.
Penmarc'h.	Durand.
Plobanalec.	Yvon.
Plomeur.	Farcy.
Pont-Labbé.	Donval.
Saint-Jean-Trolimon.	Sans école.
Treffiagat.	Idem.
Tréguennec.	Idem.
Tréméoc.	Idem.
Ergué-Armel.	Idem.
Ergué-Gabéric.	Sans école.
Kerfeunteun.	Le Guillou.
Penhars.	Le Quitte.
Plomelin.	Sans école.
Pluguffan.	Idem.
Quimper.	Palud. — Fr. Préside.
Elliant.	Villard.
Rosporden.	Kervarec.
Saint-Yvy.	Sans école.
Tourch.	Idem.

ARRONDISSEMENT DE QUIMPERLÉ.

Communes.	Instituteurs.
Arzano,	Callac.
Guilligomarc'h.	Sans école.
Rédené.	Idem.
Bannalec.	Lescoat.
Kernével.	Sans école.
Melgven.	Idem.
Le Trévoux.	Sans école.
Moëlan.	Fr. Le Grell.
Névez.	Sans école.
Nizon.	Idem.
Pont-Aven.	Guillart.
Riec.	Sans école.
Baye.	Adjointe à Quimperlé.
Clohars Carnoët	Sans école.
Mellac.	Idem.
Quimperlé.	Colomb, Thésée.
Tréméven.	Sans école.
Querrien.	Le Quéré.
Saint-Thurien.	Sans école.
Scaër.	Le Bec.

On peut voir par ce qui précède, que l'arrondissement de Morlaix est, de tous ceux du Finistère, celui où on a le mieux senti l'importance et la nécessité de l'instruction primaire : toutes les communes de cet arrondissement ont une école communale sur leur territoire, excepté une commune peu importante qui entretient une école en commun avec une commune voisine. Malheureusement les autres arrondissements sont loin d'être aussi avancés. En résumé 192 communes ont une école sur leur territoire : 22 envoyent leurs enfants à l'école dans une commune voisine ; enfin 68 communes sur 282, et quelques-unes fort peuplées, n'ont ni école, ni instituteur ! Parmi les 192 communes qui ont une école, 9 n'ont pas d'instituteur, quoique le département et l'université entretiennent 25 élèves à l'école normale de Rennes pour le Finistère.

Dans l'arrondissement de Brest, le curé de Tréouergat, a ouvert une école privée pour suppléer à l'absence d'une école communale : mais ce qu'un prêtre zélé peut faire dans une commune fort peu peuplée, ne peut évidemment se reproduire dans les autres communes où les prêtres doivent être trop absorbés par l'exercice de leurs fonctions, pour pouvoir s'occuper de l'instruction primaire.

—

Formalités que les candidats doivent remplir pour être admis à l'examen d'élèves-maîtres à l'école normale de Rennes.

Cet examen se passe à Quimper, à la même époque que les examens pour l'obtention des brevets de capacité.

Pour y être admis, il faut que les candidats soient âgés de plus de 16 ans et de moins de 25 ans. Néanmoins, il peut être accordé des dispenses d'âge aux candidats qui ont plus de 25 ans.

Ils sont en outre tenus de s'inscrire 24 heures d'avance au secrétariat de la commission, en présentant :

Leur extrait d'âge, un certificat de vaccine, et un certificat délivré sur l'attestation de trois conseillers municipaux, par le maire de la commune ou de chacune des communes où ils ont résidé depuis trois ans, et constatant qu'ils sont aptes, par leur moralité, à se livrer à l'enseignement.

Les candidats sont interrogés sur l'instruction morale et religieuse et sur les éléments de la lecture, de l'écriture, de la langue française et du calcul.

Il est tenu compte aux candidats des connaissances qu'ils pourraient avoir en dehors du programme.

———

Commission d'examen pour les instituteurs.

Le recteur ou un inspecteur d'académie, président ; MM. *Fougeray*, principal du collége, vice-président ; *Sauveur*, vicaire général ; *Laplace*, avoué ; *Moallic*, fils, conseiller de préfecture ; *Nouët*, juge de paix : *Cropp*, juge au tribunal civil ; *Sevet*, professeur de mathématiques ; *Bléas*, sous-inspecteur ; *Le Quinquis*, inspecteur des écoles primaires, secrétaire.

———

Formalités à remplir par les candidats au brevet de capacité.

Tout individu qui aspire à obtenir un brevet de capacité pour l'instruction primaire devra subir l'examen devant la commission du département où il a son domicile.

Pour se présenter devant une commission d'instruction primaire, le candidat n'a d'autres formalités à remplir que de déposer, 24 heures à l'avance, au secrétariat de la commission, son acte de naissance, accompagné d'un certificat de moralité, et de se faire inscrire sur la liste des candidats ; il doit être âgé de 18 ans accomplis.

———

—

Degré élémentaire

Instruction morale et religieuse. — Catéchisme, Histoire Sainte, Ancien et Nouveau Testament.

Lecture. — Imprimés français, latins et manuscrits.

Écriture. — Bâtarde, ronde, anglaise, en gros et en fin.

Procédés pour l'enseignement de la lecture et de l'écriture.

Éléments de la langue française. — Grammaire, analyse grammaticale, orthographe, théorie, pratique.

Éléments de calcul. — Théorie, pratique, numération, addition, soustraction, multiplication, division, appliquées aux nombres entiers, aux fractions décimales et ordinaires ; système légal des poids et mesures.

Loi du 28 juin 1833, sur l'instruction primaire. — Récitation.

Éléments de dessin linéaire.

Notions d'histoire et de géographie en général et de la France en particulier.

Méthodes d'enseignement. — Simultanée, mutuelle.

Chant — Théorie, pratique.

Les candidats sont en outre tenus de développer par écrit un sujet donné, et de faire une leçon orale sur une des matières de l'examen.

Degré supérieur.

Aux matières ci-dessus, on ajoutera, pour l'enseignement primaire supérieur, les connaissances suivantes :

Les proportions, les règles de trois, de société et d'intérêt, les puissances et les racines, des notions générales sur les progressions et les logarithmes.

Notions de géométrie, y compris le volume des corps les plus simples.

Arpentage, toisé, levé des plans.

Notions de la sphère.

Notions des sciences physiques et d'histoire naturelle.

———

Commission d'examen pour les institutrices.

Le recteur ou un inspecteur d'académie, président ; N..... vice-président ; MM. *Sauveur*, vicaire général ; *Gojard*, ingénieur des ponts-et-chaussées ; *Bernay*, avoué ; *Le Hars*, avocat ; *Jardin*, professeur de mathématiques ; *Bléas*, sous-inspecteur ; *Le Quinquis*, inspecteur, secrétaire. Dames adjointes, Mme *Morcrette*, N.....

———

Formalités à remplir par les aspirantes au brevet de capacité.

Toute aspirante au brevet de capacité devra, pour être admise à l'examen, présenter, 24 heures d'avance, au secrétariat de la commission :

1° Son acte de naissance, constatant qu'elle est âgée de 20 ans au moins, ou, si elle est âgée de moins de 20 ans, une dispense d'âge pour subir l'examen, délivrée par le recteur de l'académie ;

2° Son acte de mariage, si elle est mariée ; l'acte de décès de son mari, si elle est veuve ;

3° Un certificat de bonne vie et mœurs, délivré sur l'attestation de trois conseillers municipaux, par le maire de la commune, ou de chacune des communes où elle aura résidé depuis trois ans.

Les aspirantes sont tenues de se présenter devant la commission du département où elles ont leur domicile, à moins qu'elles n'en aient été dispensées par le recteur de l'académie.

PROGRAMME DES CONNAISSANCES EXIGÉES DES ASPIRANTES.

Degré élémentaire.

Tout ce que nous avons rapporté plus haut pour les candidats au degré élémentaire, et en outre les travaux d'aiguille.

Degré supérieur.

1° Tout ce qui est compris dans le programme pour les brevets du degré élémentaire ;

2° Exposition de la doctrine chrétienne ;

3° Notions plus étendues d'arithmétique, de langue et de littérature française ;

4° Si une postulante se propose d'enseigner une langue vivante, ou la musique instrumentale, ou de donner des notions élémentaires de physique, d'histoire naturelle ou de cosmographie, elle sera aussi interrogée sur ces divers points, et il sera fait mention particulière de cette partie de l'examen dans le certificat d'aptitude délivré.

COMITÉS D'ARRONDISSEMENT.

Il sera formé dans chaque chef-lieu de sous-préfecture, un comité spécialement chargé de surveiller et d'encourager l'instruction primaire.

(*Loi du 28 juin 1833, art. 18*).

Sont membres du comité d'arrondissement :

Le maire du chef-lieu ou le plus ancien des maires du chef-lieu de la circonscription ;

Le juge de paix ou le plus ancien des juges de paix du chef-lieu de la circonscription ;

Le curé ou le plus ancien des curés du chef-lieu de la circonscription du comité ;

Un ministre de chacun des autres cultes reconnus par la loi, qui exercera dans la circonscription, et nommé comme il est dit au 2° § de l'article 17 ;

Un proviseur, principal de collège, professeur, régent, chef d'institution ou maître de pension, désigné par le ministre de l'instruction publique, lorsqu'il existera des collèges, institutions ou pensions dans la circonscription du comité ;

Un instituteur primaire, résidant dans la circonscription du comité et désigné par le ministre de l'instruction publique ;

Trois membres du conseil d'arrondissement ou habitants notables désignés par ledit conseil ;

Les membres du conseil général du département qui auront leur domicile réel dans la circonscription du comité

Le préfet préside de droit tous les comités du département, et le sous-préfet tous ceux de l'arrondissement ; le procureur de la République est membre de droit de tous les conseils d'arrondissement.

Le comité choisit tous les ans son vice-président et son secrétaire ; il peut prendre celui-ci hors de son sein ; le secrétaire, lorsqu'il est choisi hors de son sein, en devient membre par sa nomination.

(*Même loi, art. 19*).

QUIMPER. — *Brissot-Thivars*, préfet, président ; *Duportal*, procureur de la république ; *Porquier* (Édouard), maire de Quimper ; *Nouet*, juge de paix, *Nédélec*, curé de la cathédrale ; *Fougeray*, principal du collège ; *Cosmao*, instituteur primaire ; *Hernio*, *Cropp*, membres du conseil d'arrondissement ; *Le Guillou*, avoué, secrétaire.

BREST. — *De Col*, sous-préfet, président ; *Gouin*, procureur de la république, vice-président ; *Bizet*, jeune, maire de Brest ; *Démontreux*, juge de paix ; *Mercier*, curé de Brest ; *Le Fourdrey*, ministre du culte réformé ; *Goëz*, professeur au lycée ; *Caroff*, instituteur supérieur ; *Conseil*, ancien adjoint au maire de Brest ; *Ronin*, propriétaire ; *Ymbert*, ancien maire de Brest ; *Normand*, secrétaire de la sous-préfecture, secrétaire.

MORLAIX. — *Richard*, sous-préfet, président ; *Dupuy*, procureur de la république ; *Le Denmat-Kervern*, maire de Morlaix ; *Lozach*, juge de paix ; *Keramanach*, curé de Morlaix ; *Le Febvre*, professeur ; *Masson*, instituteur primaire ; *Cazin de la Trésorerie* ; *Lannurien* (Etienne), fils, avocat ; *Le Hir*, docteur-médecin.

CHATEAULIN. — *Lodin*, sous-préfet, président ; *Claret*, procureur de la république ; *Durest Lebris*, maire de Châteaulin ; *Noury*, juge de paix ; *Durand*, curé de Châteaulin ; *Lepape*, instituteur ; *Caurant*, *Le Bretton*, membres du conseil d'arrondissement ; *Fénigan*, avoué.

QUIMPERLÉ. — *Robert*, sous-préfet, président ; *Tahier*, procureur de la république, *Audran*, jeune, notaire, maire de Quimperlé ; *De la Boixière*, juge de paix ; *Mazé*, curé de Quimperlé ; N... du collège de Quimperlé ; *Thésée*, instituteur primaire ;

196

Limon, juge au tribunal ; *Duquilio*, propriétaire, membre du conseil municipal ; *Le
Louédec*, médecin, membre du conseil municipal.

Nota. — (*Il faut joindre aux membres du
comité-supérieur de chaque arrondissement les
membres du conseil général ayant leur domicile
réel dans la circonscription de cet arrondissement.*)

—

INSTRUCTION PRIMAIRE
DE LA VILLE DE BREST.

—

COMITÉ LOCAL DE SURVEILLANCE
Pour l'instruction primaire

Il y aura près de chaque école communale
un comité local de surveillance, composé du
maire ou adjoint, président, du curé ou pasteur, et d'un ou plusieurs habitants notables
désignés par le comité d'arrondisssement.

Dans les communes dont la population est
répartie entre différents cultes reconnus par
l'État, le curé ou le plus ancien des curés et
un des ministres de chacun des cultes, désigné par son consistoire, feront partie du co
mité communal de surveillance.

Plusieurs écoles de la même commune
pourront être réunies sous la surveillance du
même comité.

(*Loi du 28 juin 1833, art. 17.*)

Toutes les écoles de Brest sont réunies sous
la surveillance du même comité de surveillance.

Noms des membres du comité local de Brest.

Bizet jeune, maire, président ; *Mercier*,
curé de Brest ; *Le Fourdrey*, ministre du culte
réformé ; *Peslin*, proviseur du lycée ; *Gouzien*, maître de pension ; *Fontaine*, médecin ;
Le Férec, juge de paix ; *Tritschler*, entrepreneur, *Jouveau-Dubreuil*, négociant ; *Palasne
de Champeaux*, sous-commissaire de la marine
en retraite.

*Écoles primaires communales pour les
garçons.*

École supérieure. — MM. *Caroff*, directeur,
hôtel mont-louët ; *Barrier*, sous-directeur,
rue kéréon, 5.

Nous croyons utile de rappeler ici aux pères
de famille, que le but de l'enseignement de
l'école primaire supérieure est de préparer
les jeunes gens au commerce et à l'industrie. Pour y parvenir, l'enseignement donné
par un directeur et un maître adjoint est
divisé en deux sections.

Il comprend dans son ensemble : la lecture,
l'écriture (tous les genres); la grammaire française, avec les exercices de style ; l'arithmétique avec les progressions et la théorie des
logarithmes ; la géométrie et ses applications,
spécialement l'arpentage ; le dessin linéaire et
la mécanique élémentaire, les notions des
sciences physiques et d'histoire naturelle, applicables aux usages de la vie ; l'histoire de
France et la géographie statistique et commerciale des principaux pays ; la musique
vocale.

L'instruction religieuse et morale est la base
fondamentale de l'enseignement.

École mutuelle (côté de Brest.) — MM. *Perron*, instituteur, hôtel mont-louët ; *Chamain*, instituteur adjoint, place vauban, 3.

École mutuelle (côté de Recouvrance.) —
MM. *Le Goff*, instituteur, rue vauban; *Rouquet*,
instituteur adjoint.

École chrétienne — Frère *Mamertin*, supérieur, rue neuve des sept-saints, 2.

École de l'hospice civil. — M. *Billon*, rue
Duquesne, 6.

Écoles privées de garçons.

Le Dall, rue du rempart, 22.
Landais, rue du château, 20.
Normand, rue d'aiguillon, 26.
Pillet, rue traverse, 18.
Vigourcux, rue du château, 31.
Mingueneau, grand'rue, 82.
Thomas, rue saint-yves, 51.
Bruneau, rue de la mairie, 11.
Cornec, rue traverse, 37.
Denfer, rue de la mairie, 5.
Guillermou, rue vauban, 1, à Recouvrance.
Kergourlay, rue armorique, 17, à *id.*

Écoles communales pour les filles.

Ecole mutuelle — Mlle *Lafosse*, r. duquesne, 7,
et Mlle *Audemar*, institutrice adjointe, rue
kéréon, 5
Les sœurs de la providence, rue de la
mairie, 16.
Les sœurs de saint-joseph, rue vauban, à
Recouvrance.

Écoles privées de filles.

Les sœurs de la providence, rue d'aiguillon, 38
Les sœurs de saint-joseph, à Recouvrance.
Elles reçoivent des pensionnaires.
Mlles *Lesquivit*, place du château, 20.
Mlles *Le Coispellier*, rue de la mairie, 43.
Mme *Lavise*, rue du château, 29.
Mlle *Le Dall*, rue du rempart, 13.
Mlle *Le Gros*, grand'rue, 75.
Mlle *Charpentier*, rue saint-yves, 51.
Mme *Dagorne*, rue voltaire, 24.
Mme *Le Roux*, grand'rue, 12.
Mlle *Guillier*, rue saint-yves, 36.
Mlle *Emblard*, rue siam, 54.
Mlle *Filleul*, rue de la rampe, 51.
Mlle *Kermarec*, rue de la rampe, 32.
Mlle *Roger*, rue du château, 38.
Mlle *Ulliac*, rue saint-yves, 38.
Mlle *Dagorn*, rue traverse, 15.
Mlle *Holliet*, rue saint-yves, 52.
Mlle *Dubé*, place saint-sauveur, à Recouvrance.
Mme *Le Cunff*, rue de la fontaine, 25.
Mlle *Chapalain*, rue vauban, 24.
Mlle *Kergourlay*, rue vauban, 14.
Mlle *Cloatre*, place vauban, 2.

Salles d'asile communales.

Mme *Vigneux*, surveillante, rue guyot, 3.
Mlle *Labarre*, }
Mlle *Faron*, } surveillantes, à Recouvrance.

Salles d'asile privées.

Mlle *Achaintre*, surveillante brevetée, rue de
la rampe, 20.
Mlle *Pottier*,   *id.*   *id.* grand'rue, 17.
Mlle *Robin*,   *id.*   *id.* place vauban, 2.

*Maisons de garde pour les enfants au-dessous
de 7 ans.*

Dans ces maisons les enfants sont généralement exercés, d'après la méthode individuelle, à la lecture, au catéchisme, aux
prières et à la récitation de fables. Les petites
filles apprennent en outre à tricoter.

Mme veuve *Royron*, grand'rue, 25.
Mlle *Stéphan*, grand'rue, 46.
Mme *Le Gras*, id., 77.
Mlle *Le Cam*, rue keravel, 43.
Mme veuve *Hains*, rue keravel, 20.
Mme veuve *Le Gallois*, rue id., 42.
Mme *Le Moal*, 2e venelle keravel, 2.
Mlle *Hollet*, marché pouliquen, 2.
Mme veuve *Mailloux*, id., 13.
Mlle *Lamaux*, rue duquesne, 4.
Mlle *Epeigne*, rue kéréon, 3.
Mme veuve *Varize*, rue fautras, 19.
Mlle *Bleuc*, rue fontaine du bois-d'amour, 2.
Mlle *Rolland*, rue saint-yves, 51.
Mlle *Létang*, place du château, 27.
Mme *Blain*, rue charronnière, 23.
Mlle *Marionneau*, rue id·, 31.
Mme veuve *Chadot*, escalier des sept saints, 2.
Mlle *Mathieu*, rue des malchaussés, 22.
Mlle *Michel*, rue du couédic, 11.
Mlle *Gresser*, rue traverse, 52.

Mlle *Chapalain*, rue vauban, 24.
Mme veuve *Le Bourhis*, rue de la porte, 36.
Mme veuve *Laimé*, rue de la fontaine, 25.
Mme veuve *Gallet*, rue des clairvoyants, 8.
Mme veuve *Pelvé*, rue de l'église, 35.
Mme veuve *Le Borgne*, rue de la communauté, 10.
Mlle *Lallemand*, rue bouillon, 3.
Mme veuve *Odend'hal*, rue du moulin, 6 |

Cours d'adultes communaux. — Brest.
(Voir page 209, les cours d'adultes fondés par la société d'Emulation.)

Cours d'adultes communaux. — Recouvrance
Professeurs.
Gourvès, arithmétique et géométrie ;
Le Goff, grammaire française ;
Le Parcq, dessin linéaire.

Depuis 2 ans les frères de la doctrine chrétienne ont aussi ouvert des cours d'adultes, rue neuve des sept-saints, 2.

CONDITIONS D'ADMISSION
AU BACCALAURÉAT ET AUX ÉCOLES SPÉCIALES.

BACCALAURÉAT ÈS-LETTRES.

Les examens pour le baccalauréat ès-lettres ont lieu quatre fois par an ; savoir du 1er au 15 août, du 1er au 15 novembre, du 1er au 15 janvier, et du lundi de la Quasimodo au samedi suivant inclusivement.

Ils ont lieu devant une commission composée de MM.

Martin, doyen ;
Jeannel, professeur de philosophie ;
Delaunay, professeur de littérature ;
Roux-Lavergne, professeur d'histoire ;
Chenou, professeur de sciences physiques et mathématiques.

Les candidats font une version latine de la force de celles qu'on donne en rhétorique. Ils ne sont admis aux épreuves orales qu'autant que cette première épreuve aura été subie avec succès. L'examen roule sur la philosophie, la rhétorique, la littérature, l'histoire et la géographie, les auteurs grecs et latins, les auteurs français, les éléments des sciences mathématiques et physiques.

Pour être admis aux épreuves, il faut être âgé de 16 ans accomplis, produire un acte de naissance légalisé par le maire et le sous-préfet.

En cas de minorité, le candidat produira une autorisation de son père, oncle ou tuteur, de subir les épreuves du baccalauréat ès-lettres, et il joindra à ces pièces une déclaration écrite et signée de lui, que, conformément à l'intention de ses parents, il veut se présenter devant la faculté des lettres de l'académie où il réside, pour y subir l'examen du baccalauréat. Cette déclaration sera légalisée par le maire de la commune.

BACCALAURÉAT ÈS-SCIENCES.

Les examens du baccalauréat ès-sciences ont lieu devant la faculté des sciences, du 1er au 15 mars et du 1er au 15 août.

Il y a baccalauréat ès-sciences physiques et baccalauréat és-sciences mathématiques.

Le dernier a pour objet : l'arithmétique, les deux trigonométries, l'algèbre comprenant la formule du binôme et la résolution des équations numériques, les éléments de statique et la géométrie analytique à deux dimensions.

Le baccalauréat ès-sciences physiques embrasse : 1o les mathématiques élémentaires qui entrent dans le cours de philosophie de première année ; 2° les éléments de la physique, de la chimie, de la zoologie, de la botanique et de la minéralogie.

—

ÉCOLE POLYTECHNIQUE.

—

L'ordonnance du 30 octobre 1844 qui a réorganisé cette école porte, article 8, que le ministre de la guerre déterminera chaque année, d'après l'avis du conseil de perfectionnement, le mode des examens à subir par les candidats qui se seront fait inscrire pour concourir.

Nul ne peut concourir s'il n'a préalablement justifié : 1° qu'il est Français ou naturalisé Français ; 2° qu'il a été vacciné ou qu'il a eu la petite vérole ; 3° qu'il a eu plus de 16 ans et moins de 20 ans au 1er janvier de l'année du concours.

Toutefois, les militaires sont admis à subir les examens jusqu'à l'âge de 25 ans, pourvu qu'ils n'aient pas accompli leur 25° année avant le jour fixé pour l'ouverture des examens. Ils ne peuvent d'ailleurs, à leur sortie de l'école, être placés que dans les services militaires, sauf le cas où ils auraient accompli la durée de service exigée par la loi sur le recrutement de l'armée, et dans laquelle sera compté le temps passé à l'école. Les élèves admis avant l'âge de 20 ans sont placés, à leur sortie, dans les services ci-après : 1° l'artillerie de terre et l'artillerie de mer ; 2° le génie militaire et le génie maritime ; 3° la marine nationale et le corps des ingénieurs hydrographes ; 4° les ponts et chaussées et les mines ; 5° le corps national d'état-major ; 6° les poudres et sal-pêtres ; 7° enfin les autres services publics qui exigent des connaissances étendues dans les sciences mathématiques, chimiques et physiques.

Le prix de la pension est de 1,000 fr. ; celui du trousseau, fixé chaque année par le ministère de la guerre, est de 500 à 600 fr. (1)

Le ministre de la guerre rend publics, par la voie du *Moniteur*, avant le premier avril de chaque année, l'époque, les lieux de l'ouverture des examens et le programme des matières sur lesquelles ils doivent porter.

PROGRAMME DES CONNAISSANCES EXIGÉES.

Les connaissances exigées pour l'admission à l'école polytechnique sont :

1° L'arithmétique complète comprenant la théorie des proportions, des progressions, des logarithmes, et l'usage des tables ; l'exposition du système métrique ;

2° La géométrie élémentaire, comprenant les propriétés des triangles sphériques ;

3° L'algèbre comprenant la résolution des équations des deux premiers degrés, celle des équations indéterminées du premier degré ; la théorie des exposants fractionnaires et des exponentielles ; la démonstration de la formule du binôme de Newton, dans le cas seulement des exposants entiers positifs ; la composition générale des équations, la règle des signes de Descartes, la détermination des racines commensurables, celle des racines égales ; la résolution des équations binômes et trinômes au moyen des lignes trigonométriques ; la décomposition des fractions rationnelles en fractions simples ; la résolution des équations numériques par approximation ; l'élimination des inconnues entre deux équations d'un degré quelconque à deux inconnues, sans exposition d'aucun procédé pour débarrasser l'équation finale des solutions étrangères qu'elle peut renfermer ;

4° La trigonométrie rectiligne et l'usage des tables de sinus ; les trois principales formules de trigonométrie sphérique sans application des logarithmes ni résolution des triangles ;

5° La statique, démontrée d'une manière synthétique ; composition et décomposition des forces et des couples ; réduction d'un système de forces à un couple et à une force ; équations d'équilibre d'un corps solide, libre, ou lié à un point ou à un axe fixe ; centre des forces parallèles et coordonnées de ce centre ; détermination du centre de gravité du triangle et de la pyramide, équilibre des machines simples, le levier, la poulie, le plan incliné, le coin, le treuil, la vis et les moufles ;

---

(1) L'assemblée constituante avait décrété l'admission gratuite aux trois grandes écoles du gouvernement, polytechnique, militaire, navale, à partir de 1850. Une proposition du général Baraguay-d'Hilliers, tendant à restreindre la gratuité à un certain nombre de bourses, a été prise en considération par l'assemblée législative ; la commission nommée par cette assemblée propose de fixer au quart, au plus, le nombre des bourses à accorder dans les trois écoles.

6 • La géométrie analytique , comprenant la discussion complète des lignes représentées par les équations du premier et du second degré à deux inconnues, et les propriétés principales des sections coniques ; les équations de la ligne droite dans l'espace ; l'équation du plan , la solution des problèmes qui s'y rapportent , et la transformation des coordonnées ;

7° Les premiers éléments de la géométrie descriptive, relatifs à la ligne droite et au plan ;

8° La pratique du lavis d'architecture ;

Les candidats seront en outre soumis aux épreuves suivantes :

Ils feront , par écrit , une composition mathématique sur des sujets rentrant dans le programme qui vient d'être indiqué ;

Il leur sera proposé un exemple de résolution de triangle rectiligne, pour constater qu'ils savent se servir des tables des logarithmes ; il sera fait usage , pour les calculs , des tables à sept décimales ;

Ils traduiront un morceau d'un auteur latin de la force de ceux qu'on explique en rhétorique , et traiteront , par écrit , en français , un sujet de composition donné. Ils devront écrire d'une manière lisible et orthographier correctement. *Il sera tenu compte du diplôme de bachelier ès-lettres dans l'appréciation du mérite relatif des candidats.*

Ils copieront une académie ombrée au crayon, d'après un modèle qui leur sera présenté.

Ils remettront les épures de géométrie descriptive sur la ligne droite et le plan , ainsi que le lavis à l'encre de Chine d'une surface cylindrique de 12 centimètres de diamètre sur 25 centimètres de hauteur , se détachant sur un fond à teinte plate. Tous ces dessins devront être revêtus de leur signature et du visa du professeur , avec la date de ce visa pour chaque épure.

Les aspirants sont prévenus que toutes ces parties du programme sont également obligatoires , et qu'ils n'en doivent considérer aucune comme accessoire. Les candidats pourraient être exclus de la liste d'admission , s'ils n'avaient pas satisfait à l'examen sur les connaissances en littérature et en dessin, bien qu'ils eussent , sur toutes les autres , plus que l'instruction demandée.

Les candidats ne sont examinés que sur les connaissances exigées par le programme ; on a cependant égard à celles qu'ils possèdent sur la physique , la chimie et la langue allemande.

La composition de physique aura lieu sur un sujet compris dans le programme suivant :

Propriétés générales des corps ; lois de la pesanteur déduites de l'expérience ; premiers principes d'hydrostatique ; loi de Mariotte ; baromètre ; machine pneumatique ; poids et poids spécifiques ; instruments propres à les déterminer ; thermomètre ; exposition des lois de la chaleur rayonnante , de la chaleur spécifique ; construction de l'hygromètre à cheveu ; attractions et répulsions électriques ; machine électrique ; condensateur , bouteille de Leyde ; électrophore ; paratonnerre , description de la pile voltaïque ; attractions et répulsions magnétiques ; déclinaison et inclinaison de l'aiguille aimantée ; propagation de la lumière ; ombre et pénombre ; variation de l'intensité de la lumière à raison de la distance et de l'inclinaison des surfaces ; lois de la réflexion et de la réfraction simple ; miroirs et lentilles sphériques ; formules relatives à la détermination de leurs foyers ; dispersion de la lumière.

Il est donc dans l'intérêt des familles de diriger en conséquence les études de ceux de leurs enfants qui se destinent à l'école polytechnique.

CONDITIONS EXIGÉES POUR L'ENTRÉE À L'ÉCOLE.

Tout candidat nommé élève, qui ne se sera pas présenté au commandant de l'école dans le délai fixé par sa lettre de nomination , sera considéré comme démissionnaire. Ce délai est en outre indiqué dans le *Moniteur universel, qui publie les nominations.*

A leur arrivée à l'école , les élèves seront soumis à de nouvelles épreuves , pour constater qu'ils sont bien les auteurs des compositions littéraires , dessins , épures et lavis qu'ils ont présentés. En cas de fraude reconnue , l'élève qui l'aurait commise sera exclu.

Chaque élève est soumis à une visite des officiers de santé , puis à une contre visite, qui ont pour objet de constater qu'il n'a aucun vice de conformation ni aucune infirmité qui le mettrait hors d'état d'être admis aux cours ou qui le rendrait impropre aux services publics, dans le cas où il s'y destinerait exclusivement.

Les élèves dont le père, la mère ou le tuteur ne réside pas à proximité de Paris , doivent, en outre, avoir un correspondant dûment accrédité auprès du général commandant de l'école.

ÉCOLE NATIONALE FORESTIÈRE.

Conditions d'admission.

Le nombre des élèves à admettre à l'école est fixé chaque année par M. le ministre des finances, en raison des besoins de l'administration des forêts, et d'après un concours public.

Les examens de l'école forestière ont lieu à Paris et dans les départements, à la même époque, aux mêmes lieux que ceux de l'école polytechnique, et sont faits par les examinateurs nommés par le ministre des finances. Les aspirants sont tenus d'adresser au directeur général, avant le 10 juin au plus tard, leur demande d'admission au concours, accompagnée des pièces suivantes :

1° L'acte de naissance, revêtu des formalités prescrites par les lois, et constatant que l'aspirant aura au 1er novembre 19 ans accomplis, et n'aura pas plus de 22 ans ;

2° Un certificat signé d'un docteur en médecine et dûment légalisé, attestant que l'aspirant est d'une bonne constitution, qu'il a été vacciné ou qu'il a eu la petite vérole, et qu'il n'a aucun vice de conformation ou infirmité qui puisse le rendre impropre au service forestier ;

3° Le diplôme de bachelier ès-lettres. Néanmoins, le candidat qui ne serait pas encore pourvu de cette pièce pourra y suppléer par un certificat constatant qu'il a fait des études classiques, jusqu'à la rhétorique inclusivement, à charge par lui de produire le diplôme à l'administration des forêts, le 15 octobre au plus tard ;

4° La preuve qu'il possède un revenu annuel de 1,500 fr. au moins, ou, à défaut, une obligation par laquelle ses parents s'engagent à lui fournir une pension de pareille somme pendant son séjour à l'école forestière, et une pension de 600 fr., depuis sa sortie de l'école jusqu'à ce qu'il soit employé comme garde-général en activité.

L'examen portera sur les objets ci-après, savoir : 1° l'arithmétique complète ; 2° la géométrie élémentaire ; 3° la trigonométrie rectiligne ; 4° l'algèbre jusqu'au binôme de Newton inclusivement ; 5° les éléments de géométrie descriptive (point, ligne et plan) ; 6° la statique ; 7° les éléments de physique ; 8° les éléments de chimie ; 9° le dessin ; 10° la langue française ; 11° la langue latine ; 12° les premiers éléments de la langue allemande.

Instruction des élèves et leur destination.

La durée des cours établis à l'école forestière est de deux ans ; à la fin de chaque année, les élèves sont soumis à des examens d'après lesquels ils sont de nouveau classés.

Si leur instruction n'est pas jugée suffisante, ils peuvent être admis à suivre de nouveau pendant une année les mêmes cours, mais sans que la durée de leur séjour à l'école puisse jamais excéder trois ans. Si leur examen est satisfaisant, les élèves de la seconde division passent dans la première, et ceux de la première sont envoyés dans les inspections forestières les plus importantes, en qualité de gardes-généraux stagiaires, pour y acquérir sous la direction des inspecteurs les connaissances pratiques, et dès qu'ils ont fait preuve de l'instruction nécessaire pour exercer un emploi, ils sont nommés au fur et à mesure des vacances à des cantonnements de gardes-généraux. Ils jouissent pendant leur temps de stage d'un traitement de 1,000 fr.

ÉCOLE SAINT-CYR.

L'école spéciale militaire, établie à Saint-Cyr, est destinée à former des officiers pour l'infanterie, la cavalerie, le corps national d'état-major et l'infanterie de marine. Le prix de la pension et celui du trousseau sont les mêmes que pour l'école polytechnique. Pour y être admis, à la suite d'un concours annoncé par le *Moniteur*, et subi dans les villes indiquées comme centres d'examen, il faut être français ou naturalisé, et avoir 17 ans au moins et 20 ans au plus le jour de l'ouverture de l'examen. Les sous-officiers et soldats qui ont fait une campagne ou qui sont au service depuis un an, sont admis à concourir jusqu'à l'âge de 25 ans, pourvu qu'ils n'aient pas accompli cet âge à l'époque de l'ouverture des examens. (1)

Il y a deux degrés d'examen pour l'admission des candidats à l'école spéciale militaire.

(1) Ainsi qu'on l'a déjà dit à propos de l'École polytechnique, une loi est soumise en ce moment à l'Assemblée législative pour restreindre la gratuité décrétée par l'Assemblée constituante, pour l'admission des élèves à cette école.

Les examens du premier degré ont pour objet de constater l'instruction des candidats, et, par suite, de désigner les admissibles.

Les examens du deuxième degré ne sont subis que par les candidats déclarés admissibles, et servent à leur classement par ordre de mérite.

Tout candidat qui renonce ou ne se présente pas à l'une des épreuves est, par cela seul, exclu du concours. Il en est de même de celui qui déclare n'avoir pas appris certaines parties du programme.

Toute fraude dans l'une des épreuves quelconques entraîne l'exclusion du concours.

PROGRAMME DES CONNAISSANCES EXIGÉES.

Les épreuves sont de deux sortes :
1° Examens oraux ;
2° Compositions écrites.

Les aspirants sont prévenus que toutes les parties du programme étant obligatoires, on n'en peut considérer aucune comme accessoire, et que les compensations ne sont pas admises.

EXAMENS ORAUX.

1° L'arithmétique, comprenant les quatre règles fondamentales ; le système complet des nouvelles mesures ; les propriétés relatives aux puissances, aux diviseurs et aux multiples des nombres ; la recherche du plus grand commun diviseur ; les fractions ordinaires et décimales ; l'extraction des racines carrées et cubiques des nombres ; les proportions, progressions et logarithmes ; la construction et l'usage des tables, ainsi que leurs principales applications : on insistera sur la pratique du calcul numérique.

2° L'algèbre, comprenant les quatre opérations fondamentales, la résolution et la discussion des équations du premier degré à une ou plusieurs inconnues, la résolution et la discussion des équations du deuxième degré à une seule inconnue.

3° La géométrie élémentaire, comprenant : 1° les matières renfermées dans les six premiers livres de la géométrie de Legendre ; 2° dans le 7° livre du même ouvrage, les définitions et les propositions I, II, III, VII et VIII, relatives à quelques propriétés de la sphère ; 3° les matières du huitième livre relatives aux trois corps ronds.

Les candidats seront appelés à faire ressortir les lieux géométriques aussi souvent que les questions le comporteront.

4° La trigonométrie rectiligne, avec l'usage des tables trigonométriques.

5° Les préliminaires de la géométrie descriptive, comprenant la ligne droite et le plan. On insistera sur les rabattements.

Les candidats seront tenus de présenter et d'expliquer les épures suivantes : 1° le rabattement, sur l'un des plans de projection, d'une droite située dans un plan donné, ce plan, étant perpendiculaire aux deux plans de projection, perpendiculaire à l'un d'eux, oblique à l'un et à l'autre ; 2° l'intersection de trois plans en y joignant les différentes vérifications que comporte la solution ; 3° la distance d'un point à une droite ; 4° l'angle de deux plans ; 5° par une droite tracée dans ce plan, faire passer un plan qui fasse avec le premier un angle donné ; 6° par trois points donnés dans l'espace, faire passer une circonférence et déterminer la grandeur du rayon ; 7° la plus courte distance de deux droites non situées dans le même plan ; 8° la réduction d'un angle à l'horizon.

Les candidats qui ne répondront pas sur leurs épures seront considérés comme ne les ayant pas faites.

6° L'histoire générale de la France jusqu'au règne de Louis XIV exclusivement.

7° Des notions générales sur la géographie physique et politique du globe, comprenant l'histoire des principales découvertes ; plus particulièrement la géographie de l'Europe et dans l'Europe, celle de la France. Des questions seront adressées sur les divers cercles de la sphère terrestre, ainsi que sur les définitions de la latitude et de la longitude.

8° La langue allemande. Les candidats devront savoir lire couramment l'allemand imprimé et écrit, et l'écrire facilement sous la dictée, connaître les règles principales de la grammaire et répondre en allemand à quelques questions simples adressées aussi en allemand par l'examinateur.

COMPOSITIONS.

1° Épreuve pour le dessin. Les candidats exécuteront, d'après un modèle qui sera donné, l'esquisse d'une académie et en ombreront une partie ; trois heures seront consacrées à ce dessin.

2° Un calcul numérique sur l'une quelconque des théories exigées par le programme. Les candidats feront usage, pour ce calcul, des tables de logarithmes a sept décimales. La durée de cette composition sera de deux heures et demie au plus.

3° Une version latine de la force de celles que l'on fait en troisième dans les colléges nationaux, une narration française dont le sujet sera donné, et une dictée comprenant les principales difficultés de la langue française. L'écriture devra être lisible et correcte. Les fautes graves d'orthographe et de langue suffiront pour motiver l'exclusion, qui pourra être prononcée sur le vu des compositions et de la dictée. Le temps accordé pour ces deux compositions et la dictée n'excédera pas trois heures et demie.

4° Une version allemande dont le texte sera en rapport avec les connaissances exigées des candidats dans cette langue, et pour laquelle il sera accordé une heure et demie.

ÉCOLE NAVALE.

Les examens d'admission sont annoncés à l'avance, ainsi que les villes où ils doivent avoir lieu et les délais d'inscription des candidats. Les pièces à produire pour l'âge et la vaccine sont les mêmes que pour les trois écoles précédentes. Le certificat du médecin doit attester que le candidat n'a aucune infirmité qui le rende impropre au service de la marine. Les cas de myopie, de presbytie et de surdité sont des causes absolues d'exclusion.

Le maximum de l'âge d'admission est fixé à seize ans, au 1er janvier de l'année du concours, de manière que nul candidat ne pourra être admis à l'examen s'il a dépassé le maximum d'âge à cette époque. Cette limite est reculée de deux ans pour ceux qui ont navigué pendant un an, ou qui ont passé l'équateur dans le cours de leur navigation.

Une loi soumise en ce moment à l'assemblée législative, déterminera la proportion et les conditions des bourses à l'école navale.

PROGRAMME DE L'EXAMEN.

Première partie. — Examen oral.

L'arithmétique, comprenant la numération et le calcul des nombres pour une base quelconque, l'exposition du nouveau système métrique, la théorie des proportions et des progressions, et celle des logarithmes déduite de celle des progressions ;

La géométrie élémentaire complète ;

La trigonométrie rectiligne ;

L'algèbre élémentaire, comprenant la résolution des équations des deux premiers degrés ;

Les éléments de la géométrie descriptive, comprenant la ligne droite et le plan.

Quelques difficultés grammaticales seront proposées aux candidats pour être par eux résolues au tableau.

Deuxième partie. — Compositions écrites, épreuves littéraires, Dessin.

Les candidats résoudront par écrit un triangle rectiligne.

Ils feront une version de la force des auteurs que l'on explique en quatrième.

Ils traiteront par écrit, en français, un sujet donné, ils devront écrire lisiblement et avoir une orthographe correcte.

Ils feront un thème anglais et devront être à même d'échanger quelques phrases en cette langue.

Les candidats devront faire, en outre :

1° Le tracé graphique de la solution d'une question de géométrie descriptive ;

2° Le dessin d'une tête ou d'un paysage, d'après un modèle qui leur sera donné.

L'un des examinateurs surveillera les trois premières épreuves ; l'autre examinateur surveillera les trois dernières.

Les candidats seront rigoureusement interrogés sur toutes les matières indiquées ci-dessus ; elles sont *également obligatoires.* L'insuffisance d'un candidat dans l'une des épreuves écrites peut, aussi bien qu'un mauvais examen oral, motiver la non-admission de ce candidat.

ÉCOLE CENTRALE
DES ARTS ET MANUFACTURES,
Rue de Thorigny, au Marais, à Paris.

Cette école a pour objet spécial de former des ingénieurs civils, des directeurs d'usines, des chefs de fabriques et de manufactures, des professeurs de sciences appliquées.

Les études y durent trois ans.

CONDITIONS D'ADMISSION.

L'école n'admet que des externes âgés de seize ans au moins. Les élèves ne sont admis à l'école qu'après avoir subi un examen (à Paris, devant les professeurs attachés à l'école ; dans les départements, devant les professeurs de mathématiques des colléges nationaux ou communaux), d'après lequel le conseil d'études constate qu'ils sont en état d'en suivre les cours avec profit.

CONNAISSANCES EXIGÉES.

L'arithmétique, l'algèbre, jusques et y compris l'équation du deuxième degré : toutefois, on tient plus spécialement aux calculs numériques et algébriques, qu'à la connaissance raisonnée des théories ; la géométrie, pour la partie curviligne de laquelle on admet les démonstrations les plus simples.

Les candidats traitent en français un sujet de composition donnée ; ils doivent construire à une échelle donnée, avec la règle et le compas, quelques problèmes de géométrie élémentaire.

Le prix de l'enseignement est de 775 fr. par an, payables en trois époques, ainsi qu'il suit :

Première époque, 19 novembre. . 375 fr.
Deuxième époque, 15 février. . . 200
Troisième époque, 15 mai. 200

Les élèves versent en outre 25 francs par année pour les dégâts éventuels.

L'élève se pourvoit à ses frais de certains objets indispensables pour ses études et ses travaux, et dont le coût s'élève de 60 à 80 fr.

ÉCOLE
DES MINEURS DE SAINT-ÉTIENNE.
(Département de la Loire.)

Cette école est destinée à former des directeurs d'exploitations et d'usines *minérallurgiques,* et des conducteurs garde-mines.

L'enseignement est gratuit. Il a pour objet :

L'exploitation des mines ; la connaissance des principales substances minérales et de leur gisement, ainsi que l'art de les essayer et de les traiter ; les éléments de mathématiques, les notions les plus essentielles sur la résistance, la nature et l'emploi des matériaux en usage dans les constructions relatives aux mines, usines et voies de transport, la tenue des livres en partie double, le levé des plans et le dessin.

Des brevets de capacité de différents degrés sont délivrés, à leur sortie de l'école, aux élèves qui s'en sont rendus dignes par leur capacité et leur bonne conduite.

MODE ET CONDITIONS D'ADMISSION.

Les connaissances exigées pour l'admission à l'école des mineurs de Saint-Etienne sont :

La langue française,

L'arithmétique,

Le système légal des poids et mesures,

La géométrie élémentaire,

L'algèbre jusques et y compris les équations du deuxième degré,

Les éléments du dessin linéaire.

Les candidats qui posséderont des connaissances plus étendues que celles mentionnées au programme peuvent demander qu'elles soient constatées par l'examinateur.

Les candidats ne pourront être admis avant l'âge de seize ans ni après vingt-cinq ans révolus.

Ils doivent justifier, par un certificat des autorités du lieu de leur domicile, qu'ils sont de bonne vie et mœurs.

Ils doivent prouver aussi qu'ils ont été vaccinés ou qu'ils ont eu la petite vérole.

Pour être admis à concourir aux places annuellement vacantes à l'école des mineurs, les candidats subissent un examen préalable devant un ingénieur des mines désigné à cet effet.

Sont réputés admissibles et dispensés en conséquence de l'épreuve préalable, les candidats qui ont subi l'examen d'admission à l'école polytechnique.

Les époques et les lieux des examens préalables dans les départements, ainsi que l'époque de l'examen définitif à Saint-Etienne, sont annoncés, chaque année, par des avis officiels insérés dans les journaux du département.

ÉCOLES NATIONALES D'ARTS ET MÉTIERS.

(Châlons, Angers, Aix).

Les écoles nationales d'arts et métiers sont destinées à former des contre-maîtres, des chefs d'ateliers et des ouvriers instruits et habiles.

La durée des études est de trois ans.

L'instruction est à la fois théorique et pratique.

L'instruction théorique comprend la grammaire française, l'écriture, le dessin des machines, l'arithmétique, la géométrie, la géométrie descriptive, la mécanique et les éléments de la chimie et de la physique.

L'instruction pratique est donnée dans quatre ateliers, et embrasse le travail de la forge, de la fonderie, de l'ajustage et des tours et modèles.

Il y a, dans chaque école, trois cents élèves boursiers ou pensionnaires, savoir :

A la charge de l'état : 75 élèves à bourse entière, 75 à trois-quarts de bourse, et 75 à demi-bourse ;

A la charge des familles : 75 élèves payant pension entière.

Sur le nombre total des bourses, une bourse entière, deux trois-quarts de bourse et deux demi-bourses sont affectées à chaque département.

Les élèves boursiers et les élèves pensionnaires sont nommés par le ministre de l'agriculture et du commerce.

Le prix de la pension est de 500 francs par an, payables par trimestre et d'avance. Le prix du trousseau est fixé à 200 francs. Chaque élève est tenu, en outre, de verser, en entrant, à sa masse d'entretien, une somme de 50 francs, dont il lui est tenu compte particulièrement.

Conditions d'admission.

L'admission des élèves a lieu une fois par an, le 1er octobre.

Un jury d'examen, dont la composition est réglée par l'article 5 de l'ordonnance royale du 23 septembre 1832, prononce l'admissibilité et détermine l'ordre de mérite des candidats.

Aucun élève boursier ou pensionnaire ne peut être admis, s'il n'a été déclaré admissible par le jury.

Les conditions de l'admission sont les suivantes :

1° Être âgé de 15 ans au moins et n'avoir pas 17 ans ;

2° Avoir été vacciné ou avoir eu la petite vérole ;

3° Être d'une bonne constitution, et n'être atteint d'aucune infirmité ou affection permanente ;

4° Savoir lire et écrire couramment, et pratiquer facilement les quatre premières règles de l'arithmétique et pouvoir en expliquer la théorie ;

5° Avoir fait un an d'apprentissage dans un métier analogue à l'un de ceux qui sont enseignés dans les écoles. Cette condition n'est pas exigée des pensionnaires aux frais de leur famille.

Pour assurer l'exécution de ces diverses conditions, le candidat doit produire :

1° Son acte de naissance ;

2° Un certificat de vaccine ;

3° Un certificat d'un médecin, constatant qu'il satisfait à la condition et qu'il n'est pas dans les cas d'exclusion prévus par le n° 3 qui précède ;

4° Un certificat d'apprentissage délivré par le maître chez lequel le candidat a travaillé ; ce certificat, indiquant le commencement et la fin de l'apprentissage, et la nature du travail, doit être visé et certifié par le maire de la commune où ledit apprentissage a eu lieu ;

5° Un engagement sur papier timbré, des père, mère ou tuteur, d'acquitter le prix de la pension ou portion de pension de l'élève, et le montant du trousseau et de la subvention de 50 francs à verser à sa masse d'entretien.

Indépendamment de l'examen subi devant le jury departemental, les élèves *admis par le ministre* sont soumis à un nouvel examen en arrivant à l'école, et ceux qui sont reconnus incapables ou d'une constitution trop faible, ou qui sont atteints d'infirmités, maladies ou affections prévues ci-dessus, sont rendus à leur famille. Cette circonstance mérite d'autant plus l'attention des familles et des jurys, que les frais de voyage restent nécessairement à la charge des élèves.

Enfin l'élève, à son entrée à l'école, doit justifier :

1° Qu'il a versé à la caisse du receveur général ou particulier de son département la somme de 200 francs pour la valeur du trousseau, et la portion du premier trimestre de la pension à la charge de sa famille ;

2° Qu'il a versé entre les mains de l'agent comptable de l'école la somme de 50 francs destinée à sa masse d'entretien.

DÉPARTEMENTS QUI CONCOURENT POUR L'ÉCOLE D'ANGERS.

Calvados.	Ille-et-Vilaine.	Morbihan.
Charente.	Indre.	Orne.
Charente-Inférieure.	Indre-et-Loire.	Pyrénées (Hautes-).
Cher.	Landes.	Pyrénées (Basses-).
Côtes-du-Nord.	Loir-et-Cher.	Sarthe.
Creuse.	Loire-Inférieure.	Sèvres (Deux-).
Dordogne.	Loiret.	Vendée.
Eure-et-Loire.	Lot-et-Garonne.	Vienne.
Finistère.	Maine-et-Loire.	Vienne (Haute-).
Gers.	Manche.	
Gironde.	Mayenne.	

SOCIÉTÉS

Et Publications périodiques de Brest.

SOCIÉTÉ D'ÉMULATION.

Cette société, fondée le 18 mars 1822, sous le titre d'*Académie de Brest*, a changé de dénomination le 15 février 1834, jour où elle a arrêté ses statuts.

Son but est de s'occuper des travaux d'utilité générale qui se rattachent aux sciences, aux lettres, aux arts, à l'industrie et au commerce ; elle répand aussi l'instruction en ouvrant des cours gratuits.

Elle a été autorisée, en ce qui concerne l'enseignement, par délibération du conseil national de l'instruction publique, en date du 21 décembre 1832 ; et, sous le rapport de ses réunions périodiques et de ses travaux, par arrêté du 17 septembre 1833, pris par M. le préfet du département du Finistère, et approuvé par M. le ministre de l'intérieur.

Les travaux spéciaux entrepris par la société d'Emulation consistent principalement dans la rédaction annuelle d'un Annuaire de Brest et du Finistère, et dans des recherches statistiques, historiques et archéologiques sur le département, en s'occupant d'abord de la ville et de l'arrondissement de Brest.

Son enseignement élémentaire se compose de cours gratuits qu'elle a créés en faveur des adultes des classes peu aisées. Les heures des leçons ont été fixées dans la soirée, après la fermeture des ateliers, de manière à ce que les ouvriers puissent suivre les cours sans se détourner de leurs travaux habituels. Les matières qui y sont enseignées forment l'ensemble des connaissances nécessaires pour compléter l'instruction théorique des ouvriers désireux de se distinguer dans la carrière des arts mécaniques ou industriels. Les succès déjà obtenus par plusieurs d'entre eux, succès constatés par les distributions des prix décernés par la société et par leur admission dans divers services publics, seront sans doute, de plus en plus, un sujet d'encouragement pour les nombreux ouvriers qui fréquentent les ateliers particuliers de la ville et ceux de l'arsenal maritime.

Des cours supérieurs, déterminés chaque année, complètent l'instruction que la société s'attache à répandre.

La société a joint à ses utiles travaux, et au moyen d'une subvention additionnelle, des salons de récréation et d'étude dans lesquels tous les membres et les étrangers, qui sont admis à les fréquenter, trouvent un grand nombre de journaux politiques, littéraires et scientifiques, et tous les moyens de distraction que l'on peut désirer.

TABLEAU DES MEMBRES COMPOSANT CETTE SOCIÉTÉ.

BUREAU D'ADMINISTRATION.

Président. — LACROSSE.✻.
Premier Vice-Président. — ALLANIC.
Vice-Présidents. { CONSEIL ✻. / PESQON. / LOYER, jeune | / DE GASTÉ ✻.

Trésorier. — BÉCOT, jeune.

Secrétaires. { DELAPORTE. / CUZENT, fils.

Bibliothécaire-Archiviste. — HÉBERT.

MEMBRES RÉSIDANTS.

ALLAIN, fils aîné, docteur-médecin, place du Château, 5.

ALLANIC, agrégé, licencié ès-lettres, bachelier ès-sciences, régent de philosophie au Lycée de Brest, place du Château, 19.

ALLARD, Greffier en chef du tribunal civil, Grand'rue, 56.

ANGAUT, négociant, conseiller municipal, ancien juge au tribunal de commerce, r. d'Aiguillon, 44.

ARTUS, négociant, rue Saint-Yves, 29.

AYRAULT, bachelier ès-sciences, professeur de mathématiques au lycée, rue de la Rampe, 28.

BALCAM, professeur de langue anglaise au Lycée de Brest, rue Duguay-Trouin, 45.

BARAZER, père, négociant, rue du Bois-d'Amour, 34.

BARAZER fils, commis-négociant, rue du Bois-d'Amour, 34.

BARILLÉ, négociant, rue du Bois-d'Amour, 16.

BARRIER, instituteur communal, professeur de la Société, rue Kéréon, 5.

BÉCOT, aîné, négociant, rue de Siam, 59.

BÉCOT, jeune, négociant, rue St.Yves, 21.

BELLOM, ingénieur des ponts-et-chaussées, aux travaux maritimes, rue d'Aiguillon, 10.

BÉNOIT, jeune, négociant, rue Saint-Yves, 22.

BÉRARD, banquier, ancien président du tribunal de commerce, rue de Siam, 44.

BERNARD, propriétaire, rue d'Aiguillon, 46.

BERTHEMÉ, directeur des Messageries nationales, rue d'Aiguillon, 44.

BIGEAULT (O.✻), capitaine de frégate, rue de Siam, 62.

BIZET, jeune ✻, négociant, maire de Brest, membre du conseil d'arrondissement, rue de la Rampe, 64.

BLOCH, ancien négociant, passage St-Louis, 1.

BOELLE, René, négociant, rue de la Mairie, 44.

BOELLE, Victor, *idem*, *idem*.

BONIFACIO, Eugène, commis de marine, rue de Siam, 62.

BONTOUX, négociant, rue Voltaire, 1.

BOUILLON, enseigne de vaisseau, rue d'Aiguillon, 26.

BOUMARD, sous-ingénieur de la marine, rue d'Aiguillon, 40.

BOURAYNE (DE), avocat, rue d'Aiguillon, 27.

BRÉTEL ✻, chirurgien-major de la marine, rue Saint-Louis, 4.

BRUNSWICK, propriétaire, rue d'Aiguillon, 34.

CALBRIE, fils, négociant, juge suppléant au tribunal de commerce, Grand'rue, 46.

CARADEC, peintre et professeur de dessin, professeur de la Société, rue de la Mairie, 49.

CAROFF, bachelier ès-lettres, directeur de l'école primaire supérieure, professeur de la Société, à l'hôtel Mont-Louët.

CERISIER ✻, commissaire de marine en retraite, place du Château, 5.

CHAMAIN, professeur de la société, rue Vauban, 3, à Recouvrance.

CHAUVIN, bachelier ès-sciences, professeur de mathématiques, rue Traverse, 4.

CHAYER, notaire, rue Saint-Yves, 40.

CHEDEVILLE ✻, Alex., ingénieur de la marine, place du Château, 5.

CHEDEVILLE ✻, Alph., sous-commissaire de la marine, rue du Château, 43.

CHEVILLOTTE, aîné, négociant, juge au tribunal de commerce, place Ornou, 1.

COGNAC, bachelier ès-lettres, professeur de littérature au Lycée, rue Saint-Yves, 27.

COLOMBI, opticien de la marine, rue d'Aiguillon, 19.

COLLOS, enseigne de vaisseau, rue Ornou, 10.

CONSEIL ✻, Adolphe, capitaine de corvette en retraite, place du Château, 9.

CONVERS sous-ingénieur de la marine, rue d'Aiguillon, 28.

COSMAO, juge de paix du 3e arrondissement, rue Voltaire, 30.

COSMAO ✻, capitaine d'infanterie en retraite, rue de Siam, 41.

COSMAO, aide-commissaire de la marine, rue Traverse, 11.

COURBEBAISSE, sous-ingénieur de la marine, rue Duguay-Trouin, 3.

CUZENT, père, négociant, rue Saint-Yves, 40.

CUZENT, fils, pharmacien de la marine, rue Saint-Yves, 40.

DARRAS, caissier du payeur de la marine, rue de Traverse, 11.

DELAGARDE, aîné, propriétaire, rue St.-Yves, 50.

DELAGARDE, jeune, négociant, rue de Siam, 27.

DELAPORTE, fils, avocat, rue du Château, 17.

DELOBEAU, fils, négociant, rue d'Aiguillon, 44.

DESBORDES, percepteur des contributions directes de la commune de Gouesnou, rue Foy, 3.

DESBOUILLONS, Alcide, négociant, rue du Château, 7.

DESBOUILLONS, Ch., employé à l'hospice civil, rue du Château, 7.

DIOT, père, propriétaire, rue de la Mairie, 10.

DIOT, fils, commis-négociant, rue de la Mairie, 10.

DUBREUIL, cadet, Théophile, négociant, rue Saint-Louis, 6.

DUCHATEAU, entrepreneur, rue de la Mairie, 44.

DUCLOS, professeur d'hydrographie de 2e classe à l'école navale, place du Château, 19.

DUTHOYA (O✻), colonel d'infanterie en retraite, rue de la Poterne, 1.

FELTZ, négociant, impasse du Bois-d'Amour, 4, et rue de Siam, 6

FRANCART, ingénieur civil, à Lambézellec.

FROIDEVEAUX, employé à l'état-civil de la mairie, rue de Siam, 25.

FROLLO-KERLIVIO, contrôleur des contributions directes, rue Voltaire, 30.

GADOUOT, négociant. rue Saint-Yves, 49.

GASTÉ (DE) ✳, ingénieur de la marine, rue d'Aiguillon, 48.

GAUTIER, Pierre, propriétaire, rue de la Rampe, 4.

GAUTIER, Eugène, négociant, rue Saint-Louis, 4.

GAUTIER, Henri, *idem idem*.

GERVAIS ✳, lieutenant-colonel d'artillerie de la marine, commandant les compagnies stationnées à Brest, Rampe, 50.

GERVAIZE ✳, ingénieur de la marine, rue d'Aiguillon, 47.

GILLART, avoué, rue de Siam, 50.

GILBERT ✳, professeur de dessin de 1re classe, à l'école navale (à Porstrein).

GIRARD ✳, capitaine de frégate, Grand'rue, 57.

GOEZ, bachelier ès-lettres, bachelier ès-sciences, officier d'académie, professeur de mathématiques, au lycée de Brest, rue Neptune, 4.

GOURVENNEC, négociant, rue Neuve, 49 (Recouvrance).

GOUZIEN, bachelier ès-lettres, maître de pension, rue de la Rampe, 11.

GRAFF ✳, capitaine d'artillerie en retraite, rue de la Mairie, 43 (bis).

GROLEAU, Félix, propriétaire, rue de la Rampe, 7.

GUÉZENNEC, père, négociant, rue St.-Yves, 23.

GUÉZENNEC, Eugène, négociant, rue Saint-Yves, 23.

GUÉZENNEC, Louis, commis-négociant, rue Saint-Yves, 23.

GUIASTRENNEC, père, propr., v.-président de la Société d'agriculture de Brest, à Saint-Sébastien (à Porstrein).

GUILHEM ✳, Aristide, receveur général du Finistère, rue de la Rampe, 14.

GUILLOU, garde-magasin à la direction des constructions navales, professeur de la société, rue Saint-Yves, 6.

HÉBERT, propriétaire, rue d'Aiguillon, 34.

HERSENT, percepteur des contributions directes, du 2e arrondissement, rue Neptune, 6.

HÉTET, pharmacien de la marine, rue de la Mairie, 37.

HOUITTÉ, pharmacien, rue Traverse, 23.

HOULLAY, négociant, Grand'rue, 56.

HUYOT, Isidore, négociant, rue du Château, 45.

HUYOT, Paul, négociant, rue du Château, 18.

JARDIN, fils, jeune, négociant, rue de la Mairie, 45.

JÉGOU, conducteur aux travaux maritimes, Grand'rue, 58.

JOBBÉ-DUVAL, agent de change et courtier de marchandises, rue de Siam, 23.

JOYAU ✳, capitaine d'état-major du génie, rue d'Aiguillon, 40.

JOUBERT, avoué, place de la Tour-d'Auvergne, 8.

JOUVEAU-DUBREUIL, négociant, rue St.-Louis, 6.

KERIMEL ✳, capitaine de frégate, rue Duguay-Trouin, 5.

KERJÉGU, Francis, négociant, membre du conseil général, rue Voltaire, 43.

KERMAREC ✳, père, chef des pompiers de la marine, en retraite, rue de la Rampe, 32.

KERNÉIS, fils, avocat, rue de Siam, 52.

KERVERZON, sous-commissaire de la marine, rue Ducouédic, 9.

KOCH, professeur d'allemand au lycée de Brest, professeur de la société, Grand'rue, 54.

LACROSSE ✳, représentant du peuple, ancien ministre, colonel de la garde nationale, membre du conseil général et du conseil municipal, rue de la Poterne, 3.

LA GATINAIS (BERNARD DE) ✳, capitaine de frégate, rue Traverse, 14.

LA GOGUÉ, propriétaire, rue d'Aiguillon, 46.

LANDAIS, instituteur, rue du Château, 20.

LAURENÇON, négociant, rue de Siam, 44.

LE BIHAN, propriétaire, rue de la Mairie, 41.

LE BLOIS, Ch., imprimeur-libraire, etc., rue Neptune, 10.

LE BORGNE ✳, professeur de mathématiques, rue de Créc, 17.

LE BRETON ✳, capitaine d'infanterie retraité, rue de Siam, 26.

LE CLECH, professeur d'hydrographie de 2e classe à l'école navale, rue de Siam, 77.

LÉCUREUX, professeur de musique, professeur de la société, rue de la Rampe, 55.

LE DO, négociant, place du Château, 5.

LE HIDEUX, pharmacien de la marine, rue Saint-Yves, 49.

LE JEUNE, Eugène, négociant, r. Voltaire, 40.

LEMONNIER, Ed., notaire, rue de la Mairie, 45.

LEMONNIER, Louis, commissaire-priseur, place des Portes, 4.

LE MOTHEUX, négociant, rue de la Rampe, 34.

LE PIVAIN, négociant, rue St.-Yves, 32.

LE POIX, pharmacien, Grand'rue, 42.

LE QUERRÉ, négociant, Grand'rue, 54.

LE ROUX, commis-négociant, r. du Château, 8.

LESPERT ✳, père, capitaine de frégate en retraite, rue Keréon, 14.

LESPERT, fils, aide-commissaire de la marine, rue Keréon, 14.

LETTRÉ (O. ✳), capitaine de vaisseau en retraite, ancien maire de Brest, ancien membre du conseil général, rue Voltaire, 8.

LE VESSEL, professeur de navigation de 2e classe, à l'école navale, rue Voltaire, 23.

LORLÉACH, Théodore, propriétaire et commis-négociant, rue de la Rampe, 53.

LOYER, aîné, négociant, rue Ornou, 2.

LOYER, jeune, négociant, conseiller municipal, rue Ornou, 2.

MAIRESSE ✳, capitaine d'infanterie en retraite, rue Neptune, 5.

MALASSIS, propriétaire, rue d'Aiguillon, 24.

MALLIÉ, enseigne de vaisseau, rue de la Mairie, 9.

MANCEL ✳, Charles, capitaine de frégate, rue Ducouédic, 4.

MARCHARD, notaire, rue Saint-Yves, 37.

MARFILLE, Célestin, commis de la marine, rue Keréon, 3.

MARFILLE, Isidore, négociant, rue Keréon, 3.

MARZIOU, Ernest, négociant, rue Ducouédic, 4.

MAZÉ-LAUNAY ✳, propriétaire, représentant du peuple, rue de la Rampe, 11.

MAZURIÉ, Charles, propriétaire, rue d'Aiguillon, 36.

MAZURIÉ, François, père, commissionnaire de roulage, rue de la Mairie, 43 (bis).

MAZURIÉ, François, fils, commis-négociant, rue de la Mairie, 43 (bis).

MER, architecte, rue Voltaire, 49.

MÉRY ✳, ingénieur en chef des ponts-et-chaussées, directeur des travaux maritimes, place de Latour-d'Auvergne, 4.

MÉQUET, directeur du théâtre de Brest, rue d'Aiguillon, 28.

MONTJARRET DE KERJÉGU, Louis, négociant, président honoraire de la société d'agriculture, rue d'Aiguillon, 9.

NICOLAS, avoué, rue d'Aiguillon, 10.

PÉRÈS ✳, capitaine d'infanterie en retraite, à Saint-Sébastien (Porstrein).

PERRIER, consul d'Angleterre, rue Voltaire, 40.

PERRON, aîné, professeur de mathématiques, professeur de la société, rue Saint-Yves, 12.

PERRON, jeune, directeur de l'école primaire communale, professeur de la société, à l'hôtel Mont-Louët.

PESLIN, docteur ès-sciences, officier de l'université, proviseur du lycée de Brest, rue Voltaire, au lycée, 7 (bis).

PESRON, Edmond, courtier de navires, conseiller municipal, juge au tribunal de commerce, Cours-d'Ajot, 15

PILLET, instituteur, rue Traverse, 18.

PILVEN ✳, garde principal du génie, professeur de la société, rue du Château, 38.

PITTY, aîné, négociant, rue de la Rampe, 46.

PITTY, jeune, négociant, rue de la Rampe, 46.

PLAGNE ✳, premier pharmacien en chef de la marine, rue Saint-Yves, 32.

QUETTIER, march. horloger, rue de Siam, 42.

QUILLIEN, maître entretenu à la direction des constructions navales, professeur de la société, rue de l'Église, 17, à Recouvrance.

RAULT, avocat, rue du Château, 33.

RAVENEAU ✳, chirurgien-major de la marine, en retraite, rue Saint-Yves, 33.

RULHIÈRE (DE) ✳, lieutenant de vaisseau, rue Voltaire, 19.

RIVALLAN ✳, professeur d'hydrographie de 1re classe de la marine, rue Foy, 13.

SALAUN ✳, lieutenant de vaisseau, place des portes, 1.

SALMON, propriétaire, rue de Siam, 6.

SALUSSE, Auguste, écrivain de marine, place de la Tour-d'Auvergne, 40.

SAMSON, ex-officier d'infanterie, rue de la Rampe, 45.

SCHEVAUBEKER, négociant, rue de la Rampe, 43.

STEFF, négociant, Grand'rue, 26.

TANQUERÉY, chirurgien de la marine.

TISSIER, chimiste, au Conquet.

TOUSSEUX, négociant, place de Latour-d'Auvergne, 8.

TRITSCHLER, entrepreneur, rue Vauban, 31, à Recouvrance.

VARDON, pharmacien, rue Jean-Jacques-Rousseau, 13.

VIEILLARD, lieutenant de vaisseau en retraite, rue Duguay-Trouin, 12.

VIGOUREUX, aîné, instituteur, rue du Château, 31.

VIGOUREUX, jeune, écrivain à la direction des constructions navales, professeur de la société, quai Tourville, 43.

VILLENEUVE-GLON, ancien employé du trésor de la marine, rue Duquesne, 40.

VILMER, fils, professeur de la société, à Lambézellec.

MEMBRES CORRESPONDANTS.

ALET, bachelier ès-lettres, professeur au collége de Landerneau.

ALEXANDRE, aîné, négociant, à Morlaix.

AURIOL ✳, ingénieur des constructions navales, à Rochefort.

BERGERY, membre de l'académie nationale de Metz.

BIGOT, architecte principal du département.

BILLARD, ancien préfet du Finistère, à Paris.

BIZEUL, archéologue, à Blain.

BORIUS ✳, professeur d'hydrographie, à Nantes.

BOULLÉ (C. ✳), ancien préfet du Finistère.

BRUNETIÈRE ✳, contrôleur de la marine.

CAHEL, ancien procureur de la république, à Lannion.

CAILLET ✳, examinateur de la marine, à Paris.

CALLOC'H, ancien inspecteur de l'instruction primaire dans le Finistère.

CARIOU, médecin, à Guipavas.

CAZEAU, conducteur des ponts-et-chaussées, au Conquet.

COCAGNE ✳, ancien sous-préfet de Brest, membre du conseil général du département de la Seine-Inférieure.

CORBIÈRE, Edouard, homme de lettres, à Morlaix.

CUNAT, officier de marine retraité, à St.-Malo.

CUREL (O. ✳), ancien préfet du département des Hautes-Alpes.

DE CARNÉ ✳, ancien député du Finistère, à Quimper.

DE BLOIS, cap. de vaisseau retraité, membre de l'ancienne académie de marine, à Morlaix.

DE BLOIS, avocat, à Quimper.

DE COURCY (P.), archéologue, à S.-P.-de-Léon.

DE FOURCY, Eug., ingénieur des mines, à Paris.

DE HELL (C. ✳), contre-amiral en retraite.

DELAFOYE ✳, profes. d'hydrogr., à St.-Malo.

DE LAS-CASES (C. ✳), ancien député du 2e arrondissement de Brest.

DE MAULÉON ✳, homme de lettres, membre de plusieurs sociétés savantes.

DE MONTBRISON, ancien recteur de l'académie de Strasbourg, à Paris.

DONNY ✳, professeur de chimie à l'université de Gand.

DUCHATELLIER, fils, président de la société d'émulation de Quimper.

DUFILHOL ✳, ancien recteur de l'académie de Rennes.

DUPUY, procureur de la république, à Morlaix.

ELÉOUET, (J.-M.), secrétaire perpétuel de la société vétérinaire du Finistère, à Morlaix.

GAUTIER, pharmacien de la marine retraité, à Villedieu.

GESTIN, médecin, à Quimper.

GRISEL, chef d'institution, à Versailles.

GROOTERS, chirurgien de première classe de la marine, à la mer.

GRIVEL (G. ✳), vice-amiral en retraite, ancien préfet maritime à Brest, à Bordeaux.

GIRARDIN ✳, professeur de chimie industrielle, à Rouen.

GOUIN, ancien procureur de la république à Saint-Brieuc.

GROUET, Ch., archéologue, à Paris.

GUILLARD, lieutenant en premier d'artillerie de marine, à Cayenne.

GUYNASSEAU, négociant, à Angers.

HERNIO, avocat, à Fouesnant.

HUGUET, Prosper, juge au tribunal de Lannion.

ISAMBERT ✳, ancien député, membre de la cour de cassation.

JAOUEN, lieutenant de vaisseau, en congé.

JOMARD (O. ✳), aîné, membre de l'institut, directeur de la bibliothèque nationale, à Paris.

JOMARD, cadet, colonel de la gendarmerie, à Rennes.

JOUVIN, pharmacien de première classe de la marine, à Cherbourg

KERMAREC, fils, ingénieur-mécanicien.

LAIR, (C. ✳), président de l'académie de Caen.

LA PILAYE (DE), naturaliste et archéologue.

Le Borgne ✻, capitaine de frégate, chevalier de St.-Ferdinand d'Espagne, à la mer.
Le Cauchois-Féraud ✻, sous-intendant militaire, à l'hôtel des invalides, à Paris.
Le Court de la Villethassetz, avocat, à Dinan.
Lejean, chef de bureau à la sous-préfecture de Morlaix.
Lemière, propriétaire et archéologue, à Morlaix.
Léonard ✻, 1er pharmacien en chef, à Toulon.
Le Quérré, J., docteur-médecin, à Nantes.
L'Eveillé, ingénieur des ponts-et-chaussées.
Levot, Aug^te, chef d'institution, à Versailles.
Liautey (C. ✻), général d'artillerie.
Mackau de (G. ✻), amiral de France.
Maine, employé des postes, à Amiens.
Mallet, commis de marine, détaché au quartier des classes, à Saint-Brieuc.
Meyssonier, capitaine d'artillerie.
Miorcec de Kerdanet, avocat, à Lesneven.
Moreau de Jonnès (Alexandre) ✻, homme de lettres, chef de bureau au ministère de l'agriculture et du commerce.

Neveu Derotrie, inspecteur de l'agr. à Nantes.
Odorici, homme de lettres, bibliothécaire de la ville de Dinan.
Ollivier ✻, Henri, capitaine de frégate, commandant la corvette-hôpital la *Caravane*.
Oudry, lieutenant au 23e régiment d'infanterie de ligne, domicilié à Angers.
Paris (O. ✻), capitaine de vaisseau.
Pellenc (C. ✻), ancien préfet de l'Isère.
Perrin, capitaine du génie, à Paris.
Poirier de Noisseville, à Quimperlé.
Priou, docteur-médecin, à Nantes.
Romieu (O.✻), ancien préfet d'Indre-et-Loire.
Saint-Pern-Gourel, sous-commissaire de marine, à Cherbourg.
Souvestre, Emile, homme de lettres, à Paris.
Suc, de Nantes, sculpteur.
Thomas, licencié ès-sciences mathématiques et physiques, professeur de mathématiques au collége de Vannes.
Vignety, commissaire de la marine à Chandernagor.
Villeneuve, Gilbert, avocat, à Paris.
Voisin, docteur-médecin.

COURS GRATUITS DE LA SOCIÉTÉ D'ÉMULATION DE BREST.

Ces cours, suivis par 500 élèves et professés par des membres et élèves de la Société, ont commencé au 1er octobre 1849, soit au bureau des Marchands, soit à l'hôtel Mont-Louet, et continueront pendant toute l'année, sans interruption, jusqu'à l'époque de la distribution des prix. Ces cours sont :

1. Lecture, écriture, calcul usuel, premiers éléments de grammaire et d'arithmétique, hôtel Mont-Louet, tous les jours, jeudi et dimanche exceptés, de 7 heures à 8 heures et demie du soir; professeur, M. Perron jeune; adjoint, M. Chamain.
2. Grammaire raisonnée, bureau des Marchands, le jeudi de 7 heures à 8 heures du soir; le dimanche, de 10 heures à midi; professeur, M. Guillou.
3. Arithmétique, bureau des Marchands, les mardis et samedis, de 8 heures et demie à 9 heures et demie du soir; professeur, M. Caroff.
4. Géométrie, bureau des Marchands; jeudi de 8 heures à 9 heures du soir; dimanche, de 7 heures et demie à 8 heures et demie du matin; professeur, M. Perron, aîné.
5. Géométrie descriptive, bureau des Marchands, les lundis et vendredis, de 7 heures et demie à 9 heures du soir; professeur, M. Auguste Cuillien.
6. Dessin linéaire, tracé des plans, salle Mont-Louet; le dimanche, de 8 heures à 10 heures du matin; professeur, M. Barrier.
7. Dessin pittoresque et perspective, bureau des Marchands; les mardis, jeudis et samedis, de 8 heures à 10 heures du soir; professeurs, MM. Caradec, Pilven et Vilmer.
8. Tenue de livres, comptabilité générale, bureau des Marchands, le dimanche, de 11 heures à midi; professeur, M. Koch.
9. Algèbre, bureau des Marchands; les mardis et samedis, de 7 heures à 8 heures du soir; professeur, M. Vigoureux.
10. Musique vocale. — Les jour, lieu et heure de l'ouverture de ce cours seront ultérieurement indiqués. Professeur, M. Lécureux père.
11. Cours de narrations, bureau des Marchands; le mercredi, de 7 à 8 heures du soir; professeur, M. Guillou.

SOCIÉTÉ MÉDICALE DE BREST.

Son but est 1° d'amener, dans l'intérêt général, le rapprochement d'hommes éclairés, s'occupant de l'étude de la médecine et des sciences accessoires;

2° D'offrir à chacun des membres qui la composent, l'occasion de communiquer à ses co-sociétaires réunis ses recherches scientifiques ou les résultats de sa pratique, et de profiter, à son tour, de leurs travaux ou de leurs observations;

3° De publier, toutes les fois qu'elle le jugera utile, et sous la forme qu'elle déterminera, les travaux des sociétaires ou ceux qui seraient soumis à son examen par des étrangers;

4° D'établir et d'entretenir des relations avec les autres sociétés médicales;

5° De s'occuper des intérêts moraux et matériels qui se rattachent à l'exercice de la médecine;

6º De venir au secours des médecins résidants, que l'âge, l'infirmité
la maladie, un malheur imprévu
frapperaient, arrêteraient dans leur

carrière.

Le bureau de la société se compose d'un président, d'un vice-président, d'un secrétaire-trésorier.

MEMBRES DE LA SOCIÉTÉ.

Debry, pr., rue de Siam, 23.
Mollet, vice-pr., r. de la Rampe 25
Penquer, secrétaire-trésorier, r.
 du Château, 30.
Dufour, r. Neptune, 1.
Le Gléau, r. de la Rampe, 43.
Panaget, r. d'Aiguillon, 36.

Allain, place du Château, 9.
Beuscher, r. Neuve, 22.
Fontaine, *id.* 44.
Guezennec, r. de la Rampe, 51.
Jollivet, r. du Château, 21.
Lairan, r. Vauban, 2.
Le Guen, r. de la Pointe, 4.

Le Loutre, place des Portes 4.
Marciac, r. Kéréon, 7.
Miriel, r. d'Aiguillon, 20.
Potel, r. Traverse, 14.
 Trente-trois membres corres-
pondants.

SOCIÉTÉ DE LA MATERNITÉ DE BREST.

Présidente, Madame *Duval*, rue de Traverse, maison Lagarde.

VICE-PRÉSIDENTES.

Mesdames *Guilhem*, chargée du service des recettes, rue de la Rampe, 14,
De Larochassière, chargée du service de la lingerie, rue de la rampe, 20,
Peyronnel, chargée du service de la nourriture
 et du chauffage, rue de la Rampe, 36,
Houllay, chargée du service, distributions et
 médicaments, Grand'rue 56,
Debourgues, chargée du service de Recouvrance,
 rue du Rempart, 9.

INSPECTRICES.

Mesdames *De Martel*, chargée du service de la
 loterie, rue Voltaire, 2,
Jollivet, chargée du service de la loterie, rue
 du Château, 21,
Michaud, chargée du service de la nourriture et
 du chauffage, rue Neptune,
Martel, chargée du service de la lingerie, pour
 Recouvrance, rue Voltaire, 15,
Delagarde, service des distributions et médica-
 ments, rue de Siam, 27,
Leguen, service de Recouvrance, rue de la
 Pointe, 1.

BIENFAITRICES. — Côté de Brest.

Division de la ville par quartiers.

Premier quartier. — Rues Saint-Yves, Tra-

verse de l'Hospice, du Château, de Voltaire, de
Siam, depuis la Rampe jusqu'à la porte de la
ville.

Mesdames *Michaud*, rue Neptune. 6,
Martel, rue Voltaire, 13.

Deuxième quartier. — Rues du Bras-d'Or,
de Siam, depuis la Rampe jusqu'aux fontaines
du petit-Moulin, des Malchaussés jusqu'à la rue
Charronnière.

Mesdames *Duval*, rue Traverse maison de
 Lagarde,
Salva, rue Saint-Yves, 35.

Troisième quartier. — Quartiers des Sept-
Saints, compris le Marché au blé et la rue
Charronnière

Mesdames *Raimondi*, rue Jean-Jacques-Rousseau,
Peyronnel, rue de la Rampe, 34.

Quatrième quartier. — Rues Grand'rue, de
la Clef-d'Or, Basse-des-Sept-Saints et le quai
Tourville.

Mesdames *Laligne*, Grand'rue, 7,
Morvan, Grand'-rue, 73.

Cinquième quartier. — Rues de la Mairie,
du Bois-d'Amour, fontaine du Bois-d'Amour,
du Rempart, de Crée.

Mesdames *Marfille*, rue Kéréon, 3,
Le Bras, rue du Bois-d'Amour, 18.

Sixième quartier. — Rues Fautras jusqu'à celle de la *Mairie*, Keravel et les Venelles.
Mesdames *Steff*, Grand'-rue , 26,
Houllay , Grand'rue , 56.

BIENFAITRICES. — Côté de Recouvrance.

Septième quartier. — Quai Jean-Bart, Escalier de la Tour , rues de la Tour , Traverse de la Tour, Venelle de la Tour, rues Leuric-Bihan, Lagadec , de l'Epice, des Marches, du Moulin.

Madame *Beuscher* , rue Neuve , 22.

Huitième quartier. — Quai des vivres , escalier des vivres , rues de l'Eglise, Traverse de l'Eglise, Petite de l'Eglise, de la Pointe, de la Communauté, du Parc.

Mesdames *Hardy* , rue de la Pointe , 1, *Lairan* , rue Vauban , 2.

Neuvième quartier. — Rues de la Porte , de la Voûte, de Bouillon, de Vauban , Place Vauban , rues de la Congrégation , du Rempart, de Bel-Air , de l'Armorique.

Madame *Pruné* , rue du Rempart , 11.

Dixième quartier. — Rues du Beurre, Neuve, Escalier neuf, Escalier de la Vierge, rues de la Fontaine , Clair-voyant.

Madame *Lavenue* , rue Neuve , 22.

Onzième quartier. — Rues Saint-Malo , David , de la Source , de la Touche , Parc d'artillerie , Le Carpon .

SOCIÉTÉ MAC.˙. DE BREST.

Rue Neptune, 9.

La L.˙. Saint-Jean , sous le titre distinctif *Les Elus de Sully* S 2 R); 26 du 3 m.˙. 5783. Les T.˙. de la L.˙. Symb.˙. ont lieu le second et le quatrième mercredi de chaque mois , et celles du Chap.˙. le premier et le troisième mercredi. Celles du Chap.˙. d'Héréd.˙. de Kilwining et du Souv.˙. ons.˙. des K.˙. S.˙. ont lieu sur convocations spéciales, de l'Athersata et du président du conseil.

SOCIÉTÉ DES VÊPRES.

Rue de la Rampe, 25.

Cette société , composé de 120 membres , a un but purement récréatif ; on y lit les journaux politiques et littéraires et l'on s'y livre à divers jeux d'agrément. Son origine est déjà ancienne ; son nom vient de ce que ses membres, dans le principe, se réunissaient particulièrement à l'heure des vêpres.

JOURNAUX ET PUBLICATIONS PÉRIODIQUES.

L'ARMORICAIN ; journal politique , paraissant trois fois par semaine , les mardi , jeudi et samedi ; ÉDOUARD ANNER , gérant, rue Saint-Yves, 32.
L'OCEAN , journal politique , paraissant cinq fois par semaine ; J.-J. GIZORME, rédacteur-gérant, Grand'rue , 86.
LE COURRIER DE BREST , journal non politique , paraissant deux fois par semaine , le jeudi et le dimanche ; CH. LE BLOIS , directeur-gérant, rue Neptune , 10.

LISTE

D'HABITANTS DE BREST,

CLASSÉS PAR PROFESSIONS (*).

Agents de change.

Calbrie, Grand'rue, 46.
Jobbé-Duval, r. de la Rampe, 18.
Boëlle, *id.*, 19.
Monge, *id.*, 27.

Architectes et Entrepreneurs.

Weiler, S., rue du Bois-d'A-
  mour, 46.
Huyot, Ad., r. Foy, 1.
Jugelet, F., Grand'rue, 60.
Le Lann, r. Keravel, 40.
Le Deuc, r. de la Mairie, 11.
Pérès, frères, à Porstrein.
Charlot, r. de la Rampe, 39.
Michel, r. J.-J. Rousseau, 47.
Poulinière, r. de Siam, 72.
Mer, r. Voltaire, 49.
Huyot, Ét., r. St.-Yves, 39.
» Tritschler, r. Vauban, 31.

Arpenteurs experts.

Libert, r. du Château, 54.
Brousmiche, r. de Traverse, 47.

Arquebusiers.

Koch, r. d'Aiguillon, 46.
Pénel, Grand'rue, 98.
Le Lay, r. de Siam, 45.

Agents des compagnies
d'assurances.

Barazer, la Providence, r. du
  Bois-d'Amour, 34.
Tabereau, pl. de Latour-d'Au-
  vergne, 44.
Valeri, assurances générales,
  maritimes et sur la vie, r.
  du Château, 38.
Libert, le Soleil, r. du Châ-
  teau, 54.
Brousmiche, le Phénix, Grand'-
  rue, 24.
Regnault, la Samaritaine (toi-
  tures), Grand'rue, 63.
Mouette, l'Urbaine, Grand'-
  rue, 84.
Aumaître, la Réparatrice, Halle
  5.
Delplanque, l'Union, r. de la
  Mairie, 5.
Dévillier (centrale pour les toi-
  tures), r. de la Mairie, 35.
Branellec, pl. des Portes, 4.

Le Jeune, la Nationale pour
  l'incendie, r. de la rampe, 23.
Laborie, r. de la Rampe, 42
Cosmao, l'Urbaine, rue de
  Siam, 41.
» Saradin, la France, rue Neu-
  ve, 6.

Bains publics.

Jaffrézic, r. du Château, 5.
Huyot, Is., r. du Château, 15.
Mme Macon, cadet, bains à
  domicile, r. St.-Yves, 20.

Banquiers.

Guilhem, Aristide, r. de la
  Rampe, 14.
Bérard, r. de Siam, 44.

Bonnetiers et Marchands de
laine.

Bonain, pl. de Latour-d'Au-
  vergne, 2.
Lallier, Grand'rue, 18.
Pujo, Grand'rue, 26.
Nicol, Grand'rue, 48.
Noël, r. St.-Louis, 41.
Panaget, r. de la Mairie, 47.
Uchan, r. du Bras-d'Or, 17.
Mme Le Mel, r. de Siam, 10.
Hallais, r. de Siam, 44.
Guérandel, r. de Traverse, 22.
Arquier, r. de Traverse, 26.
Mme Cerisier, r. St.-Yves, 19.
» Lebert, r. Neuve, 17.
» Mlle Millon, r. Neuve, 34.
» Mlle Perrot, r. de la Porte, 16.
» Mme Gouzien, rue Vauban,
  43 bis.

Bottiers et Cordonniers.

Delavier, place de la Tour-
  d'Auvergne, 2.
Le Roux, rue de Crée, 4.
Guyanvar'ch, r. de Crée, 10.
Créoff, r. de Crée, 13.
Gallet, r. de l'Egout, 16.
Le Can, Escalier-Neuf, 4.
Mme Papillon, Grand'rue, 39.
Ollivier, *id.*, 66.
Gallet A., *id.*, 73.
Willemant, *id.*, 74.
Saget, *id.*, 77.
Dénis, *id.*, 80.
Haut, *id.*, 96.

Le Masson, r. Keravel, 16.
Héry, *id.*, 29.
Charpentier, *id.*, 43.
Séitec, marché Keravel, 1.
Légaré, r. Saint-Louis, 9.
Kerjean, marché Pouliquen, 6.
Bruner, *id.*, 15.
Guermery, *id.*, 47
Tousseux, r. de la Rampe, 49.
Papillon, *id.*, 53.
Huguet, rue Basse-des-Sept-
  Saints, 14.
Gorju, *id.*, 18.
Carriou, r. de Siam, 22.
Le Blouch, *id.*, 35.
Rivière, *id.*, 40.
Le Trémintin, *id.*, 52.
Duclos, *id.*, 53.
Bornic, r. de Traverse, 6.
Collard, *id.*, 16.
Nébecker, *id.*, 37.
Raymond, r. Saint-Yves, 45.
Merle, *id.*, 48.
Gallet, V., *id.*, 49.
Darré, r. de la Mairie, caserne.
» Corric, r. de Bel-Air, 15.
» Fumeux, quai Jean-Bart, 13.
» Callot, *id.*, 21.
» Laborie, r. de Bouillon, 15.
» Salaun, r. du Moulin, 16.
» Riou, r. Neuve, 22.
» Kerhuel, Y.-M., *id.*, 31.
» Rouxel, *id.*, 34.
» Babo, *id.*, 45.
» Kerhuel, P.-F., *id.*, 46.
» Mérour, place St.-Sauveur, 4.
» Guerrier, r. de la Tour, 28.

Bouchers.

Mme Le Gac, place de la Tour-
  d'Auvergne, 6.
Le Gall, r. de Crée, 5.
Gourvès, pl. de la Fraternité, 4.
Dequel, Grand'rue, 29.
Didelet, r. Keravel, 8.
Mme Bénard, *id.*, 10.
Mme Thomas, *id.*, 11.
Cussé, *id.*, 12.
Cordé, *id.*, 14.
Magueur, *id.*, 16.
Mme Menès, *id.*, 18.
Autret, *id.*, 20.
Guillou, *id.*, 25.
Lestrade, *id.*, 28.
Tousseux, F., passage Saint-
  Louis, 16.

(*) Le signe » placé avant chaque nom indique que le domicile est à Recouvrance.

Crouan, place St.-Louis, 4.
Guillamotte, *id.*, 6.
Le Coq, r. de la Mairie, 40.
Le Moign, r. du Bras-d'Or, 17.
Touchaut, r. de Siam, 60.
» Hall, r. de la Porte, 11.
» Chuiton, M.-P., *id.*, 14.
» Larvor, *id.*, 16.
» Pérénès, Ch., *id.*, 20.
» Carriou, J., *id.*, 85.
» Chuiton, F., *id.*, 55.
» Pérénès, J., *id.*, 57.

Boulangers.
Le Go, r. d'Aiguillon, 24.
Wittemer, r. du Bois-d'Amour, 26.
Dautant, r. du Château, 32.
Nicolas, F., r. de Crée, 11.
Castrec, r. Ducouédic, 40.
Boulangerie sociétaire, r. Duquesne, 5.
Le Jeune, r. Fautras, 17.
Prével, *id.* 18.
Gélébart, place de la Fraternité, 13.
Potron, Grand'rue, 12.
Mme Hoëllard, Grand'rue, 15.
Mme Le Sault, Grand'rue, 71.
Paccard, rue Guyot, 5.
Rioual, *id.* 12.
Gornas, r. de la Halle, 11.
Jobert, r. de Keravel, 9.
Vienne, *id.* 22.
Boulair, *id.*, 27.
Kérébel, *id.*, 40.
Nicolas, J., Marché Keravel, 7.
Calvarin, r. de la Mairie, 57.
Orhon, r. du Bras-d'or, 10.
Vallée, *id.*, 34.
Lahousse, à Porstrein.
Lahousse, r. de la Rampe, 45.
Poulmarch, esc. des 7 Saints, 4.
Quénéder, place des 7 Saints, 3.
Le Gall, J., r. B. des 7 Saints, 16.
Fourne, r. H. des 7 Saints, 10.
Le Moal, *id*, 24.
Dagouez, r. de Siam, 58.
Soubens, r. de Traverse, 20.
Podeur, *id.*, 31.
Le Galloy, quai Tourville, 19.
Guillou, r. Voltaire, 14.
Le Sault, G., r. de la Voûte, 7.
Le Dantec, r. Saint-Yves, 59.
« Leven, r. du Beurre, 2.
« Autret, *id.*, 4.
« Guyot, r. de Bouillon, 9, bis.
« Corbé, *id.*, 14.
« Rioual, r. de l'église, 1.
« Bathany, *id.*, 11.
« Lannic, r. de l'Epice, 4.
« Malléjac, r. de la Fontaine, 16
« Penhoat, *id.*, 17.
« Guillou, venelle de la Fontaine, 3.
« Guyot, r. Neuve, 38.
« Rancu, r. du Parc, 1.
« Boulc'h, r. de la Porte, 12.
« Lotrou, r. de la Porte, 18.
« Féraut, *id.*, 24.
« Le Gall, r. Vauban, 12.
« Boulangerie sociétaire, r Vauban, 26.
« Logatu, r. Vauban, 27.

Brasseurs.
« Lavergne et Quintel, place Saint-Sauveur, 2.
» Binder, r. de la Touche, 8.

Brocanteurs en gros et Marchands de Meubles d'occasion.
Séligmann, r. d'Aiguillon, 19.
Croguennec, r. du Bras-d'or, 2.
Le Prévost, *id.*, 14.
Hurand, *id.*, 19.
Mme Dufresne, *id.*, 21.
Desvages, *id.*, 21.
Toullec, *id.*, 31.
Boiret, *id.*, 33.
Cerf, r. de Siam, 65.

Brodeuses en or.
Mlle Dubois, r. du château, 26.
Mlle Cornec, Grand'rue, 50.
Mlle Guégen, *id.*, 51.
Mme Lafond, *id.*, 57.
Mlle Fontaine, *id.*, 63.
Mlle Crochard, r. de la Rampe, 32.
Mme Pierre, r. de la Voûte, 4.

Casquettes (fabricants de)
Mme Cornec, r. de Traverse, 51.

Chandelles (fabricants de)
Barillé, r. du Bois-d'Amour, 18.
Tousseux et Wattebled, r. de Keravel, 25.
Crouan, E., *id.*, 33.
Crouan, place Saint-Louis 4.
Chevillotte, A., place Ornou, 1.

Chapeliers.
Hamel, Grand'rue, 48.
Watremez, *id.*, 104.
Cerf Mayer, *id.*, 108.
Laborie, r. de la Rampe, 42.
Le Maigre, r. du Bras-d'or, 1
Coquinot, r. Saint-Yves, 46.
Guymar, r. d'Aiguillon, 26.
Hébert, Grand'rue, 32.
« Treffel, r. neuve, 33.

Charcutiers.
Gautier, rue Charronnière 32.
Binder, r. Keravel, 2.
Mme Mingant, *id.*, 28.
Raisonnable, *id.*, 30.
Mme Le Gros, place St.-Louis 6.
Auvray, r. du Bras-d'or, 18.
Caignan, marché Pouliquen, 2.
Mme Druinot, r. de Siam, 77.
Jasson, quai Tourville, 29.
« Moisan, rue Neuve, 24.
« Mme Riban, r. de la Porte, 34.

Charpentiers entrepreneurs.
Le Lann, r. Keravel, 40.
Fonteneau, imp. Petit-Moulin, 3 J.
» Le Bousse, r. Neuve, 8.

Charron.
Le Gall, r. Saint-Yves, 6.

Chasublier.
Perron, place Vauban, 3.

Chaudronniers.
Viel, Ph., Grand'rue, 24.
Hébert, *id.*, 75.
Gérard, *id.*, 79.

Oblin, r. Guyot, 10.
Durand, r. du Petit-Moulin, 3.

Chemisier.
Gilbaut, r. de Siam, 59.

Chocolat (Fabricant de)
Le Coispellier, place de la Tour-d'Auvergne, 4.

Cirier, fabricant de cierges.
Perflsou, Grand'rue, 46.

Cols (Fabricants de)
Levéel, r. de la Fraternité, 6.
Gilbaud, r. de Siam, 59.

Constructeurs de navires.
» Dénouel, Fr., r. de l'Eglise, 20.
» Dénouel, M., traverse de l'Eglise, 6.
» Le Bousse, r. Neuve, 8.

Corroyeurs.
Duval, Grand'rue, 40.
Nicol, r. Keravel, 57.
Brichet, r. du Petit-Moulin, 21.
Muller, r. du Bras-d'Or, 35.
Mme Rivière, r. de Siam, 74.

Corsets (Fabricant de)
Esselin, r. de la Mairie, 31.
Amadis, r. de Siam, 30.

Courtiers de navires.
Pesron, Cours-d'Ajot, 15.
Aumattre, r. de la Halle, 5
Castagné, r. de la Rampe, 44.
Laurent, r. de Traverse, 43.

Couteliers.
Roissard, Grand'rue, 58.
Duval, r. de la Mairie, 23 bis.
Royer, r. de Siam, 51.
» Le Jent, r. Neuve, 45.

Couvreurs.
Le Gargam, r. Charronnière, 4.
Sauvage, Grand'rue, 76.
Bourlès, fils, r. Keravel, 34.
Chassetuillier, *id.*, 44
Hellou, r. du Petit-Moulin, 12.
Le Normand, r. du Bras-d'Or, 38.
Le Moal, r. Richer, 13.
Gentilhomme, r. de Traverse, 23
Coatanéa, *id.*, 29.

Dentellière.
Mlle Roger, r. de Traverse, 24.

Dentistes.
Gontier, Grand'rue, 45.
Mme Soutanie, r. de Traverse, 33.
Pierret, D.-M., r. St.-Yves, 49.

Directeurs des messageries.
Berthemé, r. d'Aiguillon, 44.
Avêque, r. de Siam, 6.

Docteurs en médecine.
Miriel, r. d'Aiguillon, 20.
Panaget, *id.*, 36.

Louays-Duverger, rue du Château, 16.
Jollivet, id., 21.
Penquer, id., 30.
Allain, place du Château, 9.
Crozals, r. Duguay-Trouin, 15.
Marciac, r. Kéréon, 7.
Gigaud, G., r. de la Mairie, 11.
Dufour, r. Neptune, 1.
Voisin, r. Ornou, 10.
Le Loutre, place des Portes, 1.
Mollet, r. de la Rampe, 25.
Le Gléau, id., 43.
Guézennec, id., 51.
Debry, r. de Siam, 23.
Potel, r. de Traverse, 14.
Caradec, r. Voltaire, 10.
» Beuscher, r. Neuve, 22.
» Fontaine, id., 44.
» Le Guen, r. de la Pointe, 1.
» Lairan, r. Vauban, 2.
» Daniel, id., 24.

Doreurs et Miroitiers.

Tousseux, pl. de Latour-d'Auvergne, 8.
Le Pape, r. de la Mairie, 17.
Normand, r. de la Rampe. 39.

Draps et Rouenneries.

Delpet, Grand'rue, 8.
Hébert, Ad., id., 9.
Mme Argus, r. St.-Louis, 2.
Morlor, H., id., 3.
Mlle Duval, id., 4.
Hébert, L, id., 5.
Mlle Frouin, id., 5.
Mme Hébert, id., 10.
Cassin, Rampe, 46.
Gallet, F., r. de Traverse, 49.
» Cloâtre, r. de Bouillon, 9.
» Galet, r. Neuve, 11.
» Gourvennec, id., 19.
» Lottin, id., 25.
» Feuillet, r. de Vauban. 31.

Ebénistes et Menuisiers.

Popelin, A., pl. de Latour-d'Auvergne, 8.
Tousseux, id., 8.
Gérard, V., r. Charronnière, 27 bis.
Corre, r. du Château, 39.
Couturier, r. de Crée. 9.
Férelloc, r. Duquesne, 4.
Philippe, r. Fraisier, 4.
Videloup, Grand'rue. 43.
Popelin, P., r. Guyot, 3.
Levavasseur, marché Keravel, 11 bis.
Graveran, r. St.-Louis, 4.
Carriou, r. de la Mairie, 18.
Marc, id., 51.
Allot, r. des Malchaussés, 6.
Le Moal, id., 24.
Fonteneau, imp. du Petit-Moulin, 3 J.
Le Palmay, r. Neptune, 7.
Gourlaouen, r. du Bras-d'Or, 16.
Ducarouge, id, 18.
Le Caër, id., 37.
Noël, r. de la Rampe, 32.
Bourban, r J.-J. Rousseau, 13.
Delafontaine, id., 19.
Charpentier, P.-V., r. H. des Sept-Saints, 16.
Meister, V., id., 23.

Mingant, pl. des Sept-Saints, 8.
Lannuzel, r. de Traverse, 14.
Raguénès, id., 37.
Barbier, r. Voltaire, 12.
Barrier, id., 22 A.
Brossé, id, 25.
Guezennec, r. St.-Yves, 23.
Cuzent, id., 40.
Lucas, id., 51.
Gouesnou, id., 53.
» Pudepièce, r. de l'Armorique, 1 A.
» Le Bras, r. de l'Eglise, 36.
» Morin, r. de la Fontaine, 14.
» Donou, traverse de la Fontaine, 3.
» Larvor, r. Neuve, 24.
» Girard, r. Vauban, 13 bis.

Epiciers.

Leroux, r. d'Aiguillon, 26.
Paillet, fils, id., 50.
Daniel, r. Charronnière, 2.
Gagnon, id., 10.
Sévéno, id., 12.
Savary, id., 17.
Coussin, id., 27 bis.
Clauss, T., id., 31.
Mme Gérard, r. de Crée, 1 et 3.
Chauvé, P., id., 2.
Le Marrec, r. Ducouédic, 7.
Mme Morillon, rue Duguay-Trouin, 22.
Mme Quillivéré, r. Fraisier, 3.
Mme Riaillé, r. Fautras, 42.
Reveil, L., place de la Fraternité, 6.
Léon, Grand'rue, 7.
Adelus, id, 9.
Troadec, id., 10.
Wattebled, id., 11.
Lévier, id., 16.
Mme Gauthier, id., 25.
Lecam, id., 31.
Hénaff, id, 35.
Le Gall, id, 52.
Tanguy, id., 53.
Garnier, id., 67.
Gavaud, id., 72.
Mme Cairon, id., 80.
Mme Engammare, id., 88.
Mlle Sizun, r. Keravel, 6.
Laverde, id., 13.
Vaillant, id., 38.
Mme Smith, id., 40.
Crouan, F., id., 41.
Mme Vergeur, id., 50.
Beuscher, r. Saint-Louis, 8.
Mme Merle, id., 10.
David, r. de la Mairie, 27.
Brulé, id., 43.
Mme Rihoual, id., 73.
Clavier, J., r. des Malchaussés, 1.
Clavier, L., id., 15.
Briant, r. du Petit-Moulin, 6.
Demeules, r. du Bras-d'or, 8.
Schevaubeker, r. de la Rampe, 43.
Keisser, id., 48.
Crouan, G., id., 53.
Amieux, r. de Siam, 6.
Chauvé, id., 6.
Mme Lemel, id., 10.
Holley, M. P., r. de Siam, 52.
Mme Le Pontois, id., 76.
Le Cloarec, id., 78.
Coquil, id., 81.

Savoye, id., 81.
Cheminade, r. de Traverse, 18.
Réveil, H.-S., id., 29.
Holley, G.-A., id., 43.
Mehouas, rue Saint-Yves, 9.
Sauton, id., 23.
Mlle Adelus, id., 52.
Chalier, id., 85.
» Gahagnon, r. du Beurre, 4.
» Jestin, r. de Bouillon, 10.
» Crotou, r. de la Communauté, 1.
» Le Gall, r. de l'Eglise, 20.
» Dénouel, traverse de l'Eglise, 6.
» Lormier, r. de la Fontaine. 22.
» Kervella, id., 50.
» Le Maître, r. Neuve, 10.
» Mme Nicolas, id., 20.
» Ferron, id., 37.
» Gosselin, r. du Parc, 4.
» Gourmelon, id., 10.
» Launay, r. de la Porte, 1.
» Le Gars, id., 2.
» Mlle Michel, id., 22.
» Perrès, id., 38.
» Inizan, id., 40.
» Mlle Abgrall, id., 85.
» Lejeune, place Vauban, 3 bis.

Facteurs.

Duseuil, r. de Siam, 13.
Fromentin, id, 13.
Mourot, rue Saint-Yves, 24.

Faïenciers.

Mme Fouesnel, Grand'rue, 10.
Mével, id, 14.
Louvière, id., 18.
Viel, O., id., 24.
Mme Pitard, id, 25.
Boudro, id., 34
Galbrie, id., 46.
Riou, r. de la Mairie, 17.
Paris, id., 19.
Larrault, r. de la Rampe, 29.
» Mme Capren, r. de la Fontaine, 12.

Ferblantiers et Plombiers.

Simon, r. de Crée, 12 et 14.
Viel Ph, Grand'rue, 24.
Hébert, id., 75.
Gérard, id., 79.
Chapal, r. de la Mairie, 35.
Bazire, rue du Bras-d'or, 23.
Le Métayer, r. de Siam, 13.
Marchand, r. de Traverse, 24.
Quillivéré, r. Saint-Yves, 24.
» Tricard, r. Neuve, 42.

Fleurs Artificielles.

Mme Canet, Grand'rue, 39.
Mme Malibert, id., 47.
» Mme Grenier, r. vauban, 13 bis.

Fondeurs.

Julienne, P., r. Ducouédic, 13.
Viel, P., Grand'rue. 24.
Julienne, M., r. des Malchaussés, 1.
Durand, r. du Petit-Moulin, 3.
Viel, N., et Briens, r. du Rempart, 7.

Grainetiers et Fleuristes.

Gautier et Longpié, rue de la Mairie, 35.

Jaouen, imp. du Petit-Moulin, 3 E.
Haloche, r. de Siam, 13.

Graveurs.

Léonec, Grand'rue, 68.
Vallée, *id.*, 70.
Philippe, *id.*, 73.

Horlogers et Bijoutiers.

Bricet, r. d'Aiguillon, 34.
Le Monnier, Grand'rue, 29.
Chaumeil, *id.*, 36.
Lapié, *id.*, 42.
Gache, *id.*, 43.
Chevassu, *id.*, 47.
Navrancourt, *id.*, 49.
Bénard, *id.*, 51.
Le Querré, P., *id.*, 54.
Mme Houllay, *id.*, 56.
Aubert, V., *id.*, 60.
Aubert, A., *id.*, 61.
Moussié, *id.*, 62.
Kan, *id.*, 71.
Rahier, *id.*, 73.
Mme Mathieu, *id.*, 76.
Dubois, *id.*, 98.
Pierre, *id.*, 102.
Combeau, passage St.-Louis, 2.
Gibozo, r. de la Rampe, 37.
Gayet, *id.*, 57.
Quettier, r. de Siam, 42.
Loro, *id.*, 43.
Guéroult, quai Touville. 33.
Le Querré, F., r. St.-Yves, 33.
Ruby, *id.*, 49.
» Le Guen-Kernéison, rue Neuve, 15.
» Launay, *id.*, 43.

Hôteliers et Aubergistes.

Wande-Castel, r. d'Aiguillon, 20.
Le Quer, *id.*, 21.
L'Héritier, Bois-d'Amour, 28.
Wande-Castel, *id.*, 30.
Salsac-Lemoal, r. de Crée, 7.
Lestume, Grand'rue, 1.
Favet, *id.*, 5.
Joubert, r. du Rempart, 4.
Nicol, *id.*, 5.
Cogant, r. de Siam, 16.
Lelasseux, *id.*, 20.
Depagne, r. St.-Yves, 18.

Imprimeurs.

Mme Le Fournier, Grand'rue, 86.
Le Blois, Ch., r. Neptune, 10.
Anner, r. Saint-Yves, 32.

Layetier.

Chalot, A., r. de Traverse, 19.

Libraires et Relieurs.

Robert, r. d'Aiguillon, 34.
Roger, *id.*, 42.
Mme Egasse, place de la Tour-d'Auvergne, 6.
Hébert, r. Charronnière, 29 bis.
Mme Sanlèque, Grand'rue, 46.
Mme Mondot, *id.*, 50.
Mme Cailloce, *id.*, 56.
Francier, *id.*, 60.
Mme Le Fournier, *id.*, 86.
Le Blois, Ch., r. Neptune, 10.
Lairan, r. de la Rampe, 51.
Girault, *id.*, 59.
Le Pontois, r. St.-Yves, 23.

Anner, r. St.-Yves, 32.
Freund, *id.*, 41.
Lagatu, *ia.*, 43.
Le Bars, *id.*, 50.
Le Gall, *id.*, 53.
» Mme Renault, r. Neuve, 35.

Lingères et Modistes.

Mme Geslot, r. d'Aiguillon, 49.
Mme Lacoudraye, rue du Château, 26.
Mlle Favereau, r. Fraisier, 4.
Mme Petit, Grand'rue, 9.
Mlle Duval, *id.*, 28.
Mlle Duveau, *id.*, 30.
Mme Pommier, *id.*, 34.
Mme Lhotte, *id.*, 62.
Mlle Lafosse, *id.*, 79.
Mme Monnier, *id.*, 92.
Mme Derrien, r. St.-Louis, 41.
Mme Lavenue, rue de la Mairie, 21.
Mme Bodron, *id.*, 41.
Mlle Mathieu, r. des Malchaussés, 22.
Mme Guéguen, rue Ornou, 12.
Mme Noury, r. de la Rampe, 40.
Mme Legonnidec, *id.*, 44.
Mme Souchou, *id.*, 44.
Mme Houel, *id.*, 47.
Mlle Plihon, *id.*, 55.
Mme Hurel, *id.*, 57.
Mlle Bonneau, *id.*, 58.
Adam, *id.*, 63.
Mme Renoux, r. de Siam, 13.
Doucet, *id.*, 39.
Mme Delacour, *id.* 45.
Mlle Le Bévillon, *id.*, 50.
Mlle Kernaus, *id.*, 57.
Le Bihan, *id.*, 61.
Mme Nicolas, *id.*, 69.
Mme Favier, *id.*, 75.
Mme Avron, r. de Traverse, 9.
Mme Villegé, r. Saint-Yves, 26.
Mlle Thomas, *id.*, 51.
» Mme Saillour, r. Neuve, 25.
» Derambure, *id.*, 30.
» Mlle Rossel, r. Vauban, 43.

Liquoristes.

Le Jeune, Grand'rue, 69
Mme Mégemont, place de la Liberté.

Lithographes.

Roger, r, d'Aiguillon, 42.
Le Blois, Ch., r. Neptune, 10.

Loueurs de voitures de déménagements et autres.

Tilly, rue de Siam, 3 et 5.
Muller, *id.*, 6.
Faure, sur la route de Paris.

Luthiers.

Ringrave, rue de Siam, 37.
Mme Piroué, r. Saint-Yves, 32.

Maître de poste.

Mme Foucault, r du rempart, 18

Marbriers.

Poilleu, r. de Siam, 25.
Lapierre, place de la Liberté.

Maréchaux-Ferrants.

Berric, r. du Bois-d'Amour, 36.
Barbelanne, marché Pouliquen; 21.
Gally, r. du Rempart, 1.
Bodenès, r. Saint-Yves, 2.
» Pellan, r. Armorique, 28 et 30.
» Gillet, r. du Rempart, 47.

Mercerie et jouets.

Chicandard, r. d'Aiguillon, 50.
Bonnet, pl. de Latour-d'Auvergne, 14.
Lesser, pl. de la Fraternité, 1.
Hourellou, Grand'rue, 4.
Mlle Darras, *id.*, 29.
Mme Le Colspellier, *id.*, 37.
Kan, *id.*, 71.
Mlle Léonec, *id.*, 94.
Mlle Dumaine, r. de la Mairie, 25.
Boëllo, V. et R., *id.*, 41.
Mme Belleville, *id.*, 50.
Mlle Cudorge, *id.*, 67.
Althaus, r. du Bras-d'Or, 35.
Séegre, r. de la Rampe, 50.
Csernezki, *id.*, 52.
Mlle Laurence, r. de Siam, 18.
Durand, *id.*, 26.
Bordoli, *id.*, 27.
Luzent, *id.*, 29.
Loro, *id.*, 43.
Gilbaud, r. de Siam, 59.
Mme Rouselly, quai Tourville, 7.
Prigent, *id.*, 47.
Guérandel, A., r. de Traverse 22.
Gallet, *id.*, 49.
Gaubert, r. St-Yves, 36.
» Olivier, quai Jean-Bart, 45.
» Mme Cloatre, r. de Bouillon, 9.
» Mlle Lidou, r. Lagadec, 2.
» Mme Flandrin, r. Neuve, 8.
» Le Gall, r. de la Porte, 3.

Mécanicien Dentiste.

Gontier, Grand'rue, 45.

Médecin-Dentiste.

Pierret, r. Saint-Yves, 49.

Naturaliste.

Rouilly, Grand'rue, 54.

Négociants.

Kerjégu, L., r. d'Aiguillon, 9.
Angaut, *id.*, 44.
Delobeau, *id.*, 44.
Barillé, r. du Bois-d'Amour, 18
Barazer, *id.*, 34.
Mathieu, r. Charronnière, 5 et 7.
Delplanque, r. du Château, 8.
Pelle-Desforges, *id.*, 11.
Boëlle, *id.*, 12.
Huyot, *id.*, 15.
Dubois, *id.*, 19.
Mme Bersolle, *id.*, 28.
Halligon, *id.*, 28.
Bazil, *id.*, 37.
Kerros, aîné, *id.*, 37.
Mme Biacabe, r. Foy, 5.
Brousmiche, Grand'rue, 21.
Marfille, r. Kéréon, 3.
Gautier, E., rue St-Louis, 6.
Jouveau-Dubreuil, *id.*, 6.
Louvet, dit Jardin, rue de la Mairie, 45.

Le Querré, *id.*, 37.
Vignioboul, *id.*, 54.
Chevillotte, A. J. R., place Ornou, 1.
Chevillotte, frères, *id.*, 1.
Loyer, frères, r. Ornou, 2.
Lefebvre, frères, rue de la Rampe, 10.
Lefebvre, A., *id.*, 10.
Goubin, *id.*, 16.
Jullou, *id.*, 18.
Guilhem, H., *id.*, 21.
Lejeune, frères, rue de la Rampe, 23.
Lefebvre, A., *id.*, 38.
Le Pontois, r. du Rempart, 17.
Michel, r. J.-J. Rousseau, 17.
Chevillotte, E. C., quai Tourville, 15.
Fenoux, *id.*, 21.
Le jeune, E., r. Voltaire, 10.
Kerjégu, F. M., *id.*, 13.
Gadouot r. Saint-Yves, 19.
Benoît, jeune, *id.*, 22.
Artus *id.*, 29.
Mme Benoît, *id.*, 32.
» Biron, r. Neuve, 2.
» Mme Breton, r. Neuve, 39.
» Kerros, *id.*, 39.
» Proulcau, *id.*, 39.

Nouveautés et Tissus.

Leveillé, r. Fraisier, 2.
Delpet, Grand'rue, 8.
Foucher, *id.*, 26.
Mlles Mazurié, *id.*, 53.
Mme Argus, r. Saint-Louis, 2.
Mme Duval, *id.*, 4.
Albert, r. de la Mairie, 40.
Larrault, r. de la Rampe, 29.
Lemotheux, *id.*, 34.
Cassin, *id.*, 46.
Séegre, *id.*, 50.
Bizet, *id*, 61.
Salomon, *id.*, 67.

Opticiens.

Colombi, r. d'Aiguillon, 19.
Hubé, Grand'rue, 70.
Hubé, r. de Siam, 67.

Papiers. (Fabricant de)

Le Hideux, rue de la Mairie, 5 et 7.

Parapluies. (Marchands de)

Audiffret, Grand'rue, 72.
Calvet, r. de la Rampe, 37.
Calvet, *id.*, 56.
Lafage, *id.*, 60.
Bachellery, *id.*, 65.
Fournier, r. de Siam, 63.

Passementiers.

Lescop, Grand'rue, 51.
Treffel, *id.*, 74.

Pâtissiers et Confiseurs.

Lestrade, Grand'rue, 20.
Mescam, r. Keravel, 23.
Bott, r. Saint-Louis, 2.
Passini, r. du Petit-Moulin, 17.
Christophe, J., rue du Bras-d'Or, 4.
Le Dissez, *id.*, 12.
Keisser, r. de la Rampe, 46.

Hochenegger, r. de Siam, 8.
Negadelle, r. de Traverse, 18.
Martin, r. Saint-Yves, 29.
Tosy, *id.*, 36.
Sainte-Marie, *id.*, 48.
» Passini, A., r. Neuve, 3.
» Poulmarch, *id.*, 36.

Pédicure.

Royer, r. de Siam, 51.

Peintres et Vitriers.

Dubois, Grand'rue, 44.
Morin, *id.*, 68.
Crouan, C., r. de la Halle, 5.
Goulay, r. Keravel, 19.
Dubault, *id.*, 39.
Rosnel, r. de la Mairie, 20.
Moulin, r. du Bras-d'Or, 2.
Lannuzel, *id.*, 27.
Brunelat, r. de Siam, 9.
Duchâteau, *id.*, 53.
Goy, r. de Traverse, 2.
» Démoy, rue Neuve, 7.
» Crouan, E., *id*, 27.
» Crenn, r. de la Porte, 6.

Perruquiers, Parfumeurs et Coiffeurs.

Blain, r. Charronnière, 23.
Le Clerc, Grand'rue, 7.
Chassevent, *id.*, 53.
Bruneau, *id.*, 57.
Lartigue, *id.*, 63.
Nédellec, r. du Bras-d'Or, 38.
Ménez, place des Portes, 1.
Gentil, Eloy, r. de Siam, 47.
Le Moal, *id.* 55.
Péron, *id.*, 63.
Moreau, r. de Traverse, 45.
Le Duc, r. de Saint-Yves, 27.
Mme Brunet, *id.*, 44.
Le Cann, *id.*, 54.
» Larvor, r. Neuve, 28.
» Le Cam, *id.*, 40.
» Moreau, *id.*, 49.
» Laménon, r. de la Porte, 4.
» Blandin, *id.*, 63.
» Le Bour'his, r. de la Tour, 30.
» Bellec, quai Tourville, 43.

Pelletiers et Marchands de fourrures.

Roger, Grand'rue, 63.
Mlle Lamour, A., r. de Siam, 57.

Pharmaciens.

Floch, place de la Tour-d'Auvergne, 14.
Anger, r. Charronnière, 9.
Crouan, H., place de la Fraternité, 6.
Michel, Grand'rue, 13.
Le Poix, *id*, 42.
Nicole, *id*, 78.
Bionard, r. Saint-Louis, 7.
Le Gléau, r. de la Rampe, 43.
Reynaud, *id.*, 54.
Danet, r. de Siam, 62.
Houitte, r. de Traverse, 23.
Podevin, r. Saint-Yves, 39.
» Lavenue, r. Neuve, 22.
» Le Rolland, *id.*, 44.
» Béjaud, r. de la Porte, 24.

Platriers.

Pierre, r. de la Halle, 9.

Kerautret, r. de la Mairie, 1.
Tonnadre, imp du Petit-Moulin, 3 J.
Fonteneau, r. J.-J. Rousseau, 9.
Guiraud, r. de Traverse, 9.

Poêlier.

Desrues, r. Saint-Yves, 53.

Potier d'étain.

Cosquer, r. de Siam, 26.

Poêlieur.

» Daulce, r. Neuve, 29.

Quincaillers.

Lesser, place de la Fraternité, 1.
Erard, Grand'rue, 23.
Viel, Philémon, *id.*, 24.
Prax, *id.*, 32.
Fournier, *id.*, 33.
Picard, *id.*, 43.
Viel, Alex., *id.*, 45.
Auvray, *id.*, 51.
Malherbe, r. Keravel, 24.
Mme Viel, A., rue de la Mairie, 23 bis.
Boëlle (R. et V.,) *id.*, 41.
Caron, r. de Siam, 24.
Durand, *id.*, 26.
Davy, *id.*, 48.
Coatalan, r. de Traverse, 20.
» Pennors, A., rue de la Fontaine, 4 et 6.
» Brionne, r. Neuve, 8.
» Pennors, E., *id.*, 43.
» Schnorrenberg, rue de la Porte, 16.

Restaurateurs et Pensions bourgeoises.

Mme Constantin, rue d'Aiguillon, 14.
Wande-Castel, H., *id.*, 20.
Le Quer, *id.*, 24.
Crouan, *id.*, 28.
Bonot, r. d'Alger, 4.
Wande-Castel, J.-Y., r. du Bois-d'Amour, 30.
Boudro, r. de Crée, 20.
Mme Salaun, r. Kéréon, 2.
Le Scavarec, rue du Bras-d'Or, 23.
Beaubrun, J.-J., Rousseau, 11.
Le Lasseux, r. de Siam, 20.
Gurgé, *id*, 93.
Desclos, quai Tourville, 37.
Chaumette, r. Traverse, 2.
Depagne, r. Saint-Yves, 18.
Mme Perrot, *id.*, 45.

Sabots (Marchands de)

Durand, r. des Malchaussés, 12
Noël, r. de Siam, 79.
» Sévère, r. de la Porte, 28.

Sages-Femmes.

Mlle Morel, r. Ducouédic, 1.
Mme Perusquet, *id.*, 1.
Mme Copillet, *id.*, 16.
Mme Guyonnaud, 2e venelle Keravel, 5.
Mme Fosse, r. Keravel, 5.
Mme Cognant, r. J.-J. Rousseau, 23.

Mme David, *id.*, 23.
Mme Lagoutte, r. des Malchaussés, 10.
Mlle Le Coz, *id.*, 20.
»Mme Mutzic, r. Armorique, 12.

Sculpteurs.

Cuzent, r. du Château, 31.
Poilleu, r. de Siam, 25.
Sœur, r. Duquesne, 8.
V^r Lapierre, sculpteur statuaire et fabricant, d'ornements d'église, au faubourg de Brest.

Selliers et carrossiers.

Dinzeldin, r. Charronnière, 3.
Mme Laurence, place des Portes, 1.
Maillé, *id.*, 1.
Groleau, r. de Siam, 13.
Mme Philippe, r. Voltaire, 12.
Hervéou, r. Saint-Yves, 2.

Serruriers et Forgerons.

Jaffrez, r. de Crée, 3.
Dubois, *id.*, 15.
Sibiril, r. du Guay-Trouin, 20.
Mengant, r. Guyot, 8.
Authœuvre, E., rue de la Mairie, 44.
Charpentier, P.-L., r. des Malchaussés, 4.
Trupel, *id.*, 28,
Le Bras, *id.*, 34.
Antoine, r. du Petit-Moulin, 12.
Mme Comptal, r. Ornou, 6.
Milon, *id.*, 8.
Demeule, r. du Rempart, 14.
Jouanno, rue Basse-de-Sept-Saints, 7.
Pichon, r. de Siam, 66.
Louchet, *id.*, 70.
Charpentier, F.-J., r. de Traverse, 17.
Weiler, *id.*, 41.
Bertrand, r. Voltaire, 12.
Rougelet, *id.*, 24.
Authœuvre, S., r. St.-Yves, 10.

» Cabon, venelle des Clairvoyants, 4.
» Derrien, r. de l'Eglise, 7.

Tailleurs.

Lossouarn, r. d'Aiguillon, 36.
Simon, *id.*, 42.
Closquinet, rue du Bois-d'Amour, 1.
Mme Legoarant, *id.*, 2.
Guégen, *id.*, 32.
Séchez et Le Poutre, place de la Tour-d'Auvergne, 14.
Roussel, r. Duquesne, 8.
Mme Perthuiset, r. Fautras, 16.
Caïn, Grand'rue, 31.
Deltombes, *id.*, 43.
Gautier, *id.*, 49.
Le Goupil, *id.*, 64.
Franc-Mayer, *id.*, 68.
Rabineau, *id.*, 72.
Mme Worms, *id.*, 74.
Diosno, *id.*, 75.
Bruner et Mme Dupoux, *id.*, 78.
Déleurme, r. Keravel, 8.
Gren, r. de la Mairie, 25.
Tillemont, à la caserne, rue de la Mairie.
Cigale, r. des Malchaussés, 1.
Gloarec, r. du Bras-d'or, 24.
Forget, marché Pouliquen, 8.
Poulet, r. de la Rampe, 30.
Robin, *id.*, 47.
Baume, r. du Rempart, 28 bis.
Lochet, r. Richer, 1.
Daloguière, r. de Siam, 37.
Lambert, *id.*, 48.
Baillet, *id.*, 55.
Pintard, *id.*, 59.
Coatlosquet, *id.*, 60.
Morel, rue de la Voûte, 2.
Eichhoff, r. Saint-Yves, 19.
Fleury, *id.*, 27.
Lambert, *id.*, 41.
Glaade, *id.*, 79.
» Mme Baillet, r. Neuve, 46.
» Mme Chevalier, r. du Parc, 6.
» Mme Derambure, place St.-Sauveur, 6.

Tamisier.

» Le Grand, r. Vauban, 8.

Tapissiers et Marchands de Meubles.

Tousseux, place de la Tour-d'Auvergne, 8.
Vaillant, r. du Bras-d'or, 29.
Noël, r. de la Rampe, 32.
Le Cann, *id.*, 45.
Guézennec, r. Saint-Yves, 23.
Cuzent, *id.*, 40.
Lannuzel, r. de Traverse, 44.

Teinturiers.

Chomarande, r. J. J. Rousseau, 5.
Planchais, r. de Siam, 49.
Le Guen Kernéison, *id.*, 61.
Hervé, *id.*, 73.
Mme Templeraud, rue Saint-Yves, 58.

Toiles (Marchands de).

Guitar, passage St.-Louis, 6.
Le Dormeur, *id.*, 8.
Daniel, *id.*, 10.
Peschaud, r. de la Rampe, 30.
Mme Séité, r. Saint-Yves, 39.
Mme Marquer, *id.*, 46.
» Mme Riou, r. de la Porte, 91.

Tonneliers.

Perrot, rue J. J. Rousseau, 1.
Paillet, r. Basse des 7 Saints, 16.
Boisson, r. de Siam, 77.

Tourneurs et Chaisiers.

Delalande, r. Guyot, 3.
Blanc, r. du Bras-d'or, 20.
Cabel, *id.*, 28.
Le Caër, *id.*, 37.
Delaunay, r. Ornou, 8.
Richard, place des 7 Saints, 8.
Blattier, r. de Siam, 58.

Vanniers.

Langrenno, r. Fraisier, 6.
Deneufchatel, rue de la Mairie, 55.

Voiliers.

Chatal, quai Tourville, 31.
» Lamendour, venelle de la Tour, 1.

TABLE DES MATIÈRES.